Reforma Protestante y Tradición Intelectual Cristiana

Manfred Svensson

Editorial CLIE
www.clie.es

EDITORIAL CLIE
C/ Ferrocarril, 8
08232 VILADECAVALLS
(Barcelona) ESPAÑA
E-mail: clie@clie.es
http://www.clie.es

REFORMA PROTESTANTE Y TRADICIÓN INTELECTUAL CRISTIANA
ISBN: 978-84-944626-7-2
Depósito Legal: B 16738-2016
Confesiones cristianas
Historia
Referencia: 224978

Impreso en USA. / Printed in USA.

Si las nuevas generaciones no se hubiesen incesantemente rebelado contra las tradiciones heredadas, todavía viviríamos en cavernas; si la revolución contra la tradición alguna vez se volviese universal, volveríamos a encontrarnos en las cavernas.

Lezsek Kolakowski

Estar vivo supone el privilegio de moverse constantemente sin dejar nada atrás.
De alguna manera todavía somos lo que fuimos.

C.S. Lewis

AGRADECIMIENTOS

Hay una larga tradición de quienes en estas palabras preliminares afirman no poder recordar todas las deudas contraídas en el proceso de redacción. Dado que este libro es sobre «la tradición», me adhiero también a ésta. Pero tengo que nombrar, en primer lugar, a Carolina, ya que este libro ha estado en gestación durante casi toda nuestra vida juntos. En segundo lugar, tengo que nombrar a mis colegas en el Instituto de Filosofía de la Universidad de los Andes, y en particular a su grupo de investigación en filosofía práctica. Aunque resulte difícil determinar exactamente cómo y dónde, la conversación con muchos de ellos se refleja de distintos modos en estas páginas. En tercer lugar, agradezco a las instituciones que han contribuido con financiamiento de proyectos que directa o indirectamente han beneficiado a estas páginas. Inicié este trabajo hace diez años, cuando aún era becario del Servicio Alemán de Intercambio Académico (DAAD), y lo termino durante una estadía de investigación financiada por la Fundación Alexander von Humboldt. Entremedio pude contar con el extendido financiamiento de dos proyectos financiados por el Fondo Nacional de Ciencia y Tecnología (Fondecyt, Chile n. 11090189 y 1130493). En cuarto lugar, agradezco a David Oviedo, del Departamento de Ciencias Históricas y Sociales de la Universidad de Concepción. Una conferencia pronunciada ahí por invitación suya se encuentra en el origen de una extensa porción de este libro. En quinto lugar, agradezco a las revistas en que se publicaron artículos que han sido parcialmente integrados en el texto: *Tópicos, Veritas* y *Pensamiento*. En sexto lugar, extiendo mi gratitud a quienes gentilmente leyeron y criticaron partes o versiones preliminares de este texto: Tomás Villarroel, Jonathan Muñoz, Joaquín García-Huidobro, Patricio Domínguez y Daniel Mansuy. Por último, agradezco a todo el equipo de editorial Clie, y en particular a Alfonso Ropero por sus comentarios a una versión anterior del texto.

ÍNDICE

INTRODUCCIÓN

1. La Reforma entre quiebre y continuidad

En 1717, al conmemorarse el segundo centenario del inicio de la Reforma, el clima espiritual e intelectual era muy distinto del que se había vivido en el centenario anterior. Si en 1617 se celebraba con la guerra de los treinta años a punto de estallar, teniendo así abundantes motivos para experimentar los conflictos del siglo anterior como aún plenamente vivos, en 1717 se respiraba el aire de nuevos tiempos, un aire que en parte soplaba en reacción a esa guerra. En lugar de una conmemoración en la que se destacara sin contrapeso las posiciones teológicas características de la Reforma, a dicha perspectiva se habían sumado en el bicentenario elementos pietistas e ilustrados.[1] Los unos celebraban la Reforma como una vuelta a un cristianismo interiorizado, los segundos la emancipación respecto de la autoridad. Pocas décadas más tarde, incluso ese equilibrio entre visiones ortodoxas, pietistas e ilustradas parecía perderse en beneficio de esta última perspectiva. Johann Salomo Semler, quien por entonces ocupaba una cátedra de teología en la Universidad de Halle, ilustra a la perfección el nuevo clima y el modo en que se proyectaba sobre la comprensión de la Reforma. En los escritos de este destacado ilustrado, Lutero merece mención por «haber permitido a cada hombre el pensar por sí mismo respecto de la verdad cristiana y seguir su conciencia».[2] De hecho, Lutero mismo tiende a disiparse en esta lectura de su actuar como mero precursor de la Ilustración: Semler llega a la conclusión de que la Reforma habría tenido lugar con o sin Lutero.[3]

---

1 Para una comparación de estas festividades véase Friedrich Loofs (1917), «Das Jahrhundertfeier der Reformation an den Universitäten Wittenberg und Halle 1617, 1717, und 1817». *Zeitschrift des Vereins für Kirchengeschichte in der Provinz Sachsen* (núm. 14).

2 Dixon, Scott (2012), *Contesting the Reformation.* Oxford: Blackwell, pág. 44.

3 Dixon, Scott (2012), pág. 20.

Cabe notar, sin embargo, que éstas no eran las palabras de un ilustrado radical.[4] Muy por el contrario, Semler –el primer autor de la historia en haber descrito su propia empresa como la de una *liberalis theologia*– pertenecía a esa estirpe de ilustrados moderados que nada temen tanto como la aparición de algo radical. Pasó sus últimos años combatiendo ese tipo de ilustración, y descubriendo en el camino a quienes podía considerar sus ancestros en el proyecto de la ilustración moderada. Así es como llegó a recuperar su amor de juventud por Erasmo. Al reeditarlo en su madurez, proclamaba que era, en realidad, en la figura del humanista holandés que se encontraba el origen de la Reforma, que «no sabría reunir de los escritos de Lutero y Melanchthon algo más bello que lo que he leído en Erasmo».[5] Lutero no representaría sino un desarrollo de ideas erasmistas; lo mismo representaría, en una época más avanzada, Semler. Protestantes ortodoxos e ilustrados radicales constituirían así anomalías que se alejan, respectivamente, de la Reforma y de la más pura tradición humanista.

El presente libro bien puede ser leído como un intento por hacerse cargo de esa posición de Semler. Pero no se trata de formular el problema en términos de una alternativa o una identidad entre Erasmo y Lutero, como si todo hubiese de ser reducido en último término a posiciones del siglo xvi. El mismo Semler presentaba a Erasmo como heraldo de una tradición medieval, la de autores como Taulero y el maestro Eckhart. Sea como fuere que se formule la relación entre el humanismo renacentista y la Reforma, y la relación de ambos movimientos con tradiciones intelectuales precedentes, está claro que la Reforma representa un hito crucial en la historia intelectual de Occidente no sólo por su influencia sobre el futuro, sino también por su peculiar modo de hundir las raíces en el pasado. Se trata aquí de dar cuenta de su lugar en ese amplio entramado de relaciones.

La Reforma es desde luego más que un movimiento intelectual, y a las Iglesias herederas de ella no se les hace justicia evaluándolas sólo en referencia a su respectiva teología. Pero no es menos que un movimiento intelectual. Los tempranos adversarios modernos del cristianismo tenían esto claro. No es sólo en la alianza entre el trono y la Iglesia que centraban sus denuncias. En lugar del binomio de trono y clero, los tempranos filósofos modernos estaban enfrentando más bien una tríada compuesta por el sacerdocio, ciertas concepciones del poder político, y la tradición intelectual que predominaba en las universidades. Formulado con Gilson en términos positivos, cabe decir que la universidad –de la que salió también la Reforma– fue «un elemento de la Iglesia universal, dotado del

---

4 La distinción entre la ilustración moderada y la ilustración radical la estoy adoptando (si bien me inclino por relativizar la fuerza de la disyunción) de la obra Jonathan Israel (2012), *La Ilustración radical.* México: Fondo de cultura económica.

5 Johann Salomo Semler, *Lebensbeschreinung von ihm selbst abgefasst* Halle, 1782. II, 235.

mismo derecho y de la misma significación que el Sacerdocio o el Imperio».[6] Los historiadores de la Reforma ciertamente han hecho un trabajo más exhaustivo en lo que respecta a esos dos últimos elementos de esa tríada, y es un trabajo más fácilmente recibido por el público lector. No hace falta saber mucho de la Reforma para al menos sospechar lo que ella significó para el orden político europeo o para el orden eclesiástico. Para el que mira el fenómeno a la distancia, está claro que en ambas esferas la Reforma significó un gran cambio y también una significativa continuidad. ¿Pero qué significó para la vida del pensamiento? Desde la perspectiva de autores como Hobbes, había significado casi exclusivamente continuidad, por lo que ahora había que completar la tarea instituyendo una nueva tradición intelectual. No se trataba de profundizar la Reforma, sino, en una adecuada frase del poeta John Milton, «reformar la Reforma».[7] Pero si para estos autores la Reforma había sido un fenómeno excesivamente continuista –no sólo en el orden intelectual, pero también en él–, desde la perspectiva de gran parte de la historiografía protestante y católica moderna, la Reforma significó más bien un radical cambio, un quiebre con la compleja síntesis que por siglos se había urdido entre el cristianismo y la herencia intelectual griega. No es poco común, en efecto, que se caracterice el pensamiento protestante por un simple rechazo de la tradición precedente. Ella significaría un abandono, por ejemplo, del aristotelismo o el escolasticismo medievales, un rechazo de fórmulas estáticas y su reemplazo por el mensaje existencial de la fe. Se la suele caracterizar por su papel en el surgimiento de fenómenos considerados distintivamente modernos: como el momento en que surge un particular énfasis en la individualidad, en que empieza a gestarse una particular atención al carácter irreductible de la subjetividad, o como el *ethos* que habría de impulsar el capitalismo. Sea que se acepte alguna versión de dicho relato o la alternativa que será defendida en este libro, ambas posturas implican que la discusión sobre la Reforma esté enmarcada en una perspectiva muy amplia, tanto por lo que se refiere al marco cronológico en el que la evaluamos (el de las grandes reformas que van del siglo xiii al xvii) como por el rango de materias para las que es decisiva.

2. La tradición y sus reformas

Lo que buscamos en el presente libro es abordar la tradición intelectual previa a la Reforma, y preguntar por los modos en que ésta rompe con aquélla, la continúa, la modifica o la redirige hacia algún punto previo. Eso significa, en primer lugar, que este libro no debe ser leído en reemplazo de una historia de

6 Gilson, Éttienne (1965), *La filosofía en la Edad Media. Desde los orígenes patrísticos hasta el fin del siglo XIV* (2ª ed.). Madrid: Editorial Gredos, pág. 369.

7 Milton, John, «Areopagitica and other Writings». En: D. M. Wolffe et al. (ed.) (1953-1982) *The Complete Prose Works of John Milton* (vol. III, pág. 552). New Haven: Yale University Press.

la Reforma. Inevitablemente, tenemos que presuponer un autor medianamente familiarizado con los grandes trazos de la historia, pues estaremos moviéndonos con cierta libertad entre distintos periodos. Aunque el centro de la reflexión aquí realizada se encuentre en la Reforma, nuestro trabajo nos tendrá por momentos considerando a autores del periodo patrístico, en otros momentos a autores medievales, a escolásticos protestantes y a los primeros críticos modernos de todos los anteriores. Alguna aclaración previa respecto de dónde recaerán los énfasis puede por lo mismo aquí ser pertinente.

Consideremos, en primer lugar, la Reforma misma. Quien observa el protestantismo contemporáneo e intenta trazar los orígenes del conjunto del mismo a la Reforma del siglo xvi, se encuentra a muy corto andar con obstáculos considerables. Movimientos que en la escena religiosa de hoy con cierta frecuencia reclaman una raíz común, en el siglo xvi se entienden a sí mismos como antagónicos. Los diversos movimientos que forman parte de lo que se ha dado en describir como Reforma radical deben, en efecto, ser considerados no como una rama menor o anómala del protestantismo, sino como fruto de una reforma distinta. De hecho, su carácter distintivo salta a la luz en el momento mismo en el que surgió el término «protestantismo». El título de «protestantes» –un término jurídico– lo recibieron los representantes de la Reforma magisterial tras la dieta imperial de Espira de 1529, dada su protesta contra la revocación del edicto de libertad religiosa que se había establecido ahí mismo tres años antes. Pero, significativamente, en esa misma dieta, protestantes y católicos estuvieron de acuerdo en que la legislación imperial contra los anabautistas se aplicara en toda su dureza. A todas luces había ahí tres partidos al menos.

El siglo xvi no es, pues, el siglo de «la» reforma, sino un siglo que debe ser caracterizado por una serie de reformas del cristianismo:[8] la católico-romana (en su doble dimensión de Reforma Católica y Contrarreforma), la reforma humanista, la reforma radical y la reforma protestante magisterial. Cada uno de estos frentes es, en su momento, percibido como relevante. Lutero consideraba como su obra más lograda no una dirigida contra Roma, sino la que dirigió contra Erasmo; Calvino, en cambio, podía escribir que «nos vemos asediados por dos sectas», anabautistas y papistas, en apariencia muy disímiles, pero unidas en la posición secundaria que asignarían a las Escrituras.[9] A ninguna de estas reformas se le puede hacer justicia reduciéndola a una forma de la otra o convirtiéndola en mera respuesta a alguna de las otras; hacerles justicia implica ciertamente atender a muchas

[8] Para un ejemplo paradigmático de la interpretación que enfatiza la pluralidad de reformas, véase Carter Lindberg (2010), *The European Reformations.* Oxford: Blackwell. Para una iluminadora exposición de la tesis contraria, que enfatiza la unidad del proyecto cristianizador de cada una de ellas, véase Scott Hendrix (2004), *Recultivating the Vineyard. The Reformation Agendas of Christianization.* Louisville / Londres: Westminster John Knox Press.

[9] *Respuesta al cardenal Sadoleto*, CO 5, 393.

de sus relaciones recíprocas (y en esa medida las restantes reformas del siglo XVI estarán todas presentes en esta obra), pero implica un esfuerzo contundente por delinear de cada una un perfil distintivo. Versando este libro sobre el lugar de la Reforma protestante en la tradición intelectual cristiana, presta pues escasa atención a la Reforma radical. Tal exclusión no ha de entenderse como nacida del desdén que una parte importante de la historiografía ha tenido respecto de los grupos radicales de la Reforma. Desdén sería, más bien, el tomarla como mera versión desmejorada del protestantismo clásico. Por lo demás, precisamente el aspecto del siglo XVI que es expuesto en este libro –la vida intelectual– lleva a que la Reforma protestante pueda ser estudiada más en comparación con el erasmismo o con el catolicismo que con los radicales. George Huntston Williams, quien como nadie logró que se asentaran los estudios sobre la Reforma radical, precisa los dos sentidos en que es descrita como «magisterial» la alternativa del protestantismo clásico a la vertiente radical: la Reforma es magisterial tanto en el sentido de que contó con el respaldo de los magistrados –reyes, príncipes y consejos municipales que la adoptaron no como rechazo del *corpus christianum*, sino como nueva forma del mismo–, como también «en el sentido específico de que contó con un liderazgo teológico de maestros escolares y universitarios que tomaron en serio la formación en la trilingüe tradición clásica como clave para obtener acceso a las fuentes escriturales de la fe».[10] No se trata de que no hubiera entre los radicales autores con una formación y producción intelectual digna de nota. Ocurre, simplemente, que ello no se encuentra entre los rasgos distintivos de esa tradición en su origen.

En este punto bien cabe notar que, si el objetivo principal del presente libro fuese el de la comprensión del protestantismo contemporáneo, el acento habría seguramente de recaer no en las diferencias entre la Reforma magisterial y la radical, sino más bien en su posterior influencia recíproca. En particular, desde el último tercio del siglo XVII en adelante, se vuelve recurrente la percepción según la cual una renovación de las Iglesias de la tradición magisterial pasaría por el hecho de que las mismas adopten énfasis propios de la tradición radical. Al mismo tiempo, quienes por teología y práctica deben ser descritos como herederos de la Reforma radical, comienzan con más frecuencia a apelar a un origen común, atribuyendo por ejemplo a Lutero un papel fundacional para su propia tradición. Hay un considerable riesgo de que, en tal clima, se pierda de vista las tensiones iniciales y el hecho de que estos movimientos surgen, de hecho, con significativa independencia unos de otros. Recordarlo no tiene por qué implicar hostilidad en la relación presente, y es requisito fundamental para una mirada lúcida al pasado.[11]

---

[10] Huntston Williams, George (2000), *The Radical Reformation*. Kirksville: Truman University Press, pág. 6.

[11] Para un similar contraste entre la Reforma protestante y la humanista sigue siendo iluminadora la obra de Enno van Gelder (1964), *The Two Reformations in the 16th Century*. La Haya: Martinus Nijhoff.

Aquí el acento recae, pues, sobre las tradiciones centrales de la Reforma, en particular la luterana y la reformada. Bien podría añadirse aquí una referencia expresa a la tradición anglicana. Pero, durante el periodo cubierto en este libro, ésta bien puede ser descrita como parte de la reformada. Ese hecho fue por largo tiempo perdido de vista por la tendencia a buscar una distintiva identidad anglicana, identidad postulada como una suerte de vía media entre el protestantismo continental y el catolicismo. Hoy, en cambio, no sólo existe una amplia conciencia respecto del «consenso reformado» de la reforma inglesa (tras una etapa inicial menos determinada), sino también una creciente convicción respecto de la fuerza con la que dicha identidad reformada se extendió hasta fines del siglo xvii.[12] Un autor como Richard Hooker deja así de ser visto como una excepción que abre, ya en el siglo xvi, el camino a una tradición distintivamente anglicana, y vuelve a ser integrado como un autor reformado más.[13] Cabe, asimismo, una aclaración terminológica respecto de la designación de este mundo como «reformado» en lugar de «calvinista». Como designación positiva de una corriente, este último término cobró fuerza más bien en el siglo xix. En los siglos xvi y xvii prima, por el contrario, la terminología que identifica una tradición común, reformada, de la cual Calvino es sólo uno de los exponentes principales (como la mayoría de estos epítetos, «calvinista» surge en el siglo xvi como término despectivo).[14] Puestos a considerar el lugar de estas dos tradiciones, luterana y reformada, en la tradición intelectual cristiana, bien cabría responder de modo distinto para cada una de ellas. Heiko A. Oberman, por ejemplo, ha invitado a pensar en Lutero como un hombre medieval y Calvino como un hombre moderno.[15] Algo no muy distinto ha sugerido Alister McGrath al contrastar el trasfondo intelectual tardo-medieval de Lutero y Zwinglio.[16] En este libro, en cambio, el acento recae sobre la unidad del protestantismo clásico. No se trata con ello de minimizar el vigor de la contienda confesional intraprotestante, tal como se manifestó en posiciones rivales

---

12 Para el periodo tardío véase Stephen Hampton (2008), *Anti Arminians. The Anglican Reformed Tradition from Charles II to George I.* Oxford: Oxford University Press.

13 Escribiendo sobre Hooker, Torrance Kirby ha señalado que la idea de una «vía media anglicana» ha resultado ser «exasperantemente inadecuada como instrumento hermenéutico para el estudio del pensamiento y la práctica del siglo xvi, creando un impasse en el estudio crítico del pensamiento de Hooker». Kirby, Torrance (2005), *Richard Hooker. Reformer and Platonist.* Aldershot: Ashgate, pág. 11. Para una actualizada discusión respecto de este punto véase Bradford Littlejohn (2014), «The Search for a Reformed Hooker: Some Modest Proposals». En: *Reformation & Renaissance Review* 16, 1.

14 Para las primeras apariciones del término véase Christoph Strohm (2004), «Methodology in Discussion of "Calvin and Calvinism"». En: Herman Selderhuis (ed.), *Calvinus Praeceptor Ecclesiae* (pág. 67). Ginebra: Librarie Droz. Pero véase en pág. 68 las atendibles razones de Strohm para optar por seguir usando este término.

15 Oberman, Heiko A. (2003), *Two Reformations: The Journey From the Last Days to the New World.* New Haven: Yale University Press.

16 McGrath, Alister (2005), *The Intellectual Origins of the European Reformation* (2ª ed.). Oxford: Blackwell.

respecto de la predestinación y la cena del Señor, sobre el gobierno eclesiástico y el descenso de Cristo al infierno. En la literatura del periodo no es extraño que luteranos y reformados hablen del otro como una religión distinta. Pero precisamente para las materias tratadas en el presente libro lo que se encuentra son abrumadores patrones de unidad y continuidad.

Estos tempranos protestantes se entendían a sí mismos como católicos. Si bien tal pretensión de catolicidad la puede también tener un protestante de hoy, el giro que ha tenido lugar salta a la vista en los términos usados: mientras al protestante de hoy se le puede oír decir que es católico, pero no católico-romano, durante el periodo cubierto en este libro los protestantes rehusaban concederle a sus adversarios romanos el título de católicos. El epíteto de «papistas» tiene en boca del polemista protestante de antaño el mismo sentido que «luterano» o «calvinista» tenía en boca del polemista católico o de la confesión protestante rival: es sobre la particularidad del otro que se llama la atención, en contraste con la catolicidad que se reclama para la posición propia. Podría parecer que esta pretensión de catolicidad no constituye nada significativo: si cada confesión levanta tal pretensión contra la otra, pareciera tratarse de nada más que eso, una pretensión. Pero si bien es correcta esta advertencia contra la identificación entre realidad y pretensión de catolicidad, la cuestión no es tan sencilla de resolver. Mucho depende, después de todo, de los modos en que se caracterice la catolicidad, y un modo de hacerlo es precisamente como una disposición (o pretensión): un ímpetu por abrirse a la totalidad de la realidad, una decisión de confesar no una parte sino la totalidad de lo recibido, una disposición a hacerlo nutriéndose del conjunto de quienes nos han antecedido. La sola pretensión de catolicidad ya tiene algo de católico.[17]

El lector sabrá discernir cuándo el término «católico» significa en el presente libro «católico-romano» y cuándo hace referencia a tal disposición. Pero en gran medida es de ella que trata el conjunto de la obra. Estas páginas abordan, en otras palabras, la relación del protestantismo magisterial con la tradición. Pero «tradición» es, por supuesto, un término contencioso para el protestantismo: tiene un estatuto menor o al menos más difuso que para el catolicismo. Los reformadores mismos tienen respecto de ella una relación que puede parecer ambivalente. A veces, Lutero dice que han pasado mil años de oscuridad; otras veces sugiere que sería mejor ni publicar sus propios escritos para no entorpecer el acceso a los de los antiguos.[18] Si la relación de los reformadores con la tradición precedente es ambivalente, tal ambivalencia tiende a desaparecer o al menos a menguar si uno

[17] Para una introducción al tópico en la Reforma, véase Carl Braaten; Robert Jenson (eds.) (1996), *The Catholicity of the Reformation*. Grand Rapids: Eerdmans. Véase también (con algo de corrección a dicho libro), David Bagchi (2012), «Old Questions, New Answers? Luther and the Problem of Catholicity». *Reformation* (núm. 17).

[18] Así, por ejemplo, en el *Prefacio al primer volumen de los escritos latinos*, WA 54, 179.

se dirige a la literatura secundaria y a la percepción general. Ahí la tensión se resuelve más bien acentuando la discontinuidad con una parte de ese pasado –la parte medieval–, y acentuando por otro lado la continuidad con otra parte, los antecedentes patrísticos. No hay historiador de la Reforma que no destaque el papel desempeñado por una general vuelta a los padres y en particular a Agustín en el movimiento reformador. Con dicho salto al periodo patrístico, con todo, se realiza un acto peculiar. Si es demasiado pronunciado el intento por saltarse un número tal de siglos, el riesgo que se corre es el de estar en realidad adoptando el discurso de la Reforma radical, que realizaba de modo consistente tal gesto. La consistencia la llevaba, en efecto, a incluso dejar de lado la terminología de «reforma» y reemplazarla por «restitución». La necesidad de una *restitutio christianismi* da cuenta de modo elocuente de la creencia en la total aridez de los siglos que median entre la Iglesia apostólica y la propia era; el lenguaje de «reforma», en cambio, expresa siempre un doble reconocimiento: el reconocimiento de que algo persiste, pero que debe ser vuelto a poner en forma. Los reformadores magisteriales tenían plena conciencia de esta diferencia, y quien mira al siglo XVI desde hoy debe también tenerla si quiere comprender las alternativas que estaban a disposición de las personas en dicho momento. Si no se buscaba una restitución, sino una reforma, ¿resultaría acaso un ejercicio satisfactorio el decir que uno se vincula no sólo con la Iglesia apostólica, sino también con Nicea y con Agustín, pero que ahí hay que detenerse? ¿No equivale eso a adoptar la lógica de la restitución, sólo que dando una extensión más larga que los radicales al periodo considerado como puro? El problema lo notaba con precisión John Williamson Nevin al prologar *El principio del protestantismo* de Philip Schaff en 1845: «si el protestantismo no deriva por una sucesión real y legítima de la vida de la Iglesia en la Edad Media, es completamente vano intentar vincularlo a la vida de la Iglesia en cualquier otro punto anterior».[19] Cosa mucho más compleja de determinar, ciertamente, es en qué consista esta «sucesión real y legítima».

Una sucesión real y legítima por supuesto se ha pretendido en relación con diversos movimientos medievales. Quien abre una historia de la Reforma se encontrará rutinariamente con referencias a los precursores de la misma. Pero distintos autores y movimientos son nombrados según lo que se considere más característico de la Reforma. Quien enfatice la comunión bajo dos especies no podrá sino tener a Huss por precursor. Quien destaque los elementos anticlericales en general y la oposición al papado en particular pensará en Wyclif. Quien piense en un estricto atenerse a la Biblia y en el sacerdocio de todos los creyentes, referirá a los valdenses. Quien acentúe la interioridad, pensará en los místicos alemanes. Una amplia literatura refiere a éstos y otros como «precursores de la Reforma». Pero no cuesta mucho esfuerzo ver que estos movimientos se encuentran en importantes sentidos

[19] Nevin en Philip Schaff (2004), *The Principle of Protestantism.* Eugene: Wipf & Stock, pág. 48.

en los márgenes de la tradición medieval. Podríamos decir que aquí la sucesión es «legítima», pero menos «real» de lo que uno quisiera. ¿Qué ocurre si uno dirige la mirada al centro del mundo medieval? Puede ser adecuado realizar el ejercicio pensando en dos movimientos que comparten la pretensión reformista pero que se encuentran de modo indiscutible en el centro de la ortodoxia medieval. En cada una de las dos grandes órdenes mendicantes, franciscanos y dominicos, encontramos, en efecto, rasgos que podrían vincularse con el posterior impulso reformador del siglo xvi; pero también hay diferencias llamativas. No es nada nuevo que hubiera movimientos de reforma dentro de la Iglesia. Pero las órdenes mendicantes tienen la peculiaridad de ser un movimiento citadino: en lugar del retiro monacal, cuya forma más radical puede encontrarse en los padres del desierto, aquí tenemos órdenes que surgen para servir en las ciudades. En eso están un paso más cerca de los reformadores del siglo xvi que de movimientos precedentes. De los franciscanos, por otra parte, los reformadores podrían haber admirado una tradición no menor de crítica al papado, y difícilmente podrían haber criticado el camino que los dominicos, la orden de los predicadores, puso como vía central para la reforma: la predicación. Pero, al mismo tiempo, estos rasgos conviven con el hecho de que se tratara precisamente de órdenes mendicantes, objeto de severa crítica de parte de los reformadores. Si existen sucesiones «reales y legítimas», ninguna de ellas significa que se vaya a encontrar réplicas de los reformadores en el pasado.

En el presente libro, la relación de los reformadores con estos variados trasfondos medievales desempeña un papel levemente más importante que su relación con los antecedentes patrísticos. No se trata de simple cercanía cronológica ni, debemos enfáticamente aclarar, de intentar trazar influencias ni de buscar precursores. Se trata, más bien, de que hay prácticas intelectuales medievales que en parte nos ayudan a entender lo que está ocurriendo en la Reforma. Pensemos, por lo pronto, en las célebres 95 tesis. Hay un amplio debate respecto de la imagen transmitida: que Lutero haya clavado las tesis en la puerta de la Iglesia, dando así inicio a una amplia conmoción, es un evento para el que no se encuentra testigos presenciales sino sólo primeros relatos hacia el final de la vida del reformador.[20] No cabe duda, con todo, de que algún acto de difusión tuvo lugar: las tesis estaban pronto siendo reproducidas y discutidas en el resto del continente. ¿Pero qué eran? Según las describe el mismo Lutero en la *Carta a León X*, «no se trata de enseñanzas ni de dogmas, sino de tesis para disputación, que usualmente son oscuras y enigmáticas».[21] Tal descripción, sin duda, suaviza en exceso el tono

[20] Hasta pocos años atrás el único testimonio con el que se contaba era, de hecho, el de Melanchthon, redactado cuarenta años tras el eventual suceso. El reciente descubrimiento de otros testimonios ha reabierto la discusión, pero sin generar una transformación sustantiva. Véase Joachim Ott; Martin Treu (eds.) (2008), *Luthers Thesenanschlag – Faktum oder Fiktion*. Leipzig: Evangelische Verlagsanstalt.

[21] Lutero, Martín, *Carta a León X* (prefacio de *La libertad del cristiano*), WA 1, 528.

que las tesis de hecho exhiben. Nos recuerda, sin embargo, que Lutero podía, al menos, apuntar a una práctica académica del periodo en la cual, en alguna medida, se inscribía su actuar. Interpretar la publicación de estas tesis como un acto romántico-revolucionario se enfrenta, pues, a obstáculos serios. Aunque su contenido pueda ser rupturista, no hay medieval que se sorprendería porque un colega suyo someta un conjunto de tesis a discusión. Atender a ese hecho no significa, por otra parte, que la Reforma aparezca aquí como un simple capítulo de la vida medieval. En palabras de Steven Ozment, lo que se refleja aquí es la convicción de que la Reforma «fue tanto la culminación como la trascendencia de la historia intelectual y religiosa del medioevo».[22]

Pero nuestro interés, como señalamos, se mueve no sólo en dirección a los antecedentes, sino a entender la Reforma como un capítulo de la tradición intelectual cristiana. Eso implica, desde luego, que nos detengamos también a considerar lo que siguió a la misma. Se trata, pues, de entender la Reforma como un paso sustantivo, pero dentro de una cadena mayor de eventos, cadena que se sigue desplegando tras ella. El rango de siglos cubierto por algunos de los grandes estudios sobre la Reforma nos puede ayudar a ver lo que está en cuestión. Steven Ozment cubre en su obra recién citada de 1250 a 1550. Diarmaid MacCulloch narra la historia de 1490 al 1700, mientras que David Steinmetz y David Bagchi nos invitan a pensar en el «largo siglo dieciséis, del 1400 a aproximadamente 1650».[23] El volumen que Jaroslav Pelikan dedica dentro de su monumental *La tradición cristiana* a «la reforma de la Iglesia y del dogma», cubre del año 1300 al 1700. Para el presente libro sería difícil indicar una fecha de inicio. Pero por lo que al término respecta, bien podríamos decir que la pregunta por la continuidad de la tradición intelectual cristiana será perseguida hasta alrededor de 1685. Dicho año es recordado por la revocación, por parte de Luis XIV, del edicto de Nantes, por el que los protestantes habían gozado de alguna libertad en Francia. En la historia intelectual puede ser un año igualmente relevante, al ser la fecha de redacción de la *Carta sobre la tolerancia* de John Locke (aunque éste esperó cuatro años más antes de publicarla).

¿Cuál era la situación de la tradición intelectual cristiana por esa fecha? John Owen, el según algunos mayor teólogo que haya producido el mundo de habla inglesa, representante tanto del no conformismo como de la escolástica

[22] Ozment, Steven (1980), *The Age of Reform 1250-1550. An Intellectual and Religious History of Late Medieval and Reformation Europe.* New Haven: Yale University Press, pág. ix.

[23] MacCulloch, Diarmaid (2004), *The Reformation.* Nueva York: Penguin. Steinmetz, David; Bagchi, David (2004), «Introduction: The Scope of Reformation Theology», en: David Bagchi; David Steinmetz (eds.), *The Cambridge Companion to Reformation Theology* (pág. 3), Cambridge: Cambridge University Press, Cambridge. Para una defensa de la posibilidad de la historia intelectual de largo alcance, a la luz de las críticas contextualistas de décadas recientes, véase David Armitage (2012), «What's the Big Idea? Intellectual History and the *Longue Durée*». *History of European Ideas* (núm. 38, 4).

protestante, era el decano de Christ Church, Oxford, cuando Locke ingresó ahí como estudiante.[24] Como decano de Locke en la década de 1650, Owen parece una adecuada imagen de la última generación en que la tradición intelectual cristiana se encuentra en una posición de preeminencia. Al publicarse pocos años más tarde las grandes obras de Locke, John Owen ya había fallecido (1683). Es en esa misma década, cabe notar, que uno encuentra títulos como «luterano» o «calvinista» ya no sólo como reproche católico, sino como títulos que hacen suyos los protestantes, concediendo a sus adversarios el título de católicos.[25] Obras como la *Teología didáctico-polémica* (1685) del luterano Quenstedt, y la *Institución de teología polémica* (1679-1685) del reformado Francisco Turretini, pueden tal vez ser consideradas como el límite último de la historia que aquí se narra. Turrettini bien puede ser considerado el último gran escolástico protestante. Enseñando desde la Academia ginebrina erigida por Calvino y Beza, bien podría centrarse en él una evaluación de lo que ocurrió con el pensamiento protestante desde sus primeras generaciones hasta el momento en que es marginado del centro de la escena intelectual. Como catedrático en la Academia de Ginebra, Turretini fue reemplazado por su hijo Jean-Alphonse. Pero Jean-Alphonse era un hombre ya plenamente integrado a la Europa ilustrada, una figura que intelectualmente era tan cercana a Locke como su padre lo había sido a Owen.

3. La tradición y sus problemas

La Reforma se entendió a sí misma, ante todo, como un movimiento de recuperación del evangelio. No hay doctrina tan central en este contexto como la de la justificación por la sola fe. Ahora bien, la comprensión del evangelio que alcanzaron los reformadores y el modo en que encuentra específica expresión en la doctrina de la justificación por la sola fe son materias que el presente trabajo toca, pero sólo en la medida en que son significativas para otros aspectos del pensamiento cristiano. El presente no constituye, pues, un libro sobre el eje central de la Reforma. Para las inquietudes que nos orientan resulta en cierto sentido más interesante que Lutero expresara su intuición fundamental no en términos de simple recuperación del evangelio, sino de una dialéctica entre ley y evangelio.[26]

---

[24] A lo largo de este libro seguiremos la usual convención según la cual «puritano» describe a un partido *dentro* de la Iglesia de Inglaterra, mientras que el «no conformismo» describe a quienes, proviniendo de ese trasfondo, quedan fuera de dicha comunión eclesiástica tras la masiva expulsión de 1662. Para el lugar de Owen en esos eventos véase la magistral biografía de Crawford Gribben (2016), *John Owen and English Puritanism. Experiences of Defeat,* Oxford: Oxford University Press.

[25] Véase Martin Schmidt (1967), «Ecumenical Activity on the Continent of Europe in the Seventeenth and Eighteenth Centuries». En: Ruth Rouse; Stephen Charles Neill (eds.), *A History of the Ecumenical Movement 1517-1948* (2ª ed.), Londres: SPCK, pág. 74.

[26] Para una historia del temprano protestantismo en que esa distinción adquiere un papel articulador, véase Scott Dixon (2010), *Protestants. A History from Wittenberg to Pennsylvania. 1517-1740,* Oxford: Blackwell.

Eso significa, como lo ha notado Gerhard Ebeling, que para Lutero lo fundamental era una *distinción.*[27] Una vez más quedamos así situados ante una práctica intelectual típicamente medieval. Pero la distinción específica aquí en cuestión es un acento característico de la Reforma: afirmar la justificación por la fe es afirmar una justicia de Dios que se manifiesta «aparte de la ley» (Rom 3,21); es, en otras palabras, presentar el evangelio de un modo que acentúa su diferencia respecto de la ley. Para captar lo que hay aquí de típicamente protestante, resulta capital comprender que ésta no es una distinción entre la antigua y la nueva alianza, sino entre los imperativos divinos y los indicativos que nos revelan lo ya hecho por Dios a favor del hombre (estando ambos, ley y evangelio, por tanto dispersos en el Antiguo y el Nuevo Testamento). Según Lutero, saber distinguir de este modo ley y evangelio es el arte que hace a un teólogo. Pero, al mismo tiempo que los reformadores enfatizan la centralidad de dicha distinción, la ley sigue manteniendo una serie de vínculos con el evangelio. Porque los mismos reformadores concebían tres principales usos de la ley: ésta desempeña papeles tanto respecto del orden externo de la comunidad civil, como respecto de la instrucción moral del creyente y respecto de la confrontación del pecador con un modelo o medida de santidad que lo mueva al evangelio. Aquí esto nos interesa porque los mismos reformadores usan ocasionalmente esta distinción de un modo que nos hace pensar en mucho más que la ley como norma. En sus tratados de ética, por ejemplo, Melanchthon con alguna frecuencia identifica la filosofía misma con la ley. La filosofía queda así legitimada (equiparada con nada menos que la ley de Dios) y al mismo tiempo, por su distinción respecto del evangelio, debidamente purgada de cualquier pretensión salvífica. Tal aproximación se encuentra no sólo en textos de carácter práctico, donde la analogía con la ley parece más natural, sino incluso en manuales de disciplinas teóricas: «advierto a mis oyentes que el conocimiento de Dios que nos da la física es conocimiento de la ley y no del evangelio»,[28] escribe el mismo Melanchthon en uno de ellos. En otras palabras, en el siglo XVI podemos encontrar un claro tratamiento no sólo de la predicación, sino también de las tareas culturales en términos de ley y evangelio. Ver la ley y la tarea del pensamiento en esos términos, es enfocarla desde un marco explícitamente cristiano que, sin embargo, les reconoce una naturaleza distinta de la del evangelio.

No todo el mundo querrá reconocer como filosofía el saber inserto en esa relación. Como el presente libro no se ocupa específicamente del evangelio, tampoco será reconocido por los teólogos como un producto típico de su disciplina. Si a alguna rama del saber pertenece es a la «historia de las ideas» y, más en concreto, de lo que vagamente podemos llamar «pensamiento cristiano». Los rasgos de la tradición intelectual explorados en este libro pueden, desde luego, ser considerados

[27] Ebeling, Gerhard (1964), *Luther. Einführung in sein Denken*, Tubinga: J. C. B. Mohr, pág. 122.

[28] Melanchthon, *Introducción a la física* (*Initia doctrinae physicae*), CR 13, 198.

por su importancia específica para la teología, pero también por su importancia para otras áreas del pensamiento. A la obra subyace esa doble preocupación. Por lo que a la importancia para la teología respecta, considérese estas palabras de un reciente libro de cristología:

> Hasta la Reforma, y más allá de ella, la filosofía griega, aunque insistamos en las diferencias entre los modos platónicos y aristotélicos de pensamiento, ayudó y en muchos sentidos unificó la reflexión teológica. Hasta cierto punto todos los académicos europeos compartían una filosofía perenne que en último término derivaba de los griegos. Pero desde el siglo XVI el pensamiento filosófico se ha dividido en diferentes nuevos sistemas. [...] El resultado es que quien se dedica a la cristología se encuentra hoy forzado a elegir entre distintas filosofías (que muchas veces deben ser distinguidas según autores, escuelas y etapas), como la analítica, el existencialismo, el idealismo, el neotomismo, la fenomenología, la hermenéutica, el pragmatismo y la filosofía trascendental.[29]

Así se ve el problema desde la reflexión teológica. Quien se involucra en ella de un modo que pretenda estar en continuidad con la tradición cristiana, querrá naturalmente estar familiarizado con ese lenguaje que era compartido por los siglos anteriores; querrá, al menos, tener la versión menos caricaturesca que se pueda de él. Quien tiene preocupaciones históricas genuinas, se preguntará también por la plausibilidad de esta interpretación que sitúa en el siglo XVI la pérdida de tal lenguaje compartido. Pero estas mismas inquietudes, como señalamos, pueden plantearse también desde una preocupación que no es específicamente teológica. Esa «filosofía perenne», antes compartida en alguna medida por tantas escuelas, ha sido llamada por Isaiah Berlin «la tradición central de Occidente». Dicha tradición habría asumido (Berlin se declara consciente de estar «simplificando las cosas demasiado») que para toda pregunta, si es una pregunta genuina, hay una sola respuesta correcta; que la función del método es dar con esa respuesta; y por último, que el conjunto de estas respuestas correctas se encuentran además en estrecha relación entre sí: no serían verdades aisladas, sino consistentes entre sí, como piezas de un puzle o partes de un sistema.[30] Escribiendo desde la otra gran tradición de Occidente, la tradición liberal que predomina en el mundo moderno, Berlin era consciente de cómo el cristianismo había modificado

[29] O'Collins Gerard (2009), *Christology: A Biblical, Historical and Systematic Study of Jesus*. Oxford: Oxford University Press, pág. 223.

[30] Berlin, Isaiah (2013), *The Crooked Timber of Humanity. Chapters in the History of Ideas*, Princeton: Princeton University Press, pág. 25-26. En esta primera referencia Berlin se refiere en realidad de modo más estrecho a la «tradición central del pensamiento político de Occidente»; pero su uso posterior (pág. 30 y 221) deja claro que se refiere a esta tradición en un sentido más amplio que el puramente político.

la tradición central heredada de los griegos. Sabía que la propia tradición liberal «pende en su plausibilidad de una profunda y radical revuelta contra la tradición central de Occidente».[31] Berlin, en efecto, creía que la Reforma constituía el mayor quiebre previo al surgimiento del liberalismo, y que éste podía trazar sus orígenes, si bien por caminos sinuosos e indirectos, a ella.[32] Incluso desde esa perspectiva, con todo, la Reforma seguía estando dentro de la tradición central de Occidente.

Pero la amplia perspectiva que aquí buscamos adoptar –de la «teología» al «pensamiento cristiano»– impone naturalmente algunas limitaciones. Hay importantes cuestiones que necesariamente quedarán fuera de nuestra discusión. En algunos casos tales exclusiones se explican sencillamente por las limitaciones del autor y del espacio. En otros, cabe añadir alguna explicación para la exclusión. Considérese, por ejemplo, la importante pregunta por la relación de la Reforma con la ciencia moderna. De más está decir que abordar un conjunto de problemas como ése no habría carecido de interés, tanto menos una vez que se advierte lo paradigmática que se vuelve la ciencia como forma de conocimiento para el mundo que sigue al periodo cubierto aquí. Pero ese tema no nos pone ante una tradición continua que se vea reforzada o cuestionada por la Reforma, sino ante una tradición que en buena medida nace tras ella. Así, aunque la pregunta por la relación entre Reforma y ciencia moderna posee un interés intrínseco difícilmente cuestionable, el lugar para tal pregunta no parece ser aquél en el que tratamos sobre el problema de la continuidad con la tradición precedente.[33] Distinta es la pregunta por la tolerancia y por la libertad religiosa. También aquí lo que tenemos por delante es un fenómeno complejo. Algunos escriben sobre él en términos que hacen creer que los reformadores promovían la libertad religiosa de un modo comparable al que hoy se ha vuelto estándar. La contraparte de tal tesis se encuentra en quienes llaman la atención sobre cuán medievales parecen ser los reformadores, una imagen típicamente asociada a la relación entre Calvino y Servet. Lo que hay aquí es en realidad una amplia continuidad con la tradición previa en los modos de pensar sobre la disidencia (porque el pensar al respecto sí es una constante de la historia humana), al mismo tiempo que la Reforma introduce un grado de pluralidad que luego forzaría a las primeras generaciones de filósofos modernos a pensar de nuevas maneras (también ellas ambivalentes) al respecto.[34] Pero para quienes comenzaron a abordar estas cuestiones en la modernidad temprana, el

---

[31] Berlin, 2013, pág. 221.

[32] Berlin, 2013, pág. 221.

[33] Para el estado actual de la discusión véase Gijsberk van den Brink (2015), «The Reformation, Rationality and the Rise of Modern Science». En: Herman Selderhuis; Ernst-Joachim Waschke (eds.), *Reformation und Rationalität*, Gotinga: Vandenhoeck & Ruprecht.

[34] Para una visión general cabe recomendar (si bien se restringe al contexto inglés) John Coffey (2000), *Persecution and Toleration in Protestant England 1558-1689*, Nueva York: Longman.

problema de la tolerancia se volvió un elemento articulador de su pensamiento de un modo que no lo fue ni para la Reforma ni para la tradición precedente. Importantes cuestiones como éstas quedan, pues, fuera de la discusión aquí acometida. No obstante, sí se tematiza el marco general que les da sentido: el modo en que la Reforma recibe y transforma la valoración del conocimiento y de la vida política.

4. División de la obra

A dicha valoración del conocimiento y de la vida política llegaremos en tres pasos, a los que corresponden las subdivisiones principales del libro. El primer capítulo busca sencillamente introducir el problema. Eso implica, desde luego, ofrecer un bosquejo de la tradición intelectual cristiana. Ofrecido tal bosquejo, intentaremos exponer los modos principales en los que se ha intentado comprender la relación de la Reforma respecto de dicha tradición. Hay, desde luego, innumerables lecturas y matices. Pero es sobre todo lo que podríamos llamar el conjunto de lecturas «discontinuistas» lo que buscamos ahí retratar. Tales lecturas serán luego puestas en duda prestando atención a algunos antecedentes medievales –pero de un modo distinto a la usual pregunta por los «precursores de la Reforma»–, considerando el perfil intelectual de algunos reformadores, e introduciéndonos al vasto mundo de la post-Reforma. Pero para defender la tesis continuista no basta con ofrecer más conocimiento –por ejemplo, de esa tan desconocida post-Reforma–; más bien hay que atender a los obstáculos que enfrenta nuestra comprensión, obstáculos como el carácter paradigmático que una abundante literatura tiende a otorgar a Lutero para la comprensión del temprano protestantismo, o la recurrente tendencia a explicar la historia en términos de simples caídas y reformas. La reflexión sobre tales obstáculos pone término al primer capítulo, que en cierto sentido puede ser considerado una extensa introducción a la exposición general contenida en los dos capítulos siguientes.

Los capítulos segundo y tercero buscan simplemente ofrecer una defensa de la posición continuista respecto del problema planteado en el libro. La naturaleza de la división entre estos capítulos es la siguiente: mientras el segundo capítulo busca establecer la continuidad en el *modo de pensar*, el tercero busca mostrar la continuidad en *lo de hecho pensado*. Podría decirse que así buscamos cubrir los dos sentidos del término latino *doctrina*. Tal como nuestro término «enseñanza», éste puede hacer referencia tanto al contenido enseñado como a la práctica de enseñar. El lector de hoy que se aproxima al *De doctrina christiana* de Agustín puede estar esperando un tratado sobre las doctrinas cristianas; lo que en realidad encuentra ahí es un tratado de interpretación y comunicación. Pero los dos sentidos del término no son separables sin más: el modo en que se intente comunicar pende de lo que se crea, por ejemplo, respecto de la capacidad de los hombres para efectivamente llegar a compartir una comprensión en común del mundo.

Lo que busca el capítulo segundo es, pues, mostrar que la Reforma protestante se suma no sólo a la defensa de ciertas tesis clásicas de la tradición intelectual cristiana, sino que se une a las múltiples maneras en que esa tradición usualmente ha abordado la tarea de pensar. Eso significa, en primer lugar, una posición continuista respecto del lugar en el que se da el pensamiento: estamos hablando no de autores aislados, sino de pensadores involucrados en una tarea pedagógica. Los reformadores, tal como sus antecesores medievales, trabajaron dentro del marco dado por instituciones de enseñanza, principalmente universidades, y la naturaleza de esas instituciones tiene una gran fuerza explicativa para entender el tipo de trabajo que realizaban: entre otras cosas, siendo la universidad misma una institución que con dificultad se ajusta a los modos usuales de periodización, la historia de quienes en distintos momentos trabajaron en ella nos debiera capacitar para cierta distancia crítica ante tales divisiones. Habiendo atendido a dicho marco institucional, dirigiremos la atención a prácticas académicas específicas, como la disputación o el comentario, y a las grandes obras sistemáticas que fueron surgiendo de ellas. Es recién a la luz de esos métodos que lograremos explicar de modo adecuado el sentido del término «escolástica», que naturalmente usaremos con considerable frecuencia para referirnos tanto a la escolástica medieval como a la protestante. A la discusión sobre estos métodos, que nos recuerdan lo profundamente libresca que es la cultura intelectual hasta el siglo xvii, sigue una discusión del papel de la tradición clásica en los documentos confesionales del protestantismo. ¿Qué justificación tienen, de partida, tales documentos a la luz de una consigna como el *sola scriptura*? ¿Qué uso hacen tales documentos de la tradición intelectual cristiana y qué uso invitan a hacer de ella? Tales preguntas serán abordadas principalmente de la mano de la *Fórmula de concordia* y la *Confesión de fe de Westminster*. Por último, este capítulo nos llevará a preguntar por la recepción de autores puntuales. Nos detendremos en los distintos modos en que Platón y Aristóteles, Agustín y Tomás de Aquino, son sucesivamente recibidos en la tradición medieval y en la temprana tradición protestante. Como tradición, y en particular como tradición libresca, la vida intelectual de los cristianos consiste hasta este periodo fundamentalmente en una historia de recepción, comentario y creativa transformación de lo recibido. Pero para entender la naturaleza de esos procesos de recepción, y sobre todo para sacudirnos los prejuicios preponderantes en la materia, conviene atender a estos casos específicos.

Sentadas tales bases por el capítulo segundo, el capítulo tercero y final atiende a cuestiones de fondo. Buscamos aquí cubrir sólo dos áreas temáticas: el conocimiento de Dios y la reflexión sobre la vida política. Sobra decir que cualquiera de estas dos preguntas daría por sí misma para una obra completa. Dar cuenta de cómo la Reforma, en continuidad con la tradición precedente, pensó sobre nuestro acceso racional a Dios, es, después de todo, equivalente con levantar preguntas sobre la relación entre fe y razón, sobre nuestra condición caída, sobre el valor del conocimiento. Reflexionar sobre la realidad política es, asimismo, inquirir sobre la estructura buena de la creación, sobre la legitimidad de la resistencia, sobre los variados tipos de autoridad. Tal vez con cierto exceso de audacia, este tercer capítulo busca presentar para este conjunto de problemas una visión panorámica que muestre las grandes líneas de la tradición cristiana precedente, y las formas en que la Reforma tanto continúa como enriquece tal tradición, sin dejar fuera los ocasionales modos en que, a veces con razón y otras veces sin ella, la modifica. En dicho lugar, y a quinientos años de la Reforma, es natural que surja la pregunta por la actualidad y viabilidad de estas ideas hoy. Pero aunque pertinente, dicha pregunta es planteada de un modo más provechoso si partimos por reubicar a la Reforma en el mundo al que pertenece.

Capítulo I

La tradición intelectual cristiana desde los orígenes patrísticos a la post-Reforma

1. El surgimiento de una tradición

1.1. ¿Existe una tradición intelectual cristiana?

¿Qué es la tradición intelectual cristiana? ¿Ha existido un fenómeno digno de este nombre? Tal pregunta puede plantearse a partir de cada uno de los términos presentes en la expresión. Podemos preguntarnos si acaso se trata de algo suficientemente continuo como para ser calificado como una *tradición*. Nadie duda de que ha habido pensadores cristianos de envergadura en distintos tiempos y lugares. ¿Pero constituyen una unidad suficientemente clara, en términos de contenido y continuidad histórica, como para hablar de una tradición? Tal pregunta ciertamente parece más fácil de responder respecto de escuelas cristianas específicas que respecto del conjunto de la tradición. Ireneo había sido discípulo de Policarpo, y éste del apóstol Juan: he ahí una tradición nítidamente identificable, y pueden hacerse ejercicios similares con Alberto Magno y Tomás de Aquino, o Lutero y Melanchthon. ¿Pero cabe dar una respuesta similar sobre el conjunto, de un modo que una a todos estos autores? ¿Ireneo, Tomás y Lutero? La sola formulación de la pregunta parece invitar a una respuesta negativa. Pero, junto a esa respuesta negativa, hay que recordar que nuestra pregunta inicial no era si acaso todos los pensadores cristianos pertenecen a la misma escuela, sino si acaso pueden ser descritos como enraizados en una misma tradición. Escuelas y tradiciones no son lo mismo. Una tradición no tiene por qué implicar criterios sobreexigentes de unidad y continuidad. La tradición liberal, por ejemplo, no se funda en estrictas relaciones de maestro-discípulo, ni tampoco podría caracterizarse como una tradición uniforme. Hay escuelas dentro de ella. Sin embargo, podemos caracterizarla por una trayectoria continua y coherente, con razonables «parecidos de familia» entre sus autores.[1] Dentro de ella, naturalmente, se da un fuerte disenso: una tradición, después de todo, es un tipo de discusión, es un lugar en el que hay un tronco común suficientemente robusto como para que haya disensos que parezcan peleas intrafamiliares. ¿Puede hablarse así de una tradición intelectual cristiana? Tal pregunta no nos orienta a buscar uno que otro genio aislado, sino a esperar un

---

[1] Para verla como una tradición véase, por ejemplo, Pierre Manent (1990), *Historia del pensamiento liberal,* Buenos Aires: Emecé Editores; para los «parecidos de familia» como criterio unificador, Robert Song (1997), *Christianity and Liberal Society*, Oxford: Oxford University Press.

modo de pensar consistentemente transmitido a lo largo de las generaciones, un modo que pasa a ser el lente a través del cual todo se ve, aunque el lente mismo a veces se nos puede volver invisible. No es extraño que si vuelve a ser visible, como hoy nos toca verlo, sea precisamente por el contraste con tradiciones rivales.

Pero no sólo estamos considerando en qué medida hay tradición. En segundo lugar, estamos preguntando por la medida en que hay una tradición *intelectual*. Eso no significa que quiebres en otras áreas de la vida sean irrelevantes, o que no tengan consecuencias para la vida intelectual. El quiebre entre la Iglesia de Oriente y Occidente, o la existencia de pretensiones rivales de autoridad papal en el cisma del siglo XIV nos recuerdan que el mundo previo a la Reforma está lejos de constituir una realidad uniforme. Pero no es respecto de ese tipo de quiebres que nos preguntamos aquí. Nos preguntamos, más bien, si, en medio de ésos y otros trastornos, subsiste algo semejante a una tradición cuya comunión se pueda caracterizar por cierta concepción común de la tarea intelectual. Puede tratarse de una concepción común de los límites de la vida intelectual, de los fines de la misma, de las instituciones aptas para la misma o de los textos de los que la misma se nutre. Pero la pregunta es por una tradición intelectual.

Por último, preguntamos en qué medida es una tradición intelectual *cristiana*. Ese uso adjetivo del cristianismo suele invitar a preguntas bien conocidas: ¿hay algo así como política cristiana, música cristiana o educación cristiana? ¿Qué es lo cristiano en ellas? Para el mundo del pensamiento esa pregunta se plantea de un modo particularmente agudo, como puede verse por contraste con el mundo de la música. Ésta, en efecto, tiene su más amplio y esplendoroso desarrollo después de la entrada del cristianismo al mundo. Si bien puede hablarse de una música precristiana, la música compuesta por los cristianos no es principalmente una recepción o transformación de un legado del paganismo, sino que está ella misma en el centro de la tradición musical clásica. Pero en el mundo del pensamiento ocurre lo opuesto. La pregunta por la tradición intelectual cristiana no puede plantearse con independencia de la pregunta por el modo en que puede haber una apropiación legítima de un modo de pensar existente fuera y antes del cristianismo. Con la mirada puesta en la Reforma, muchos plantearían la pregunta del siguiente modo: ¿no constituye ella un cuestionamiento de ese paganismo en el mundo del intelecto, paganismo que fue acríticamente recibido por los padres y ampliado por los escolásticos? ¿No constituye la Reforma, por tanto, una *posición* intelectual cristiana precisamente por ser un quiebre con la *tradición*? La pregunta puede parecer sugerente, pero sobra decir que no puede ser contestada sin atender antes a dicho trasfondo clásico que fue recibido.

1.2. El trasfondo clásico

Conviene que intentemos una primera aproximación a la tradición intelectual cristiana desde el trasfondo pagano que de diversos modos los cristianos hicieron suyo. Un común proceder sería el buscar aquí algunas ideas de los grandes filósofos griegos y mostrar su afinidad con el cristianismo.[2] Piénsese en un Jenófanes, con su crítica al antropomorfismo en la religión, una crítica a quienes creen en «dioses que han nacido, y que tienen vestido, voz y figura como ellos».[3] Es una crítica negativa, como la que puede encontrarse en los grandes profetas de Israel (Jr 10 o Is 44, por ejemplo). Pero tal como en la obra de éstos, en Jenófanes va de la mano de una teología positiva, la afirmación de un Dios que «todo lo ve, todo lo oye, todo lo escucha».[4] Incluso ha parecido plausible interpretar a Jenófanes como alguien que, habiendo en la parte crítica de su filosofía purificado a Dios del antropomorfismo, mantiene rasgos personales en la descripción del mismo.[5] Esta temprana unión de pensamiento crítico y desarrollo de una equilibrada teología natural no es en modo alguno algo excepcional en los siglos que seguirían. Fuente principal de la posterior teología filosófica, desde luego, es Platón. En la crítica de éste al ateísmo distingue tres tipos. No sólo sería ateísmo la negación de Dios (o, más bien, de «los dioses»), sino también la creencia en que Dios existe pero no se ocupa de los hombres y, por último, la creencia en que Dios, si bien se preocupa de nuestras acciones, puede ser sobornado mediante sacrificios.[6] En un asombroso pasaje como ése, no sólo hay una crítica al deísmo, ese formidable adversario moderno del cristianismo, sino también a aquella religiosidad que cree, de algún modo, poder comprar a Dios, una pretensión sorprendentemente cercana a las controversias que desencadenaron la Reforma. La teología natural de los grandes filósofos griegos sobreabunda, en efecto, en discusiones y tesis que pueden dejar perplejo a quien por primera vez se aventura a estudiarla. Se encuentra ahí no sólo la necesidad de un primer motor inmóvil, sino también la necesidad de concebirlo como viviente. Ya Platón había criticado a quienes lo miran como quien «no vive, ni piensa, sino que, solemne y majestuoso, carente de intelecto, está quieto y estático».[7] Aristóteles lo sigue al hablar del principio del que «depende la totalidad de la naturaleza» como «vida continua y eterna» que permanece siempre en ese estado que nosotros sólo podemos gozar de modo fugaz.[8] Ni hablar de

---

[2] Una clásica (aunque algo desactualizada) versión de esta aproximación se encuentra en Werner Jaeger (2008), *Cristianismo primitivo y paideia griega*, Ciudad de México: Fondo de cultura económica. Para exploración sistemática de los tópicos filosóficos desarrollados por los autores patrísticos, véase Theo Kobusch (2006), *Christliche Philosophie. Die Entdeckung der Subjektivität*, Darmstadt: Wissenschaftliche Buchgesellschaft. La más completa exposición histórica es la de Claudio Moreschini (2004), *Storia della filosofia patristica*, Brescia: Morcelliana.

[3] Diels-Kranz 21 B 14.

[4] Diels-Kranz 21 B 24.

[5] Véase Christian Schäfer (1996), *Xenophanes von Kolophon. Ein Vorsokratiker zwischen Mythos und Philosophie*, Stuttgart / Leipzig: B. G. Teubner.

[6] Platón, *Las leyes*, 888 b-c.

[7] Platón, *Sofista*, 249 a1-2.

[8] Aristóteles, *Metafísica*, XII 7 1072 b13-30.

las especulaciones triádicas de Plotino y otros platónicos. Quien considera este trasfondo apenas puede sorprenderse por la reacción de los primeros cristianos. Justino escribía que los cristianos enseñamos en parte lo mismo que Platón (sobre el orden del cosmos), en parte lo mismo que los estoicos (sobre la conflagración universal o incendio de fin de mundo), y en otros puntos doctrinas más dignas de Dios.[9] Agustín llegó a ver en las especulaciones triádicas de los neoplatónicos un atisbo de la Trinidad. Al mismo tiempo, y a pesar de los excesos de algunos autores, corresponde destacar la cautela con la que procedían los antiguos escritores cristianos al notar este tipo de afinidad: «no vayamos a creer que al hablar de estas tres cosas dijeron algo digno de Dios respecto de la Trinidad», escribe el mismo Agustín.[10]

Pero esa cautela no es una característica que todos los cristianos del mundo antiguo compartan en la misma proporción. Alguno llegó no sólo a considerar que la filosofía pagana pudiese tener alguna importancia apologética, sino incluso a especular que la filosofía desempeñaría para los pueblos paganos un papel análogo al que el Antiguo Testamento tuvo para el pueblo de Israel. «La filosofía educaba a los griegos», en palabras de Clemente de Alejandría, «al igual que la Ley a los hebreos, hacia Cristo».[11] Esta idea de una *praeparatio evangelica* no era ajena a los cristianos de la Antigüedad, pero en esta formulación de Clemente bien cabría preguntarse si acaso el Antiguo Testamento se vuelve algo prescindible para culturas distintas de la hebrea. Clemente deja además caer la idea de que, por la filosofía, los paganos habían adquirido no sólo conocimiento verdadero, sino justificación.[12] He ahí, cabría decir, el prototipo de pensador cristiano que no distingue entre ley y evangelio. Al leer afirmaciones como ésa, hay que cuidarse, sin embargo, de la idea de que una apreciación positiva de la filosofía griega haya en general coincidido con ilusiones respecto de la posibilidad de que el hombre se valga por sí mismo. Pues no sólo los padres de la Iglesia, sino también sus antecesores paganos, comparten con frecuencia la idea de que la filosofía misma es un regalo de Dios, «un testamento característico para ellos».[13] Si, según Clemente, la justificación se daba mediante la filosofía, también eso seguía siendo «por gracia». Es en esos términos que además se podía explicar la existencia de filosofías corruptas: así como la filosofía y la revelación bíblica son dones de Dios, la cizaña fue también sembrada por el enemigo tanto en el campo helénico como en el

---

[9] Justino, *Apología I*, 20.

[10] Agustín, *La ciudad de Dios*, XI, 25.

[11] Clemente de Alejandría, *Stromata*, I, 28, 5.

[12] Clemente de Alejandría, *Stromata*, I, 28, 5.

[13] Clemente de Alejandría, *Stromata*, VI, 67, 1.

bárbaro.[14] Si se sabe distinguir trigo de cizaña, se encontrará pues una «base de la filosofía conforme a Cristo».[15]

No fueron sólo los escritores eclesiásticos los que notaron esta cercanía con la filosofía griega. Se trata más bien de una relación en cierto sentido recíproca: la relación inicial es casi exclusivamente polémica, pero la polémica implica un reconocerse como participantes de una misma búsqueda. Con todo lo que pueda tener de convicción respecto de su propia superioridad, el mundo helénico, al cruzarse con el pueblo judío, no pudo sino describirlo como una «raza filosófica». Así había ocurrido en la misma Alejandría, tres siglos antes de la entrada del cristianismo al mundo[16]. Sus tempranos contradictores paganos le conceden al cristianismo la pertenencia a tal raza, y lo hacen precisamente mediante el acto de polemizar con el mismo. Con ello lo reconocen como copartícipe de su búsqueda de un modo en que no lo hacen con otra religión.[17] Los cristianos, a su vez, encontraron entre los filósofos griegos términos tan centrales como dogma, teología y conversión; y cuando quisieron proclamar su propia superioridad, se presentaron como la «verdadera filosofía» (una expresión que había sido acuñada por Platón).[18] En tal expresión se encuentra bien recogida tanto la pertenencia a un mundo cultural específico (aunque con pretensiones universales), como la oposición al mismo: el cristianismo era una filosofía que al menos en algunos puntos significativos declaraba falsas a las restantes filosofías. La autopresentación del cristianismo como filosofía resulta tanto más comprensible, si añadimos el hecho, tan significativamente destacado en el siglo pasado por Pierre Hadot, de que la filosofía antigua se entiende a sí misma no como simple enseñanza teórica, sino como género de vida y ejercicio espiritual.[19]

Pero si buscamos caracterizar el legado clásico que fue incorporado y preservado en la tradición intelectual cristiana, no sólo podemos detenernos a considerar el tipo de cosas que fascinaron a los tempranos pensadores cristianos en sus pares paganos. Podemos también partir por una consideración desde una vereda algo distinta, desde el tipo de pensamiento al que filósofos como Platón se enfrentaron. Dirijamos para eso la mirada a Gorgias, uno de los más importantes sofistas de la Grecia clásica. A pesar de las muchas cosas en que unos sofistas se diferenciaban de otros, algunos rasgos importantes suelen ser resaltados como comunes al

[14] Clemente de Alejandría, *Stromata*, VI, 67, 1.

[15] Clemente de Alejandría, *Stromata*, VI, 67, 1. Modifico ligeramente la traducción de Marcelo Merino, quien traduce «tes kata Christon philosophias» como «filosofía cristiana».

[16] Al respecto véase Werner Jaeger (2008), *Cristianismo primitivo y paideia griega*, pág. 44.

[17] Véase Olof Gigon (1970), *La cultura antigua y el cristianismo*, Madrid: Gredos.

[18] Platón, *República* 499 b-c.

[19] Para la incorporación de la perspectiva de Hadot en esta discusión véase Winrich Löhr (2010), «Christianity as Philosophy: Problems and Perspectives of an Ancient Intellectual Project». *Vigiliae Christianae* (núm. 64).

conjunto: escepticismo respecto de nuestro conocimiento, profesionalismo, fe en la técnica y en el poder del método, evolucionismo en lo biológico, cosmopolitismo, igualitarismo en lo político, crítica de la religión tradicional, oposición entre naturaleza y convención.[20] Pero no nos centraremos aquí en ninguno de estos puntos, sino en una afirmación del *Tratado del no ser* escrito por Gorgias. En este texto fragmentariamente conservado, la enseñanza central es que «no existe nada. Pero si existe, es incognoscible. Y, si existe y es cognoscible, no es comunicable a otros».[21]

Un fragmento como ése no será digno, a los ojos de algunos, de comentario alguno; a los ojos de otros, puede parecer un buen ejemplo de la vacuidad de los intereses de los filósofos; por quien, en cambio, lo tome en serio, puede ser celebrado o criticado como el primer texto que abre un abismo, difícil de cruzar, entre la realidad, el pensamiento y el lenguaje. Sea cual sea nuestra primera reacción al oír de tal abismo, la tesis de Gorgias puede ayudarnos a comprender desde un comienzo la actualidad de los problemas aquí tocados. Notemos, para entrar en tales problemas, que su frase gira en torno a tres tópicos: si acaso hay algo, si acaso podemos conocer algo, y si acaso podemos comunicar algo (y a la larga, por tanto, si podemos fundar una comunidad sobre un cierto conocimiento en común). Ciertamente, hoy esos problemas son formulados de otro modo. «Nada existe» puede parecer un modo excesivamente franco de plantear las propias convicciones; pero la tesis de Gorgias circula entre nosotros en variadas versiones. Puede, por ejemplo, formularse como una negación de nuestra capacidad de distinguir realidad y apariencia. No es que no haya nada, entonces, sino que no podemos saber qué (si acaso algo), de eso que nos encontramos como existente, cabe llamar propiamente real. O bien circula como una convicción respecto de la realidad última: si bien en un sentido lato hay algo, no hay una realidad última; no hay nada firme, ninguna realidad sólida tras lo que conocemos, y eso que conocemos vemos que es efímero. Lejos de ser algo que haya quedado sepultado con los sofistas, este tipo de tesis se encuentra vivo, tanto en nuestra percepción cotidiana del mundo como en la forma en que muchas corrientes nos invitan a verlo (como construcción social, producto del lenguaje, etc.). Tales postulados (en al menos algunas de sus formulaciones) significan precisamente que no existe algo así como una realidad en sentido fuerte, que la frontera entre lo real y lo aparente, o entre lo real y lo virtual, es sobremanera difusa. Y es natural que en épocas como la nuestra, con su amplio desarrollo de la realidad virtual, esto parezca incluso más plausible que en la Atenas del siglo v.

Recordemos, brevemente, el modo en que Isaiah Berlin caracterizaba la «tradición central de Occidente». Según su descripción, esta tradición no sólo asumiría

[20] Para una clásica exposición de estas características véase W. K. C. Guthrie (1969), *Historia de la filosofía griega* (vol. III, págs. 26-63), Madrid: Gredos.

[21] Esta es la versión preservada a través de Aristóteles, en: Autores varios (2007), *Sofistas*, Madrid: Gredos, pág. 116.

una respuesta correcta para cada genuina pregunta, sino que también postularía una estrecha conexión o consistencia entre las distintas verdades que se llega así a conocer. Esa interconexión no es patrimonio de la tradición central de Occidente, sino algo que se encuentra también en sus críticos. La fórmula de Gorgias, así como las posibles alternativas a la misma, ilustra de modo perfecto esta interconexión entre las distintas áreas en las que puede haber búsqueda de conocimiento. El *Tratado del no ser* es una concisa ilustración de un entramado de tesis ontológicas, epistemológicas y políticas. Puede que haya algo sólido, ¿pero podemos acceder a ello o nuestra razón permanece impotente, condenada a impresiones y apariencias? Y si algo conocemos, ¿no tendría tal vez razón David Hume, veinte siglos tras Gorgias, al afirmar que aunque nuestra imaginación se alce al cielo y hasta el límite del universo «nunca damos un paso más allá de nosotros mismos»?[22] El tipo de respuestas que recibió la sofística nos permitirá entender algo mejor cómo el cristianismo pudo entroncar con la tradición filosófica clásica.

Cuando el cristianismo apareció sobre la faz de la tierra, lo que encontró no es mera sofística. Encontró un pensamiento antiguo que de múltiples maneras había respondido a las preguntas levantadas por la misma. Como insistentemente señalaba Eric Voegelin, el término filósofo (*philosophos*), amante de la sabiduría, se despliega en Platón como término polémico que contrasta con el sofista como amante de la opinión (*philodoxos*).[23] El filósofo no niega las preguntas que plantea el sofista. El problema apariencia / realidad no desaparece para dar lugar a un realismo ingenuo. Al «nada existe» no se responde con la simple afirmación de la existencia, sino con el reconocimiento del carácter efímero de gran parte de lo que llamamos real. Bien podemos hablar de la obra de Platón como la principal respuesta a la sofística en este escenario, pero incluyendo en el variado conjunto de los platonismos subsiguientes también a Aristóteles. Lloyd Gerson ha sintetizado el espíritu de dicho platonismo como el de una «visión de arriba hacia abajo» (*top-downism*). Podrá precisarse que en muchos sentidos la filosofía de Aristóteles y la del mismo Platón tienen elementos «de abajo hacia arriba». Pero el impulso fundamental, como lo describe Gerson, es que «el enfoque de arriba hacia abajo apela a principios superiores o irreductibles para dar cuenta de otros fenómenos, entre ellos los de la personalidad humana y los atributos personales como la libertad o el conocimiento, la presencia del mal, y la mismísima existencia del mundo»[24]. Podemos ilustrar lo que esta visión significa si consideramos cómo se responde a la afirmación de Protágoras, según la cual el hombre es medida de todas las cosas. En su más tardía obra, *Las leyes*, Platón expresó su respuesta en los términos más

---

[22] Hume, David, *Tratado de la naturaleza humana*, I, 2, 6.

[23] Véase Eric Voegelin (2000), *Order and History. Plato and Aristotle* (vol. 2), Columbia: University of Missouri Press, pág. 120-124.

[24] Gerson, Lloyd (2005), *Aristotle and Other Platonists*, Ithaca / Londres: Cornell University Press, pág. 32.

antitéticos respecto de la sofística que se pueda concebir. Según ahí escribe, Dios es la «medida de todas las cosas; mucho mejor que el hombre, como por ahí suelen decir».[25] La misma pregunta por la medida está presente en Aristóteles, quien da una respuesta algo distinta: el hombre maduro o cabal (*spoudaios*) sería el verdadero «canon y medida»[26]. Su respuesta, intermedia entre el teocentrismo platónico y el relativismo sofístico, ilustra bien el rango de respuestas que se puede encontrar en la filosofía antigua a este tipo de dilemas. Los cristianos que creyeron que tenía sentido apropiarse de una parte del pensamiento pagano no estaban adoptando sin filtro ideas de su entorno, sino que estaban apropiándose de este tipo de respuestas a las tesis de Gorgias y Protágoras.

1.3. ¿Helenización del cristianismo?

Con alguna frecuencia, la apropiación cristiana del pensamiento pagano es hoy descrita como un acto ingenuo: los cristianos habrían creído que el pensamiento es neutral, que podían apropiarse de modo inofensivo de unas herramientas intelectuales sin que toda una visión de mundo incompatible con el cristianismo se colara con ellas. Aunque el proceso en cuestión es harto más complejo que lo acusado por quienes de este modo denuncian una simple helenización del cristianismo, se debe partir por reconocer que también el pensamiento griego en sus versiones antisofistas se encuentra en tensión con la fe bíblica. Si desde sus inicios el cristianismo convivió con las tradiciones filosóficas preexistentes, fue en consciente tensión con las mismas. Se trata, con todo, de tensiones muchas veces distintas según el autor al que se dirija la mirada. Por lo mismo hay que ser precavidos respecto de quienes buscan algo así como un «motivo religioso griego» que se manifiesta en sus filosofías, con el cual luego se contrasta al cristianismo.[27] Piénsese, por un momento, en la creación. Podría decirse que una parte importante de la tensión entre el cristianismo y Aristóteles se encuentra en el carácter naturalista que podría atribuirse a su filosofía: es cierto que hay un primer motor inmóvil, pero éste es parte, por decirlo así, de la estructura del mundo. No es un ser trascendente, un ser todopoderoso que crea desde la nada. Pero si éste punto es tomado como el núcleo en torno al cual contrastar el cristianismo y el pensamiento antiguo, la evaluación cambiará de modo significativo al dirigir la mirada a Platón en lugar de Aristóteles. En su *Timeo*, después de todo, hay un relato de la creación que por siglos sirvió de compañía a la exposición cristiana del Génesis: es un texto consciente, como escribe Platón, de la dificultad de «descubrir al hacedor

---

[25] Platón, *Las leyes,* 716 c.

[26] Aristóteles, *Ética a Nicómaco,* III, 4, 1113 a34.

[27] Es el esquema que se encuentra, por ejemplo, en Herman Dooyeweerd (1998), *Raíces de la cultura occidental. Las opciones pagana, secular y cristiana,* Barcelona: Clie.

y padre de este universo»,[28] pero que, aún así, contiene paralelos asombrosos con el modo en que los cristianos comprendían la creación: baste como indicio de ello nombrar aquí el hecho de que la temporalidad misma es aquí concebida como realidad creada.[29] Pero si en este punto el cristianismo parece más afín a Platón que a Aristóteles (quien, con su concepción del universo mismo como eterno, causara tantos dolores de cabeza a los aristotélicos cristianos de los siglos venideros), la situación cambia al dirigir la mirada a la valoración del mundo material. Aquí es Aristóteles el que bien puede ser considerado como el mejor exponente antiguo de una posición que valore el carácter material de la existencia humana de un modo que los cristianos pudiesen considerar afín.

La cuestión es, entonces, cómo describir el proceso por el que una enorme herencia griega llegó a encontrarse en casa en el cristianismo. Dicho proceso ha sido objeto de intensa discusión durante los dos últimos siglos, en particular desde que, con Harnack, se volviera una moneda corriente en la discusión teológica la idea de una «helenización del cristianismo».[30] Si originalmente se trataba en buena medida de una descripción de hechos, sin siquiera pretender que las cosas hubiesen podido ser de otro modo, en el siglo siguiente se han añadido nuevos elementos. Si la helenización fue defendida por algunos como un natural proceso de inculturación del cristianismo en su entorno de origen y de primera expansión, otros se han preguntado por qué dicha primera inculturación habría de conservar un papel privilegiado: ¿no deberíamos buscar una deshelenización del cristianismo precisamente para que el cristianismo pueda así quedar liberado para otras culturas? La clásica pregunta por la helenización adquiere así renovada fuerza en el contexto de una preocupación descolonizadora. Pero, aunque esta inquietud no tiene nada de artificial, omite la posibilidad de que la *paideia* griega tenga cierto valor transcultural (y que por tanto su expansión a otros lugares sea algo distinto de mero imperialismo cultural). Afirmar el valor transcultural del saber griego es, en otras palabras, compatible con afirmar el valor distintivo de otros elementos de cada cultura. Un modo de resolver (o al menos disminuir) algunas de estas tensiones consiste, en efecto, en una más cuidadosa distinción entre filosofía o cosmovisión, por una parte, y cultura, por otra parte: la diversidad cultural puede y debe ser evaluada en términos distintos de la diversidad de visiones de mundo.[31] Es posible afirmar el valor transcultural de tal o cual filosofía –como el del cristianismo–, y al mismo tiempo percibir la necesidad de atender a cada cultura en los

---

[28] Platón, *Timeo,* 28 c.

[29] Platón, *Timeo,* 37 d-e.

[30] La discusión ha sido acuciosamente sintetizada por Christoph Markschies (2012), *Hellenisierung des Christentums. Sinn und Unsinn einer historischen Deutungskategorie,* Leipzig: Evangelische Verlagsanstalt.

[31] Útiles observaciones al respecto pueden encontrarse en Jonathan Chaplin (2006), «Rejecting Neutrality, Respecting Diversity: From Liberal Pluralism to Christian Pluralism». *Christian Scholar's Review* (núm. 35, 2).

términos propios de ella. El argumento «descolonizador», en otras palabras, puede en buena medida afrontarse como algo distinto del argumento «deshelenizador».

Pero si abordamos ahora ese argumento deshelenizador, vemos que éste con frecuencia es vinculado con la Reforma. En una célebre conferencia, el papa Benedicto XVI afirmaba que el primer impulso deshelenizador sobre la teología había venido de ella, siendo la teología liberal del siglo xix sólo una segunda manifestación de ese impulso por la liberación del mensaje bíblico respecto de una filosofía ajena (la Reforma habría buscado la liberación de la «forma pura primordial de la fe», la teología liberal, en cambio, habría buscado la liberación del hombre Jesús y su mensaje moral –pero ambos movimientos habrían buscado liberación respecto de un mismo captor).[32] Discutiremos dicha tesis, formulada también por tantos otros, a lo largo de este libro. Pero en lo que Benedicto XVI no estaba equivocado es en considerar la crítica a la «helenización» del cristianismo como un fenómeno de larga data. Aunque la expresión fuese acuñada y popularizada por Harnack en el siglo xix, responde a un tipo de acercamiento que en el siglo xvii se encuentra ya fuertemente establecido. En el mundo eclesial se encuentra en movimientos antitrinitarios como los socinianos, caracterizados por un biblicismo radicalmente antiespeculativo.[33] En el campo de la filosofía, en tanto, pocas obras resultan tan decisivas para este desarrollo como el *Tratado teológico-político* de Spinoza. Pero la separación de filosofía y fe que ahí proclama no es proyecto exclusivo suyo, sino una nota que comparte con contemporáneos como Locke.[34] En el ensayo de éste sobre la recta interpretación de los textos paulinos, se encuentra un típico ejemplo de la crítica a los escritores cristianos postapostólicos como sucesivamente seducidos por Platón y Aristóteles. «Hasta hoy la filosofía de cada uno regula su interpretación de las Escrituras», sentencia Locke.[35] No fue la teología liberal del siglo xix la que dio fuerza a la idea de que la filosofía griega había tomado cautivo al cristianismo, sino el naciente pensamiento liberal del siglo xvii. En cierto sentido esto resulta más revelador, pues nos muestra la crítica naciendo en un momento en el que la unidad del proyecto teológico y político de los críticos en cuestión salta más claramente a la vista.[36] Lejos de ser una crítica elaborada desde la sencilla

---

[32] Benedicto XVI (2011), «Fe, razón, y universidad. Recuerdos y reflexiones», en: Benedicto XVI y otros, *Dios salve la razón*, Madrid: Encuentro, pág. 37-38. Ilustramos a continuación esta posición a partir de esta conferencia de Benedicto XVI, pero es una tesis que también se encuentra en autores protestantes.

[33] Contra las interpretaciones que acentúan su racionalismo, el biblicismo antiespeculativo es destacado por Paul Lim (2012), *Mystery Unveiled. The Crisis of the Trinity in Early Modern England,* Oxford: Oxford University Press.

[34] En Spinoza, véase ante todo el capítulo XIV de su *Tratado teológico-político*. En Locke, *Ensayo sobre el entendimiento humano* IV, 16-21.

[35] Locke, John (1987), *A Paraphrase and Notes on the Epistles of St Paul* (vol. I), Oxford: Clarendon Press, pág. 114.

[36] Para una exposición de los orígenes de la crítica bíblica moderna atenta a este trasfondo véase Henning Graf Reventlow (1984), *The Authority of the Bible and the Rise of the Modern World,* Londres: SCM Press.

adhesión al texto bíblico, como podría creerse al dejar caer la mirada sólo sobre la *teología* liberal, y lejos también de provenir de una simple valoración ecuánime de todas las culturas, la crítica a la helenización del cristianismo proviene ella misma desde un proyecto filosófico muy específico.

Nos vemos así ante la necesidad de abordar críticamente el discurso deshelenizador. Para atender a sus méritos a partir de un texto patrístico, podemos considerar el proemio del *Diálogo con Trifón*, de Justino. La escena de apertura apenas podría ser más característica del mundo helénico, con un judío y un cristiano cruzándose «bajo los porches del gimnasio» y reconociéndose recíprocamente por sus vestimentas de filósofos. La absorción de la cultura circundante parece completa, hasta el momento en que el cristiano pregunta al judío Trifón si acaso Moisés no le resultaba suficiente. La respuesta, es cierto, es una que tiende a homologar la filosofía con la religión, al describir la filosofía como un conjunto de discursos sobre Dios, su unicidad y su providencia. Pero el planteamiento mismo de la pregunta nos muestra que la aceptación de esta cercanía respecto de la empresa filosófica no es una absorción inconsciente de un entorno cultural, sino algo respecto de cuya legitimidad se ha reflexionado. Y, a muy poco andar en el mismo diálogo, nos encontramos con el claro reflejo de que el cristianismo está modificando de modo sustantivo esa empresa filosófica: Justino cuenta su paso por las diversas escuelas filosóficas, y cómo ha finalmente llegado a los platónicos. Ahí encuentra su reposo definitivo por lo que a las escuelas de los filósofos paganos respecta, pero no sin dejar caer una crítica nada de velada: «y mi necedad me hacía esperar que de un momento a otro iba yo a contemplar al mismo Dios. Porque tal es el blanco de la filosofía de Platón».[37] En un momento de temprana e intensa recepción del platonismo, hay desde la primera página conciencia de la modificación que introduce el cuidado cristiano ante los límites. El pasaje podría ser considerado como una síntesis de todo el platonismo cristiano de los siglos siguientes.[38] El proceso de helenización puede haber sido intenso, pero no fue nada de ingenuo.

Si dejamos el mundo griego para dirigirnos al latino, encontramos en el norte de África un fenómeno comparable en lo que ha sido calificado como la mayor joya literaria del cristianismo antiguo, el *Octavius* de Minucio Félix. Aquí no es Platón, sino Cicerón el punto de comparación. Siguiendo de cerca el *De natura deorum* de Cicerón, la obra es una muestra sobresaliente de cómo el ejercicio de apropiación y crítica de la filosofía pagana es realizado de modo simultáneo. En algún momento el interlocutor pagano reacciona irritado por el tipo de subversión, «doble perversión», que están llevando a cabo los cristianos: del cielo y los astros, que están sobre nosotros cuando llegamos a la vida, esperan destrucción;

---

[37] Justino, *Diálogo con Trifón*, 1-2.

[38] Es la misma lección que, más elaboradamente, se puede encontrar en los «ascensos» de Agustín en *Confesiones* VII, 17, 23; VII, 17, 23 y IX, 10, 24-25.

para los hombres, cuyo carácter pasajero tan bien conocemos, proclaman una esperanza de vida eterna.[39] Podríamos llamar a esto una subversión del cosmocentrismo antiguo. Adaptación responsable de la herencia pagana y transformaciones de la misma que pueden ser a la vez radicales y sutiles van aquí todo el tiempo de la mano, aunque en el caso de Tertuliano y Minucio Félix se trate, a diferencia de Justino, de algo más cercano a una «filosofía popular», que «con pruebas y ejemplos ha logrado adornar aquello que es más fácil sentir que expresar».[40] En cualquier caso, el balance de Minucio es uno que Justino bien podría haber hecho suyo: Ocatavio ha logrado «vencer a los inicuos con sus propias armas, con los dardos de los filósofos».[41]

1.4. Querellas y contextos

La interacción de los primeros escritores cristianos con la filosofía se da por supuesto en contextos literarios y polémicos muy específicos. Conviene, pues, que pasemos revista a las controversias y prácticas comunicativas que pusieron al cristianismo en medio de la actividad filosófica. Bien podemos decir que hay cuatro prácticas literarias y polémicas que volvieron rápidamente inevitable este encuentro. Los cristianos produjeron apologética, comentarios a las Escrituras, exposiciones sistemáticas de la fe y obras antiheréticas. Cada una de estas actividades llevó de un modo particular a que tópicos filosóficos se introdujeran en la literatura cristiana.

Pensemos, en primer lugar, en la apologética. Es común hablar de los primeros apologetas griegos como un grupo distintivo en la literatura cristiana: dirigiéndose con sus escritos a un grupo distinto de la propia comunidad cristiana, no podían sino usar herramientas que sirvieran de algún modo de puente. Típica manifestación temprana de esto son las palabras de Justino en su *Primera Apología*, afirmando que todos quienes hubiesen vivido conforme al *logos* «aun cuando fueron tenidos por ateos son cristianos». Ejemplos de eso habría entre los griegos, Sócrates y Heráclito, así como entre los hebreos.[42] Como deja ver el mismo Justino en su *Diálogo con Trifón*, no es sólo una tesis filosófico-teológica específica la que es así recibida y transmitida, sino también una concepción de la vida intelectual. Dicho diálogo abre, según vimos, con el cristiano y el judío reconociéndose recíprocamente como filósofos por sus vestimentas, con Trifón recordando que se le ha enseñado a no despreciar ni descuidar a los que visten el sencillo hábito del filósofo. El cristiano y el judío coinciden ahí en que el objetivo de la filosofía

---

39 Minucio Félix, *Octavius,* 11, 3.

40 Minucio Félix, *Octavius,* 39, 1.

41 Minucio Félix, *Octavius,* 39, 1.

42 Justino, *Apología I,* 46, 3. Para la misma tesis en una generación posterior, véase Clemente de Alejandría, *Stromata,* I, 13, 57.

–aunque tantas escuelas filosóficas descarriadas llevaran a presumir lo contrario– es el conocimiento de Dios. Apertura y crítica son disposiciones igualmente características de estos autores.

El comentario bíblico es otro género literario que lleva, con cierta frecuencia, a introducir material filosófico al público cristiano. En particular, por supuesto, un tipo de comentario bíblico, el alegórico. En esta tradición los cuatro ríos del Edén pueden convertirse en imagen de las cuatro virtudes cardinales y la corriente que lleva al pequeño Moisés puede representar la corriente de las pasiones sobre las que hay que triunfar.[43] La tarea misma de apropiación del saber pagano puede justificarse por alusión al modo en que los israelitas salieron de Egipto llevándose su oro, ¿pues cuál es el oro de Grecia, sino su filosofía?[44] Piénsese lo que se piense respecto de la pertinencia de buena parte de la interpretación alegórica, en su manifestación clásica ciertamente hay que evitar imaginarla como el camino fácil hacia la interpretación arbitraria. A la arbitrariedad ciertamente ha conducido más de una vez, pero por vías difíciles. Porque el arte de la alegoría presupone la capacidad de conectar entre sí textos bíblicos que no están originalmente conectados. El maestro de la alegoría tiene que ser antes un maestro del texto y un firme creyente en la unidad de la Biblia. Si Orígenes representa esta combinación, hay un precedente hebreo de primera magnitud: Filón de Alejandría. Hablando de él, Henry Chadwick ha escrito que «la historia de la filosofía cristiana se inicia no con un cristiano, sino con un judío».[45] A través de esta tradición alejandrina, no sólo conceptos filosóficos sino una infinidad de tópicos clásicos del pensamiento griego hicieron su entrada en la literatura cristiana.

Las exposiciones sistemáticas de la fe cristiana constituyen un tercer tipo de texto mediante el que la tradición filosófica clásica se introduce en el naciente pensamiento cristiano. Una exposición sistemática medianamente avanzada contiene innumerables puntos en que hay lugar para reflexión filosófica. Piénsese, por una parte, en las omnipresentes preguntas metodológicas que atraviesan los textos sistemáticos, y en los amplios prolegómenos que ocasionalmente tienen. Incluso una mente poco dada a la especulación se ve ahí inclinada a concederle un lugar. Pero entre los cristianos tempranos había además mentes inclinadas a tal especulación. El principal caso temprano de tal desarrollo de cuestiones filosóficas en una exposición sistemática de la fe es el tratado *Sobre los principios*, de Orígenes. Al finalizar su prefacio, éste describe en términos elocuentes dicho proyecto: se trata de exponer un todo orgánico a partir de variados elementos, investigando los

---

[43] Para los ríos del Edén, véase Agustín, *Sobre el Génesis contra los maniqueos,* II, 10, 14; para la corriente que lleva a Moisés, véase Gregorio de Nisa, *Sobre la vida de Moisés*, II, 6.

[44] Para la genealogía de esta recurrente imagen, véase Berthold Altaner (1967), «Augustinus und Iräneus», en: Berthold Altaner, *Kleine patristische Schriften,* Berlín: Akademie-Verlag.

[45] Chadwick, Henry (1982), «Philo and the Beginnings of Christian Thought», en: Henry Chadwick, *History and Thought of the Early Church,* Londres: Variorum Reprints, pág. 137.

puntos individuales con argumentos claros y concluyentes, a partir de los ejemplos y enseñanzas que o bien se hayan encontrado de modo directo en las Escrituras o se hayan concluido a partir de ellas por consecuencia legítima.[46] He ahí el germen de toda la sistemática posterior.

Queda, por último, la literatura antiherética, en particular la literatura antignóstica. Son conocidas las dificultades a la hora de describir el gnosticismo. No se trata, después de todo, de una organización unitaria, sino de un difuso movimiento que existe también más allá del cristianismo. Además, nuestro conocimiento sobre el gnosticismo se encuentra mediado de modo casi exclusivo por la obra de sus críticos. Pero el conocimiento que hoy poseemos es significativo, y «gnosticismo» ha servido también como categoría para interpretar fenómenos contemporáneos.[47] Pero aquí nos importa por ser una herejía cuyo carácter herético se concentra precisamente en cuestiones relativas al saber. Se trata de una cosmovisión dualista, presente en grupos religiosos y filosóficos del mundo helenístico. La gnosis en cuestión es un conocimiento esotérico –del cual surge además un escalafón de iniciados–, un conocimiento respecto de nuestro verdadero origen y sobre el modo de volver a él. Originado el mal en un principio eterno malo, en este mundo se enfrenta al bien como en campo de batalla. En el caso del gnosticismo como herejía cristiana, el demiurgo que da origen al mundo es identificado con el Dios de Abraham, contrapuesto al Dios de Jesús como quien nos viene a liberar. Si bien las tesis gnósticas pueden sonar extravagantes a muchos oídos, no hay que mirar en menos lo que significó para el mundo antiguo: si consideramos su difusión en distintas religiones y la fuerza que llegó a tener en su versión más madura –el maniqueísmo–, bien podemos imaginarlo como un movimiento que podría haber llegado a ser una de las grandes religiones mundiales. Pero es un movimiento religioso que pone imponentes tareas a la reflexión: responder al gnosticismo implicaba atender a preguntas sobre el estatuto del conocimiento humano, sobre la naturaleza del mal, llegando –como en los escritos de Agustín contra los maniqueos– a desarrollos altamente originales si son contrastados con la herencia filosófica antigua que los cristianos habían recibido. La oposición al gnosticismo atravesó, de hecho, la obra de los más variados y en otros sentidos contrapuestos escritores eclesiásticos. Unos, como Clemente, respondían al gnosticismo presentando el cristianismo como la verdadera gnosis; otros, como Tertuliano, podían imputar los errores de los gnósticos a una presunta raíz platónica.[48] Pero todos estaban de acuerdo en que estaban ante un interlocutor con el cual

---

46 Orígenes, *De principiis,* I, Praef. 10.

47 Véase William Thomson (1987), «Gnosticism as a Diagnostic Tool in Contemporary Theology», en: George Kilcourse (ed.), *The Linguistic Turn and Contemporary Theology*, Macon: Mercer University Press.

48 Tertuliano, *De Anima*, 23, 5-6.

sintetizarse sería una capitulación. Quien atiende a estos contextos y géneros literarios por los que se entró en contacto con el pensamiento antiguo, no puede sino notar la centralidad que tiene la doble tarea de apropiación y polémica.

1.5. Otra vez: tradición intelectual cristiana

Hemos atendido a la sofística, a las respuestas de los grandes filósofos atenienses a la misma, a la pregunta por la helenización del cristianismo y al tipo de controversias por las que el saber antiguo se introduce en la literatura cristiana. Cabe finalizar sintetizando los puntos de tensión y continuidad a partir de los temas del ya citado *Tratado del no-ser*. En sus variados modos de responder a la sofística, la tradición filosófica clásica afirma que algo existe, que algo de eso existente puede ser conocido, y que algo de ese conocimiento puede ser objeto de comunicación. ¿Dónde se ubica el temprano pensamiento cristiano respecto de cada una de esas tesis? El cristianismo no se encuentra en tensión con ninguna de esas afirmaciones. Con todo, introduce problemas, énfasis y precisiones de variada relevancia. De suma importancia, por lo pronto, es el modo en que aborda el primer punto. Que pueda en un sentido fuerte decirse que algo existe, sin duda es tenido por cierto por el cristianismo. Pero la fe bíblica introduce aquí un fuerte acento en la separación entre el Creador y su criatura. Bien cabría decir que eso lleva a la acentuación de aspectos distintivos de cada parte de esa división. Del cosmos, por ejemplo, se acentuará su contingencia. De Dios, en cambio, se acentuará el carácter independiente de su existencia. Por la reflexión que así se forjó a partir de la autopresentación de Dios como el que es en Éxodo 3, Gilson escribió de una «metafísica del éxodo» como característica del pensamiento cristiano. Para la «deshelenizada» literatura contemporánea, en cambio, en dicha escena, Dios, lejos de revelar su identidad, estaría más bien ocultándola, sólo dándose a conocer como el Dios de Israel, como alguien cuya identidad al margen de dicha relación se nos escapa. Pero, como ha mostrado Michael Allen, la contraposición entre revelación histórica y ontológica que alimenta este tipo de lectura no es necesaria para preservar el primero de esos ingredientes: en autores como Agustín, el comentario a Éxodo 3 es ocasión para hablar de Dios tanto según su «nombre de sustancia» (el que es) y su «nombre de misericordia» (Dios de Abraham, Isaac y Jacob), desplegando en torno al primero de esos nombres una amplia dosis de teología negativa y una notoria conciencia de los límites del lenguaje humano.[49]

¿Nada puede ser conocido? Bien podría decirse que la tradición intelectual cristiana responde con una afirmación rotunda del carácter parcial de nuestro conocimiento: «ahora conocemos en parte» (1Cor 3,12). No es sólo el carácter finito del

---

[49] Allen, Michael (2009), «Exodus 3 After the Hellenization Thesis». *Journal of Theological Interpretation* (núm. 3, 2).

hombre lo que se encuentra tras esa convicción, sino también el reconocimiento de nuestra pecaminosidad. Pero ese reconocimiento del carácter limitado, parcial, torcido, de nuestro conocimiento, es al mismo tiempo una afirmación de que algo al menos puede ser conocido. Bien puede decirse que, a lo largo de la historia del pensamiento cristiano, ha variado el *cuánto*: hay autores y tradiciones con variado grado de optimismo respecto del alcance de nuestro conocimiento, pero hay una común afirmación de alguna limitada capacidad. Lo así conocido es también susceptible de ser transmitido: según una sentencia de Dionisio Areopagita, que en su levemente modificada traducción latina se volvería un axioma de la filosofía medieval, «el bien es de suyo difusivo».[50] Es posible, en otras palabras, que una comunidad de individuos se comporte «como un solo hombre». La expresión tiene algo de figurado, pero transmite de modo elocuente que se transita aquí en una dirección distinta de la de Hume: a veces damos pasos más allá de nosotros mismos. Pero una vez más puede hablarse de algo parcial. No sólo el conocimiento, sino también su comunicación entre los hombres el cristianismo los ve limitados no sólo por causas naturales y por lo inefable de la realidad última, sino porque el hombre se ha vuelto «encorvado sobre sí mismo».[51] Podemos acceder al Creador, a la realidad creada, y a compartir el conocimiento sobre ambos. Pero es un acceso fracturado. Ahora bien, es respecto de la curación de esa fractura que el cristianismo afirma que hay revelación. Es respecto de esa fractura que se revela una posibilidad de redención.

El cristianismo afirma, pues, que algo existe, que algo de eso que existe puede ser conocido, y que algo de ese conocimiento puede llegar a ser compartido. Pero no se trata simplemente de que la fe bíblica ponga límites a lo afirmado como real, cognoscible y compartible, sino que lo hace porque estructura nuestra visión de la realidad desde el triple lente de creación, caída y redención, que son los tres elementos que en los párrafos anteriores hemos visto emerger como modificadores de la triple posición clásica.[52] Bien puede decirse que el cruce de estos dos ejes –la

---

[50] Véase Jan Aertsen (2012), *Medieval Philosophy as Trascendental Thought: From Philip the Chancellor ca. 1225 to Francisco Suárez*, Leiden: Brill, pág. 103-104.

[51] Para esta clásica definición del pecado, y su vínculo con la naturaleza relacional del hombre, véase Matt Jenson (2006), *The Gravity of Sin: Augustine, Luther and Barth on homo incurvatus in se*, Edinburgo: T & T Clark.

[52] Creación, caída y redención como el lente distintivamente cristiano es algo que podemos ver afirmado tanto por escolásticos medievales como por sus críticos protestantes del siglo xx. Véase para lo primero, Hugo de san Víctor, *De sacramentis*, prólogo del libro I, 3: «No podemos mostrar lo que está siendo restaurado salvo que primero expliquemos cómo ha caído; ni tampoco podemos explicar su caída si no explicamos primero en qué condición fue originalmente constituido por Dios» (Hugh of Saint Victor (2007), *On the Sacraments of the Christian Faith*, Eugene: Wipf & Stock, pág. 4). Para una formulación protestante contemporánea, véase Herman Dooyeweerd (1998), *Raíces de la cultura occidental. Las opciones pagana, secular y cristiana*, Barcelona: Clie. Para una similar estructuración en la segunda generación de la Reforma, véase Pierre Viret (1564), *Instruction chrestienne en la doctrine de la Loy et de l'Evangile: et en la vraye philosophie et theologie tant naturelle que supernaturelle des Chrestiens: et en la contemplation du*

simultánea afirmación del ser, el conocimiento y la comunicación, por una parte, y de la creación, la caída y la redención, por otra– es lo que obliga al desarrollo de otro elemento distintivo de la tradición intelectual cristiana: su variada reflexión respecto de cómo se relacionan fe y razón. El primero de estos ejes, como puede verse por su trasfondo griego, es susceptible de un considerable desarrollo racional independiente, mientras que el segundo eje introduce creencias específicas del cristianismo. Pero la relación entre fe y razón no es necesariamente idéntica con una relación entre los dos ejes. Puede requerirse fe para afirmar la realidad última, tal como puede argüirse racionalmente respecto de la creación o el carácter caído del hombre. Así, no hay que extrañarse de que los modos en que a lo largo de la historia del pensamiento se relacionan fe y razón varíen considerablemente. Pero dondequiera que uno dirija la mirada en la tradición intelectual cristiana, el tópico está presente.

Ahora bien, si lo precedente es una descripción adecuada de la tradición intelectual cristiana, no cabe duda de que ella existe en Ireneo y en Agustín, en Boecio y en Juan Damasceno, en Anselmo y Tomás de Aquino, en Belarmino y Turretini. Tampoco puede caber duda de que tal tradición subsiste hoy, aunque su periodo de hegemonía bien puede decirse que acabó con el siglo XVII. Lo que en este libro nos preguntamos es por el papel desempeñado en esa tradición por la Reforma protestante. ¿Puede sumarse sin más a Lutero y Calvino, Melanchthon y Zwinglio, a una lista de autores como la recién presentada? Pasamos a continuación a reseñar los modos en que ha sido abordada esa pregunta.

2. El lugar de la Reforma: visiones contrapuestas

Tras ofrecer de modo sucinto un panorama de la tradición intelectual cristiana, no de su historia, sino de sus énfasis y problemas, de sus posiciones fundamentales y de su aparente subsistencia como la tradición central de Occidente hasta fines del siglo XVII, debemos ahora entrar de modo detenido al problema del papel que le cabe a la Reforma en su subsistencia, crisis, modificación, corrección o abolición. Al respecto, los caminos de los intérpretes se dividen de modo significativo. Pero, como esperamos mostrar a continuación, tal división entre los intérpretes no obedece a una división confesional. Muchos católicos pueden lamentar el quiebre de la tradición intelectual cristiana, quiebre que ven iniciarse con el nominalismo tardo-medieval y consolidarse con la Reforma; muchos protestantes pueden, en cambio, celebrar ese relato. Unos y otros comparten, en ese caso, una misma narrativa, aunque para unos sea motivo de lamento y para otros de celebración.

temple et des images et oeuvres de la Providence de Dieu en tout l'univers: et en l'histoire de la creation et cheute et reparation du genre humain, Ginebra: Jean Rivery.

Son muchos, en efecto, quienes conciben la Reforma protestante como un quiebre crucial en el pensamiento occidental. También sus más feroces críticos la entienden, desde luego, como un elemento más dentro de un complejo conjunto de causas, no todas contemporáneas entre sí. Quien, por ejemplo, considere que el nominalismo –la afirmación de que sólo lo particular es real, siendo los conceptos universales meros nombres– es el principal problema moderno, está con eso poniendo el origen de muchos de nuestros problemas unos dos siglos antes de la Reforma; pero le está atribuyendo a ella al menos su popularización o, más que su popularización, su legitimación bajo un poderoso manto religioso. Autores asombrosamente dispares coinciden en retratar la Reforma en esos términos predominantemente rupturistas, aunque varíen en la sutileza con la que presentan su tesis. Se trata de una literatura inagotable, y con frecuencia es una tesis no discutida, sino simplemente asumida. Lo que a continuación buscamos es ilustrar esta tesis a partir de la obra de dos autores del siglo xx, el católico Jacques Maritain y el reformado Herman Dooyeweerd.[53]

Además de haber sido una de las principales cabezas del tomismo del siglo xx, Maritain fue uno de los grandes constructores del ideario demócrata cristiano, a través de obras como su *Humanismo Integral.* Si Maritain es principalmente un filósofo, Dooyeweerd es un jurista de una formación particularmente integral. Como uno de los herederos intelectuales de Abraham Kuyper en la Universidad Libre de Ámsterdam, trabajó enérgicamente por establecer una filosofía de explícito origen bíblico y aplicable al conjunto de las esferas de la vida. He aquí autores confesionalmente separados, pero medianamente representativos del pensamiento cristiano del último siglo. Tienen, además, en común el haber escrito no sólo sobre el periodo que consideramos en esta obra, sino haber estado preocupados al mismo tiempo por el problema más acuciante de la actitud que debe tener el cristianismo ante el mundo moderno. Sus diagnósticos de la historia del pensamiento en el siglo xvi tienen importancia decisiva para el modo en que consideran que el pensamiento cristiano se debe articular hoy. Y ambos, en tonos muy distintos y con variado grado de conocimiento, presentan el mismo relato rupturista.

Maritain no tiene lugar para las sutilezas cuando habla de los reformadores. Después de todo, no está hablando de su propia tradición, sino de una ajena con la que quiere ilustrar los peligros que acechan a sus correligionarios católicos. En primer lugar, uno encontrará aquí la acusación según la cual el énfasis protestante en el carácter caído del hombre implica algo así como una capitulación, una decisión de no buscar ya más la vida buena. Lutero sería el hombre de una «confesión desesperada: *la concupiscencia es invencible.* Dimisión del

[53] Para ilustración de cómo el mismo tipo de tesis se encuentra asumido en las grandes historias de la filosofía del siglo xx véase Günter Frank, «Philosophische Aspekte der Reformation», en: Herman Selderhuis; Ernst-Joachim Waschke (eds.), *Reformation und Rationalität,* págs. 95-98.

hombre, abandono pesimista a la animalidad».[54] Tal pesimismo, sin embargo, no llevaría a una negación de sí mismo. Lutero sería, por el contrario, «el tipo del individualismo moderno».[55] A esto se sumaría un «profundo antiintelectualismo, favorecido, de otro lado, por la formación occamista y nominalista que Lutero recibió en filosofía».[56] Este irracionalismo, individualismo y pesimismo constituyen, según Maritain, una triple atadura del hombre moderno, y Lutero puede, en consecuencia, ser considerado uno de los que nos ató. Cada una de estas acusaciones, por otra parte, puede ser especificada en variadas direcciones. El pesimismo, por ejemplo, puede especificarse como determinismo: Lutero no sólo desconfía de sus fuerzas, sino que cree que el actuar humano se encuentra completamente determinado. El antiintelectualismo, por su parte, puede ser especificado como un rechazo a la filosofía; no a una filosofía determinada, sino al conjunto de ellas: «¿Su inquina va contra un sistema determinado? No. Contra la filosofía misma. [...] No es sólo la filosofía sino esencialmente la razón la que el reformador combate con saña. La razón sólo vale en un orden exclusivamente pragmático, para el uso de la vida terrenal».[57] Apenas será necesario hacer explícita la conclusión: Lutero se encuentra fuera de la tradición intelectual cristiana del modo en que aquí la hemos caracterizado.

Debemos recordar que las citas precedentes provienen de *Tres reformadores*, un texto de 1925. El libro de Maritain forma, sin embargo, parte de una extensa tradición católica que repite esta interpretación. Los tempranos controversialistas católicos, que ante todo reprobaban en Lutero la crítica a la autoridad, se enfocaban con frecuencia también en este punto: «¿qué tiene de extraño que rechaces a Tomás, si incluso rechazas a Aristóteles, de quien toda la naturaleza se admira?».[58] Silvestre Prierias formulaba dicha pregunta ya en los primeros años de la Reforma. Medio siglo más tarde, en su *Defensa de la fe contra la secta anglicana*, Francisco Suárez escribe que «la cristiandad no ignora que los innovadores de nuestro tiempo detestan la teología escolástica, sea porque son ignorantes respecto de ella, o por la manera en que ella revela e impugna los errores de éstos».[59] Pero aunque esta tradición de interpretación sea persistente, es una tradición que desde las décadas que nos separan de Maritain ha vivido una significativa transformación. Hoy, el estudio de la Reforma puede en gran medida ser considerado un

---

[54] Maritain, Jacques (1986), *Tres reformadores: Lutero, Descartes, Rousseau,* Buenos Aires: Club de Lectores, pág. 17.

[55] Maritain, Jacques (1986), *Tres reformadores*, pág. 37.

[56] Maritain, Jacques (1986), *Tres reformadores*, pág. 40.

[57] Maritain, Jacques (1986), *Tres reformadores*, pág. 42.

[58] *Réplica de Silvestre Prierias a Martín Lutero,* WA 2, 53. Para discusión general véase David Bagchi (1991), *Luther's Earliest Oponents. Catholic Controversialists 1518-1525,* Minneapolis: Fortress Press, pág. 76-7.

[59] Véase Francisco Suárez, *Defensio* VI, 3, 9. Véase también VI, 6, 24.

fenómeno postconfesional, en el que estudiosos católicos contribuyen de modo sustantivo.[60] También ahí persiste, sin embargo, con frecuencia el tipo de tesis que hemos ilustrado a partir de Maritain. Su más reciente versión es la obra de Brad Gregory, donde si bien se acentúa el papel indirecto e involuntario que habría desempeñado la Reforma en la conformación del pensamiento moderno (y sobre todo en la destrucción del antiguo), se la plantea como el principal hito en dicho proceso.[61] Según sentencia Gregory, «contra las intenciones de sus propios protagonistas, la Reforma puso fin a más de un milenio de cristianismo como marco para una vida intelectual compartida en el occidente latino».[62] La interpretación de Maritain, en otras palabras, se encuentra perfectamente «en forma».

Existió, cabe notar, un intento protestante por invertir los papeles de esta interpretación. El naciente pensamiento moderno era presentado por algunos protestantes del siglo XVII como una creación católica deliberadamente diseñada para penetrar las filas adversarias, y así lograr que el protestantismo quedase desvinculado del resto de la tradición intelectual cristiana. Fundándose en un tratado de Campanella que invitaba a una reconquista católica del norte de Europa mediante una alianza con la ciencia moderna, instituciones como la Royal Society podían ser denunciadas como producto de un complot para destruir las universidades tradicionales de la Inglaterra protestante.[63] Mucho más frecuente, y en particular durante el último siglo, ha sido, empero, el asumir de la tradicional interpretación católica al menos el énfasis en la ruptura entre Reforma y escolástica medieval. Ilustraremos esta alternativa mediante Herman Dooyeweerd, quien bien puede ser considerado como una contraparte de Maritain en el mundo protestante. Al *Humanismo integral* de Maritain correspondería su *Crisis del pensamiento político humanista*, y a los esfuerzos de Maritain por revitalizar la tradición tomista corresponderían en Dooyeweerd las voluminosas obras *Crítica del pensamiento teórico* y *Reforma y escolástica*. A pesar de lo que pudiese sugerir su título, esta última no es una obra primordialmente histórica, sino programática: se trata de presentar «reforma» y «escolástica» como dos disposiciones antitéticas, con la segunda caracterizada por su búsqueda de síntesis entre elementos en realidad contrapuestos.

[60] Para los cambios, puede verse Otto Herrmann Pesch (1971), *Ketzerfürst und Kirchenlehrer. Wege katholischer Begegnung mit Martin Luther*, Stuttgart: Calwer Verlag; y Randall Zachman (ed.) (2008), *John Calvin and Roman Catholicism. Critique and Engagement Then and Now*, Grand Rapids: Baker Academic.

[61] Gregory, Brad (2012), *The Unintended Reformation. How a Religious Revolution Secularized Society*, Cambridge (Mass.): Belknap Press, pág. 2.

[62] Gregory, Brad (2012), *The Unintended Reformation,* pág. 45.

[63] El casó más célebre es Henry Stubbe (1670), *Campanella Revived, or, An Enquiry into the History of the Royal Society,* Londres. Si en el caso de Stubbe se trata de la posición de un difícilmente clasificable radical, algo no muy distinto se puede encontrar en un autor ortodoxo como Thomas Barlow (quien fuera el tutor de John Owen). Véase Richard Muller (2010), «Thomas Barlow on the Liabilities of "New Philosophy". Perceptions of a Rebellious Ancilla in the Era of Protestant Orthodoxy», en: Maarten Wisse y otros (eds.), *Scholasticism Reformed. Essays in Honour of Willem J. van Asselt*, Leiden: Brill, pág. 182-183.

No se trata así de un fenómeno medieval, sino de algo que Dooyeweerd imputa también a los padres de la Iglesia. En *Raíces de la cultura occidental* (una obra semipopular, como el *Tres reformadores* de Maritain), Dooyeweerd escribe que la adaptación entre el pensamiento pagano y la revelación que así habría tenido lugar en los padres se transformaría, por su consolidación en la escolástica medieval, en el principal obstáculo para el «desarrollo de una dirección verdaderamente reformacional en la vida y el pensamiento cristianos. La escolástica busca una síntesis entre el pensamiento griego y la religión cristiana».[64] Así, este mismo prisma es el que se aplica a la evaluación de la escolástica protestante, ya desde su (presunto) nacimiento en Melanchthon. De éste escribe Dooyeweerd que «se convirtió en el padre de la escolástica protestante, que incluso hoy se opone a un enfoque verdaderamente bíblico en el pensamiento científico con la resistencia inflexible de una tradición tan antigua como una era».[65] Como mirada a la historia esto tiene mucho de embarazoso: resulta demasiado evidente la manera en que este simplista proceso de descarte está al servicio de la autolegitimación. Pero resulta interesante por los paralelos que precisamente así conserva con cierta historiografía católica.

El modo opuesto en que estos dos autores evalúan la Reforma y la tradición intelectual que la precede descansa, en efecto, sobre al menos un punto de tácito acuerdo: que la escolástica medieval y la Reforma nos deben merecer juicios opuestos. La ruptura que se presupone entre ambas, en otras palabras, no depende de perspectivas confesionales distintas, sino de visiones distintas de la historia intelectual en las que confluye un número mayor de elementos. La contraparte de lo anterior es que dentro de una misma perspectiva confesional pueden coexistir visiones opuestas del lugar de la Reforma en la historia intelectual. Una significativa ilustración de este hecho puede encontrarse en las divergentes interpretaciones de la Reforma que ofrecieron, algunas décadas antes que Maritain y Dooyeweerd, Wilhelm Dilthey y Ernst Troeltsch. En este caso, estamos ante dos representantes distinguidos del protestantismo liberal, pero que difieren profundamente en el lugar asignado a la Reforma. Dilthey había acentuado su papel seminal para el surgimiento de la vida intelectual moderna, a lo que Troeltsch respondió con su célebre texto *Protestantismo y mundo moderno*. El texto es un cuidadoso desmantelamiento de la expectativa generada por su título: lejos de haber creado el mundo moderno, la Reforma protestante habría según Troeltsch sido el fenómeno que inyectó nueva vida a la visión de mundo premoderna, permitiéndole subsistir por dos siglos más: «la ciencia del protestantismo es una escolástica refrescada por el humanismo; su crítica histórica es una polémica de la verdad eterna contra el

[64] Herman Dooyeweerd (1998), *Raíces de la cultura occidental. Las opciones pagana, secular y cristiana*, pág. 118.

[65] Herman Dooyeweerd (1998), *Raíces de la cultura occidental. Las opciones pagana, secular y cristiana*, pág. 150.

engaño demoniaco; el contenido de su saber es una polihistoria y un enciclopedismo recogido de la Antigüedad y de todo género de lugares; su teoría del Estado y del Derecho es una reconstrucción de la antigua enseñanza católica sobre la ley natural».[66] El mundo nacido de esa revitalización no es parte de la Edad Media, pero tampoco es parte del mundo moderno: es la época confesional de la historia europea, cuya continuidad con la historia intelectual precedente parece clara.

Para evaluar el sentido de tal tesis e introducir en ella los matices necesarios, resulta naturalmente necesario que dirijamos ahora la mirada a la relación entre el mundo medieval, la Reforma y la post-Reforma. Nuestro recorrido por estos periodos será de variado carácter. Sobre el mundo medieval arrojaremos una mirada de índole general. Nos interesa por ahora sólo remover algunos obstáculos, dejando la discusión más sustantiva para los capítulos siguientes. Para considerar la relación de los reformadores con el pasado nos detendremos, en cambio, en dos figuras específicas, Vermigli y Melanchthon, que además nos llevarán a considerar la relación de la Reforma con el contemporáneo movimiento humanista. A la post-Reforma, por último, le deberemos dedicar un espacio algo más extenso, dada la necesidad de introducir un periodo que, al menos en lo que a su vida intelectual respecta, ha atraído mucha menos atención.

3. Un multiforme trasfondo medieval

Ya hace mucho tiempo que pasó la época en que se podía estudiar la Reforma desde una liviana mirada de desprecio por el pensamiento medieval. Nunca fue, desde luego, una perspectiva justificada. Pero sí ha sido una actitud que ha determinado la lectura de innumerables generaciones. No se trata, en realidad, de una situación excepcional: en esto, la literatura protestante simplemente ha reflejado la ignorancia respecto de la Edad Media que alguna vez caracterizó al mundo civilizado en general: el romanticismo decimonónico que celebraba el mundo medieval no estaba en una condición mucho mejor que la de su contraparte ilustrada en lo que se refiere a efectivo conocimiento del medioevo. Lo celebrado o rechazado era igualmente desconocido. Pero si, del renacimiento al siglo diecinueve, la Edad Media era un territorio rara vez transitado, eso cambió de modo dramático en el siglo xx. Si el siglo xix había traído consigo un crecimiento inaudito de nuestro conocimiento del mundo antiguo, algo igual o mayor ocurrió con el mundo medieval durante el siglo xx.[67]

---

[66] Troeltsch, Ernst (2001), «Die Bedeutung des Protestantismus für die Entstehung der modernen Welt», en: Ernst Troeltsch, *Schriften zur Bedeutung des Protestantismus für die moderne Welt (1906-1913)*, Berlín: DeGruyter, pág. 288.

[67] Para un panorama de las variadas aproximaciones a las Edad Media que caracterizaron al siglo xx, puede verse Norman Cantor (1991), *Inventing the Middle Ages. The Lives, Works, and Ideas of the Great Medievalists of the Twentieth Century*, Nueva York / Londres: Harper. Dadas las preocupaciones que nos

El siglo y medio de investigaciones eruditas sobre la época aún está lejos de llegar al gran público, por lo que sigue siendo experiencia cotidiana la descripción del periodo como uno de barbarie u oscurantismo. No es extraño que se tome un conjunto de fenómenos de la modernidad temprana –guerras de religión, quema de brujas, índice de libros prohibidos y monarquías absolutas de derecho divino– y se los proyecte indiferenciadamente hacia atrás para formar nuestra imagen del mundo medieval. Pero a diferencia de otros periodos de oscurantismo, éste dejó catedrales, hizo renacer las ciudades y creó la universidad.[68] Éstos no son, por cierto, inexplicables estallidos inconexos de genialidad aislada, sino expresión de una decidida orientación. Jacques Le Goff ha escrito que para el intelectual medieval el vínculo con su ciudad es central: con todo lo que hay de continuidad respecto del trasfondo de escuelas monásticas, Le Goff define el nuevo trabajo intelectual que caracterizaría a las universidades como «la unión de la investigación y de la enseñanza en el espacio urbano»,[69] espacio que implica una apertura a todos, también a quienes van a seguir siendo laicos. Quien piensa en la centralidad de las ciudades y las universidades para la Reforma, puede con facilidad comenzar a sospechar el tipo de continuidades que se puede aquí encontrar.

Pero quien se arroja a considerar el redescubierto mundo medieval en su relación con la Reforma, con facilidad notará que los obstáculos a la comprensión se pueden encontrar entre los estudiosos de los dos periodos. Nos concentraremos a continuación en la ignorancia respecto del medioevo que ha caracterizado a nuestra comprensión de la Reforma, pero no cabe sino antes mencionar la contraparte: las torcidas impresiones sobre la Reforma que se encuentran entre tantos de los grandes medievalistas del último siglo. Étienne Gilson, tal vez el mayor de ellos en el siglo XX, nos puede aquí servir de ilustración. Su conferencia inaugural como maestro de historia de la filosofía medieval en París, dedicada a la relación de la filosofía medieval con el naturalismo antiguo, dedica considerable espacio a discutir lo que le parece ser el desviado camino por el que la Reforma combate dicho

guían en este libro, resulta importante distinguir entre el proceso general de cristianización de Europa, y la paralela cristianización de la vida intelectual. La masiva conversión de Europa no careció de resistencia, y ciertamente se trató de un proceso de considerable lentitud y éxito siempre parcial. Para una excelente síntesis, véase Lutz von Padberg (2009), *Die Christianisierung Europas im Mittelalter* (2ª edición), Stuttgart: Reclam. Los reformadores pueden haber exagerado la medida en que consideraban pagano su entorno, pues desde luego no lo enfrentaban como si efectivamente fuese un territorio que desconoce el cristianismo. Pero, indudablemente, su diagnóstico era que el proceso de cristianización presentaba serias deficiencias. Al respecto, véase Hendrix, *Recultivating the Vineyard*, pág. 1-35. Tal diagnóstico no podía sino afectar su visión del *pensamiento* medieval, pero bien cabe notar que son dos dimensiones de la vida que pueden ser analizadas por separado.

[68] Para un panorama general, véase Marcia Colish (1998), *Medieval Foundations of the Western Intellectual Tradition 400-1400*, New Haven: Yale University Press.

[69] Le Goff, Jacques (1993), *Los intelectuales en la Edad Media*, Barcelona: Gedisa, pág. 13.

naturalismo.[70] Los reformadores actuarían al unísono con los medievales en la afirmación de la total dependencia del hombre respecto de la gracia, pero darían un paso en falso al creer que para eso sería preciso negar la naturaleza del hombre. Ahí residiría, afirma, la importancia de la Reforma para la historia de la filosofía: «No habiendo ya una naturaleza, ¿cómo podría haber una filosofía de la naturaleza? ¿Y con qué derecho habrían los teólogos de recurrir a los griegos para informarse sobre las condiciones de una moralidad y una libertad que, la una tanto como la otra, habrían cesado de existir tras haber sido abolidas por el pecado?».[71] La incomprensión de las posiciones de la Reforma que tales preguntas revelan parece una adecuada contraparte a las generalizaciones que sobre el pensamiento medieval siguen abundando entre los protestantes, además de recordarnos cómo la incomprensión y la generalización pueden encontrarse en las mentes más destacadas.

De una importante cantidad de libros sobre la Reforma, cabe, en efecto, decir que aún no están al día con el vuelco que ha tenido nuestra relación con la Edad Media. La realidad de este hecho puede constatarse con mayor facilidad ahí donde la erudición, por el contrario, debiera haberlo erradicado: las ediciones críticas de los textos de los reformadores protestantes. Recorrerlas es muchas veces exponerse a un campo minado de referencias inexactas al pensamiento medieval. El mayor peligro se encuentra no cuando hay una referencia expresa a un autor. Si Lutero afirma que Gregorio de Rímini sostuvo algo, si Calvino sostiene que Bernardo de Claraval es un buen testigo a favor de una tesis, los editores modernos suelen poder dar con plausibles referencias a pasajes en que los autores aludidos efectivamente sostienen lo que les atribuye uno u otro reformador. Pero ese escenario cambia radicalmente cuando en uno de los reformadores hay una referencia a «los escolásticos». Consideremos brevemente un caso ilustrativo de la imprecisión que puede encontrarse en los mayores monumentos editoriales del siglo xx. Consideremos la *Disputación sobre la justificación*, escrita por Lutero el año 1536. Desde luego, el solo hecho de que dicho texto lleve el título de «disputatio» debiera abrir nuestra mirada al contexto académico medieval en el que se inserta. Pero el pasaje que aquí nos interesa es uno en el que Lutero toma distancia, aparentemente, del conjunto de los pensadores medievales. Se trata de la pregunta respecto de la existencia de obras «neutrales» o, en el lenguaje de la época, indiferentes. Lutero rechaza aquí su existencia, argumentando que fueron «los escolásticos» quienes por su «ignorancia inventaron [*finxerunt*] que hay ciertas obras ni buenas ni malas, sino intermedias o naturales».[72] Cosas «intermedias» o «naturales» son frecuentes sinónimos medievales para lo indiferente. ¿Pero crearon «los escolásti-

[70] Gilson, Etiénne (1932), «Le Moyen Age et le Naturalisme Antique». *Archives d'Histoire Doctrinale et Littéraire du Moyen Age* (7).

[71] Gilson, Etiénne (1932), «Le Moyen Age et le Naturalisme Antique», pág. 19.

[72] Lutero, *Disputación sobre la justificación*, WA 39 / 1, 85.

cos» esta categoría? Ante tan genérica afirmación, los editores del texto crítico de Lutero ofrecen una larga nota explicativa del desarrollo medieval de la cuestión en los siguientes términos: primero habría en san Agustín una transmisión del concepto estoico de indiferencia, en segundo lugar se pasaría a la aceptación escotista de acciones indiferentes individuales, para finalmente señalar que dicho campo se vio considerablemente ampliado por el ockhamismo, en concreto en Gabriel Biel (con cuyo *Collectorium*, por cierto, estudió Lutero).[73] Tal síntesis es a grandes rasgos correcta, pero omite precisamente a aquellos autores medievales, como Tomás de Aquino, que concordarían con Lutero en rechazar la existencia de acciones humanas que carezcan de bondad o maldad. Los editores nos dejan, pues, con la idea de que una objeción tan general como la presentada por Lutero constituye una descripción apta de un complejo problema medieval, en lugar de señalar que Lutero se encuentra en esta materia en continuidad (aunque fuese inconsciente) con una corriente sustantiva del pensamiento medieval.[74]

Consideremos ahora el caso de Calvino. En la redacción de su *Institución*, Calvino tuvo la práctica de realizar en primer lugar una edición latina del texto, y luego publicar una traducción francesa realizada por él mismo. Así operó en las sucesivas ediciones, y en la materia que aquí nos interesa las variaciones entre el texto latino y el francés resultan elocuentes. En efecto, como ha notado Richard Muller, en los lugares en los que el texto latino habla de *scholastici*, la versión francesa con frecuencia ofrece algo más preciso. Cuando se trata de referencias no polémicas, se mantiene en el francés la simple referencia a los «scolastiques». Cuando, en cambio, se trata de un uso polémico del término, el francés habla de «Sophistes», «Sorbonistes», «théologiens Sorboniques».[75] La expresión deja claro que Calvino no está dirigiendo sus dardos contra alguna figura de la escolástica medieval, ni mucho menos contra el conjunto del periodo, sino contra un grupo específico de sus propios contemporáneos en la Sorbona. En cierto sentido, eso debiera resultar evidente: los reformadores del siglo XVI están reaccionando ante vicios de su propia época, no pretendiendo reformar el siglo XIII. El mismo Calvino, en su célebre carta al cardenal Sadoleto, le escribe que «tú mismo sabes cuán recientemente nacieron aquellos monstruos de impiedad con los que combatimos».[76] Tal observación, con todo, ha de hacerse con cuidado, pues al mismo tiempo los reformadores acostumbraban –con diversos grados de precisión y acierto– remontar los problemas de su época a raíces de los siglos precedentes. Una pregunta fundamental para nuestro presente inquirir es, entonces, con qué

[73] WA 39 / 1, 85 n. 2.

[74] Para una discusión más extensa, véase mi artículo, del año 2012, «Adiaphora en la Reforma protestante: ¿minimalismo doctrinal y neutralidad moral?». *Teología y Vida* (53, 4).

[75] Muller, Richard (2001), *The Unaccomodated Calvin. Studies in the Foundation of a Theological Tradition*, Oxford: Oxford University Press, pág. 50-51.

[76] Calvino, Juan, *Respuesta al cardenal Sadoleto*, CO 5, 402.

frecuencia, con cuánto acierto y precisión se buscaba tales raíces, y en qué medida los desaciertos e imprecisiones han sido perpetuados o agravados por parte importante de la interpretación posterior de la Reforma.

Afortunadamente, tales preguntas pueden ser hoy abordadas con cada vez mayor acierto, dado el enorme progreso de las últimas décadas en el estudio del trasfondo medieval de la Reforma.[77] Los reformadores emergen de ese trasfondo, en palabras de Steven Ozment, «hablando tanto desde, como contra su pasado medieval, oponiendo texto bíblico a texto bíblico, canon a canon, tradición a tradición».[78] Una afirmación como ésta podría constituir una simple paradoja que nos aleja de la comprensión histórica. Pero la oposición entre tradición y tradición resulta una adecuada descripción de la realidad, precisamente por la multiplicidad de escuelas que pueblan la vida intelectual de la Edad Media tardía. De partida es un mundo tensionado por conflictos entre distintas órdenes religiosas. Ni siquiera el eventual predominio de una de éstas, los franciscanos, podía traer unidad, pues estaban internamente tensionados por lealtades a diversos maestros. Los reformadores protestantes se educaron en un momento en el que, casi sin importar en qué parte de Europa realizaran sus estudios, la experiencia académica normal era verse expuesto a una multitud de escuelas. En sus declaraciones más gruesas, los reformadores parecen oponerse al conjunto de esa multiplicidad. Quien atiende a los hilos conductores más finos se encuentra, en cambio, con líneas de continuidad y discontinuidad respecto de cada una de las principales tradiciones intelectuales ahí presentes.

La diversidad en cuestión merece ser recalcada, pues hoy el crítico vulgar de la Edad Media tiende a enrostrarle más bien su uniformidad. Sus críticos del siglo xvi, en cambio, la denunciaban más bien como una época de desacuerdo, de conflicto insoluble entre las distintas escuelas. En tal diagnóstico bien puede decirse que la Reforma protestante y la humanista coinciden. Pero cabe decir que también aquí puede apreciarse cómo sobre un mismo diagnóstico surgen de las dos reformas programas opuestos. El programa de Erasmo, cabría decir, es el de la supresión de la diversidad por la suspensión de las preguntas que condujeron a ella. «Cómo, por qué y para qué fue creado el mundo; por qué vías pasó a los hijos de Adán el pecado original; por qué medios, en qué medida y por cuánto tiempo se formó el cuerpo de Cristo en el vientre de la virgen; y por último cómo subsisten los accidentes sin la substancia en la eucaristía».[79] No se trata para él

---

[77] Para una síntesis, véase Denis R. Janz (2004), «Late Medieval Theology». En: David Bagchi; David Steinmetz (eds.), *The Cambridge Companion to Reformation Theology*.

[78] Ozment, Steven (1972), «Introduction». En: Steven Ozment (ed.), *The Reformation in Medieval Perspective*, Chicago: Quadrangle Books, pág. 8.

[79] Rotterdam, Erasmus von (1968), *Lob der Torheit* en *Ausgewählte Schriften* (vol. 2), Darmstadt: Wissenschaftliche Buchgesellschaft, pág. 133. Para descripción más completa de la visión erasmista de la historia, véase István Bejczy (2001), *Erasmus and the Middle Ages. The Historical Consciousness of a Christian Humanist*, Leiden: Brill.

de dar con adecuadas respuestas a estas preguntas, sino de reemplazarlas por la simpleza de la fe. Aquí bien cabe decir que Lutero es más medieval que Erasmo: puede considerar indeseable la multiplicidad de hecho existente, pero su anhelo es por el triunfo de una respuesta determinada a esas preguntas, una respuesta que bien puede acercarse más a una escuela tardo-medieval que a otra. Pero, con esto, ya nos encontramos ante un nuevo dilema, el de la relación con el humanismo, que nos obliga a mirar no sólo desde la Reforma hacia el pasado, sino desde la Reforma hacia el lado y hacia su propia variedad interna. El perfil intelectual de dos reformadores nos permitirá plantear las preguntas adecuadas al respecto.

4. Melanchthon y Vermigli: el perfil intelectual de dos reformadores

Tras considerar algo del trasfondo medieval de la Reforma, intentaremos a continuación caracterizarla a partir de la relación con un movimiento contemporáneo como es el humanismo. Una caracterización breve pero iluminadora puede alcanzarse si intentamos describir el perfil intelectual de dos reformadores relevantes que no pueden ser reducidos a la agenda del movimiento humanista, pero que ciertamente se encuentran impactados por el mismo. Consideraremos la obra de Felipe Melanchthon y Pedro Mártir Vermigli. Eso nos permite considerar dos casos confesionalmente distintos (el primero luterano y el segundo reformado), pero dos casos en los que además salta a la luz la unidad (dos aristotélicos cristianos) y variedad (con muy distintas influencias medievales y contemporáneas) que caracterizan al periodo en términos de la formación intelectual de sus grandes figuras. Ambos fueron escritores altamente estimados por la vasta red de reformadores contemporáneos con que estaban involucrados. Como testimonio de ello baste aquí con recordar que Calvino, decisivamente influido en su metodología por Melanchthon, hizo él mismo una traducción de los *Loci* de éste al francés.[80] Vermigli, por su parte, llevaba apenas cinco años en el campo reformado, cuando fue invitado por Cranmer para consolidar desde Oxford la reforma de la Iglesia inglesa. Pero al trazar el perfil intelectual de cada uno de ellos, no puede sino notarse que ambos son autores fuertemente influidos no sólo por el trasfondo medieval, sino también por el movimiento humanista. Antes de trazar de modo breve su trayectoria intelectual, conviene, pues, detenernos a considerar la relación de la Reforma con el movimiento humanista del siglo XVI.

4.1. El humanismo renacentista: forma y a veces fondo

Respecto de la variada influencia del movimiento humanista sobre la Reforma no puede caber duda alguna. Sí caben dudas, en cambio, respecto de qué constituye

[80] Véase Bruce Gordon (2009), *Calvin*, New Haven / Londres: Yale University Press, pág. 162.

una adecuada caracterización del humanismo. El modo en que se le evalúe –como un proyecto teológico o antiteológico distintivo, o sólo como una vuelta a las fuentes clásicas– afecta desde luego la evaluación que se haga de aquellos reformadores que fueron particularmente influidos por el mismo. Una influyente interpretación del humanismo es la que en la segunda mitad del siglo XIX introdujera Jacob Burckhardt con *La cultura del renacimiento en Italia*. Es la interpretación según la cual el movimiento se caracterizaría no por una simple vuelta a las fuentes clásicas, sino por un giro también hacia el hombre: sería el movimiento por el que una cultura teocéntrica es reemplazada por una antropocéntrica. Pero incluso en el caso de que se confiera importancia a aquellos elementos neopaganos que hay en algunos renacentistas, cabe notar la importancia de las variaciones locales: si hay algo de justicia en la descripción que Burckhardt hace del renacimiento italiano, no la habría en aplicar las mismas categorías a la situación alemana, donde el humanismo se caracteriza por una fuerte autoconciencia de movimiento de renovación cristiana. En cualquier caso, sin una clarificación previa respecto de la interpretación que se adopta del humanismo, naturalmente resultan fatales malentendidos a la hora de intentar evaluar su impacto sobre la Reforma. Así, uno tiene un Karl Barth que imputa el antropocentrismo de la moderna teología protestante al hecho de que las primeras generaciones de teólogos fuesen nutridas, según el programa melanchthoniano, de una dieta de Cicerón y Plutarco.[81] Lo que se encuentra tras tal juicio no es más que la acrítica aceptación de la interpretación del humanismo como movimiento antropocéntrico.[82] De ahí que sea importante considerar un significativo giro que ha tenido lugar, por el cual en la comprensión del humanismo se ha pasado a destacar más bien aspectos de forma. Nuestra tendencia a leer eso como *mera* forma muestra lo que nos separa del renacimiento: el énfasis ahí puesto en la retórica pende de la característica centralidad dada a la comunicación como fuerza unitiva en la sociedad.[83] Quien mejor representa este tipo de aproximación al renacimiento es Paul Oskar Kristeller, cuyas vastas investigaciones ofrecen del humanismo renacentista una caracterización

---

[81] Barth, Karl (1947), *Die protestantische Theologie im 19. Jahrhundert*, Zollikon / Zürich: Evangelischer Verlag, pág. 56.

[82] Un juicio algo crítico debe también merecernos el tipo de literatura que contrasta las bondades de un humanismo «antiguo» (el renacentista) con el «humanismo secular» contemporáneo. Ese modo de lidiar con el problema sólo se expone a la obvia objeción de que, en el germen inicial, naturalmente no es visible todo lo que vendrá después. Pero lo que está en cuestión es si acaso estamos realmente ante versiones antiguas y nuevas de un mismo fenómeno, o ante algo que se asemeja más a una simple coincidencia terminológica (por lo demás perfectamente evitable).

[83] Así, por ejemplo, William J. Bouwsma (1990), «Renaissance and Reformation: An Essay on Their Affinities and Connections», en: William J. Bouwsma, *A Usable Past. Essays in European Cultural History*, Berkeley y California: University of California Press, pág. 225-246. Al interpretar el renacimiento en dichos términos, Bouwsma considera que la centralidad dada por la Reforma a la palabra nos debiera llevar a verla como la realización religiosa del renacimiento (conclusión en la que no lo estoy siguiendo).

más flexible, como movimiento cultural y educacional, con fuerte preocupación por la elocuencia y menor por alguna ortodoxia filosófica en particular. Siendo esto último lo que nos interesa aquí, cabe destacar también la amplitud de fuentes sobre la que Kristeller llama la atención: el humanismo sería ante todo una forma, que por lo mismo fue capaz de transmitir una variedad de fondos de la tradición precedente.[84] Si lecturas como las de Burckhardt predominaron en generaciones anteriores de estudiosos de la Reforma, hoy la inclinación por la perspectiva de Kristeller se ha vuelto indudablemente la dominante.

Sin embargo, existe un riesgo de sobrerreacción contra la interpretación del humanismo como fenómeno antropocéntrico, una sobrerreacción por la que se insiste hasta tal punto en el humanismo como forma, que se pierde de vista los sentidos en que hay un programa teológico distintivo de al menos algunos humanistas, en particular de Erasmo y su *philosophia Christi*. Tal programa desde luego es en importantes sentidos opuesto al de la Reforma. Donde la Reforma ve necesidad de corrección doctrinal, Erasmo ve necesidad de minimalismo doctrinal y corrección moral, apelando al lenguaje de purificación antes que al de reforma. Donde ella considera central la distinción entre ley y evangelio, Erasmo prefiere hablar de una ley de Cristo. Pero abordar el problema notando estas contraposiciones, nótese bien, no equivale a recaer en la interpretación del humanismo como antropocentrismo; bien cabría describirlo como un cristocentrismo moralista.[85] Implica, entonces, reconocer una distintiva religiosidad del renacimiento humanista, mantenida tanto por humanistas del campo protestante como del católico. Enno van Gelder, un clásico representante de esta interpretación del humanismo, ha sacado de ahí lo que parece una natural conclusión por lo que respecta a la relación de ambos movimientos con el catolicismo: los ataques de Lutero serían «desde una fortaleza dentro de los muros del adversario», los de Erasmo «desde un elevado monte más allá de los muros»;[86] en su modo de concebir la pregunta por la verdad, en tanto, «Lutero y la Iglesia Romana están el uno junto al otro, mientras Erasmo se les enfrenta desde el lado moderno».[87]

Reforma y humanismo son así, en un sentido, caminos religiosos rivales, no un camino religioso y otro secular o antropocéntrico. Pero el reconocimiento de que estos programas son, en ese específico sentido, opuestos, no quita que los rivales teológicos de Erasmo se pudieran hacer de parte importante del programa de renovación cultural del humanismo. Esto vale, cabe recordar, también para importantes figuras católicas del momento. Así ocurre con aquellos humanistas

---

[84] Véase Paul Oskar Kristeller (1979), *Renaissance Thought and its Sources*, Nueva York: Columbia University Press.

[85] Para una caracterización de ese tenor, véase Alister McGrath (1998), *Iustitia Dei: A History of the Christian Doctrine of Justification* (2ª ed.), Cambridge: Cambridge University Press, pág. 269.

[86] Gelder, Enno van (1964), *The Two Reformations*, pág. 238.

[87] Gelder, Enno van (1964), *The Two Reformations*, pág. 241.

católicos que mantuvieron una adhesión más estricta que Erasmo a la ortodoxia, entre los que Tomás Moro puede ser contado como ejemplo evidente. Pero así ocurre también con aquellos escolásticos católicos que, tal como tantos protestantes, supieron integrar los elementos escolásticos y los elementos humanistas (piénsese en Francisco de Vitoria y Fray Luis de León). ¿Ejerció el humanismo además un papel como programa teológico sobre los reformadores? Respecto de algunos de ellos, como Zwinglio y Bucero, esto parece innegable, aunque sea discutible la medida y el carácter de dicha influencia. Al dirigirnos, en cambio, a Melanchthon y Vermigli, nos encontramos con dos significativos casos de recepción diferenciada: aquí ha sido recibido el conjunto del programa humanista de renovación cultural (Melanchthon destacando como helenista y Vermigli como hebraísta), pero dicho programa se ha puesto al servicio de la tradición intelectual cristiana con los acentos que ésta adquirió en la Reforma.

4.2. Felipe Melanchthon

Melanchthon y Vermigli han gozado de una recepción muy distinta en los siglos que nos separan de ellos. Si Vermigli fue víctima de un considerable olvido –al menos hasta cinco décadas atrás–, el nombre de Melanchthon ha estado desde siempre presente para los estudiosos de la Reforma. Después de todo, fue el principal colaborador de Lutero, uno de los destacados eruditos de su tiempo, y el autor de la *Confesión de Ausburgo*. Sus *Loci communes*, la primera dogmática luterana, son, en su primera versión, una sencilla obra dogmática emanada de sus lecciones sobre la Carta a los Romanos; publicada en 1521, pasaría no sólo por numerosas ediciones, sino que fue casi completamente reescrita por Melanchthon en 1535 y 1543. De la temprana obra con concentración en la salvación, pasó así en pocos años a ser una clásica dogmática cristiana. Como autor de importantes documentos confesionales y de la primera dogmática, su impronta sobre la posterior teología luterana es considerable. Y sin embargo, aunque se pueda hablar con toda propiedad de una teología de Melanchthon, procuró permanecer vinculado de modo principal a la enseñanza de las restantes disciplinas. A pesar de la presión de otros en esa dirección, se negó a obtener el doctorado en teología. Podía hablar de sí mismo como uno más de los que predican a Cristo, pero no consideró la ordenación.[88]

Con todo, su fama posterior se debe también en gran medida al hecho de que se vio envuelto desde el primer momento en tempranas controversias intraluteranas. El hombre más pacífico del siglo, en palabras de Robert Stupperich, se volvió en un punto el más controversial.[89] Dichas disputas le aseguraron una fama que, si

[88] Stupperich, Robert (1961), *Der unbekannte Melanchthon*, Stuttgart: Kohlhammer, pág. 16-25.

[89] Stupperich, Robert (1961), *Der unbekannte Melanchthon*, pág. 9.

bien ha sido imperecedera, ha estado lejos de ser puramente elogiosa. Para explicarnos este hecho debemos recordar que, tras la muerte de Lutero, Melanchthon se volvió el principal foco de autoridad en Wittenberg, pero una autoridad muy distinta de la de Lutero. Melanchthon siempre tuvo más alumnos que Lutero en sus clases, y también las autoridades buscaban de modo constante su consejo; pero no era una figura igualmente apreciada por el pueblo. Era un profesor. Pero además, le tocó ejercer la autoridad en una situación precaria: apenas se había enfriado el cadáver de Lutero, cuando las tropas imperiales bajo Carlos V ya se encontraban dentro de la ciudad. La decisión imperial, tras haber derrotado a la liga de Esmalcalda que agrupaba a los príncipes luteranos, fue la de establecer una normativa transitoria –de hecho tuvo dos versiones, conocidas como los *Interim* de Ausburgo y de Leipzig–, por la que, hasta el fin del concilio, se permitiera a los territorios luteranos mantener la doctrina de la justificación (o lo que las autoridades imperiales habían entendido de ella), a cambio de la reintroducción de diversos elementos externos que aseguraran la unidad religiosa del imperio. Puesto en esta encrucijada, Melanchthon se encontró en el partido dispuesto a aceptar, si bien con modificaciones, la propuesta imperial. Simplificando, puede decirse que consideró legítimo ceder en cosas externas para asegurar la subsistencia de los que confesaban lo esencial. Esta disposición a hacer concesiones fue duramente rechazada por un círculo cuya figura central era Matthias Flacius Illyricus, un anterior discípulo suyo. La postura de Flacius y otros no resultaba del todo sorprendente: ¿no había el mismo Lutero dicho que Melanchthon tendía a andar en puntillas? ¿Y no podría culparse de este espíritu concesivo al trasfondo intelectual de Melanchthon, quien mientras Lutero vociferaba contra la contaminación de la teología por parte de Aristóteles se dedicaba a dictar cursos sobre el filósofo griego?

Una adecuada comprensión de Melanchthon nos obliga a enfrentar al menos las tres cuestiones así insinuadas: nos obliga a considerar su relación con Lutero, su relación con Aristóteles, y su aparente espíritu concesivo, un espíritu que en apariencia lo ubicaría entre Lutero y Erasmo. Podemos partir de dicho último punto. Tiempo atrás se enfatizaba el año 1522 como uno de los giros importantes en el pensamiento de Melanchthon: es el año en que un grupo de iluminados radicales –los «profetas de Zwickau»– entraron a Wittenberg generando un amplio desorden cívico y espiritual; a eso habría seguido, de parte de Melanchthon, lo que podríamos calificar como una «revolución conservadora», que lo habría conducido, por ejemplo, a un más amplio desarrollo de la idea de ley natural, en contraste con la apelación de los radicales a la ley divina. Ese tipo de revolución conservadora, a su vez, solía leerse como un giro a una moderación erasmista: ahora Melanchthon enfatizaría no sólo la gracia divina, sino también la responsabilidad del hombre libre. Así, se situaría entre Lutero y Erasmo, siendo difícil determinar si acaso Melanchthon debe ser visto como aliado o enemigo.[90]

Pero la evolución intelectual de Melanchthon ha sido durante las últimas décadas objeto de investigaciones que no dejan mucho en pie de esta popular versión. Por mucha importancia que se conceda a los radicales, Timothy Wengert ha mostrado la influencia que sobre el desarrollo de Melanchthon tuvo otra controversia, no con los radicales para acercarse a Erasmo, sino con el mismo Erasmo. Tal sugerencia puede parecer descabellada: Melanchthon mismo escribe elogios a Erasmo y Lutero de un modo que parece situarlo entre ambos, y jamás desenvaina una espada abiertamente contra el príncipe de los humanistas. Pero una vez que se presta atención a los delicados recursos retóricos del periodo, el escenario cambia radicalmente. Wengert ha mostrado que a lo largo de sus comentarios bíblicos, en particular en las sucesivas ediciones del comentario a Colosenses, lo que Melanchthon hace es reforzar cada vez su polémica antierasmista, pero precisamente con la sutileza de quien nunca requiere mencionar siquiera a su adversario. En palabras de Wengert, «Lutero y Melanchthon estaban dedicados a levantar dos frentes contra un enemigo en común, superando el uno en sutileza argumentativa lo que el otro ofrecía en la fortaleza del ataque. Si alguien quedaba atrapado entremedio, era Erasmo».[91] Escribiendo en 1524 a un maestro de Wittenberg, el mismo Melanchthon le preguntaba «por qué aprecias a Erasmo de modo tan desmedido, siendo que hasta ahora ha sido incapaz de manifestar en qué piensa que consiste la verdadera piedad y la "justicia de Dios"».[92] Si la comprensión de dicha justicia era el gran tema de la Reforma, no es difícil saber dónde se posiciona Melanchthon.

¿Pero qué queda, entonces, de la idea de que Melanchthon, como Erasmo, es un humanista? Dicha idea simplemente nos reconduce a las precisiones realizadas en la sección anterior: Melanchthon llegó a absorber la retórica humanista en una medida tal, que la estaba usando contra los restantes elementos del proyecto intelectual de Erasmo. Humanistas en tal sentido fueron virtualmente todos los reformadores. En una medida considerablemente menor lo fue Lutero. ¿Cómo afectó eso la relación entre ambos? Por lo que respecta a Lutero, es frecuente su elogio desmedido de Melanchthon: este sería un «pequeño griego», al que Lutero no podría superar en brevedad y claridad; sus *Loci* serían dignos de ser considerados literatura canónica. Una amplia literatura ha no sólo explotado estas afirmaciones y otras diferencias entre ambos reformadores, sino que además se ha inclinado a especular sobre la divergente psicología de ambos. Es una especulación en la

[90] Para un caso elocuente de este tipo de lectura, que contrasta en Melanchthon «confesión y concesión», véase Franz Hildebrandt (1946), *Melanchthon, Alien or Ally?*, Cambridge: Cambridge University Press.

[91] Wengert, Timothy (1998), *Human Freedom and Christian Righteousness, Philip Melanchthon's Exegetical Dispute with Erasmus of Rotterdam*, Oxford: Oxford University Press, pág. 77.

[92] Melanchthon a Johannes Memminger, 8 de julio de 1524. MBW, 332.

que Melanchthon acaba siendo un hombre valioso pero tímido, con diferencias respecto de Lutero que sólo la íntima amistad habría podido salvar. El problema es que difícilmente esta visión de ambos puede ir más allá de eso: de ser especulación. La presunta timidez de Melanchthon difícilmente encuentra respaldo en hechos. Más que ante una amistad, parecemos estar ante la admiración recíproca de dos colegas; dos colegas que en ocasiones defienden posiciones divergentes, pero sin que eso implique quiebre ni crisis.[93] No hubo quiebre, por ejemplo, por el hecho de que Melanchthon estuviese enseñando Aristóteles y Lutero lo rechazara (cuestión que, si se entrara al juego de evaluar su carácter, bien permitiría invertir la usual descripción: ¿no es una muestra del coraje e independencia de Melanchthon, el que estando en Wittenberg decidiera enseñar a Aristóteles? ¿No es pusilánime Lutero al permitir a su colega lo que no parece permitirle a nadie más?).

Con eso en mente, podemos dirigir la mirada a la recepción que Melanchthon hiciera de Aristóteles. Contra lo primero que cabe advertir, es la tendencia a imaginar que la adhesión a Aristóteles pase por una relación con Tomás de Aquino. Hay, desde luego, un trasfondo medieval a tener presente en la temprana formación de Melanchthon, pero en su caso es una formación cercana a un moderado nominalismo, el representado por Gabriel Biel. Éste había sido profesor en Tubinga, de donde Melanchthon se graduó en 1514 (aunque permanecería ahí algunos años más). Pero el aristotelismo de Melanchthon responde no al aristotelismo medieval, sino al del renacimiento. Dado lo corriente que es imaginar la modernidad temprana en términos de exclusivo quiebre con Aristóteles, la importancia de dicho aristotelismo no se nos debe escapar. Charles Lohr ha señalado que los comentarios a Aristóteles entre 1450 y 1650 exceden en número a los comentarios de todo el milenio que va de Boecio a Pomponazzi.[94] Charles Schmitt ha terminado de corregir la impresión popular sobre el período al añadir que esto no sólo no se limitaba a las regiones católicas, sino que «casi se puede decir que desde 1550 hasta 1650 la tradición era más fuerte entre los protestantes que entre los católicos».[95] Ambos estudiosos del aristotelismo renacentista cuentan a Melanchthon como uno de los nombres principales a los que el fenómeno se vincula, si bien ninguno de ellos le dedicó estudios específicos. Aquí no hablamos, pues, de tomismo (valga la advertencia para los que aún identifican sin más las escuelas), sino de un tipo específico de aristotelismo renacentista.

93 Para la caracterización de su relación, sigo aquí la posición de Heinz Scheible (1990), «Luther and Melanchthon», *Lutheran Quarterly* (4).

94 Lohr, Charles (1991), «The Sixteenth-Century Transformation of the Aristotelian Division of the Speculative Sciences». En: Donald Kelley y Richard Popkin (eds.) (1991), *The Shapes of Knowledge from the Renaissance to the Enlightenment*, Dordrecht: Kluwer Academic Publishers, pág. 49.

95 Schmitt, Charles (2004), *Aristóteles en el Renacimiento*, León: Universidad de León, Secretariado de Publicaciones, pág. 46-47.

En la difusión de dicho aristotelismo Melanchthon es una figura no menor. En 1518, había anunciado estar trabajando junto a otros «por la reinstauración de lo aristotélico», pues lo que se escribía del filósofo griego en Alemania sería indigno del peripato.[96] Participa asimismo de la retórica humanista sobre lo que Aristóteles habría sufrido en manos de los escolásticos, pero es inequívoco en su aprecio del maestro. Con todo, tras poco tiempo en Wittenberg la crítica de Lutero lo gana, y durante 1519-1521 no se queda detrás de Lutero en el tenor de sus críticas a Aristóteles. El detalle de este quiebre y posterior vuelta ha sido detalladamente establecido por Nicole Kuropka. Hacia 1520, el nombre de Aristóteles desaparece incluso de los manuales de dialéctica redactados por Melanchthon, donde antes ocupaba un importante lugar. La crítica a la influencia negativa que Aristóteles habría tenido sobre la teología conduce, pues, aunque sea por un brevísimo período, a un rechazo generalizado de su obra. Pero el rechazo de Aristóteles durante este periodo lo lleva a buscar una alternativa que también sea filosófica. Así es como Cicerón empieza a desempeñar no sólo el papel que naturalmente desempeñaba en la retórica, sino que, a comienzos de 1524, comienza a dar lecciones sobre el *De officiis*, que constituye así un reemplazo transitorio de la filosofía moral aristotélica. Tal es la situación hasta comienzos del año 1526. En ese momento Aristóteles retoma el lugar que ocupaba en los tratados de dialéctica.[97] Al poco andar, Melanchthon estaría dedicado a comentar casi la totalidad de la obra aristotélica, excepción hecha de la *Metafísica*.

¿Pero qué Aristóteles es el que un lector encontraría en sus páginas? Desde luego no cabe hacer una evaluación de conjunto en el breve perfil intelectual que estamos esbozando. Suscintamente cabe señalar que las posiciones filosóficas del mismo Melanchthon rara vez suelen ser distintivamente aristotélicas (aunque comentando a Aristóteles defiende, por ejemplo, la idea de ley natural en términos más bien estoicos). Una mirada a cómo comenta la *Ética* de Aristóteles puede permitirnos una breve ilustración. Se trata, en primer lugar, de un comentario selectivo: teniendo la totalidad de la *Ética* a su disposición y pudiendo, por tanto, comentarla de modo completo (como lo hizo, por ejemplo, su amigo Joachim Camerarius), Melanchthon se limita en general a comentar los libros I, II, III y V. Eso significa que le interesan los libros en que se encuentra la discusión sobre el bien, la virtud, la libertad y la ley. Se trata, pues, de tópicos en que la relevancia práctica inmediata de lo estudiado resulta patente; no hay, en cambio, discusión alguna sobre los libros relativos a las virtudes intelectuales (VI), la debilidad de la voluntad (VII) o la vida contemplativa (X). Melanchthon, en efecto, está enfrentando el texto no como un académico dedicado al estudio de Aristóteles,

[96] Melanchthon a Bernardus Maurus, mayo de 1518. MBW 17.

[97] Kuropka, Nicole (2002), *Philipp Melanchthon: Wissenschaft und Gesellschaft*, Tubinga: Mohr Siebeck, pág. 24-29.

sino como alguien preocupado por la formación moral de sus alumnos y conciudadanos. Tal preocupación salta asimismo a la vista en una breve introducción al comentario, titulada «sobre la utilidad de la filosofía moral», que antecede a la edición de 1560.

Dicha introducción al comentario tiene, en efecto, algo de fascinante, pues al mismo tiempo que muestra una preocupación que podríamos calificar de «moralista», lo que Melanchthon realiza ahí es una defensa de la filosofía, y a la vez una defensa de la distinción entre ley y evangelio. La primera de esas preocupaciones puede parecer fácilmente comprensible en este contexto: «Queriendo Dios que la moral pública (*civiles mores*) sea regida por leyes de los magistrados, aprueba también esta doctrina [esto es, la filosofía moral en general y la idea de ley natural en particular], la cual es fuente de dichas leyes».[98] Pero no se trata, como señalábamos, de un simple discurso moralista en defensa del orden público. Melanchthon se queja ahí mismo porque «hay algunos iletrados que vociferan que los preceptos filosóficos están en pugna con la piedad, y así condenan de modo categórico toda la filosofía».[99] Contra eso escribe derechamente señalando que «la filosofía moral es parte de la ley divina».[100] La razón por la que estos dos tópicos son presentados de la mano se encuentra en el hecho de que el proyecto de Melanchthon también puede ser descrito como uno de oposición a otro tipo de moralismo. Se encuentra, en efecto, escribiendo contra quienes en el contexto de la guerra de los campesinos habían planteado sus reclamos en la forma de una apelación directa a la ley divina. La apelación a la ley natural desempeña, pues, aquí cierto papel «moralizante», pero al mismo tiempo, mediante la defensa de la filosofía, Melanchthon busca establecer un canal de mediación contra la apelación inmediata a la ley divina en la búsqueda de lo justo. A esto se añade, por último, el hecho de que tanto la ley como la filosofía son ahí enfáticamente distinguidas del evangelio. Nada se dirá aquí, escribe al comenzar su comentario sobre el libro quinto, sobre la justicia en cuanto aceptación divina.[101] Ésas son de hecho las primeras palabras de toda la obra: «es útil la comparación del evangelio con la ley de Dios, pues ilustra los géneros de doctrina».[102]

4.3. Pedro Mártir Vermigli

Bastante distinto es el caso de Pedro Mártir Vermigli. Si Melanchthon tiene la (en apariencia) apacible vida de académico desde temprano y se mantiene como

98 *Comentario a la Ética a Nicómaco* (*Enarrationes in aliquot librorum ethicorum Aristotelis*), CR 16, 279.
99 *Comentario a la Ética a Nicómaco,* CR 16, 280.
100 *Comentario a la Ética a Nicómaco,* CR 16, 365.
101 *Comentario a la Ética a Nicómaco,* CR 16, 365-365.
102 *Comentario a la Ética a Nicómaco,* CR 16, 277.

laico, Vermigli parte, por el contrario, como un joven miembro de la orden agustina, y habría de cruzar Europa en diversas direcciones como parte de su trayectoria intelectual. En contraste con la vida relativamente estable de Melanchthon en Wittenberg, la de Vermigli es de largas etapas en diversos polos del continente: sus inicios en Italia son los de un típico reformista dentro de la Iglesia Católica, de un modo que lo condujo a conflictos, mucho antes de entrar en contacto con literatura protestante. Una vez familiarizado con la misma a través de los valdenses, fundaría una escuela teológica en Lucca, en que los alumnos –entre ellos futuros teólogos protestantes como Girolamo Zanchi– entrarían en contacto con la obra de los reformadores. Se trata, como no es de extrañar, de la única institución de esta naturaleza que alcanzó a existir en la Italia pretridentina. Todo indica que el trabajo de Vermigli en Italia fue un crucial catalizador de la reconstitución de la inquisición romana en 1542.[103]

Catapultado por su exilio a los principales centros teológicos de Europa, pronto sucedería a Wolfgang Capito como profesor de teología en Estrasburgo. Su estrecha alianza con Martín Bucero explica su continuada influencia a lo largo y ancho de Europa, de modo que tras pocos años en Estrasburgo Thomas Cranmer lo invitaría a formar las siguientes generaciones de pastores de la Iglesia de Inglaterra. Como profesor de teología en Oxford –en el mismo Christ Church College del que John Owen sería decano un siglo más tarde–, desempeñó un papel capital en la temprana historia del protestantismo en la isla, hasta ser uno de los expulsados tras el ascenso de María Tudor al trono. Volviendo a Estrasburgo, le tocaría conocer más de cerca las polémicas intraprotestantes, al ser objetada su teología sacramental por los luteranos que habían pasado a ser la facción predominante en la ciudad. Las controversias lo llevaron a optar por Zürich como su lugar de residencia final. A lo largo de este recorrido, había publicado importantes comentarios bíblicos y la principal obra de teología eucarística producida en toda la Reforma. «No hay hombre en nuestro tiempo que haya escrito con tal erudición y amplitud sobre los sacramentos», declararía uno de los obispos católicos que tuvo que enfrentarlo en el coloquio de Poissy (el último de los grandes coloquios religiosos del siglo xvi).[104]

Esa participación en un coloquio interconfesional constituye una semejanza importante con Melanchthon, quien tuvo una sostenida participación en este tipo de esfuerzos. No es así de extrañar que el estudio de ambos sea hoy campo de interés ecuménico.[105] Pero la formación de Vermigli fue en varios sentidos

[103] Véase Ole Peter Grell (2011), *Brethren in Christ. A Calvinist Network in Reformation Europe*, Cambridge: Cambridge University Press, pág. 19-37.

[104] Citado por Salvatore Corda (1975), *Veritas Sacramenti: A Study in Vermigli's Doctrine of the Lord's Supper*, Zürich: Theologischer Verlag, pág. 9.

[105] El estudio contemporáneo de Vermigli fue, en efecto, fuertemente impulsado por los estudios del jesuita John Patrick Donelly. Para el interés ecuménico por Melanchthon, véase Jörg Haustein (ed.) (1997),

distinta de la de Melanchthon. No sólo se convirtió en un consumado hebraísta, sino que su formación original en Padua lo expuso desde temprano a una fuerte influencia tomista. Por lo demás, si Melanchthon se distingue como el primer luterano en haber escrito una teología sistemática, la situación de Vermigli en este campo es muy peculiar. Podría decirse que su teología sistemática –que, como la de Melanchthon, lleva el nombre de *Loci communes*– tuvo una influencia enorme: con catorce ediciones tras la primera en 1576, y una influyente traducción inglesa en 1583, su obra se extendió por toda Europa y pronto al nuevo mundo.[106] Pero es igualmente cierto que Vermigli jamás escribió una teología sistemática. La obra, de hecho, es resultado del trabajo de compilación de uno de sus alumnos, que compuso una teología sistemática a partir de pasajes seleccionados de otras obras de Vermigli, tras la muerte de éste. Pero lo significativo es que dichas obras de Vermigli que sirvieron de base para los *Loci* son obras exegéticas: es de los comentarios de Vermigli a diversos libros de la Biblia, que sus discípulos podían extraer secciones de tal relevancia sistemática como para, juntas, constituir una nueva obra en dicho género. El fenómeno nos habla de modo elocuente sobre un mundo en el que la teología sistemática y la teología bíblica no habían padecido su escisión moderna. La presencia, en el texto bíblico, de material apto para levantar preguntas fundamentales, es lo que llevaba dentro del comentario bíblico a la redacción de *quaestiones*, *scholia*, *loci*, distintos tipos de pequeños tratados sistemáticos nacidos de la exégesis. Es esa la cultura que habitaron autores como Tomás de Aquino y los posteriores escolásticos protestantes, y es esa la cultura en la que se formó el conjunto de los reformadores, en los que interpretación bíblica y trabajo sistemático van estrechamente de la mano. Así ocurre, por ejemplo, con Calvino, quien, al prologar la *Institución*, menciona el carácter propedéutico que tiene dicha obra, remitiendo para mayor profundización a sus comentarios bíblicos.[107] Su afinidad con Vermigli salta a la vista no sólo en la cordial correspondencia entre ambos, sino en el hecho de que, en Inglaterra, la edición latina de la *Institución* de Calvino fuese publicada con un detallado sistema de referencias cruzadas a los *Loci* de Vermigli.

Pero volvamos a las semejanzas con Melanchthon. Aunque representan distintas ramas del aristotelismo renacentista, hay algunas coincidencias de sumo interés. Al comentar la *Ética a Nicómaco* de Aristóteles, por ejemplo, resulta llamativo que ambos se limitaran a comentar sus primeros libros. Más llamativo aún

---

Philipp Melanchthon. Ein Wegbereiter für die Ökumene, Gotinga: Vandenhoeck & Ruprecht. Para una mirada general respecto del impacto de la preocupación ecuménica sobre el estudio de la Reforma, véase Theodor Dieter (2008), «Luther Research and Ecumenism», *Dialog: A Journal of Theology* (47, 2).

[106] Respecto de estas ediciones, véase Joseph McLelland (2009), «A Literary History of the Loci Communes», en: Torrance Kirby; Emidio Campi; Frank A. James III (eds.) (2009), *A Companion to Peter Martyr Vermigli*, Leiden: Brill.

[107] Véase la «Carta al lector» de la edición de 1539.

es el parecido de fondo en el modo en que introducen esta obra. Pues ambos se toman algunas páginas para explicar el lugar de la filosofía moral no sólo en el conjunto de las disciplinas filosóficas, sino en particular en contraste con el evangelio. Como ya hemos visto, Melanchthon lo hace acudiendo a la dialéctica entre ley y evangelio. Vermigli, por su parte, si bien no acude aquí de modo expreso a la terminología de ley y evangelio, refuerza puntos muy similares. Así, contrasta la filosofía moral y el evangelio en los siguientes términos:

> En la filosofía, la acción precede a la contemplación, porque, como se ha dicho, ni a Dios ni a la naturaleza los podemos contemplar por nuestras fuerzas humanas, si nuestras pasiones no son antes apaciguadas. Pero, en las Escrituras, la especulación viene antes, porque en primer lugar hay que creer y ser justificado por la fe. Tras eso siguen las buenas obras, que ocurren tanto más abundantemente cuanto con mayor frecuencia somos renovados por el Espíritu Santo.[108]

Melanchthon y Vermigli representan, pues, ejemplos muy elocuentes de cómo en la Reforma se encuentra una vigorosa apropiación de la tradición precedente, aunque en el caso de Melanchthon sea más común el desdén por el medioevo y el aprecio por la Antigüedad. Se encuentra también aquí un adecuado ejemplo de cómo esto se manifiesta en una variedad de géneros literarios, y de cómo esta recepción se da dentro de un marco típico de la Reforma misma, como es la dialéctica ley-evangelio. Al mismo tiempo, las diferencias entre ambos nos recuerdan cuán variopintos pueden ser los proyectos intelectuales que caben bajo ese mismo marco.

Pero el siguiente punto que salta a la luz es el hecho de que no pertenecen a la escolástica protestante. No son, en sentido alguno, autores de la post-Reforma. Lo que en ellos hay de humanista o medieval no es fruto de una «recaída» tras un previo estado puro de reforma. Ambos son, por el contrario, figuras de la Reforma misma, configuradores con su obra y su actuar de la Reforma en sus expresiones luterana y reformada. Uno de sus contemporáneos, Joseph Scaliger, escribía por esos años que «los dos más excelentes teólogos de nuestro tiempo son Juan Calvino y Pedro Mártir»;[109] en términos similares se expresarían respecto de Lutero y Melanchthon algunos autores del campo luterano (muy temprano se volvió común que los teólogos luteranos se refirieran a sí mismos como «los teólogos de la *Confesión de Ausburgo*»). En la misma Ginebra, y entre los primeros herederos

---

[108] Vermigli, Peter Martyr (1996), *Philosophical Works. On the Relation of Philosophy to Theology*, Kirksville: Truman University Press, pág. 14-15.

[109] La afirmación se encuentra recogida por uno de los discípulos de Scaliger. Véase Stephen Grabill (2006), *Rediscovering the Natural Law in Reformed Theological Ethics*, Grand Rapids: Eerdmans, Grand Rapids, pág. 195, n. 32.

de Calvino, había quienes podían citar a Vermigli con mucha mayor frecuencia que a éste, y eso en medio de obras concebidas bajo la decisiva influencia de Melanchthon.[110] El perfil intelectual de Vermigli y Melanchthon es el quizá más elocuente testimonio que podemos encontrar del hecho de que la continuidad con la multiforme tradición intelectual cristiana es algo que en el mundo protestante no reemerge con la post-Reforma, sino que es parte de la Reforma misma.

5. La post-Reforma: una introducción y síntesis

Nuestro recorrido partió con los primeros pasos de la tradición intelectual cristiana. Tras una breve consideración de cómo ha cambiado nuestra percepción de la relación del medioevo con la Reforma, dirigimos la mirada a ésta. Lo hicimos mediante una mirada a dos figuras centrales de la Reforma, en las que salta a la vista una fuerte relación con dicha tradición previa. Pero al mismo tiempo se trata de figuras en las que puede verse la continuidad con la tradición intelectual posterior, pues Melanchthon y Vermigli, siendo ellos mismos de las primeras generaciones de la Reforma, desempeñan un importante papel formativo para el pensamiento de la post-Reforma. ¿Pero qué sabemos de dicho pensamiento de la post-Reforma?

Si bien la más típica relación del protestante respecto del medioevo es de ignorancia, se trata de una ignorancia semiletrada: se puede no haber leído a Tomás de Aquino, pero se sabe que existió en algún momento de ese periodo, y se presume saber que la Reforma implicaría cierto quiebre respecto de él. Respecto del pensamiento de la post-Reforma, suele reinar, en cambio, una ignorancia cabal. Pero, en este caso, es una ignorancia que se comparte con el resto de la humanidad, católica y secular: que existió siquiera un fenómeno como el pensamiento de la post-Reforma es algo que la gran mayoría –incluida la gran mayoría de la población culta– lisa y llanamente ignora. Bien puede ser considerado como uno de los movimientos intelectuales de envergadura que más lejos se encuentra de haber sido debidamente incorporado en nuestra mirada retrospectiva. Respecto de él nos encontramos hoy, en el mejor de los casos, en el estado en que, a mediados del siglo XIX, estábamos respecto del pensamiento medieval: con incipientes ediciones, con unos pocos eruditos enterados de que algo de valor puede haber ahí oculto, y con una masa de epítetos llenando el vacío. Es un mundo respecto del cual también la población teológicamente educada se puede, por lo pronto, tomar libertades que no le son concedidas al hablar de otros periodos.

---

[110] Es el caso de Lambertus Danaeus, autor del primer sistema moral desarrollado en el protestantismo (*Ethices Christianae Libri Tres*), tal como lo expone Christoph Strohm (2004), «Methodology in Discussion of "Calvin and Calvinism"», en: Herman Selderhuis (ed.), *Calvinus Praeceptor Ecclesiae*, Ginebra: Librarie Droz, pág. 66.

Una obra de un siglo atrás, *El pensamiento protestante antes de Kant*, permite ilustrar de modo elocuente la característica aproximación al periodo.[111] El título permite esperar una amplia discusión de la ortodoxia protestante, a la que dedica en realidad un capítulo menor. Pero la disposición de su autor, Arthur Cushman McGiffert, respecto de la misma, puede percibirse ya en los capítulos sobre los reformadores. Como ya hemos visto, los *Loci* de Melanchthon se habían ido gradualmente ampliando al atender a sucesivas polémicas. La descripción que McGiffert ofrece del fenómeno omite ese significativo hecho –el modo en que la polémica lleva a explicitar cosas que, aunque implícitas, estaban ya presentes en las primeras ediciones–, para describir el desarrollo doctrinal simplemente como pérdida de conexión con el carácter práctico de la fe: «el evangelio de Lutero, que se destacaba de modo bello y prominente en la primera edición, quedaba aquí oscurecido por la idea escolástica de que la importancia de una doctrina depende de su lugar en el sistema más que de su valor práctico».[112] La escolástica que sigue es así descrita como una simple copia, algo empobrecida y estrechada, de la medieval,[113] y su método es presentado como un modo de «enfrentar las dificultades mediante una teoría abstracta que no tiene base en hechos ni contacto con la realidad».[114] No hay nada de original ni de sorprendente en estas caracterizaciones, salvo por el hecho de que su autor –formado por Harnack– era uno de los grandes historiadores del pensamiento cristiano que podía exhibir en su momento el progresismo norteamericano.

Este tipo de aproximación fue predominante a lo largo del siglo xx. Su énfasis característico fue la discontinuidad: una retórica de «Calvino vs. los calvinistas» acentuaba la idea de que la Reforma habría representado una teología «bíblica» y el desarrollo posterior se había, en cambio, dejado llevar por las influencias humanistas y escolásticas.[115] No es extraño que, una vez aceptadas estas categorías, la ortodoxia del siglo xvii fuese percibida como un movimiento racionalista en el que las enseñanzas teológicas surgían de modo deductivo. Uno de los más influyentes estudiosos del periodo en el siglo xix, August Tholuck, le dio a su propia obra sobre el fenómeno el título de *Prehistoria del racionalismo.*[116] A esto se suma, como ha notado Jacob Schmutz, el hecho de que la valoración del pensamiento medieval durante el siglo xix con frecuencia naciera de una fascinación romántica

[111] McGiffert, Arthur Cushman (1911), *Protestant Thought Before Kant*, Londres: Duckworth & Co.

[112] McGiffert, Arthur Cushman (1911), *Protestant Thought Before* Kant, pág. 75.

[113] McGiffert, Arthur Cushman (1911), *Protestant Thought Before* Kant, pág. 145.

[114] McGiffert, Arthur Cushman (1911), *Protestant Thought Before Kant*, pág. 151.

[115] Para una síntesis de esta aproximación, puede verse Richard Muller (1995; 1996), «Calvin and the Calvinists: Assessing Continuities and Discontinuities between the Reformation and Orthodoxy», *Calvin Theological Journal* (30 y 31).

[116] Tholuck, August (1853-1861), *Vorgeschichte des Rationalismus* (2 vols.), Halle: Anton.

por la Edad Media, por lo que la rehabilitación del pasado no se hacía extensiva a la continuación temprano-moderna del pensamiento medieval.[117]

Pero la escolástica protestante es, junto con la segunda escolástica católica, el movimiento intelectual que cierra el periodo de predominio de la tradición intelectual cristiana. En cierto sentido, es también este periodo el que, con sus ediciones patrísticas y medievales, fijó el canon del pensamiento cristiano precedente: son los autores medievales reimpresos por sus herederos temprano-modernos los que fueron en los siglos siguientes estudiados por los medievalistas. Una evaluación informada y ecuánime del mismo es, por estas razones, un requisito insoslayable para un adecuado juicio sobre estos largos siglos de inquietud intelectual. En las páginas que siguen nos detendremos en su extensión temporal y en su carácter general, en su designación como escolástica y como ortodoxia protestante, en su inclinación a la polémica y en su búsqueda de catolicidad.

5.1. Fronteras locales y temporales

Cabe decir que el pensamiento medieval fue el primer pensamiento europeo. El colosal despertar intelectual de la Grecia antigua es un fenómeno amplio en sus contenidos y profundo en su alcance, pero localmente restringido. Lo mismo cabe decir de la honda realidad espiritual registrada en las Escrituras del Antiguo y Nuevo Testamento: aunque la diáspora hebrea y la misión cristiana llevaron esto pronto por todo el mundo mediterráneo, es el mundo medieval el que no sólo se alimenta de estas dos tradiciones, sino que las lleva hasta los últimos puntos de la civilización entonces conocida. De hecho, tiene lugar un traslado de la civilización desde el mundo mediterráneo hacia el norte, y ello no sólo por la misión orientada en esa dirección, sino también por la conquista islámica y la separación política, y luego también eclesiástica, respecto de Oriente. En la literatura medieval, el proceso es descrito mediante la metáfora de una *translatio studiorum* por la que el centro del saber se habría movido de Atenas a Roma, y de ésta, de modo definitivo, a Francia. En realidad, el proceso no tenía nada de definitivo: mediante la escolástica de la modernidad temprana, el mismo tipo de saber se extendería también más allá de Europa al Nuevo Mundo.

El pensamiento protestante de este periodo ha padecido bajo una tendencia pronunciada a estudiar la Reforma aislándola de las décadas que siguen. Como hemos visto, sin embargo, las fronteras son borrosas y la continuidad es significativa. La creciente digitalización de obras del periodo nos ha tornado, además, este mundo crecientemente accesible. Basta entrar en la biblioteca digital de la post-Reforma (PRDL) para acceder a algo más de 100.000 obras. Ediciones críticas de

---

[117] Schmutz, Jacob (2012), «Medieval Philosophy after the Middle Ages», en: John Marenbon (ed.), *The Oxford Handbook to Medieval Philosophy*, Oxford: Oxford University Press.

distintos autores comienzan gradualmente a aparecer, y junto a ellas tiene lugar el lento proceso de traducción. Dada la difusión de tales textos, ya no está siendo posible ignorar el pensamiento de este periodo sin culpa, como hasta no hace mucho era posible. Pero quien descubre la existencia de este mundo y sospecha que hay ahí algo valioso, se topa con que requiere del latín para su estudio. Quien imaginaba la Reforma como irrupción incontenible de la modernidad, puede haber estado esperando el alemán, el francés o el inglés. El hecho de que un aspecto central de la Reforma fuese la traducción de la Biblia a las lenguas vernáculas y el desarrollo del culto a Dios en las mismas, nos hace perder de vista que el latín sigue siendo la lengua común del saber, también del saber teológico protestante. Esto vale, por cierto, también para la primera generación de reformadores: el mismo Lutero que tradujo la Biblia al alemán es quien escribió todas sus obras teológicas principales en latín. Cuando se publicó una primera edición de sus obras, fue un tomo de sus obras latinas el que dio inicio a la serie. No sólo se hace traducciones vernáculas de la Biblia, sino también nuevas versiones latinas. Mientras entre los luteranos el esfuerzo se dirige principalmente a ediciones mejoradas de la Vulgata, entre los reformados se trata de traducciones nuevas. Así, Teodoro Beza es responsable por una nueva versión latina del Nuevo Testamento, mientras que, en la generación siguiente, Tremellius y Franciscus Junius completarían una nueva traducción latina del Antiguo Testamento que, publicada desde 1581 en conjunto con el Nuevo Testamento de Beza, se mantendría en uso por todo el siglo xvii. Textos como éstos estaban concebidos como Biblias de estudio, como pequeños compendios enciclopédicos, y desde luego no para el uso en el culto.[118] Este doble registro, en lo que a lenguas se refiere, se repite en otros tipos de publicación. Si Calvino había traducido él mismo cada versión de su *Institución* del latín al francés, Olevianus compuso primero catecismos en alemán, y luego en latín el *Catecismo de Heidelberg* que sigue hoy en amplio uso. Desde el más temprano momento de la Reforma y hasta el fin de la escolástica protestante, encontramos a los autores moviéndose con toda naturalidad entre la lengua de su trabajo local y en la de la ciencia.

Pero eso significa que el mismo elemento que hoy torna a muchos este mundo de difícil acceso, es lo que en su momento le daba parte de su fuerza internacional al movimiento. El latín, en efecto, no sólo nos recuerda que era una teología académica la que se producía; antes que eso es una muestra de que sus autores formaban una red de carácter internacional. Así fue desde el comienzo de la Reforma, que nos ha legado cuerpos epistolares colosales. Este hecho debe ser tenido en mente como un significativo contrapeso del carácter nacional que, ya

[118] Véase Bruce Gordon (2015), «Creating a Reformed Book of Knowledge: Immanuel Tremellius, Franciscus Junius, and their Latin Bible, 1580-1590», en: Karen Spierling (ed.), *Calvin and the Book. The Evolution of the Printed Word in Reformed Protestantism*, Gotinga: Vandenhoeck & Ruprecht.

desde la Edad Media tardía, había ido adquiriendo el cristianismo. Quien evalúa los conflictos teológico-políticos del periodo sabe que tiene que atender a diferencias nacionales, que no hay, por ejemplo, un sencillo paralelo continental a las querellas entre puritanos y anglicanos; pero quien pasa a considerar el mundo intelectual, encuentra un mundo atravesado tanto por la correspondencia entre los autores como por una infinidad de citas recíprocas y publicaciones que atraviesan fronteras nacionales. Quien emprende la lectura de una figura tan enormemente implicada en la política inglesa como John Owen, descubre que los autores a los que refiere son en su abrumadora mayoría continentales antes que insulares.

Pero el movimiento empieza a perder internacionalidad hacia fines del siglo xvii. Ha sido observado que, hacia fines de siglo, la peregrinación académica disminuye de modo significativo, si bien este descenso de la movilidad tiene un fuerte contrapeso en el sinnúmero de intelectuales reformados que van al exilio, tras la revocación de Edicto de Nantes en 1685. Pero, de hecho, ya no hay documentos confesionales que susciten una aprobación común, como todavía era posible con el sínodo de Dort, al iniciarse el siglo xvii.[119] El ocaso de la internacionalidad coincide, pues, con el ocaso general del pensamiento de la post-Reforma. Vagamente delimitado así en su extensión espacial y temporal, tenemos ahora que inquirir más detenidamente sobre su carácter.

5.2. Escolástica y ortodoxia

El mundo intelectual de la post-Reforma cayó, hacia fines del siglo xvii, bajo el fuego cruzado de ilustrados y pietistas, subsistiendo durante los siglos siguientes sólo en aquellos contextos en los que continuaron existiendo Iglesias estrictamente confesionales. Incluso en esos contextos, sin embargo, subsistió de un modo truncado, siendo extraño que se le prestara atención como movimiento intelectual en lugar de considerarlo exclusivamente como repositorio doctrinal. Fuera de ese contexto confesional, la crítica ilustrada rechazaba el carácter dogmático y libresco que atribuía a esta tradición, mientras la crítica pietista se dirigía contra lo que le parecía su intelectualismo. Las dos críticas fácilmente se pueden combinar. ¿No implicaba la adopción del escolasticismo una subordinación de la fe a una tradición filosófica específica, convirtiendo así la teología en una tarea deductiva a partir de ciertos principios generales, de un modo que no sólo volvería inerte a la teología sino también impediría el desarrollo libre del saber, condicionado por esta posición servil respecto de la fe? Todo tipo de variantes de esta crítica se encuentran en la literatura de los últimos tres siglos.[120]

---

[119] Benedict, Philip (2002), *Christ's Churches Purely Reformed: A Social History of Calvinism*, New Haven / Londres: Yale University Press, pág. 426.

[120] Para discusión y síntesis de ese tipo de visiones, véase las introducciones de las siguientes obras colectivas: Carl Trueman; Scott Clark (eds.) (1999), *Protestant Scholasticism. Essays in Reassesment*, Carlisle:

Bien cabe decir que hoy tenemos suficiente distancia de la ilustración y del pietismo como para mirar con distancia tales críticas y el efecto que han tenido sobre una amplia literatura. No es, pues, de extrañar que nos encontremos en medio de un renacimiento del estudio de la teología y filosofía de este periodo. Algunas obras sobre la ortodoxia luterana marcaron el inicio de esta tendencia hacia mediados del siglo xx, principalmente *La teología del luteranismo de la post-Reforma*, de Robert Preus.[121] Es una obra consciente de las múltiples limitaciones que traía la literatura previa sobre la ortodoxia, a la que corrige desde un amplio conocimiento de las fuentes. Sin embargo, es un libro centrado sobre todo en la ortodoxia del movimiento en cuestión, y comparte así con la literatura que lo precede la distancia respecto de lo que la post-Reforma tiene de «casuística trasnochada, argumentación escolástica o polémica obsoleta».[122] Algo distinto de eso es lo que se encuentra en los estudios de Richard Muller sobre la tradición reformada de la teología de la post-Reforma, estudios que constituyen el principal impulso de las últimas generaciones a la investigación sobre el periodo.[123] Central para su proyecto ha sido el insistir en que, en las críticas de las generaciones precedentes, se trabajaba con una comprensión anacrónica de lo que significa «escolástica». El conjunto de las críticas presumía que hay algo así como una tesis escolástica respecto de cada problema imaginable, en lugar de concebir la escolástica como un método, un método que podía ser usado en defensa de las más variadas tesis. Pero es precisamente como método que era entendida por los autores de los siglos xvi y xvii, y sus antecesores medievales: un método caracterizado por la discusión crítica de textos considerados como autoridades, y el nacimiento, a partir de dicha discusión, de cuestiones independientes, gradualmente acumuladas y sistematizadas, hasta constituir «sumas» de un área del saber. Una vez que la escolástica es comprendida como método, desde luego puede aún discutirse su aptitud como tal, pero salta a la vista que el mismo método puede haber sido empleado por una infinidad de posiciones filosóficas y teológicas distintas, obligando a un análisis diferenciado de las mismas. Ahora bien, el movimiento de rehabilitación que ha tenido lugar bajo esta óptica en buena medida partió como una rehabilitación dentro de la teología. Así, el acento ha tendido a estar puesto en mostrar, contra las críticas de diversas corrientes teológicas modernas, que la filosofía empleada por los escolásticos protestantes no tuvo un efecto negativo sobre su trabajo teológico. Pero

---

Paternoster; Willem van Asselt; Eef Dekker (eds.) (2001), *Reformation and Scholasticism. An Ecumenical Enterprise*, Grand Rapids: Baker Academic.

[121] Preus, Robert (1970;1972), *The Theology of Post-Reformation Lutheranism* (2 vols.), St. Louis: Concordia.

[122] Preus, Robert (1970), *The Theology of Post-Reformation Lutheranism*, vol. I, p. 16.

[123] Junto a los restantes textos suyos que citamos a lo largo de esta obra, véase ante todo Richard Muller (1987-2003), *Post-Reformation Reformed Dogmatics* (4 vols.), Grand Rapids: Baker Academic.

gradualmente se puede observar, junto a eso, un esfuerzo por traer luz sobre el conjunto del pensamiento de esta era, no ya como mera defensa de la tarea teológica ahí desarrollada, sino con miras a mostrar la riqueza y complejidad de este periodo de la tradición intelectual occidental.[124]

Para lograr lo anterior, se requiere que empecemos por algo de clarificación de los términos, pues es común que el legado intelectual del periodo sea designado con una serie de títulos distintos: hasta aquí hemos hablado del pensamiento de la post-Reforma, de la escolástica protestante y de la ortodoxia protestante. Bien puede decirse que cada uno de estos términos está describiendo un mismo fenómeno desde distintos ángulos: hablar de la post-Reforma nos sitúa en un determinado marco temporal, hablar de escolástica nos sitúa ante ciertos métodos o cierto modo de proceder, hablar de ortodoxia nos sitúa ante el hecho de que el trabajo intelectual de este periodo es obra de personas comprometidas con la consolidación doctrinal del protestantismo, consolidación que se expresa de modo primordial en los diversos documentos confesionales que fijan esa ortodoxia. Mientras que el marco temporal no requiere de justificación alguna, el desarrollo u adopción de un cierto método, así como la consolidación de la doctrina en textos confesionales, sí son realidades que requieren de explicación o justificación. Ésta bien puede ser una justificación conjunta: la adopción de un método de discusión y la formulación de documentos confesionales son una consecuencia del carácter controvertido de la doctrina. Su carácter controvertido invita a la crítica, y si ésta es asumida de modo serio se requerirá de un método para conducir la discusión, la que decantará con cierta naturalidad en documentos confesionales. Lo contrario sería, en palabras de Barth, una comprensión de la Reforma como proclamación «en forma de meros aforismos». Según escribe, «la teología, si bien no puede empezar siendo dogmática completa, debe acabar siéndolo».[125] Al escribir tal defensa del desarrollo dogmático, Barth lo hacía con plena conciencia de cómo la especificidad metódica estaba ahí implicada: «el temor a la escolástica es la primera marca del falso profeta»,[126] sentencia.

El desarrollo dogmático supone, en efecto, que se ha dejado atrás el carácter más puramente polémico que naturalmente tiene una primera generación de reformadores, para responder al escenario de la segunda generación, un escenario

[124] Para algunos títulos representativos de esta aproximación, véase Aza Goudriaan (2006), *Reformed Orthodoxy and Philosophy, 1625-1750. Gisbertus Voetius, Petrus van Mastricht, and Anthonius Driessen*; Leiden: Brill; véase también Günter Frank; Herman Selderhuis (eds.) (2012), *Philosophie der Reformierten* Stuttgart / Bad Cannstatt: frommann-holzboog; en un espíritu similar respecto de Calvino, Paul Helm (2006), *John Calvin's Ideas*, Oxford: Oxford University Press.

[125] Barth, Karl, KD, I / 1 §7, 2.

[126] Barth, Karl, KD, I / 1 §7, 2. La relación del mismo Barth con la ortodoxia de la post-Reforma es, por supuesto, más problemática que lo sugerido por estas afirmaciones. Al respecto, véase Neil MacDonald y Carl Trueman (eds.) (2008), *Calvin, Barth, and Reformed Theology*, Paternoster: Milton Keynes.

en que ya hay instituciones educativas protestantes con un currículum completo a desarrollar. Ver la cuestión en esos términos permite notar tanto la continuidad como la discontinuidad respecto de los reformadores de primera generación: la escolástica y la ortodoxia se nos manifiestan así como una natural continuación de la tarea en que habían estado involucrados los reformadores, al mismo tiempo que es precisamente la tarea de un segundo momento, de modo que naturalmente habrá, por lo mismo también, discontinuidad respecto de lo precedente. De ahí que hablemos de una post-Reforma, y no de sucesivas generaciones de la Reforma.

Ahora bien, escolástica, post-Reforma y ortodoxia son términos que no siempre cubren los mismos fenómenos. Por lo pronto, no cuesta nada pensar en autores que pertenecen al periodo y son parte de la consolidación de la ortodoxia, pero que no adhieren al método escolástico; o autores del periodo que adhieren al método escolástico pero que se alejan de la ortodoxia. Atendiendo a estas diferencias, conviene usar cada uno de esos términos según venga al caso. Pero su intersección es común. En el caso de los escritos confesionales del luteranismo, es particularmente evidente cómo se da este cruce. Se trata de escritos relativamente tempranos, si se compara con el más gradual desarrollo de la tradición reformada. Los escritos confesionales luteranos se encuentran reunidos en el *Libro de concordia*, de 1580, que reúne textos tanto de Lutero y Melanchthon, como de quienes tuvieron que zanjar las primeras controversias intraluteranas. Dentro de esa colección de escritos, encontramos tanto literatura catequética como literatura de controversia. Así, un documento confesional puede contener escolástica y consolidación ortodoxa, reunidas en un volumen que incluye tanto a los primeros reformadores como producción de la post-Reforma.

Los grandes textos confesionales de la tradición reformada son, como acabamos de señalar, en general más tardíos, pero uno de los textos contemporáneos con los documentos luteranos, el *Catecismo de Heidelberg*, nos puede dar una amplia impresión del contexto intelectual en el que se inserta. Escrito en 1563, su principal autor fue Zacarías Ursinus, cuyas raíces se hunden profundamente en el centro de la Reforma: estudió por siete años bajo Melanchthon en Wittenberg, y luego una recomendación de Pedro Mártir Vermigli ante el príncipe Federico lo llevó en 1561 al *Collegium Sapientiae* de Heidelberg, donde redactaría el catecismo. Pero el mismo Ursinus no sólo nos dejó una serie de obras evidentemente inscritas en la tradición escolástica –una *Summa theologiae* y unas *Exercitationes scholasticae*–,[127] sino que fue además parte de las redes de

[127] Para la *Summa*, véase Lyle Bierma (2013), «Theology and Piety in Ursinus' *Summa Theologiae*», en: Jordan Ballor; David S. Sytsma; Jason Zuidema (eds.) *Church and School in Early Protestantism. Studies in Honor of Richard Muller on the Maturation of a Theological Tradition*, Leiden: Brill. Las *Exercitationes* no parecen haber sido objeto de estudio alguno.

maestros, discípulos y colegas que volvieron fructífero el periodo. A su círculo pertenecía el ya mencionado Caspar Olevianus, coautor con él del *Catecismo de Heidelberg*.[128] A Ursinus lo sucedería en la enseñanza de la teología Girolamo Zanchi, tal vez el principal caso en su generación de un protestante explícitamente tomista.[129] Bajo Zanchi, a su vez, estudió Altusio, quien pronto asumiría la enseñanza de la ciencia política en la recién fundada Academia de Herborn, cuyo primer rector fue Olevianus. Así, tanto Zanchi, una de las grandes mentes sistemáticas del protestantismo del periodo, como Altusio, su más original pensador político, se encuentran en un contexto de trabajo colegiado con los autores del *Catecismo de Heidelberg*. La mirada a un pequeño núcleo de autores como éste puede, pues, hacer visible la manera en que escolástica y consolidación doctrinal por una parte se encuentran en continuidad con la Reforma, y, por otra parte, pueden implicar un tipo de comunidad intelectual que es cualquier cosa menos estéril.

5.3. Piedad, conflicto y unidad en la época clásica de la teología protestante

Si existe algún momento que quepa describir como el periodo clásico de la teología protestante no es una aislada generación de primeros reformadores, sino este vasto conjunto que abarca un siglo y medio.[130] Durante dicho siglo y medio, los reformadores no son tratados como un foco especial de revelación que haya inaugurado una nueva época, sino que son citados como se cita a cualquier otro autor de la tradición intelectual cristiana: como una autoridad más del multisecular concierto de voces que circulan por las páginas de disputaciones y tratados del periodo. En su estudio de las disputaciones de la Universidad de Wittenberg, Kenneth Appold ha podido notar por ejemplo cuán tremendamente infrecuentes son las referencias a Lutero.[131] Tampoco los documentos confesionales, por cierto, son objeto de frecuente referencia en tales obras. Dicha invisibilidad tal vez pueda considerarse un reflejo de lo bien que tales documentos están desempeñando su papel: establecen un marco compartido para el movimiento intelectual, pero éste

[128] La coautoría ha sido disputada de distintos modos. Para una síntesis de la discusión, véase Scott Clark (2005), *Caspar Olevian and the Substance of the Covenant. The Double Benefit of Christ*, Grand Rapids: Reformation Heritage Books, pág. 29-33. Siguiendo a Lyle Bierma, Clark apoya la tesis de la coautoría por parte de Olevianus.

[129] Ver John Patrick Donnelly (1976), «Calvinist Thomism», *Viator* (7).

[130] También Troeltsch lo ve así, aunque su descripción del periodo sea mediante el menos elogioso título de «protestantismo antiguo» (*Altprotestantismus*).

[131] Appold, Kenneth G. (2004), *Orthodoxie als Konsensbildung. Das theologische Disputationswesen an der Universität Wittenberg zwischen 1570 und 1710*, Tubinga: Mohr Siebeck, pág. 134. Kolb, una autoridad aún más importante en el estudio de la obra de Lutero, concurre en esto con Appold, sorprendido por «lo sorprendentemente esporádicas» de las referencias a Lutero. Kolb, Robert (2009), *Martin Luther, Confessor of the Faith*, Oxford: Oxford University Press, pág. 3.

no se mueve con particular ansiedad en torno a los límites de dicho marco, sino con la libertad del jugador que se desempeña en una cancha bien conocida. La norma confesional crea el contexto para el desarrollo de exploraciones teológicas muy distintas.[132]

La mención del *Catecismo de Heidelberg* nos permite abordar también otro corriente prejuicio respecto del periodo: los reformadores (como podría verse en dicho catecismo) habrían devuelto el cristianismo al cálido, vivencial y bíblico camino que seguía el cristianismo primitivo; la escolástica protestante, en cambio, habría constituido una recaída en la excesiva racionalización de la fe, otorgando así a la razón una autonomía que prepara el camino para los grandes proyectos emancipatorios modernos. Es el tipo de juicio sobre la escolástica protestante que se encuentra en una amplia literatura. Pero la artificialidad de esta crítica salta a la vista. Un modo de ilustrarla es preguntando por la relación de figuras como Bach con el tipo de movimiento que hemos estado caracterizando. Nacido en 1685, ciertamente Bach es deudor también del mundo moderno.[133] Pero si se atiende a los contenidos de su biblioteca, resulta elocuente el juicio de Johannes Wallmann, quien afirma no conocer «biblioteca teológica alguna que constituya un bloque tan uniforme de confesionalismo luterano».[134] Dicha unión entre estricto confesionalismo y riquísimas expresiones artísticas y devocionales no es ninguna novedad para los estudiosos del periodo.

Lejos de constituir una excepción, esa unión constituye la norma en los más variados grupos. En particular, debe insistirse en la unión de teología académica y piedad, que se puede encontrar dondequiera que se dirija la mirada. No en vano, el más importante proyecto de la Alemania actual para la reedición de la literatura del periodo lleva el título de *Doctrina et Pietas*.[135] Quien dirija la mirada a Holanda o Inglaterra, encontrará algo muy similar. Una vez que se deja de lado las equívocas connotaciones que el término «puritano» tiende a tener hoy, el lector de las obras puritanas se encuentra con un movimiento que, por una parte, resulta natural caracterizar por su énfasis en la apropiación personal y práctica de la doctrina, pero que, por otra parte, se encuentra integrado, y a veces de

---

[132] Para dicho juicio, véase Kenneth G. Appold (2008), «Academic Life and Teaching in Post-Reformation Lutheranism», en: Robert Kolb (ed.), *Lutheran Ecclesiastical Culture 1550-1675*; Leiden: Brill, pág. 105.

[133] Sobre las variadas influencias intelectuales sobre Bach, véase Jaroslav Pelikan (1986), *Bach Among the Theologians*, Eugene (OR): Wipf & Stock.

[134] Wallmann, Johannes (1995), «Johann Sebastian Bach und die "geistlichen Bücher" seiner Bibliothek», en: Johannes Wallmann, *Theologie und Frömmigkeit im Zeitalter der Barock. Gesammelte Aufsätze*, Tubinga: Mohr Siebeck, pág. 138.

[135] Steiger, Johann Anselm (ed.) (1997-), *Doctrina et Pietas. Zwischen Reformation und Aufklärung* (23 vols.), Stuttgart / Bad Cannstatt: frommann-holzboog.

modo prominente, en la tradición de teología académica.[136] Desde el puritanismo inglés, podemos dirigir la mirada a la «segunda Reforma» (*Nadere Reformatie*), la equivalente tendencia holandesa del siglo xvii. El movimiento se presentaba a sí mismo como segunda Reforma, precisamente, por el hecho de que buscaba enfáticamente trascender la preocupación por la doctrina, con miras a una reforma de la piedad a nivel familiar y del conjunto de la sociedad. Pero lo que aquí nos interesa es que sus principales figuras fueron, a la vez, significativos teólogos escolásticos. Es el caso de Voetius, Brakel y Witsius. Este último, en el Prefacio de sus *Ejercicios sacros sobre el Credo de los apóstoles* nos da un claro testimonio de la preocupación característica del conjunto de este movimiento. Describe ahí como su preocupación que los alumnos que formaba en la universidad, futuros pastores, acabarían presentando al pueblo cristiano o bien «discursos frígidos, aunque tal vez sublimes», o bien discursos «suficientemente cálidos, aunque sin provecho».[137] La respuesta de Witsius a ese doble error parece, en un principio, inclinarse sólo a los énfasis de los movimientos de avivamiento: los alumnos deben aprender, afirma, que la religión consiste en la pureza de corazón, en lugar de la sutileza de la especulación; en la acción, en lugar de la palabra; pero basta leer pocas líneas para notar una equilibrada posición que busca, de hecho, combinar «exhortación al deber con elucidación de la doctrina».[138] Si acaso la mayor parte de las obras del periodo se origina en series de sermones o en series de disputaciones, puede ser una pregunta imposible de resolver.

Pero eso nos permite decir algo más respecto del contexto cultural en el que se llevaba a cabo la tarea intelectual: el barroco. La mención de éste puede parecer fuera de lugar. Después de todo, es tenido por un movimiento cultural característicamente católico, e incluso se le puede presentar como el estilo de la Contrarreforma. Si ha sido objeto de cierto desdén en la historia posterior, se trata de uno ampliamente compartido por buena parte de la cultura protestante. Ahí donde el católico celebra que el barroco americano logra integrar en la arquitectura cristiana a las deidades de las culturas locales, el protestante difícilmente encontrará algo que celebrar. Pero, con todos los matices que se quiera, y ciertamente de un modo más pertinente para el luteranismo que para el mundo reformado, parece

---

[136] Para una caracterización en estos términos, véase Carl Trueman (2001), «Puritan Theology as a Historical Event: A Linguistic Approach to the Ecumenical Context», en: Willem van Asselt; Eef Dekker (eds.), *Reformation and Scholasticism. An Ecumenical Enterprise*, Grand Rapids: Baker Academic; y, también de Carls Trueman (2001), «Puritanism as Ecumenical Theology», *Nederlands Archief voor Kerkgeschiedenis* (8, 3).

[137] Witsius, Hermann (2010), *Sacred Dissertations on the Apostle's Creed*, Grand Rapids: Reformation Heritage Books, pág. xxxv.

[138] Witsius, Hermann (2010), *Sacred Dissertations on the Apostle's Creed*, pág. xxxvi.

correcto hablar también de un «barroco protestante».[139] Es, al menos, una de las categorías a las se ha acudido para intentar ofrecer coordenadas inteligibles para localizar a la ortodoxia luterana. Georg Hoffmann, quien más decididamente ha abogado por la adopción de esta categoría, ha descrito el barroco como «el último ejemplo de una cultura unitaria en la historia occidental»,[140] como un intento por volver a tener una cultura unitaria tras los tumultos en torno a la Reforma. Antes que él, también Max Wundt caracterizaba el pensamiento del periodo como una *Barockphilosophie*, y lo llamaba «la última creación completamente en común de los pueblos europeos».[141] Cabría añadir que el barroco no es una simple cultura unitaria, sino una en la que se percibe un particular esfuerzo por dar lugar también a diversidad.

Pero esa diversidad que reposa sobre una visión de mundo unitaria cobra por supuesto un sentido más específico si tenemos en mente que, junto a la variedad intraconfesional, hay también una variedad de confesiones, y esta diversidad constituye más bien rivalidad. Bien podría decirse que esta época puede, por tanto, verse desde dos ángulos opuestos: podemos mirarla como el último gran movimiento cultural en que unidad y diversidad van de la mano, o podemos mirarla como el periodo en el que la unidad fundamental ya está irreparablemente quebrada, atravesada por una grieta que en los siglos siguientes no podrá sino crecer. Hay algo de indudablemente correcto en las dos perspectivas. La época del barroco es también la época de la confesionalización. Pero ese hecho no es incompatible con que subsista una cultura intelectual supraconfesional de dimensiones hoy difícilmente imaginables. Tal unidad es la que permite que la polémica entre las confesiones se nos manifieste, a pesar de toda su virulencia, como una conversación con sentido. Jaroslav Pelikan sugirió en una ocasión que un diálogo con sentido entre católicos y protestantes hoy sólo podría llevarse a cabo a través de la mediación de un filósofo que tradujera a cada parte lo que la otra está intentando decir.[142] En tiempos de la post-Reforma, esa mediación no era necesaria.

Podemos ilustrar dicha continuidad supraconfesional prestando atención a una cuestión de la *Institución de teología polémica* de Francisco Turretini. El mismo título de la obra nos recuerda que pertenecer a una cultura intelectual compartida no es sinónimo de consensos fáciles. Muy por el contrario, el pensamiento del periodo bien puede caracterizarse por su simultáneo carácter didáctico y polémico (todavía a fines del siglo XIX la cátedra de teología sistemática en

---

[139] Véase al respecto las sugerencias de Georg Hoffmann (1990), «Protestantischer Barock. Erwägungen zur geschichtlichen und theologischen Einordnung der lutherischen Orthodoxie», *Kerygma und Dogma* (36).

[140] Hoffmann, Georg (1990), «Protestantischer Barock», pág. 169.

[141] Wundt, Max (1939), *Die deutsche Schulmetaphysik des 17. Jahrhunderts*, Tubinga: J. C. B. Mohr, pág. 3.

[142] Pelikan, Jaroslav (1959), *The Riddle of Roman Catholicism*; Nueva York: Abingdon Press, pág. 219.

Princeton retenía el título de cátedra de «teología didáctica y polémica», y no en vano la obra de Turretini era uno de sus manuales básicos).[143] La didáctica introduce en una cultura en común, la polémica enseña a distinguir dentro de dicha cultura. Cabe notar, por cierto, que una porción sustantiva de dicha polémica interconfesional con razón nos parece hoy caracterizada por los excesos retóricos y la ausencia de las disposiciones adecuadas para comprender al interlocutor. Pero hay también entre algunos autores del periodo un esfuerzo por mantener esa polémica de un modo compatible con esfuerzos irénicos[144]. Debemos también notar que la polémica no se da sólo entre las confesiones, sino entre corrientes intelectuales que las atraviesan a cada una de ellas. El capítulo de Turretini sobre la equivalencia entre ley natural y decálogo sirve de adecuada ilustración de este hecho. Turretini presenta ahí tres posturas, una según la cual todo el decálogo es idéntico con la ley natural y carece por tanto de excepciones, otra según la cual los primeros preceptos del decálogo son inmutables pero los restantes simple objeto de variable mandato, y una tercera según la cual ningún precepto es propiamente natural, habiéndolos Dios simplemente mandado según su beneplácito. De ser presentada tal alternativa hoy, lo común sería que estas distintas soluciones al problema fuesen identificadas unas con el catolicismo, otras con el protestantismo. Diríamos que el catolicismo defiende una ley natural invariable, y que el protestantismo acentúa, en cambio, la soberanía de Dios de un modo que su propia ley quede reducida a algo contingente. Turretini, en cambio, presenta de cada una de estas posturas representantes tanto medievales como del siglo xvii, y entre sus contemporáneos incluye, en defensa de cada una de las tres tesis, a autores de cada confesión. Él mismo, de hecho, adhiere a la estricta identificación entre el decálogo y la ley natural, y apela en la defensa de tal posición no sólo a Tomás de Aquino sino también a católicos contemporáneos de los que está confesionalmente dividido (algunos tan centrales para la polémica interconfesional como Cayetano y Belarmino).[145]

El fenómeno de la cita recíproca entre los autores confesionalmente divididos es, en efecto, algo que salta a la vista con sólo haber abierto un par de obras del periodo. Y el mundo compartido es aún mayor, si consideramos la tendencia a esconder tales deudas: en las primeras escuelas jesuitas hay, por ejemplo, cierto

143 La *Institutio* fue la obra básica para el estudio de teología sistemática desde la fundación del seminario. Dado el gradual declive en el conocimiento del latín, Charles Hodge encargó la realización de una traducción para los alumnos. Es ésta la que un siglo más tarde ha sido publicada como Francis Turretin (1992), *Institutes of Elenctic Theology* (3 vols.), Phillipsburg: Reformed and Presbyterian Publishing.

144 Para una caracterización de ese esfuerzo en Hooker, véase William Bradford Littlejohn (2014), «The Search for a Reformed Hooker: Some Modest Proposals», *Reformation and Renaissance Review* (16,1, pág. 68-82). Un caso singular de disposición irénica en un autor de la más estricta ortodoxia reformada, véase Franciscus Junius (1593), *Eirenicum de pace ecclesiae catholicae*, Leiden.

145 Turretini, Francisco, *Institución* II, 13.

uso de obras de Melanchthon omitiendo el nombre de su autor, una práctica que se tuvo por aceptable ante la temporal ausencia de obras propias sobre algunas materias.[146] Quien se detiene a observar ese mundo intelectual compartido, ve que, desde luego, en él están teniendo lugar distintos fenómenos: a veces se está simplemente afirmando la posición compartida, en otras ocasiones se está disputando con el rival, en otros momentos se está afirmando que, en realidad, se tiene más en común con el autor confesionalmente opuesto que con algunos de la propia confesión. Pero también hay que añadir que ésta es una manifestación más del carácter ecléctico de la filosofía del periodo. Cabría por supuesto decir que ésa es una característica de toda la tradición intelectual cristiana, que desde temprano recibe, si bien en distintas proporciones en distintos periodos, una herencia de distintas escuelas filosóficas antiguas. Un elocuente testimonio de Clemente de Alejandría nos muestra lo temprana que es esta disposición ecléctica: «yo no llamo filosofía a la estoica, ni a la platónica, ni a la epicúrea, ni a la aristotélica, sino a lo que en cada uno de esos sistemas se dice convenientemente, y que enseña a fondo la justicia al mismo tiempo que el saber piadoso; a todo ese conjunto ecléctico denomino filosofía».[147] Este eclecticismo caracteriza en alguna medida al conjunto de la tradición intelectual cristiana. Pero en otro sentido se va acentuando, al recibir cada generación el resultado de los eclécticos esfuerzos de la precedente. Este fenómeno ha de ser resaltado, en particular contra la frecuente reducción de la tradición a un vagamente definido aristotelismo.[148] Precisamente en el periodo que aquí consideramos hay una elevada conciencia de este carácter ecléctico. Quien dirige la mirada a autores holandeses de mediados del siglo XVII, como Voetius, los encuentra afirmando que «seguimos la actual filosofía ecléctica común en las escuelas, especialmente en las escuelas reformadas».[149]

5.4. Confesionalismo y filosofía

No todos, por supuesto, seguían esa filosofía común en las escuelas. La ortodoxia de un autor tampoco va necesariamente de la mano de la adopción o rechazo de una filosofía específica. Como ha ilustrado Henri Krop, en el Sínodo de Dort conviven en el lado ortodoxo reprensentantes típicos del aristotelismo (como

---

[146] Véase Jos Vercruysse (2000), «"Melanchthon, qui modestior videre voluit..." Die ersten Jesuiten und Melanchthon», en: Günter Frank (ed.), *Der Theologe Melanchthon*, Stuttgart: Jan Thorbecke Verlag, pág. 405-408.

[147] Clemente de Alejandría, *Stromata* I, 7, 37.

[148] Al respecto, véase las pertinentes observaciones de Richard Muller (2001), «Reformation, Orthodoxy, Christian Aristotelianism, and the Eclecticism of Early Modern Philosophy», *Nederlands Archief voor Kerkgeschiedenis* (81, 3).

[149] Voetius, Gisbertus, *Selectae Disputationes*, V, 763. Citado por Aza Goudriaan (2006), *Reformed Orthodoxy and Philosophy*, pág. 54-55.

Antonius Walaeus) con rabiosos enemigos del mismo (como William Ames).[150] Pero la posición mayoritaria obviamente es la primera. Cabe notar que los mismos escritos confesionales del periodo son a veces notoriamente abiertos respecto del trabajo filosófico. Si ocasionalmente se encuentra en estos escritos la designación de la escolástica como una cierta sofística,[151] esto implica una crítica por un uso deficiente, no simplemente excesivo de la razón. Y ésta es la tendencia general que se puede constatar a lo largo de los escritos confesionales. Así, cuando en el *Libro de concordia* hay queja por el recurso a la filosofía, es no por haberla usado, sino literalmente por haberla mezclado (*admiscuisse*) con la teología; y no por cualquier mezcla, sino por una descrita como excesiva (*plura... quam satis erat*),[152] lo cual implica la posibilidad de una interacción adecuada. En otros casos, de hecho, la situación llega a invertirse, de modo que los adversarios son retratados como gente que no da lugar a discusión racional, sino que afirma su posición como ley.[153] Cabe notar, por cierto, que esto no es formulado en términos de una queja respecto del hecho de que el dogma esté siendo invocado con fuerza de ley, sino que es siempre formulado en términos de una queja contra la absolutización de la posición de ciertas escuelas o teólogos. Es más, en la *Apología de la Confesión de Ausburgo* se encuentra incluso una positiva alusión –con expresa referencia al *Fedro* platónico– al amor que Sócrates declara tener por las divisiones y uniones (esto es, por el trabajo dialéctico), y se critica a los adversarios por no seguir este consejo socrático[154]. En medio de la crítica a los «excesos» de la escolástica, se encuentra pues críticas que parecen apuntar a que ésta fue insuficientemente escolástica. Así, es explícitamente recogida la legitimidad del uso de lenguaje filosófico para la explicación de posiciones teológicas. La *Fórmula de concordia* llama, por ejemplo, a cuidarse del uso de expresiones generales sobre la involuntariedad de la conversión, que no vayan acompañadas de la debida explicación (*declaratio*).[155] La misma *Fórmula* es asimismo enfática en su condena de Matthias Flacius por haber hablado de la imagen de Dios como reemplazada por la imagen del diablo, y del pecado original como esencia del hombre.[156] Contra tal posición, los autores de la *Fórmula de concordia* sostienen la necesidad de afirmar categóricamente que el pecado no puede ser una sustancia. Es más, la idea de que todo lo real es sustancia

---

150 Krop, Henri (2011), «Philosophy and the Synod of Dordt. Aristotelianism, Humanism, and the Case Against Arminianism», en: Aza Goudriaan y Fred van Lieburg (eds.), *Revisiting the Synod of Dordt (1618-1619)*, Leiden: Brill.

151 BSLK 225.

152 BSLK 232.

153 BSLK 331.

154 BSLK 353.

155 BSLK 779.

156 Para discusión más extensa, véase nuestro capítulo «Finitud y corrupción» más abajo. Para una defensa de Flacius, véase Oliver Olson (2011), *Matthias Flacius and the Survival of Luther's Reform*, Minneapolis: Lutheran Press.

o accidente es presentado como axiomática para la teología (*indubitatum certissisimumque axioma in re theologica*).[157] Apenas podría haber un reconocimiento más claro de la legitimidad de las herramientras conceptuales de Aristóteles para el trabajo teológico. Pero es, antes que eso, un rechazo de aquella mentalidad según la cual la propia tesis es tanto más fielmente defendida cuanto más indiferenciadamente se lo haga. Que las diferenciaciones del lenguaje filosófico tienen que ser preservadas en las escuelas es aquí afirmado como algo tan evidente como el hecho de que deben ser rechazadas en los sermones.[158] Dicho punto incluso podía recalcarse para defender la importancia dada por el protestantismo a la distinción entre justificación y santificación. Cuando en 1555 Andreas Hyperius escribe uno de los primeros tratados protestantes de homilética, el distinguir adecuadamente entre justificación y santificación le parece un signo de lo escolástico que en ciertos momentos es el mismísimo apóstol Pablo.[159]

Pero esta filosofía de escuelas puede parecernos tan ambivalente como el ya mencionado eclecticismo. El eclecticismo parece indicar una apertura a la verdad de dondequiera que pudiese venir, pero al mismo tiempo es parte de una filosofía de escuelas en que rutinariamente se indica la supremacía de la propia, «especialmente en las escuelas reformadas». Generaciones más recientes han concebido la expresión «filosofía de / para teólogos» (*Theologenphilosophie*) para designar de modo despectivo este tipo ecléctico de filosofía perenne. Pero los mismos escolásticos protestantes habían concebido algunos títulos equivalentes. A comienzos del siglo xvii, el luterano Balthasar Meisner publicaba en Wittenberg su *Philosophia sobria*, y algunas décadas más tarde el reformado Voetius en Holanda su *Philosophia sacra*. En ese tipo de aproximación Voetius declara estar siguiendo, entre otros, a Agustín, Melanchthon y al mismo Meisner.[160] Tal mención de Melanchthon constituye un buen indicio del papel que éste había desempeñado: es aquel reformador protestante que más decididamente se dedicó a la redacción de pequeños manuales, lo que le ha valido el título de educador de Alemania (*Praeceptor Germaniae*). Todavía Leibniz, en el prefacio de su *Teodicea*, lo elogiaba escribiendo que «Melanchthon, un hombre de ideas sanas y moderadas, creó pequeños sistemas de las diversas partes de la filosofía, adaptada a las verdades de la revelación y útil para la vida pública; todavía hoy merecen ser leídas»[161]. Lo que Leibniz omite, sin embargo, es que esos pequeños sistemas de Melanchthon habían sido prohibidos en el mismísimo Wittenberg un siglo antes. Dicha prohibición no provino, por cierto, de críticos de la filosofía, sino de quienes con-

---

157 BSLK 862.

158 BSLK 775.

159 Hyperius, Andreas (1555), *De formandis concionibus sacris, seu de interpretatione scripturarum populari libri duo*, Treminiae, pág. 4.

160 Voetius, Gisbertus (1668), *Philosophia sacra*, Utrecht: Simon de Vries, pág. 2.

161 Leibniz, Gottfried Wilhelm, *Teodicea*, Pref., secc. 12.

sideraron insuficiente la formación filosófica transmitida por estos escritos y que enfatizaron la necesidad, una vez más, de remover los manuales para dirigirse a las fuentes. Como pocos otros hitos, esta prohibición de 1605 da cuenta del vigor con que es asumida la importancia de la formación filosófica en el contexto de las universidades confesionales, así como de la disposición a someter a revisión la filosofía de manuales y escuelas.[162] El paso del siglo XVI al XVII trae consigo, en efecto, una significativa sofisticación que se nota, en primer lugar, en la vuelta de la metafísica. Se trata, como tantos otros fenómenos, de un proceso que se da tanto entre luteranos como reformados: lo que un Jacob Martini estaba haciendo en Wittenberg, un Johannes Maccovius lo hacía en Franeker.[163]

Si en el caso de la metafísica se trata de la vuelta de una disciplina que había sido en alguna medida abandonada, en otras disciplinas lo que encontramos es un desarrollo de algo que ya existía en estado embrionario. Pero, aunque gradual, el cambio puede ser considerable, como es el caso en el profundo desarrollo de la reflexión moral desde la segunda mitad del siglo XVI. Mientras que entre los reformadores de primera generación Melanchthon fue el único en escribir obras de teología o filosofía moral,[164] de la tercera generación en adelante tal reflexión se desarrolla en términos muchísimo más amplios, sea en la forma de comentarios a la *Ética* de Aristóteles, en tratados filosóficos propios como los de Goclenius o Martini, o en el desarrollo de una *Ética cristiana* por parte de Danaeus. También Altusio, conocido en los siglos siguientes por su *Política* de 1603, publicó en 1601 una ética. No en vano Christoph Strohm ha considerado la «moralización» (en un sentido no peyorativo del término) como una de las características del periodo.[165]

Ante este trasfondo, no ha de extrañar que un autor hostil a este tipo de desarrollo, como William Ames, publicara disputaciones teológicas tanto «Contra la metafísica» como «Contra la ética». Su argumento contra ambas es presentado

[162] Para la normativa de 1605 y la extraordinaria vitalidad de Wittenberg en este contexto, véase Heinz Kathe (2002), *Die Wittenberger philosophische Fakultät 1502-1817*, Weimar: Böhlau Verlag, pág. 197-205.

[163] Para el caso luterano, véase Max Wundt (1939), *Die deutsche Schulmetaphysik*, y Walter Sparn (1976), *Wiederkehr der Metaphysik. Die ontologische Frage in der lutherischen Theologie des frühen 17. Jahrhunderts*, Stuttgart: Calwer Verlag. Para el caso de Maccovius, puede verse Willem van Asselt (2011), «On the Maccoivus Affair», en: Aza Goudriaan; Fred van Lieburg (eds.), *Revisiting the Synod of Dordt (1618-1619)*, Leiden: Brill, Leiden.

[164] Véase Günter Frank (2012), «Melanchthon – Der "Ethiker der Reformation"», en: Felix Mundt y Günter Frank (eds.), *Der Philosoph Melanchthon*, Berlín: Walter de Gruyter.

[165] Véase Christoph Strohm (2001), «Das Theologieverständnis bei Calvin und in der frühen reformierten Orthodoxie», *Zeitschrift für Theologie und Kirche* (98). Al mismo Strohm (1996) se debe el más sustantivo estudio de uno de estos autores, *Ethik im frühen Calvinismus. Humanistische Einflüsse, philosophische, juristische und theologische Argumentationen sowie mentalitätsgeschichtliche Aspekte am Beispiel des Calvin-Schülers Lambertus Danaeus*, Berlín / Nueva York: DeGruyter. Véase también la reciente síntesis de Luca Baschera (2013), «Ethics in Reformed Orthodoxy», en: Herman Selderhuis (ed.), *A Companion to Reformed Orthodoxy*; Leiden: Brill.

como un rechazo de las adiciones a la Escritura, de modo que la filosofía es equiparada con la cábala de los judíos y la tradición de los católicos.[166] Pero, a pesar del aspecto protestante de este puntual argumento, hay que notar que no se trata de algo distintivo del protestantismo, sino de un tipo de objeción que también los pensadores medievales estaban acostumbrados a escuchar de parte de sus adversarios antidialécticos, que imaginaban sólo poder preservar la «forma sana de la fe», si era en las «palabras sanas» de los padres en lugar de las de los filósofos.[167] Los mismos reformadores habían enfrentado este tipo de adversario en algunos representantes de la Reforma radical; un siglo más tarde, en 1618, Jacob Martini publicaba en Wittenberg su *Vernunfftspiegel* (*Espejo de la razón*) contra los «entusiastas» (el término de la época para lo que hoy llamamos fanáticos).

5.5. Las disciplinas de la post-Reforma

Para quienes vivimos en un mundo donde es usual asociar tanto la confesionalidad como la polémica con la estrechez, la mención de la teología «polémica» de un Turrettini y los llamados del *Libro de concordia* a cultivar una tradición filosófica específica pueden acabar simplemente reforzando la imagen negativa de la cultura intelectual del periodo. Pero, si bien puede decirse que la teología seguía siendo la reina de las ciencias, cabe decir que –tal como en algunos otros periodos de su reinado– no siempre fue despótica: no sólo permitió el desarrollo de otros saberes, sino que en más de una ocasión los estimuló. Esto no es de extrañar cuando se trata de disciplinas que prestan un servicio directo al trabajo teológico. Así, no resulta del todo sorprendente que el término «patrología» para designar el estudio de los padres de la Iglesia fuese acuñado en este periodo. Lo emplean en el primer cuarto del siglo diecisiete algunos autores menores, y comienza a consolidarse tras haber sido usado por el gran escolástico luterano Johann Gerhard en su póstuma *Patrologia*. Algo similar puede decirse de la hermenéutica. El término es acuñado por otro escolástico luterano, Conrad Dannhauer –quien ha sido llamado el más barroco de los escolásticos protestantes–, al publicar su *Hermeneutica sacra* en 1654. Pero si el término es acuñado entonces, la disciplina ciertamente tiene raíces antiguas.[168] En casos como éstos, no se está creando, pues, un saber, sino acuñando términos específicos para describir prácticas ya arraigadas; pero al fijarse semejantes términos aumenta la conciencia del carácter propio de una

---

[166] Los dos tratados se encuentran recogidos en la edición de 2013, *The Philosophical and Theological Treatises of William Ames*, Lewiston: Edwin Mellen Press. Para el argumento en cuestión, veáse la tesis 19 de la disputación contra la ética.

[167] Así, por ejemplo, Guillermo de Saint Therry en carta a Bernardo de Claraval, PL 180, 333-340.

[168] Según el juicio de Dilthey, había que ver en Flacius a su fundador. Pero para una vez más poner las cosas en dimensión histórica más amplia, véase Jean Grondin (1995), «The Task of Hermenutics in Ancient Philosophy», en su *Sources of Hermeneutics*, Albany: SUNY Press.

disciplina, consolidándose sus métodos y sus preocupaciones distintivas. Interpretación bíblica y estudio de los padres ha habido siempre, pero apenas puede caber duda de la diferencia generada por existir la hermenéutica y la patrología como prácticas o saberes con alguna independencia.

Con una relación menos estrecha respecto de la teología, cabe decir algo muy similar respecto de la psicología. La reflexión sobre el alma es desde luego tan antigua como la filosofía, pero es en la modernidad temprana en su tradición escolástica que se acuña el término. El primero en usarlo es el humanista croata Marko Marulić, pero su obra no está conservada y no tuvo influencia en el desarrollo subsiguiente. La historia realmente interesante se inicia décadas más tarde, cuando una serie de filósofos y teólogos influidos por Petrus Ramus reviven el término escribiendo obras de «Psychologia». El primero es Johannes Thomas Freigius, uno de los dos únicos seguidores de Ramus que permanecieron fieles al catolicismo romano. Son sus compañeros no de confesión sino de movimiento intelectual, los ramistas luteranos y reformados, quienes siguen, en las mismas décadas finales del siglo XVI, esa práctica: Goclenius, Casmann, Rudolf Snell. De modo similar a la más común práctica académica de hoy, algunas de estas obras –como las de Goclenius– son, de hecho, volúmenes colectivos. Un actual historiador de la psicología ha sugerido que, dada esta variedad de ramistas usando el término de modo casi simultáneo, tal vez debamos su origen en realidad al mismo Petrus Ramus.[169]

Estos nombres nuevos para las viejas disciplinas y preguntas son parte, por cierto, de una tendencia mayor de la época a acuñar términos. En casos como los recién mencionados, la novedad puede parecer puramente terminológica. Pero, en otros casos, el nuevo término anuncia una aproximación modificada a una pregunta. Tómese el caso del término «politeísmo». Si bien fue acuñado por Filón de Alejandría, no fue puesto en circulación sino hasta quince siglo más tarde, en la obra de Bodino. Antes de que circulara tal término, los que hoy llamamos «politeístas» cualquier cristiano los hubiera descrito simplemente como «idólatras». Y la pregunta por el origen y naturaleza de la práctica desde luego se configurará de un modo distinto, según uno u otro término oriente la investigación: si idolatría es el término que guía nuestro inquirir, una respuesta de inspiración bíblica estará más naturalmente a la mano, que cuando se pregunta por el politeísmo.[170] «Monoteísmo», un término al que también podría atribuirse cierta carga moderna, fue acuñado también a mediados del siglo XVII, por los platónicos de

[169] La sugerencia es de Riccardo Luccio (2013), «Psychologia – The Birth of a New Scientific Context», *Review of Psychology* (20, 1-2, pág. 6). Para lo que ya no hay fundamento alguno es para la versión, difundida desde fines del siglo XIX, según la cual Melanchthon habría sido el creador del término.

[170] Al respecto, véase Francis Schmidt (1985), «Naissance des polythéismes (1624-1757)», *Archives de sciences sociales des religions* (59, 1).

Cambridge Ralph Cudworth y Henry More,[171] que no pertenecen en sentido estricto a la escolástica protestante, pero que ocupan un lugar muy similar a ella en el paso de la Reforma a la modernidad.

Una de las preguntas que naturalmente surge al considerar este escenario es el de la relativa independencia de las disciplinas. Se trata, además, de un punto capital en las evaluaciones que se tiende a hacer del conjunto de esta época. No importa cuán sustantivo sea el desarrollo intelectual de un periodo, hay quienes no querrán reconocer en él genuina ciencia al no desarrollarse ésta de modo independiente del marco confesional respectivo. Para otros es precisamente la independencia que las distintas disciplinas parecen adquirir lo que convierte este mundo en una «prehistoria del racionalismo». La verdad se encuentra sin duda en una posición intermedia. Desde el inicio mismo de la Reforma, típicamente en los manuales de Melanchthon, lo que se encuentra es el reconocimiento de la independencia de las distintas disciplinas, y de hecho se confiere un amplio campo a dicho desarrollo independiente; pero estas disciplinas existen en un contexto o conjunto que es explorado por la teología, aunque ésta retroceda hacia el trasfondo con rapidez. No es nada extraño que las obras de Melanchthon abran o cierren con un conjunto de observaciones sobre la utilidad de la respectiva ciencia para el cristiano, pero que hecha tal aclaración introductoria la perspectiva teológica retroceda de modo pronunciado. En el caso distinto, el del teólogo que, en cuanto tal, se ve llamado a hablar sobre materias que parecen exceder su disciplina, también se puede encontrar a quienes lo hacen con conciencia del cuidado con que se debe proceder en tales transgresiones. En probable reacción al llamado de Bodino a que «callen los teólogos», Junius abre su *Política mosaica* señalando que no es inconsciente respecto de los límites que Dios ha puesto en torno a su oficio como teólogo, ni de la autoridad que el mismo Dios confiere en estas materias a prudentes juristas y jueces justos. Su incursión en territorio común afirma realizarla «libre de audacia, sin sentimientos de gladiador».[172]

Al pasar al siglo xvii, esto coincide con una renovada conciencia metodológica, cuyas características bien podemos ilustrar a partir del prefacio de Altusio a su *Política* que, no sin razón, se titula precisamente *Política concebida metódicamente* (*methodice digesta*).[173] Pues ahí Altusio declara no sólo su afán por desarrollar metódicamente la disciplina, sino que acentúa la manera en que el foco caerá

[171] La acuñación se atribuye regularmente a Henry More, quien hace uso sistemático de la misma, pero es usada algo antes por su colega.

[172] Junius, Franciscus (2015), *The Mosaic Polity*, Grand Rapids: Christian's Library Press, pág. 20.

[173] Véase Walter Sparn (2012), «Politik als zweite Reformation. Die historische Situation der Politica (1603) des Johannes Althusius», en: Walter Sparn, *Frömmigkeit, Bildung, Kultur. Theologische Aufsätze I: Lutherische Orthodoxie und christliche Aufklärung in der frühen Neuzeit*, Leipzig: Evangelische Verlaganstalt, pág. 95.

en la especificidad de la política, en contraste con quienes, al escribir sobre ella, introducen demasiados elementos tomados de disciplinas afines como la ética, el derecho o la teología. Tales consideraciones, escribe, «deben ser remitidas de regreso al lugar que con justicia ocupan en otras ciencias».[174] Con todo, esta declaración de purismo disciplinario no nos debe engañar: la obra es efectivamente política, en el sentido de que a ella subyace no una concepción sobre el bien humano en general, sino una concepción sobre el arte de asociar a los hombres, por el que Altusio caracteriza a la disciplina.[175] Pero apenas hay una página de la obra en que no se note la conciencia interdisciplinaria que también está recogida en el prólogo: «nadie dudará de que en la práctica estas ciencias a menudo, o incluso siempre, están vinculadas entre sí».[176]

5.6. Post-Reforma y modernidad

El mundo intelectual que acabamos de recorrer es el que sucedió a la Reforma. No fue la Reforma sola la que lo creó, pues es un mundo que se alimenta del pasado de distintos modos. Al considerarlo bien, podría uno verse tentado a afirmar con Troeltsch que, en lugar de dar la Reforma origen al mundo moderno, logró más bien que se extendiera por dos siglos más la Edad Media –una tesis que Troeltsch considera tanto más evidente si lo que se evalúa es la historia del *ethos*, la ciencia y el lugar de la religión en la cultura.[177] Dicha tesis parece ser en lo fundamental correcta, aunque adquiere un tono distinto al ser formulada un siglo tras Troeltsch, cuando nos hemos vuelto algo más ambivalentes en nuestra evaluación de la modernidad misma. Pero sea esto como fuere, si Troeltsch llegó a tal conclusión en medio del contexto de un triunfalismo protestante que celebraba la Reforma como acto fundacional de la modernidad, es en parte porque, como pocos de sus contemporáneos, conocía el pensamiento de la post-Reforma. Hoy el conocimiento de la misma está adquiriendo proporciones mayores, por lo que, es de prever, su tesis ganará aún más fuerza.

Pero ganará, seguramente, también en diferenciación. Como hemos visto, hay aquí un desarrollo vigoroso de disciplinas antiguas, y de un modo que en cierto sentido las va volviendo nuevas. Pero este mismo vigor intelectual lleva también a una interdisciplinariedad que se expresa en una lista infinita de términos compuestos: los autores del periodo invitan a investigaciones histórico-teológicas, didáctico-polémicas, exegético-teológicas, etc., volviéndose así «porosos»

[174] Althusius, Johannes (2003), *Politik*, Berlín: Duncker & Humblot, pág. 18.
[175] Althusius, Johannes (2003), *Politik* 1,1.
[176] Althusius, Johannes (2003), *Politik*, pág. 20.
[177] Troeltsch, Ernst (2001), «Die Bedeutung des Protestantismus», pág. 246.

los límites de la disciplina teológica.[178] Puede decirse que esto es escolástica, pero no es el reservado lenguaje de los escolásticos medievales. Es fruto de un enfrentamiento renovado con el mundo antiguo, pero no es un intento de repristinación. Este es un mundo que, para realizar la exposición bíblica, dispone de conocimientos filológicos enormes, despliega un amplio conocimiento de la historia de la exégesis, es capaz de hacer uso crítico de las ediciones de las que dispone, y que al mismo tiempo se distingue de los modernos por algo que no es sólo orientación teológica, sino participación de una multisecular cultura eclesiástica, de sus instituciones y prácticas intelectuales.

¿Hay sentidos en que también pueda considerarse a los escolásticos protestantes como parte de la modernidad intelectual? La idea, sostenida por algunos autores del siglo xx, de que los escolásticos protestantes deban ser vistos como dando ya un paso a la filosofía moderna, no puede hoy ya plantearse del modo en que se hacía. La idea descansaba, naturalmente, en una empobrecida comprensión de la historia de las relaciones entre fe y razón, por la que se imagina que cada espacio dado al ejercicio intelectual independiente es un paso dado hacia comprensiones ilustradas de la autonomía. Pero el derrumbe de esta pobre idea no quita que haya en diversos movimientos intelectuales del periodo afinidad tanto con la escolástica protestante como con proyectos intelectuales más distintivamente modernos: los platónicos de Cambridge pueden considerarse un caso significativo de tal posición intermedia. Pero cuando la relación entre la tardía escolástica protestante y el gradual surgimiento de la temprana filosofía moderna es estrecha, es también polémica. Es una relación que también en aquellos casos que involucran cercanía personal (de padres e hijos, maestros y discípulos), implica un visible conflicto. En algunas oportunidades se trata de una transición a un pensamiento moderno sin particular fuerza, un simple deísmo, una búsqueda de un «cristianismo razonable» en que las tensiones confesionales fuesen reducidas al mínimo y el papel moralizante de la religión exaltado al máximo. Uno de los casos más llamativos de transición de este tipo se da en Ginebra, donde a Francisco Turretini, de quien ya hemos tratado, lo sucede en la cátedra su hijo Juan Alfonso Turretini, un perfecto representante de la nueva ortodoxia razonable de inspiración erasmista.[179]

Pero no sólo en casos hoy poco conocidos como el de los Turretini se da esta transición de escolástica a pensamiento moderno. La mayor parte de los grandes filósofos de la modernidad temprana tuvo alguna relación con escolásticos

[178] Tomo la expresión de Kenneth G. Appold (2004), *Orthodoxie als Konsensbildung. Das theologische Disputationswesen an der Universität Wittenberg zwischen 1570 und 1710*, pág. 101.

[179] Para un exhaustivo estudio de dicha transición, véase Martin Klauber (1994), *Between Reformed Scholasticism and Pan-Protestantism: Jean-Alphonse Turretin (1671-1737) and Enlightened Orthodoxy at the Academy of Geneva*, Cranbury: Associated University Presses.

protestantes, y tal vez sólo Leibniz entre los tempranos filósofos modernos puede ser considerado como alguien que mantuvo una relación pacífica con los mismos.[180] La mayor parte de los restantes, en cambio, se vio involucrado en algún tipo de conflicto explícito. Cuando Spinoza escribe su *Tratado teológico-político*, parte de lo que está en el trasfondo son las querellas holandesas entre seguidores de Voetius y Cocceius.[181] El mismo Voetius estuvo implicado en una controversia de proporciones significativas con Descartes.[182] John Locke estudió en un Oxford dominado por la figura del puritano John Owen. Si, como hemos buscado mostrar, estos escolásticos se encuentran en una significativa continuidad con los reformadores protestantes, en estas controversias los primeros filósofos modernos están dejando clara su distancia respecto de unos y otros.

Un modo de adquirir mayor claridad al respecto es atendiendo al tipo de genealogía que los tempranos pensadores modernos establecían para su propia tradición. Después de todo, si bien hay un recurrente gesto de novedad («hasta aquí se ha hablado así» – «ahora se hablará de este modo», nos dicen los modernos desde Nicolás Maquiavelo en adelante),[183] hay también en la Ilustración intentos por trazar la historia de esta novedad. El problema ha sido tratado por Hugh Trevor-Roper en un sobresaliente ensayo sobre los orígenes religiosos de la Ilustración. Presta ahí atención a dos ilustrados, Voltaire y Gibbon, considerando la sorprendente coincidencia en la genealogía que cada uno asignó a la nueva filosofía. Según ambos, una primera ola orientada a la Ilustración se habría encontrado en la obra de Erasmo; una segunda etapa, tras el turbulento tiempo de la Reforma, habría llegado al abrir el siglo XVII, con corrientes como arminianos y socinianos, con la epistemología de Bacon y la obra política de Grocio; finalmente, tras el nuevo periodo de turbulencia que constituyó el centro del siglo XVII, la filosofía moderna se habría consolidado en la generación de Newton y Locke.[184] En las sucintas palabras de Trevor-Roper, el mundo que surgió «no fue posible gracias a la Iglesia calvinista, sino gracias a sus críticos, sus herejes».[185] Tal conclusión, que

---

[180] Al respecto, Nathan Jacobs (2012), «Protestant Scholasticism and the Philosophy of Gottfried Leibniz», en: Günter Frank y Herman Selderhuis (eds.), *Philosophie der Reformierten*; y Leroy Loemker (1972), *Struggle for Synthesis: The Seventeenth Century Background of Leibniz's Synthesis of Order and Freedom*; Harvard: Harvard University Press.

[181] Wall, Ernestine van der (1995), «The Tractatus Theologico-Politicus and Dutch Calvinism, 1670-1700», *Studia Spinoziana* (11, pág. 201-225).

[182] Ruler, J. A. van (1995), *The Crisis of Causality. Voetius and Descartes on God, Nature and Change*, Leiden: Brill.

[183] Véase Nicolás Maquiavelo, *El Príncipe*, 15. Más allá de la filosofía política, Bacon elogió a «Maquiavelo y otros que escriben no sobre cómo el hombre debe ser, sino sobre cómo es». Véase Francis Bacon, *The Advancement of Learning*, XXI, 9.

[184] Trevor-Roper, Hugh (2009), «Los orígenes religiosos de la Ilustración», en: Hugh Trevor-Roper, *La crisis del siglo XVII. Religión, reforma y cambio social*, Buenos Aires: Katz Editores, pág. 205-211.

[185] Trevor-Roper, Hugh (2009), «Los orígenes religiosos de la Ilustración», pág. 212.

opone de modo absoluto modernidad y Reforma protestante, tiene obviamente que ser matizada. Con todo, en su formulación rotunda puede ayudarnos a preguntar por los obstáculos que con tanta frecuencia nos han hecho imaginar la Reforma más bien como partera de la modernidad.

6. Los obstáculos

Hemos hasta aquí hecho un grueso recorrido por la tradición intelectual cristiana hasta fines del siglo xvii. Hemos visto la influencia y combinación de diversas escuelas filosóficas, y el variado tenor que esta tradición intelectual ha podido adoptar en distintos periodos. En medio de eso, también hemos podido constatar una fundamental continuidad. Ante la evidencia abrumadora con la que tal continuidad parece imponerse a la mirada, bien cabe preguntarse cómo es que siguen siendo influyentes visiones como las de Maritain, Dooyeweerd o Gregory. ¿Cómo es que tanto católicos como protestantes se han adherido a visiones de la Reforma que, si bien con acentos distintos, los llevan a entender ésta fundamentalmente como un hito de ruptura con la tradición intelectual católica? ¿Podemos contentarnos con la simple constatación de que toda interpretación histórica es controvertida?

En lo que sigue, consideraremos algunas de las razones por las que sigue resultando difícil de aceptar una visión continuista. Precisamente porque hemos constatado que la visión «discontinuista» se extiende por igual a pensadores católicos y protestantes, no nos ocuparemos del papel que la hostilidad interconfesional puede desempeñar o haber desempeñado. Lo que consideraremos son algunos obstáculos vinculados con la misma autocomprensión de los protestantes. Esa autocomprensión, incorporada de maneras muchas veces inconscientes en la narración de la historia, se vuelve con facilidad un lente ampliamente compartido. Es lo que ocurre, como veremos, con la visión protestante de la historia como una secuencia de caídas y reformas, y con el papel sobredimensionado que se otorga a Lutero, en lugar de verlo como un autor dentro de la amplia red de reformadores. Atenderemos, por último, al modo en que nuestra misma condición de modernos nos vuelve en parte invisibles algunas manifiestas continuidades del periodo de la Reforma.

6.1. ¿Caída y reforma? La visión protestante de la historia

La autocomprensión de los reformadores como tales implica ya una determinada visión de la historia; al menos de la historia inmediatamente reciente: para que haya una reforma, tiene que ser precedida por una caída. Concebir la historia reciente como una época de corrupción parece ser el requisito mínimo para entenderse a sí mismo como reformador: una reforma no puede inscribirse en un relato de progreso incontenible. El tipo de visión de la historia que la Reforma implica puede ser fácilmente comparado con otros modelos contemporáneos al de los reformadores protestantes. El humanismo renacentista, con su visión de pérdida y recuperación del saber clásico, ofrece, después de todo, una visión similar, aunque no limitada a la historia eclesiástica, sino al conjunto del desarrollo cultural: también ahí el lente a través del cual se mira la historia es corrupción y reforma, aunque se fije la mirada en fenómenos distintos. Tanto la Reforma radical como el catolicismo presentan aquí aproximaciones algo distintas: el catolicismo es dado a acentuar más pronunciadamente la continuidad; en el polo opuesto, en cambio, la Reforma radical postuló una radical ruptura entre los momentos de caída y los de renacer. Lo de los radicales puede parecer una diferencia de grado respecto de los reformadores, y también la posición católica admite por supuesto el reconocimiento de caídas y corrupciones Así, el conjunto de estas visiones puede a su vez ser contrastado con el tipo de progreso tendiente a una paz perpetua que imaginan las modernas filosofías de la historia.

¿Pero es posible determinar de una manera más específica dónde tienden a ubicarse los reformadores dentro de este espectro de posiciones? En grados muy variados, ellos se vieron presionados a dar cuenta de cuándo habría tenido lugar una caída. Alguno podía contentarse con la descripción del actual estado de la Iglesia y de la necesidad de reformarlo, con lo cual, al menos, quedaba abierta la puerta a la posibilidad de que no todo en los tiempos recientes hubiera sido tan oscuro como, por lo general, ellos mismos afirmaban. Pero, tarde o temprano, hay que tomar posición. Como en tantas otras materias, Melanchthon nos sirve para sencilla ilustración de la posición usualmente tomada. Un breve discurso suyo sobre «Lutero y las edades de la Iglesia» ilustra de modo conciso la forma esquemática que, con facilidad, iría tomando esta visión de la historia como serie de caídas y reformas. Tras describir la época de los apóstoles,[186] la primera edad de la Iglesia, procede del modo siguiente:

> La segunda edad es la de Orígenes, en la cual la doctrina de la fe ya fue oscurecida y en la Iglesia dominó ampliamente la filosofía platónica y la superstición. Y aunque Dios siempre conserva semillas de la doctrina pura en alguna parte, sin embargo los errores muchas veces permanecen por largo tiempo en la Iglesia. Pero luego Dios los corrige en gran parte de la Iglesia, tal como después de la edad de Orígenes la Iglesia fue limpiada por la voz de Agustín. La edad de Agustín es, pues, la tercera, en la cual los estudios de los hombres fueron vueltos a dirigir a las fuentes. Pero pronto la Iglesia fue dispersada por las guerras con Godos y Vándalos, y vino la cuarta edad de los monjes, en que paulatinamente creció la oscuridad [...]. Y aunque, como antes dije, también entonces Dios conservó en algunos

[186] CR 11, 786.

> semillas de la doctrina pura, sin embargo es manifiesto que la mayor parte de la Iglesia había caído en tinieblas. Pero en su inmensa misericordia, Dios comenzó a quitar la oscuridad por la luz del evangelio, el cual volvió a ascender a través de Lutero [...]. Y así ésta es la quinta edad, en la que nuevamente Dios ha guiado la Iglesia a las fuentes.[187]

El esquema es, pues, sencillo: a la pureza de la edad apostólica la seguiría la corrupción de Orígenes mediante platonismo y supersticiones; tras esto viene la reforma agustiniana, la cual a su vez es seguida por una época oscura; finalmente, una nueva época de reforma se inicia con Lutero.[188] Pero, a pesar del esquematismo de corrupciones y reformas en que Melanchthon divide la historia de la Iglesia, las dos épocas que designa como oscuras no son idénticas, sino que se diferencian en un punto significativo: la primera, la de Orígenes, parece ser oscura por exceso de filosofía, mientras que la segunda es la época de la barbarie: posee también una filosofía, pero según Melanchthon una filosofía de bárbaros. Las épocas de reforma, en cambio, sí presentan siempre una misma estructura: tanto la reforma agustiniana como la luterana consistirían en una vuelta al evangelio que es también una reforma del saber: consistirían en que Dios vuelve a guiar a la Iglesia a las fuentes. Cabe también notar que en medio de este esquema de corrupciones y reformas se encuentra presente la continuidad. De la edad de Orígenes, Melanchthon nos dice que «Dios siempre conserva semillas de la doctrina pura». Lo mismo se repite sobre el medioevo: Dios conservó siempre en algunos semillas de la doctrina pura. Melanchthon supone, pues, que los círculos de corrupción y reforma descansan siempre sobre la base de la continuidad de la tradición. Las épocas de reforma, se podría decir, serían simplemente amplificaciones de lo que una minoría fiel siempre ha sabido, y jamás descubrimientos de algo totalmente olvidado o de algo totalmente nuevo.

Al atender a los detalles, la narrativa de caídas y reformas no carece, pues, de, al menos, algunos matices. La alternativa no es entre épocas de simpleza radical y épocas de corrupción. Las épocas sanas son más bien caracterizadas como épocas en que hay un renacimiento del saber y en que, sin embargo, la sutileza de la filosofía no corrompe la fe. Con los polemistas católicos contemporáneos, permanecía por supuesto un desacuerdo respecto del modo en que se garantiza dicha continuidad. No menos interesante es considerar las diferencias entre los reformadores magisteriales y los radicales. Entre éstos abundan, en la época, los escritos llamando a una refundación de la Iglesia, a una restitución. Prima, pues, ahí la idea de que la verdadera Iglesia tras la era apostólica ha desaparecido. Esta idea de

187 CR 11, 786.

188 De modo bastante similar, pero un poco más extensamente, Melanchthon repite este esquema en la «Historia Lutheri», CR 6, 166-169.

una restitución de la Iglesia ha sido considerada como una de las notas distintivas de la Reforma radical.[189] La deseada restitución se encuentra en un título del radical münsterita Bernhard Rothmann, pero también en la *Restitutio Christianismi* de Miguel Servet. Desaparece ahí la idea de que algún remanente pueda haber conservado la doctrina de los apóstoles en los periodos más oscuros. Lo que hay es, más bien, períodos de pureza total y períodos de corrupción total.[190] Este contraste es fundamental: restitución y reforma son caminos rivales. Con todo, bien cabe preguntarse por los modos en que el ideal de restitución y su visión de fuerte discontinuidad en la historia ganó luego terreno en el resto del protestantismo.

6.2. ¿Precursores de la Reforma?

¿Qué modos de mirar el mundo y el pasado trae consigo lo que hasta aquí hemos descrito como visión protestante de reformas y caídas? Consideremos dos consecuencias. En primer lugar, se encuentra el modo en que este esquema se tornaría con toda naturalidad una herramienta de desleal disputa interna del protestantismo. Irónicamente, de hecho, una de las primeras víctimas de esta manera de escribir historia fue el propio Melanchthon. Porque, cuando el modelo de corrupciones y reformas se aplicó también al protestantismo, se hizo muchas veces con el siguiente esquema: la reforma luterana va seguida de una «recaída» en la escolástica; y como fundador de dicha escolástica protestante se ve, desde luego, al hombre que introdujo a Aristóteles en la reforma luterana. O bien se toma al mismo Melanchthon como quien recae en un tradicionalismo opuesto al biblicismo del resto de sus colegas. Esta manera de escribir la historia puede pasar por ignorar la más elemental cronografía (en este caso, en concreto, pasa por ignorar el simple hecho de que Lutero y Melanchthon fueron contemporáneos y no representantes de dos épocas del protestantismo). Pero estos implacables esquemas no se aplican sólo a pensadores individuales: cada siglo ve nacer a un grupo que considera muertas a las precedentes escuelas o incluso Iglesias, aunque éstas a su vez hayan nacido de una reforma del siglo anterior. Apenas resulta necesario señalar el efecto catalizador que esto tiene para la atomización del protestantismo: hay un obvio vínculo entre la valoración de la continuidad histórica y la estimación de la continuidad institucional.

En segundo lugar, podemos dirigir la mirada a una de las más características ideas que surgieron de la mano de la visión de la historia como caídas y reformas: el tipo del «precursor de la Reforma». No es del todo extraño que tal tipo de figura haya sido ideada, siendo al fin y al cabo un modo visible de mostrar que efectivamente uno se percibe en alguna relación con el pasado. Se trata, en otras

[189] Huntston Williams, George (2000), *The Radical Reformation*, pág. 575.
[190] Huntston Williams, George (2000), *The Radical Reformation*, pág. 211.

palabras, de una respuesta a una pregunta de la apologética católica, ¿dónde estaba vuestra Iglesia antes del siglo xvi? Esa pregunta tenía que ser respondida, si no se quería caer en el modelo de una restitución en lugar de una reforma. De entre quienes intentaron responder a esta pregunta en el siglo xvi, el más significativo esfuerzo es el desarrollado por Flacius (escribió un *Catálogo de testigos de la verdad*) y su círculo en Magdeburgo (autores de una *Ecclesiastica Historia* más conocida como las *Centurias de Magdeburgo*). Se trata, en efecto, de una obra dividida por siglos, que busca mostrar el tipo de corrupción pero también la continuidad de la enseñanza en cada centuria. El *Catálogo*, en cambio, buscaba mostrar una cadena de predecesores de la posición luterana a lo largo de la historia. Algunas de las figuras consideradas en su obra son las figuras que hoy se acostumbra sindicar como precursores de la Reforma, es decir, autores como Juan Huss. Por otra parte, Flacius nombra una cantidad importante de autores que, aunque en tensión, permanecieron en comunión con Roma: Dante, Taulero, Nicolás de Cusa y otros. De este modo, en un mismo acto Flacius intenta colocar al protestantismo dentro de la tradición y justificar a partir de dicha tradición la posición crítica respecto del papado. Pero precisamente en ello se nota la principal diferencia respecto de Melanchthon. Cuando Melanchthon nombra a Bernardo o a Buenaventura como hombres que conservaron la sana doctrina, lo que está en cuestión es simplemente eso: la doctrina. Con Flacius ya se está dando más bien un giro a la época de las confesiones nítidamente divididas: para Flacius, un testigo de la verdad es tal porque criticó al papado –el título completo de su obra, de hecho, es *Catálogo de testigos de la verdad que antes de nosotros protestaron contra el papa*. Este cambio de perspectiva es el que nos permite explicarnos que, en Melanchthon, aún no se encuentre un solo atisbo de la idea de precursores de la Reforma, mientras que en la obra de Flacius encontramos el primer desarrollo en esa dirección:[191] es, después de todo, mucho más fácil constatar (para así incluir en un catálogo) que alguien ha criticado al papado, que constatar la rectitud doctrinal del crítico en cuestión.

Considerablemente más influyente que la obra de Flacius, pero similar en espíritu, es el *Libro de mártires* de Foxe. Es importante notar que estamos ante esfuerzos historiográficos de envergadura, en los que, como historiadores modernos, Foxe y Flacius se involucraron en la recolección de documentos y en su cuidadoso examen crítico. Pero Foxe y Flacius gozaron de una recepción distinta. Mientras que Flacius se limitó a un público académico, el libro de Foxe gozó de inmediato de una tremenda popularidad, reflejada en sucesivas ediciones no sólo en su propia época, sino cada vez que resurgió en los siglos siguientes algún conflicto con

[191] Respecto del nacimiento y variaciones del tema «precursores de la Reforma», véase Theodor Mahlmann (2004), «Vorreformatoren, vorreformatorisch, Vorreformation. Beobachtungen zur Geschichte eines Sprachgebrauchs», en: Günter Frank y Friedrich Niewöhner (eds.), *Reformer als Ketzer. Heterodoxe Bewegungen von Vorreformatoren*, Stuttgart / Bad Cannstatt: frommann-holzboog.

el catolicismo. Se trata, en efecto, de un género literario de origen polémico. Flacius está escribiendo como parte de la resistencia «gnesioluterana» tras la derrota militar de la liga de Esmalcalda ante Carlos V, Foxe está escribiendo en medio del sanguinario reinado de María Estuardo. Pero el resultado es que la oposición al catolicismo comienza a volverse un lente predominante para la lectura del pasado. Según señala George Huntston Williams, en el caso de Foxe, el ánimo respecto del catolicismo es tal, que incluso aquellas persecuciones que de modo manifiesto se dirigen de un protestante a otro son explicadas como muestra de una lógica católica, y esto con particular ceguera respecto de los actos estatales hacia las distintas comunidades religiosas.[192] ¿Dónde estuvo vuestra Iglesia antes de Lutero? La creciente tentación a responder «dondequiera que haya habido oposición al papado», muestra al menos un tipo de riesgo de la visión protestante de la historia.

Este hecho nos permite comprender las razones por las que el concepto de «precursores de la Reforma» ha sido sometido a análisis crítico desde el momento mismo en que fue acuñada la expresión. La obra más influyente para la difusión de la idea de precursores de la Reforma fue la publicada por Carl Ullmann en 1866, *Reformadores antes de la Reforma*.[193] El juicio que entonces formulara una señera figura de la teología liberal, Albrecht Ritschl, bien puede aplicarse a una parte sustantiva de esta búsqueda de «protoreformadores»: refiriéndose a Ullmann, escribe que «este historiador pone los más heterogéneos fenómenos en relación con la Reforma, interpretando cualquier desviación de los amplios caminos del catolicismo eclesiástico, también el panteísmo místico y la escolástica nominalista, como preparación de lo que realizó Lutero».[194] Al provenir de la teología liberal, la crítica de Ritschl tenía un sentido muy preciso: que dichos fenómenos «precursores» no pueden ser interpretados como precursores de la Reforma, porque representan únicamente la mejor expresión de reforma *dentro* del catolicismo, pero *sin apuntar más allá de éste hacia un cristianismo moderno*: sin apuntar, podríamos decir, al protestantismo liberal del siglo XIX. Sus advertencias, sin embargo, pueden razonablemente ser recibidas también por quien piense sobre estas cosas desde el protestantismo ortodoxo.

6.3. La Reforma y la crítica a la tradición

Parecería natural ver la Reforma como una vía media entre radicales y católico-romanos, una vía media que en su visión de la historia comparte con unos el esquema de corrupciones y reformas, mientras con otros la necesidad de continuidad. Al mismo tiempo, tal visión parecería ser un ideal antídoto contra la

---

[192] Huntston Williams, George (2000), *The Radical Reformation*, pág. 1201.

[193] Ullmann, Carl (1866), *Reformatoren vor der Reformation* (2 vols.), Hamburg: Perthes.

[194] Ritschl, Albrecht (1889), *Die christliche Lehre von der Rechtfertigung und Versöhnung* (3ª ed.), Bonn: Adolph Marcus, pág. 129.

moderna intoxicación con visiones de progreso ilimitado. Vemos, empero, que, incluso aunque no se caiga en un simplista esquema de discontinuidades radicales, esta visión protestante de la historia pierde el rumbo con facilidad: el intento por fabricar precedentes mueve con naturalidad a leer a los hombres del pasado a la luz exclusiva de las controversias presentes, con el resultado de que quedamos desconectados de la tradición central del pasado (el «precursor de la Reforma», como no es de extrañar, siempre acaba siendo una figura algo marginal de su mundo). Es posible, por supuesto, que esto sea sólo una deformación o un subproducto de una visión en sí misma intachable. Es posible, pero está claro que cuanto más esquemáticamente se presente la sucesión de caídas y reformas, tanto más fácilmente se prestará para tales deformaciones.

Pero la cura para tal problema no está en una corrección puntual (quitando, por ejemplo, a la oposición al papado el papel cardinal que tempranamente desempeñó para comenzar a identificar precursores), ni tampoco en un simple juzgar con matices sobre los autores del pasado (de un modo que, por ejemplo, no los deje a secas en un bando de caídos o reformados). Corrupciones y reformas ciertamente hay en la historia humana, pero la historia humana es la historia de variadas dimensiones de la vida. No es que haya una única dimensión de la vida que en ocasiones florezca y en otras se corrompa, ni ocurre tampoco que todas las dimensiones de la vida florecen o se corrompen juntas; el momento de corrupción de una dimensión de nuestras vidas bien puede ser a la vez el momento de reforma de otra dimensión. La historia de la humanidad no es la de una línea ascendente. Pero tampoco es la simple historia de una línea con altos y bajos. Es la historia de numerosas líneas paralelas que a veces suben y bajan juntas, pero que a veces también se cruzan. Lo mismo vale para la historia de la Iglesia. Y si el protestantismo en momentos ha buscado caracterizarse por su vivo reconocimiento de una pluralidad de esferas de existencia, ése es un aspecto que también debe incorporar en su visión de la historia.

Cabe, con todo, notar que también la adopción de una posición de rotunda crítica a la tradición puede encontrar antecedentes tradicionales. Así, Tertuliano escribía sobre cómo los cristianos tienen que levantarse «contra las instituciones de nuestros ancestros, contra la autoridad de lo recibido del pasado, las leyes de nuestros gobernantes y las opiniones de los antiguos sabios, levantarse contra la antigüedad, la costumbre, la necesidad, contra los precedentes, los prodigios y milagros, todos ellos orientados a confirmar ese espurio sistema de divinidad».[195] Una razón para esta disposición salta a la vista: en el tradicionalismo antiguo, había un relativismo implícito, como en más de alguna ocasión lo diagnostican los tempranos escritores eclesiásticos. Así, en *Contra Celso*, Orígenes escribe que, al seguir las tradiciones de un pueblo, invariablemente se violará las de otro,

[195] Tertuliano, *Ad nationes* 2, 1.

pero que si eso es todo lo que podemos decir al respecto, «la piedad no será algo divino por naturaleza».[196] Celso, apunta Orígenes, concede que la valentía y el conocimiento no son algo relativo, pero al remitirnos en la religión a la sola costumbre, corre el riesgo de atribuir tal relatividad a «la piedad, la santidad y la justicia».[197] Los reformadores se hacen, por supuesto, eco de este tema. Las «tradiciones de los hombres» es una expresión, como en su origen bíblico, invariablemente negativa en sus labios. Pero a nadie se le puede escapar la diferencia entre su situación y la de Tertuliano y Orígenes: las tradiciones ahora denunciadas son las de los propios cristianos. La legitimidad de tomar por asalto a la tradición en esta nueva circunstancia parecería entonces requerir de un nuevo fundamento. Sin embargo, al menos Lutero se enfrenta con la tradición de modos que le generan una impresión no del todo distinta. Contra lo que Lutero se enfrenta más explícitamente es, en primer lugar, la posición de un Enrique VIII (sucedido en la discusión por Tomás Moro), donde el actuar de la Iglesia es virtualmente legitimado por defecto, al asumirse para la misma una revelación constante.[198] En la reacción de Lutero ante este tipo de aproximación a la tradición, puede percibirse claros ecos de las preocupaciones que hemos visto en Tertuliano y Orígenes: «¿cómo vamos entonces a tener por errónea la fe de los turcos, que existe desde antes que los germanos fuesen cristianizados?». Lutero, en suma, ve la posición del monarca inglés como una simple validación de todo lo que es antiguo, sustrayéndolo así a la evaluación.[199] Generaciones más tarde, un tomista luterano como Georg Dorsch podía apelar a Tomás de Aquino como alguien que «enseña que en las cuestiones divinas no hay que atender a la antigüedad, sino a la verdad».[200] Pero en este temprano escrito contra Enrique VIII, Lutero identifica la posición del monarca con el tomismo, el que así es percibido como el más irreflexivo tradicionalismo.[201]

No es de extrañar que la denuncia de la tradición por parte de los reformadores adoptara la forma de un ataque al relativismo: la multiplicidad de tradiciones es denunciada por su incapacidad para servir de instrumento de juicio. Así como hay una valoración positiva de los padres de la Iglesia para muchos efectos, hay también intentos por mostrar elencos de citas patrísticas contrapuestas que muestren la imposibilidad de que sirvan de guía. Pero esto constituye un significativo paralelo

---

196 Orígenes, *Contra Celso* V, 27.

197 Orígenes, *Contra Celso*, V, 28.

198 Sigo aquí a John Headley (1987), «The Reformation as Crisis in the Understanding of Tradition», *Archiv für Reformationsgeschichte* (78).

199 *Contra Enrique, rey de Inglaterra*, WA 10, 2, 193.

200 Dorsch, Johann Georg (1655), *Thomas Aquinas veritatis evangelicae confessor*, Frankfurt / Main, pág. 88.

201 *Contra Enrique, rey de Inglaterra*, WA 10, 2, 193: «Thomisticissimo argumento… Henricos et sacrilegos Thomistas».

del modo en que, en el mismo contexto polémico, se produce la crítica católica a la suficiencia de las Escrituras, con la multiplicidad de interpretaciones (y la multiplicidad de confesiones protestantes), tenida por prueba de que la Biblia no puede servir como instrumento último de juicio. Donde unos veían multiplicidad de tradiciones, los otros verían multiplicidad de interpretaciones de la Biblia, y juntos contribuirían con al menos un grano de arena al esceptismo de la modernidad temprana. Pero éstos son los extremos a los que se puede llegar en cada confesión, dentro de un marco bastante común de aprecio por y recepción de los padres. La diferencia principal en la apropiación patrística se encuentra en una más persistente voluntad católica por destacar el consenso entre los padres de los primeros siglos, y una mayor voluntad protestante por mostrar que se debe distinguir entre padres y padres, entre épocas y épocas, y dentro de la obra de un mismo autor.[202]

Hasta cierto punto puede, pues, decirse que el tipo de tradicionalismo que los reformadores inicialmente enfrentan tiene como reacción en ellos un movimiento pendular, movimiento por el que todo lo antiguo tiene que ser sometido a reevaluación. No es así del todo errado considerar la crítica a la tradición como una de las notas distintivas de la Reforma; pero no tratándose de un programa ilustrado que viene a desarrollar dicha crítica desde fuera, naturalmente es una parte muy sustantiva de la tradición la que sobrevive a la evaluación crítica. Y cuando sus interlocutores son los radicales, Lutero mismo no tiene problemas con afirmar el origen de lo así heredado. «Confesamos que bajo el papado existía mucho de cristiano, que todo lo cristiano estaba ahí y de ahí nos llegó a nosotros»[203]. Es más, cuando Lutero habla respecto de cómo se encuentra preservada la continuidad, muestra una escasa inclinación a hacerlo como los radicales y como posteriores protestantes apelando a una cadena de mártires. Más bien se orienta a poner tal garantía en la validez de las funciones y prácticas de la Iglesia de los siglos precedentes, fuesen cuales fuesen las tendencias corruptoras con las que éstas tuviesen que convivir.[204] Los elementos más débiles de la visión de la historia incubada en la Reforma eran susceptibles de cierta radicalización no sólo por contacto con las ideas de la Reforma radical, sino también por la medida en que se integrarían más adelante con la crítica ilustrada a la tradición. Pero asimismo cabe decir que la comprensión que buena parte del temprano protestantismo mostró respecto de

---

[202] La patrología del luterano Johann Gerhard adopta, por ejemplo, sus materiales del cardenal Belarmino, pero se distingue del mismo en ofrecer de cada padre de la Iglesia un «balance». Véase Peter Fraenkel (1961), *Testimonia patrum. The Function of the Patristic Argument in the Theology of Philip Melanchthon*, Ginebra: Librairie E. Droz, pág. 260-263. Para instrucciones reformadas sobre el estudio patrístico, en este mismo espíritu de apropiación crítica, véase Byung Soo Han (2015), *Symphonia Catholica: The Merger of Patristic and Contemporary Sources in the Theological Method of Amandus Polanus (1561-1610)*, Gotinga: Vandenhoeck & Ruprecht, pág. 169-182.

[203] *Sobre el rebautismo a dos pastores*, WA 26, 147.

[204] John Headley (1987), «The Reformation as Crisis in the Understanding of Tradition», pág. 16.

la necesidad de la tradición puede integrarse con lo que hoy las filosofías postilustradas nos enseñan sobre el lugar de la tradición en la búsqueda de la verdad.[205]

6.4. La excepcionalidad de Lutero y la Reforma como red

Cuando Melanchthon describe la trama de caídas y renacimientos que hemos visto como característica de la visión de la historia de los reformadores, la figura de Lutero ocupa, desde luego, un lugar excepcional. A nadie le podrá impresionar que eso haya ocurrido cuando la historia era contada por su amigo y más estrecho colaborador, y ello en un discurso fúnebre. Pero cierta obsesión con la figura de Lutero se extiende también a momentos y autores donde es menos atendible. Su expresión tal vez más emblemática sea la carta en que Goethe escribe sobre la personalidad de Lutero como lo único que merece ser mencionado y retenido de la Reforma. Esto no resulta del todo extraño, siendo fuera de toda duda la figura más titánica de la Reforma. En sus propias palabras, mientras Melanchthon opera cultivando y plantando, sembrando y regando, él tuvo que primero pelear con multitudes y demonios. «Es por eso que algunos de mis libros son de carácter tormentoso y guerrero».[206] Pero Lutero, así, ha logrado volverse el foco primordial de preocupación tanto de sus herederos –por teológicamente remotos que fueren– como de sus adversarios. La temprana polémica católica ante la Reforma se concentró de un modo intenso en su figura, produciendo una avalancha de literatura de controversia (y una buena cuota de literatura puramente difamatoria).[207] Tal preferencia por Lutero entre los críticos de la Reforma se mantuvo vigente a lo largo de la mayor parte del siglo XX. Todavía Maritain escribía que «el luteranismo no es un sistema elaborado por Lutero; es el desbordamiento de la individualidad de Lutero».[208] Aunque la afirmación sea equivocada, ha de reconocerse que se trata de una personalidad desbordante, que, efectivamente, puede teñir toda nuestra lectura de la Reforma. Es Lutero, después de todo, quien habla de modo aparentemente destemplado respecto de autores del pasado; es Lutero quien, al hablar respecto de la razón, la califica de prostituta; es Lutero quien parece oponerse a todo el currículum tradicional. No es de extrañar que los intentos por explicar el papel de la Reforma en la historia intelectual con exclusiva referencia a Lutero impliquen, además, un unilateral énfasis en estos aspectos de su obra.[209] A lo anterior, cabe sumar el hecho de que el grueso de los estudios sobre el mismo

[205] Véase Alasdair MacIntyre (1992), *Tres visiones rivales de la ética. Enciclopedia, genealogía y tradición*, Madrid: Rialp.

[206] *Prefacio a la edición alemana del comentario de Melanchthon a Colosenses*, WA 30^2:68.

[207] Para la más temprana literatura de controversia, véase David Bagchi (1991), *Luther's Earliest Opponents. Catholic Controversialists 1518-1525*, Minneapolis: Fortress Press.

[208] Maritain, Jacques (1986), *Tres reformadores*, pág. 24.

[209] Para un elocuente ejemplo reciente, véase Michael Allen Gillespie (2008), *The Theological Origins of Modernity*, Chicago: Chicago University Press.

se hayan concentrado en su obra temprana, donde se produce el visible distanciamiento respecto de Roma, llegando en general hasta 1530, fecha de presentación de la *Confesión de Ausburgo*. Pero a Lutero le quedaban en ese momento quince años de vida, años en los que, en algunas materias, su lenguaje parece radicalizarse más, mientras que, por otra parte, vive un giro antiradical en lo que a la sustancia de su pensamiento se refiere: es un peculiar prejuicio el que lleva a ver los escritos tempranos como expresión de autenticidad, privilegiándolos antes que los de madurez.

6.5. La Reforma como red

La historia intelectual es una historia de figuras descollantes. Pero es también la historia de figuras insertas en el contexto intelectual de su propia época, contexto en el que con frecuencia tienen pares. La tendencia a escribir exclusivamente la historia de los grandes se refleja en la terminología misma que usamos, como aquélla que nos lleva a hablar de «luteranos» y «calvinistas». Como ha señalado Richard Muller, calificar a Bullinger o Vermigli de «calvinistas» parece tan injustificado como calificar a Calvino de «bullingeriano» o «vermigliano»: éstos son autores que, en su época, se reconocieron de modo inequívoco como pares, y cada uno contribuyó con elementos específicos a la conformación de una tradición.[210] El interés de quien hoy quiere repensar un problema se orienta con toda naturalidad a las mentes eminentes que han abordado el mismo en el pasado; pero si queremos comprender cambios culturales significativos del pasado, hay que dirigir la mirada a algo más que a genios aislados.[211]

Al margen de cómo interpretemos el pensamiento de Lutero, urge comprender que también la Reforma es producto de una red en la que actúan como pares figuras de variada índole. Se trata de un punto convenientemente enfatizado por buena parte de los estudios contemporáneos sobre la Reforma. Tal énfasis contribuye, de partida, a que se deje de ver las diversas reformas como satélites de Wittenberg moviéndose en variadas direcciones. Hay sentidos en que hay una primacía temporal del actuar reformador de Lutero. Pero no es menos cierto que, de modo simultáneo, se da en Europa una multitud de movimientos de Reforma. Teniendo conciencia de eso, se comprenderá la centralidad del intercambio epistolar entre los reformadores. No se trata, desde luego, de

[210] Muller, Richard (2009), «Reflections on Persistent Whiggism and Its Antidotes in the Study of Sixteenth- and Seventeenth-century Intellectual History», en: Alister Chapman et al. (eds.), *Seeing Things Their Way. Intellectual History and the Return of Religion*; Notre Dame: Notre Dame University Press, pág. 147.

[211] Para una discusión de la Reforma como caso de este aspecto de un cambio cultural, véase James Davison Hunter (2010), *To Change the World. The Irony, Tragedy, and Possibility of Christianity in the Late Modern World*; Oxford: Oxford University Press, pág. 64-70.

un fenómeno exclusivamente protestante. En esto, los reformadores sí estaban siguiendo el ejemplo de Erasmo, a quien MacCulloch ha llamado «el patrono de los formadores de redes».[212] También en la Contrarreforma se puede encontrar cuerpos epistolares de proporciones ingentes. Ahí, y en la Reforma, se encuentran epistolarios de dimensiones enormes y ampliamente conservados. Se trata, además, de redes epistolares que se extienden por todo el continente. En al menos dos casos, la cantidad de cartas conservadas es sencillamente abrumadora: cerca de 12.000 en el caso de Bullinger, alrededor de 10.000 en el caso de Melanchthon. Calvino y Lutero los siguen con cerca de 4.200 cartas conservadas cada uno, y un par de cientos en el caso de otros autores.

Hay ejemplos notorios de cómo la literatura epistolar permitía coordinar la acción conjunta entre las distintas tradiciones de la Reforma.[213] Típicamente, sin embargo, las redes se extienden con más fuerza dentro de una misma confesión que entre ellas. El carácter de red suele, además, ser notado de modo más frecuente en el estudio del mundo reformado, que en el estudio del luteranismo. Confluyen en ello numerosas causas, y una primordial es la experiencia de exilio. Esta es una experiencia común entre los reformados desde su primera generación, contribuyendo al desarrollo de sucesivas generaciones que se saben en la necesidad de apoyo recíproco. Tales redes constituyen tanto fuente de sustento y desarrollo económico como tradiciones intelectuales. Ole Peter Grell ha ofrecido un fascinante ejemplo de lo anterior en su estudio de las sucesivas generaciones de fugitivos de la ciudad italiana de Lucca, que dieron a ciudades como Lyon y Ginebra tanto algunas de sus mayores redes comerciales como las generaciones de teólogos de la familia Turretini.[214] El mundo luterano también constituyó, obviamente, una red, aunque el carácter dominante que siglos posteriores han concedido a la figura de Lutero –y la imagen de profeta que él mismo contribuye a difundir– fácilmente oscurece el punto. En las antiguas dogmáticas luteranas, se encuentra con frecuencia un capítulo «sobre el llamado de Lutero» (*De vocatione Lutheri*), y no hay paralelo de tal capítulo en el mundo reformado. Los modos en que se suele explicar la relación del mismo con Melanchthon son una buena ilustración de cómo el singular papel que se atribuye a Lutero puede perturbar nuestro juicio sobre las relaciones entre reformadores: la tolerancia de Lutero respecto de las posiciones en que Melanchthon difiere de él son típicamente descritas como fruto de su amistad o de una afección paternal de parte de Lutero por su colega más joven. Una más plausible explicación es que en el concierto de Wittenberg nadie sobraba, y que

212 MacCulloch, Diarmaid (2004), *The Reformation*, pág. 98.

213 Véase Timothy Wengert (1999), «We Will Feast Together in Heaven Forever: The Epistolary Friendship of John Calvin and Philip Melanchthon», en: Karin Maag (ed.), *Melanchthon in Europe. His Work and Influence Beyond Wittenberg*, Grand Rapids: Baker Academic.

214 Grell, Ole Peter (2011), *Brethren in Christ. A Calvinist Network in Reformation Europe*, Ole Peter.

los actores del siglo xvi, Lutero mismo entre ellos, tenían plena conciencia del modo en que eso podía implicar tener que sobrellevar divergencias.[215]

Consideremos una carta de Calvino a Melanchthon, que nos muestra tanto el carácter de red de la Reforma como la especial consideración de la que Lutero puede ser objeto. Buscando ahí asegurar una posición en común, Calvino es insistente en su deseo de no afirmar nada que no cuente con el beneplácito de Melanchthon. Le adjunta, en efecto, textos de Calvino traducidos al latín, precisamente para poder garantizar la comprensión precisa de su colega wittenbergense. La carta comienza afirmando que muchos sólo aceptarían el punto en discusión, al contar también con la autoridad de Melanchthon y Lutero. Pero Calvino no parece incluirse a sí mismo bajo ese «muchos». En efecto, tras rogar el apoyo de Melanchthon, escribe que, «con el Dr. Martín, la situación puede ser más difícil», en explícita referencia a su explosivo carácter.[216] Medio año más tarde, esa sospecha parece confirmada: es demasiado el amor de Lutero por los truenos, escribe entonces Calvino. «Todos reconocemos estar en gran deuda con él», continúa escribiéndole a Melanchthon, pero «tales deudas no permiten en la Iglesia perder la libertad por temor a la opinión de un hombre».[217] Tales palabras expresan, por supuesto, un temor real a que tal libertad efectivamente se pierda por «la opinión de un hombre». Pero si se atiende a las moderadas referencias a Lutero y al mismo Calvino en el pensamiento protestante del siglo siguiente, bien puede decirse que, en la historia temprana del protestantismo, el resultado es el deseado por el ginebrino. Otra cosa, empero, es lo ocurrido en el estudio moderno de la Reforma.

6.6. *¿Irracionalismo en Lutero?*

A partir de las consideraciones anteriores es posible «descentrar» a Lutero. No representa el punto culminante de una sencilla ola de caídas y reformas, ni constituye el hito normativo a cuya luz deba ser evaluado el conjunto de los restantes reformadores. No es que haya «excepciones como Melanchthon», sino que hay sentidos en que más bien Lutero es la excepción. Pero no puede tratarse de hacer a un lado a Lutero como la figura molesta de la Reforma, como el sujeto extravagante, el demasiado locuaz, el excéntrico que no nos deja afirmar con tranquilidad una lectura continuista de la misma. Por el contrario, resulta indispensable considerar en qué medida la lectura aquí ofrecida de la Reforma se ve confirmada, cuestionada o matizada por la obra de Lutero. Ya hemos visto el modo en que él mismo distingue el carácter intempestivo de su propio trabajo del proceder de Melanchthon. La conciencia respecto de ese singular carácter de su obra permite

215 El punto ha sido bien observado por Heinz Scheible (1990), «Luther and Melanchthon».

216 Calvino a Melanchthon, enero de 1545. CO 12, 10.

217 Calvino a Melanchthon, 28 de junio de 1545. CO 12, 99.

explicarnos una parte importante de las cosas que en Lutero pueden parecer chocantes. Pero, evidentemente, no todo puede ser así explicado o disculpado. La increíble vulgaridad con la que podía hablar de los judíos –singular también para su época– constituye un buen ejemplo de aquello que difícilmente podría ser explicado con una simple referencia a un efusivo carácter.[218] Pero la pregunta que aquí nos ocupa es en qué medida las duras expresiones de Lutero sobre la razón y la filosofía sí podrían ser objeto de ese tipo de explicación contextual.

Lo primero que cabe notar es la centralidad que tiene el lenguaje en este contexto: ¿corresponde hablar como habla Lutero? A esa pregunta hay que responder de modo diferenciado. Hay sentidos evidentes en que no es un modelo de discurso cristiano. Pero si consideramos no la vulgaridad en general, sino sus afirmaciones más fuertes contra la razón y la filosofía, bien puede ser visto como extensión del de Pablo: el apóstol habla sobre la locura de la fe, y ciertamente también ese lenguaje es parte de la tradición intelectual cristiana. Es más, Lutero se encuentra conscientemente involucrado en un esfuerzo por defender el carácter distintivo del modo de hablar de la teología (*modus loquendi theologicus*). Tal defensa se despliega en un comienzo contra el trasfondo de quienes considerarían el lenguaje de Agustín poco apto, en particular su lenguaje contra los pelagianos. «Decir que Agustín habla de modo demasiado duro contra los herejes es afirmar que Agustín casi en todas partes miente».[219] Pero una vez que se dirige la mirada al lenguaje de Lutero, bien cabe notar que en él existe también otro lado, que recoge formulaciones teológicas en que la filosofía clásica ha dejado un eco. Un ejemplo elocuente es su texto de 1538 sobre *Los tres credos de la fe cristiana*. Lutero escribe ahí que «Jesucristo es verdadero Dios eterno por naturaleza», Hijo increado y generado, igual al Padre en una «única eterna sustancia».[220] Este, ciertamente, no es el modo de hablar más usual en Lutero, pero su ocasional aparición sigue siendo un testimonio contra la reducción de su mensaje a una suerte de antiesencialismo cristiano que rechaza toda categoría «estática». Quien conoce la tradición intelectual cristiana previa encuentra aquí ecos elocuentes.

Quien comienza a introducirse en su obra con atención se encuentra también con un elemento escolástico donde menos cabría esperarlo. Piénsese, por lo pronto, en la *Disputación contra la teología escolástica*. Para posicionar a Lutero respecto de sus contendientes parece no ser necesario abrirla siquiera, pues su título es elocuente respecto de la oposición de Lutero a toda la teología del periodo precedente. Pero dicho título no viene de Lutero mismo; no se encuentra, de hecho,

---

218 Sobre el Lutero tardío como polemista, véase sobre todo Mark Edwards (1983), *Luther's Last Battles. Politics and Polemics 1531-46*, Ithaca / Londres: Cornell University Press.

219 Tesis 1 de la *Disputación contra la teología escolástica*, WA 1, 224.

220 WA 50, 278. Respecto de este lenguaje en Lutero, véase Robert Kolb, (2009), *Martin Luther, Confessor of the Faith*, pág. 59-63.

hasta ediciones del siglo xviii, y recién en el siglo xix se vuelve usual el título. En la versión de Lutero mismo, era una *Disputación sobre la naturaleza y la gracia*, lo que no sólo carece de un *contra*, sino que constituye un título derechamente escolástico. Pero si esto es así, debemos intentar establecer su posición respecto del pensamiento tardo-medieval con algo más de precisión. Que la formación recibida por Lutero fue principalmente nominalista es algo de lo que difícilmente cabe dudar: fue con la obra de Gabriel Biel que realizó sus estudios iniciales, y Biel representaba una moderada orientación ockhamista. Pero se trata no sólo de un «trasfondo» intelectual de Lutero, sino de un trasfondo asumido: no es inusual que Lutero hable de «mis ockhamistas». Y, sin embargo, eso está lejos de resolver nuestras preguntas: ya hemos visto que la pluralidad de escuelas es característica de la era tardo-medieval, y éstas se influencian además recíprocamente, dando lugar a militancias mixtas. Gregorio de Rímini, por ejemplo, el autor tardo-medieval por el que mayor aprecio manifiesta Lutero, es un nominalista en algunos campos y el más ferviente agustino en otros. Cabe afirmar que, en algunos sentidos, el de Lutero es un nominalismo vuelto contra los nominalistas. Al fin y al cabo, es principalmente contra ellos que se dirige la ya mencionada disputación. A lo anterior, cabe añadir el hecho de que una formación nominalista, en el caso de Lutero con un fuerte acento antiaristotélico, no impide estar expuesto simultáneamente a otras influencias: en el caso de Lutero cabe, por ejemplo, llamar la atención sobre momentos de exultante alabanza a Platón[221] y Cicerón,[222] indicios de que no parece prudente identificar su hostilidad por Aristóteles con una hostilidad indiferenciada por la filosofía.

Con estos matices en mente, no resultará sorprendente que también las duras palabras de Lutero sobre la razón y la filosofía puedan ser equilibradas por observaciones en sentido contrario. Dígase lo que se diga sobre su «pesimismo antropológico», Lutero afirma que «tras la caída, Dios no quitó la majestad de la razón humana, sino por el contrario la confirmó».[223] Con frecuencia, dicha afirmación de la razón es limitada por Lutero a las cosas de este mundo. Así, escribe que la razón es «una especie de sol y como un dios encargado de iluminar las cosas de esta tierra».[224] La razón natural no sólo habría «sobrevivido» a la caída, por lo que a las cosas mundanas se refiere, sino que sería incluso suficiente en ese orden de cosas. «En los asuntos temporales y terrenales, el juicio humano es suficiente. No necesitamos aquí otra luz que la de la razón. De ahí que, en las Escrituras, Dios

---

221 Dieter, Theodor (2001), *Der junge Luther und Aristoteles. Eine historisch-systematische Untersuchung zum Verhältnis von Theologie und Philosophie*, Berlín / Nueva York: DeGruyter, pág. 619-626.

222 Véase Gary Simpson (2011), «Putting on the Neighbor. The Ciceronian Impuse in Luther's Approach to Practical Reason», en: Jennifer Hockenbery Dragseth (ed.), *The Devil's Whore. Reason and Philosophy in the Lutheran Tradition*, Minneapolis: Fortress Press.

223 Tesis 9 de la *Disputación de homine*, WA 39 / I, 175.

224 Tesis 8 de la *Disputación de homine*, WA 39 / I, 175.

no nos instruye sobre cómo construir hogares, casarnos, ni sobre cómo conducir una guerra o navegar los mares. Para esto basta la luz natural».[225] Para la imagen usualmente transmitida de Lutero, notar estas afirmaciones sobre el uso terrenal de la razón ya constituye una importante corrección. A esto críticos como Maritain podrían, con todo, replicar que no han acusado a Lutero de nada de lo que aquí salga absuelto: el problema con Lutero es que declararía a la razón ciega respecto de Dios, y al declararla ciega respecto de nuestro sentido último, no puede sino estar abriendo el camino a que ella efectivamente se haga cargo de lo terrenal, pero de un modo puramente instrumental, sin que el rumbo final del actuar humano pueda ser en último término justificable. Pero en medio de esta división entre lo temporal y lo divino, es importante notar que Lutero concede a la razón también acceso a Dios mismo, o más bien a una dimensión de Él. Por su luz natural, escribe, lo puede reconocer como bueno y benevolente, y ya por eso la razón es «una gran luz». Lo que no puede otorgar por sí sola es la certeza de que dicha benevolencia de Dios se vaya a dirigir a nosotros. «La razón puede ver que Dios es capaz de dar y ayudar; lo que la razón no sabe es si acaso Él quiere hacer eso por nosotros».[226] Una plausible interpretación de un texto como éste y de su compatibilidad con aquéllos otros textos que limitan la razón al campo terrenal, es que Lutero esté usando el término «terrenal» en un sentido amplísimo, que cubre también el acceso a Dios –pero precisamente a una dimensión de Dios insuficiente para darnos consuelo. La razón puede acceder a Dios, pero no a lo que Dios es *pro nobis*. Así, bien puede decirse que lo central es una vez más no tanto la distinción entre lo terrenal y lo eterno, sino la distinción entre la ley y el evangelio: la razón se puede desplegar de un modo capaz respecto de aquello que no es evangelio, alcanzando así también algunos atributos divinos.

Pero las observaciones anteriores no deben encaminarse a domesticar a Lutero. Con sus expresiones en apariencia más irracionalistas, es parte, después de todo, de una peculiar cadena de autores que arranca desde Tertuliano. ¿Qué tiene que ver Atenas con Jerusalén? La contraposición de Tertuliano entre ambas sigue siendo repetida en la Edad Media, donde Alcuino pregunta qué tiene que ver la antigua poesía anglosajona con Cristo.[227] Nadie tendría, sin embargo, a Alcuino por un despreciador de la cultura. En una comparable cadena podría ponerse a Pedro Damián, Pascal y Kierkegaard, que, en cierta manera, se encuentran dentro de la tradición intelectual cristiana, pero molestándola, impidiendo que ciertas tensiones fundamentales se disuelvan. Todos ellos pueden hablar a ratos contra la

---

225 *Apostilla eclesiástica (1522)*, WA 10 / I, 1:531.

226 *Comentario al profeta Jonás*, WA 19, 206.

227 Véase la discusión de Alcuino en David Lyle Jeffrey (1996), *People of the Book. Christian Identity and Literary Culture*, Grand Rapids: Eerdmans, pág. 107.

razón, y en otros momentos desplegar un uso bastante fino de la racionalidad.[228] No está de más en este contexto recordar que, al comienzo del mundo moderno, no fue un reformador protestante, sino el católico Pascal el que contrapuso al Dios «de los filósofos» y al Dios de «Abrahán, Isaac y Jacob». No hay razón para minimizar esa tensión; pero tampoco hay razón para considerarla indicio de que Pascal se encuentra fuera de la tradición central de Occidente. Pascal, se responderá con razón, no es al catolicismo lo que Lutero es al protestantismo. Pero siendo eso cierto, cabe añadir que, en su modo de relacionarse con la tradición filosófica, Lutero sí podría ser calificado como tan poco típico del temprano protestantismo como Pascal lo es de sus contemporáneos católicos. En cualquier caso, hay razón de sobra para extender tanto a Pascal como a Lutero una hermenéutica a la vez honesta y caritativa, que mantenga el mensaje disruptivo de ambos para con cualquier acomodo sin por eso volverlos viles rupturistas.

6.7. Felicidad vs. gloria de Dios y otras disyunciones modernas

En las secciones precedentes, hemos considerado algunas razones por las que, desde el protestantismo, se puede tener dificultades para comprender la inserción de la Reforma en la tradición intelectual cristiana premoderna. Hasta aquí, nos hemos limitado a causas vinculadas con el protestantismo mismo. Pero hay también causas vinculadas con el sencillo hecho de que somos modernos. La continuidad entre la tradición previa y la Reforma, en otras palabras, es algo que, en parte, se nos vuelve invisible por la discontinuidad entre la Reforma y nosotros mismos, por ese colosal proceso de cambios que no sólo nos vuelve distintos de lo que precede, sino en alguna medida incluso incapaces de leerlo. Aquí ciertamente cabe estar de acuerdo con Brad Gregory: «es precisamente la enormidad de la transición desde lo premoderno a lo moderno» lo que nos vuelve invisibles ciertas influencias y problemas.[229] Con frecuencia, el obstáculo es un conjunto de disyunciones modernas impuestas a periodos que no experimentaron esas disyunciones como tales. Así se nos invita, por ejemplo, a ver el mundo medieval como centrado en la exterioridad (mediación a través de ritos, Iglesia, autoridad, tradición) y la Reforma, en cambio, como irrupción de la subjetividad inmediata, la individualidad o la conciencia. Análogas disyunciones entre lo universal y lo particular, lo público y lo privado, la razón y el interés, la ética y el dogma, el pensamiento histórico y el ontológico, o entre modos humanistas y escolásticos de trabajo intelectual, obstruyen con frecuencia nuestra aproximación al pasado,

---

[228] Para ilustrar esta observación, puede verse la discusión del (inexistente) irracionalismo de Tertuliano en Robert Sider (1980), «Credo Quia Absurdum?», *Classical World* (73).

[229] Gregory, Brad (2012), *The Unintended Reformation. How a Religious Revolution Secularized Society*, pág. 7.

al invitarnos a estudiar el medioevo o la Reforma atribuyéndoles una u otra de estas características.

Para ilustrar este problema a partir de la recepción de un caso concreto, la pregunta por el lugar de la felicidad en la reflexión moral nos puede ser útil. Aquí uno enfrenta uno de esos casos en que, en el contexto contemporáneo, se tiene o éticas que ponen el bienestar como regla, o éticas que creen que sólo excluyendo la pregunta por la felicidad se entra en una reflexión verdaderamente moral. El mundo antiguo y medieval, en cambio, se caracteriza en una proporción sustantiva por modelos en que este tipo de disyunción no existe. Pero no existe, precisamente, porque la felicidad no era concebida en términos de mero bienestar. Cuando el protestante de hoy se enfrenta a ese mundo, leyendo por ejemplo a Aristóteles hablar de la felicidad como fin del hombre, tiende instintivamente a rechazar tal posición como si ésta representara una muestra de cultura emotivista o antropocéntrica. Este rechazo de la felicidad no se da necesariamente porque los protestantes sean kantianos que crean que en lugar de la felicidad deba haber una consagración única al deber como criterio de evaluación moral. No es ante el altar del deber que se cree tener que sacrificar la felicidad, sino ante el altar de la gloria de Dios. Por lo mismo, el protestante contemporáneo tiende a ver su propio rechazo de la larga tradición cristiana que se apropió de Aristóteles como algo enraizado en la Reforma. Los catecismos de Westminster, después de todo, abren como la *Ética* de Aristóteles con la pregunta por el fin del hombre, pero responden afirmando que dicho fin es glorificar a Dios, no alcanzar la felicidad. Pero este es un caso paradigmático de cómo un lente contemporáneo nos puede llevar a dividir cosas que, en tiempos de su formulación original, no invitaban a tal disyunción. Piénsese en la célebre fórmula de Ireneo según la cual «la gloria de Dios es un hombre viviente», fórmula que Ireneo completa afirmando a continuación que «la vida del hombre es la visión de Dios».[230] En realidad esa doble perspectiva es la misma que se encuentra en los catecismos de Westminster, que, tras afirmar que el fin del hombre es glorificar a Dios, añaden «y gozar de Él para siempre».[231] También Aristóteles comprendía la felicidad no como un mero estado (un «estar bien» o «bienestar»), sino como un tipo de actividad; o más bien dos tipos: la acción moral y la contemplación. En el conjunto de estos textos se encuentra (de modos obviamente muy distintos) un esfuerzo por afirmar como bien objetivo del hombre la realidad de Dios mismo, realidad que vista y abrazada se manifiesta como vida y como gozo. Tal modo de enfocar la pregunta por el fin del hombre

230 *Adversus Haereses* IV, 20, 7. Para interpretación opuesta, véase Orbe, quien al comentar este pasaje escribe que, «mientras en otras ideologías el hombre vive para la gloria de Dios, y busca en todo la gloria de Dios, en la de san Ireneo, Dios busca en todo glorificar divinamente al hombre». Cabe preguntarse si no están también aquí operando sobre el texto innecesarias disyunciones. Véase Antonio Orbe (1992), «Gloria Dei Vivens Homo (Análisis de adv. haer. IV, 20, 1-7)», *Gregorianum* (73, 2), pág. 263.

231 En ambos catecismos, q. 1.

no implica, por otra parte, un desconocimiento de la fractura de la humanidad. No implica que se esté presumiendo un universo de armonía tal que la búsqueda de la gloria de Dios se refleje en una vida de correspondiente bienestar. Lo que sí implica es que la relación entre la gloria de Dios y el bien del hombre no es arbitraria. Por lo mismo, el énfasis puesto en la gloria de Dios resultó compatible en la Reforma con una reflexión sobre el fin del hombre que puede describirse como no idéntica, pero sí emparentada con la clásica. Discusiones en torno a la resurrección, por ejemplo, pueden llevar a Calvino a reconocerse en una antigua conversación filosófica sobre el sumo bien del hombre, discusión en la que declara inequívoca preferencia por Platón.[232] Así también Melanchthon abre su propio tratado de filosofía moral presentando el conocimiento de Dios y la manifestación de la gloria del mismo como el fin propio del hombre, y reconoce luego que «Aristóteles habla sobre el fin de un modo algo distinto».[233] Los comentarios a las bienaventuranzas constituyen, por cierto, un lugar privilegiado para evaluar cuán distinto es ese modo, en tanto muestran que, también desde la perspectiva bíblica, la felicidad es un foco adecuado para la evaluación de la vida humana, al mismo tiempo que, en una medida no menor, subvierten el contenido de dicha felicidad. Al comentarlas, Calvino aprovecha la ocasión para recordar que se entronca aquí con la discusión filosófica sobre el sumo bien y no deja lugar a dudas respecto de la centralidad de dicha pregunta para un ser racional como el hombre. Esto le da ocasión para criticar a aquellas escuelas que presentan las concepciones más crasas de la felicidad: las bienaventuranzas no nos enseñan a dejar la pregunta por la felicidad, sino a no identificar ésta con el bienestar o la comodidad. Pero tampoco los filósofos que creen en la autosuficiencia de la virtud (obvia referencia a los estoicos) son tenidos por modelo: el hombre de hierro que a estos efectos imaginan no sería un modelo de paciencia, sino un indicio de que tienen a la necesidad en lugar de la voluntad de Dios por rectora de todo.[234] Éstas, hay que insistir, son disputas internas entre quienes afirman la pregunta por la felicidad como un modo adecuado de enfocar el bien humano.

Aquí las consideraciones precedentes nos interesan ante todo a modo de ilustración de un fenómeno más amplio: cómo ciertos lentes modernos pueden llevarnos a imponer a épocas anteriores disyunciones que no tienen por qué ser tales. Se podrá objetar que en un sentido no podemos sino ser modernos. Pero en el sentido aquí relevante, sí se puede dejar de serlo: es posible dejarse enseñar por otras épocas, de un modo que repercute luego no sólo sobre nuestra comprensión de nuestros dilemas presentes, sino sobre nuestro mismo estudio de dichas épocas.

---

232 *Institución*, III, 25, 2. Nuestras referencias a la *Institución*, salvo por los prefacios y dedicatorias, son siempre a la edición de 1559.

233 *Tratado de filosofía moral* (*Epitome philosophiae moralis*), CR 16, 30.

234 *Sermons sur l'Harmonie des trois evangelists*, CO 46, 771-784.

Leo Strauss escribió en una ocasión que «sólo podremos entender la filosofía medieval, si estamos preparados para aprender algo, no simplemente *acerca* de los filósofos medievales, sino *de* ellos».[235] No sólo cabe ampliar eso a la continuación postmedieval de la misma tradición intelectual, sino que cabe también invertir el principio de Strauss: con frecuencia las barreras que nos separan del pasado son tales, que, para poder aprender *de* ellos, debemos partir precisamente de aprender *acerca de* ellos.

La comprensión de la tradición intelectual cristiana, y del lugar de la Reforma protestante dentro de la misma, enfrenta complejos obstáculos. Pero si se trata principalmente de los obstáculos que aquí hemos considerado, no son insalvables. Se trata, después de todo, del tipo de obstáculo que, en alguna medida, ya se ha vencido por el solo hecho de tener conciencia de él. Quien capta que una determinada visión de la historia le ha vuelto inaccesible la comprensión de un fenómeno, ya se ha liberado, al menos en alguna medida, de dicha visión de la historia, aunque pueda ser gradual y tal vez nunca completa la liberación de tal lente. Habiéndonos vuelto conscientes de tales obstáculos, retomamos ahora nuestra exposición del lugar de la Reforma en la tradición intelectual cristiana.

[235] Strauss, Leo (1989), «Cómo iniciar el estudio de la filosofía medieval», en: Leo Strauss, *El renacimiento del racionalismo político clásico*, Buenos Aires: Amorrortu, pág. 299.

Capítulo II

Instituciones, prácticas intelectuales y tradiciones

Nos proponemos en este capítulo abordar el lugar de la Reforma protestante en la tradición intelectual cristiana, pero sin entrar aún en el desarrollo de áreas específicas del pensamiento. Dicho esfuerzo, el de considerar cómo los reformadores trataron cuestiones como el acceso racional a Dios, el problema del mal o la fundamentación de la autoridad política, quedarán para un tercer y final capítulo de este libro. Aquí se trata, antes, de comprender el tipo de práctica intelectual que ha caracterizado a los autores que estudiamos. Eso implica tratar su contexto intelectual, en particular el contexto institucional de su trabajo intelectual. Nos detendremos, en primer lugar, en la importancia que tiene para el pensamiento cristiano el surgimiento de las universidades. Consideraremos el impacto de la Reforma sobre las mismas y sobre los otros tipos de institución educacional que contribuyen a dar forma al pensamiento en el siglo XVI. Luego atenderemos a algunas de las prácticas pedagógicas de esta época y el tipo de literatura que producían como fruto. El marco general de dichas prácticas es la relación que los autores del periodo veían entre autoridad e interpretación, cuya comprensión es fundamental para un uso adecuado del término «escolástica». De ahí se derivan desde reglas lógicas básicas a prácticas estables de disputación pública y escrita, y la acumulación de *quaestiones* en las grandes obras que conocemos como sumas medievales y que en la escolástica protestante ya son presentadas bajo el título de sistemas.

El conjunto de las prácticas mencionadas depende de un objeto material específico, el libro, cuya centralidad para la tradición intelectual resulta particularmente clara para la Reforma, *grosso modo* contemporánea con el surgimiento de la imprenta. Considerado dicho trasfondo y el lugar de la Reforma en la historia de la interpretación, atenderemos luego a un tipo particular de libro, los documentos confesionales producidos por las distintas confesiones del temprano protestantismo. Eso pasa por discutir previamente el sentido del *sola scriptura* y preguntarnos en qué medida puede pensarse desde el protestantismo la idea de desarrollo doctrinal legítimo. Ya el temprano desarrollo de credos implicó una apropiación ocasional del lenguaje filosófico, y aquí se trata de explorar cómo eso ocurre en el siglo XVI. Por último, atenderemos a los modos en que se ha dado el trabajo de recepción de la tradición intelectual precedente en la Reforma y post-Reforma. Esto nos llevará, por una parte, a evaluar el tipo de recepción de la que fueron objeto Platón y Aristóteles en la tradición medieval, así como el aristotelismo y el antiaristotelismo de la Reforma. Por otra parte, nos llevará a considerar el modo en que han sido recibidos los propios pensadores cristianos. Así, veremos la recepción de Agustín en el medioevo, su particular adopción por parte de Tomás de Aquino, el agustinismo y tomismo tardo-medievales, culminando con una exposición de la Reforma como querella interna del agustinismo y una síntesis de la temprana recepción protestante de Tomás. Partimos, pues, por dirigir la mirada a las instituciones que hicieron posible esta historia de recepción.

1. El marco institucional

1.1. Iglesia, escuela, universidad: los fundamentos institucionales hasta el siglo xv

La tradición intelectual cristiana no constituye una mera continuidad de ideas. Si así fuera, podría ser correcta la visión de quienes imaginan la Reforma como la recuperación de algo totalmente perdido por siglos, pero retomado en el siglo xvi por un simple salto hacia el pasado tras un paseo por la biblioteca. La verdad es que, en lugar de una simple pérdida de ideas y posterior recuperación de las mismas, lo que tenemos es un cuerpo de ideas ancladas en cierto tipo de vida institucional. Tal vida institucional lleva desde luego un nombre principal: la Iglesia. Pero ésta asumió aspectos de otras instituciones, y fue también capaz de crear en torno a sí misma otras tantas.

Un modo de entender las polémicas del siglo xvi en torno a la autoridad eclesiástica es preguntarse qué institución ofrece una analogía más adecuada de la Iglesia y su autoridad. Para algunos polemistas católicos, la comunidad política parecía un buen punto de comparación: la comunidad política revelaba la necesidad de la autoridad para la subsistencia del cuerpo. Entre los reformadores esa imagen es menos recurrente. En lugar de ella, Melanchthon escribe sobre las escuelas como una analogía adecuada. Así, en sus *Loci* de 1543 afirma que «debe reconocerse que la Iglesia es una asamblea visible; pero no al modo del reino pontificio, sino como una asamblea escolástica».[1] Una escuela, después de todo, también requiere de autoridad, pero en ellas resulta muy evidente cómo la continuidad de lo enseñado, más que una cadena de docentes, debe estar en la primera línea de la evaluación (una idea que podía sacarse a colación, por ejemplo, al discutir sobre la sucesión apostólica). No hay aquí una división entre la jerarquía, que enseña en su capacidad de Iglesia docente, y laicos, que aprenden como Iglesia discente (la terminología de *ecclesia docens* y *discens* es también para el catolicismo un desarrollo postridentino), pero Melanchthon sí escribe con frecuencia sobre la Iglesia como maestra y como escuela.[2]

[1] CR 21, 835.

[2] Véase, por ejemplo, la *Declamación sobre la unión entre los estudios y el ministerio del evangelio*, CR 11, 606-618.

Nada de esto debiese resultar sorprendente: aunque la obra de Cristo pueda superar en importancia a su enseñanza, Jesús era comprendido por sus discípulos como un maestro. De ahí se sigue una temprana conciencia de escuela en el cristianismo, y sobre esa conciencia se va configurando también la institucionalidad de la tradición intelectual cristiana. Pero hay testimonios fascinantes respecto de cómo esto tempranamente se vincula con la filosofía. Después de todo, el cristianismo surge en un periodo en el que si bien no existe aún la universidad, sí se puede decir que la filosofía se encuentra escolarizada: había una itinerante vida filosófica de búsqueda, pero tal búsqueda no se daba en abstracto, sino mediante la adhesión a maestros y la participación en escuelas. Como sus contemporáneos paganos, los tempranos autores cristianos narran su búsqueda espiritual como una de paso por el variopinto mercado religioso y filosófico de la Antigüedad tardía, usualmente organizado en escuelas. Eso vale también para quienes afirman buscar no tal o cual escuela, sino la sabiduría misma –una afirmación frecuente desde Justino a Agustín.[3] La adhesión a escuelas, después de todo, no implica el aislamiento respecto del resto de los que buscan, no implica la pertenencia a una asociación secreta; implica, por el contrario, una particular visibilidad. En el *Diálogo con Trifón*, como hemos visto, Justino y su interlocutor se reconocen recíprocamente por su vestimenta de filósofos: su maestro le habría enseñado a Trifón a «no despreciar ni descuidar a los que visten hábito como el tuyo», sino a buscar la conversación mutuamente provechosa. Tertuliano, usualmente retratado como un autor antifilosófico, tiene un tratado *De pallio*, en el que aboga porque los cristianos adoptaran la vestimenta sencilla de los filósofos, el *pallium*, en lugar de la más sofisticada *toga* de los políticos. Se trata de un género de vida distinto del político, pero si hemos de tomar en serio estas observaciones sobre la vestimenta se trata de un género de vida no menos público.

Tradicionalmente, se ha hablado de Alejandría como el lugar en el que por primera vez se asienta una escuela cristiana con una impronta intelectual relevante. Tal historia es en parte verdadera, pero debe ser matizada. En Alejandría, en efecto, enseñó Clemente y, tras él, Orígenes, pero es improbable que se hubieran siquiera conocido. Que se trate de una escuela formalmente establecida, que haya nacido del trabajo catequético bajo la tutela del obispo, también eso parece hoy mucho menos claro. Hubo actividad de enseñanza de parte de ambos, pero una que gozó de aprobación más que de apoyo eclesiástico. El apoyo de un patrono privado parece haber sido mucho más decisivo para la producción literaria de Orígenes.[4] Con todo, Orígenes ciertamente tuvo un círculo de discípulos, y uno

---

[3] Justino Mártir, *Diálogo con Trifón*, 1-2; Agustín, *Confesiones*, III, 4, 8.

[4] Al respecto, véase Anthony Grafton; Megan Williams (2006), *Christianity and the Transformation of the Book*, Cambridge (Mass.): Harvard University Press, pág. 77-78, y la literatura ahí referida. Una visión algo más confiada respecto de la existencia de una escuela organizada, pero igualmente escéptica respecto de una relación entre Clemente y Orígenes, en Eric Osborn (2008), *Clement of Alexandria*, Oxford: Oxford University Press, pág. 19-24.

tanto más institucionalizado en la segunda mitad de su vida, que transcurrió no en Alejandría, sino en Cesarea. El principal testimonio de la enseñanza que tenía lugar ahí nos lo entrega uno de esos discípulos, Gregorio Taumaturgo, quien elogia a su profesor en un texto de despedida titulado *Elogio del maestro cristiano*. Dicho texto describe el currículo organizado por Orígenes en Cesarea como el programa de una integral escuela filosófico-teológica. Recibidos los alumnos en un estado similar al de las fieras del campo, habrían sido lentamente domados por Orígenes «de forma socrática».[5] Pero claramente la forma socrática es trascendida luego por una formación más sistemática, pues el texto de Gregorio da cuenta de cómo Orígenes los hacía pasar por las ciencias naturales, las ciencias del pensamiento y la formación moral; en otras palabras, recorrían el conjunto de la filosofía según su tripartición estoica en física, lógica y ética.[6] Particularmente interesante es este énfasis puesto en la formación filosófica a lo largo de esta declamación. Orígenes era fuera de toda duda el principal conocedor de las Escrituras en su entorno y, sin embargo, Gregorio lo elogió por haber sido «el primero y el único que me exhortó a dedicarme a la filosofía griega».[7] Como en Filón de Alejandría, tenemos aquí una síntesis de lo bíblico y lo helenístico, pero ya estructurada en términos escolares y con un carácter amplísimo, si ha de creerse a Gregorio: «deseaba que descubriéramos y tuviéramos contacto con todos los demás, sin preferir, ni tampoco condenar ningún género de doctrina filosófica, fuera griega o extranjera, sino escucharlas todas».[8] Este tipo de formación no es del todo inusual en las escuelas cristianas del siglo iii. No se trata, sin embargo, de un desarrollo creciente: en el siglo v, tales escuelas subsisten entre los paganos, no así entre los cristianos.[9]

Tardaría algunos siglos, antes de que el espíritu de las primitivas escuelas cristianas encontrara expresión en el surgimiento de las universidades. Pero la conciencia respecto de esta larga tradición «escolar» nos recuerda que dichas universidades no surgen de la nada. ¿Pero qué importancia tiene la historia de las universidades para el pensamiento cristiano? A lo largo de toda la historia del cristianismo, ha sido familiar la imagen de dos poderes, el espiritual y el secular, siendo variados los modos en que se ha concebido su recíproca relación. Pero, en el siglo xiii, encontramos ya elocuentes testimonios de cómo esta dualidad es reemplazada, incluso mediante explícitos paralelos trinitarios, por una tríada que incluye el *studium* junto al *sacerdotium* y el *regnum*. Tolomeo de Lucca, completando el tratado *De regno* de Tomás de Aquino, presenta esta tripartición como algo propio de los reinos bien constituidos desde el inicio de los tiempos (aunque ilustrado

[5] Gregorio Taumaturgo, *Elogio del maestro cristiano*, 7, 97.

[6] Gregorio, *Elogio*, 8, 109-9, 118.

[7] Gregorio, *Elogio*, 11, 133.

[8] Gregorio, *Elogio*, 13, 153.

[9] Al respecto, véase Winrich Löhr (2010), «Christianity as Philosophy: Problems and Perspectives of an Ancient Intellectual Project».

principalmente por Salomón), que tendrían «culto divino, sabiduría académica y poder secular».[10] El modo en que esta autoconsciente institucionalidad afecta a la vida del pensamiento puede ser iluminado, por ejemplo, si contrastamos la cultura de la cristiandad latina con lo que simultáneamente ocurría en el mundo musulmán. Porque también ahí hay una vibrante vida intelectual, una creativa relación con la herencia griega, pero sin el elemento institucional que aquí estamos mencionando. La ausencia de las universidades o algo análogo a ellas dejó una importante huella en el Islam: puede acentuarse ahí la independencia de una filosofía libre de cualquier supervisión eclesiástica, o puede acentuarse el carácter precario de la filosofía que nunca fue integrada de modo pleno en su cultura, de modo que a la sucesión de genios sigue un silencio de siglos. En cualquier caso, si se contrasta con la cristiandad latina, es un mundo en el que la filosofía es una actividad que podríamos calificar como privada, en constante necesidad de estarse justificando.

Dirijamos, entonces, la mirada a las universidades y su papel en la configuración del contexto intelectual de la Edad Media latina. Si bien, de todas las etapas de la historia universitaria, la medieval es la que ha sido más detalladamente estudiada, la cuestión de sus orígenes exactos no es fácil de resolver.[11] Las universidades son, ahora como entonces, realidades complejas, y dependiendo de cuál elemento de la universidad sea el que se haga primar –su autonomía, su número de disciplinas, el reconocimiento de privilegios de parte del emperador o el papa, la alianza de maestros y alumnos–, se obtendrá distintas respuestas a la pregunta respecto de cuál fue la primera universidad. Pero, entre el término del siglo XII y el comienzo del siglo XIII, puede contarse ya con un cierto número de ellas, Bolonia y París entre las primeras. En París, una universidad de importancia capital para el desarrollo de la teología y filosofía medievales, cabe notar que hacia 1140, dos décadas antes del reconocimiento oficial de la universidad, ya había una docena de escuelas teológicas funcionando en la ciudad. En contraste, recién en 1346, el Sacro Imperio tuvo en Praga su primera universidad. El mundo alemán, tan central para la Reforma que tocamos en este libro, contó recién en 1388 con una universidad, la de Colonia. Junto con Frankfurt del Óder, Wittenberg puede considerarse la última universidad medieval fundada en territorio germano.

La universidad, como se desprende de las localidades nombradas, no surge como mera manifestación del poder: desde un comienzo es más importante como

---

[10] Tolomeo de Lucca, *De regno*, III, 16. Para ulterior discusión del pasaje y del problema, véase Herbert Grundmann (1978), «Sacerdotium - Regnum - Studium. Zur Wertung der Wissenschaft im 13. Jahrhundert», en: Herbert Grundmann, *Ausgewählte Aufsätze. Teil 3 Bildung und Sprache* (*Monumenta Germanieae Historica* 25, 3), Stuttgart: Anton Hiesermann.

[11] Para las páginas que siguen, véase las contribuciones reunidas por Hilde de Ridder-Symoens (ed.) (1994), *Historia de la Universidad en Europa. Volumen I. Las universidades en la Edad Media*, Bilbao: Servicio Editorial Universidad del País Vasco.

universidad Oxford que Londres, y Bolonia que Roma. Pero tampoco surge sólo por un desinteresado amor al saber. Surge, más bien, en el proceso de búsqueda de protección de quienes, de hecho, ya se encuentran involucrados en la práctica del aprendizaje y la enseñanza. Como corporación, la universidad tiene en momentos un grado tal de independencia, que causas judiciales entre sus miembros son vistas por el rector, antes que por autoridades externas. Es eso, de hecho, lo que designa originalmente el término *universitas*: una totalidad, en este caso la totalidad de los agrupados en este tipo de búsqueda. En algunos casos, se trata de una asociación de maestros y discípulos, como en París; en otros, como el de Bolonia, es más propiamente una asociación de alumnos, muchos de ellos indefensos por su condición de extranjeros. Si el segundo de estos casos, el de Bolonia, es más relevante para la formación de los juristas, desde luego es a París que se dirigirá la mirada para considerar la formación de los teólogos. Y ahí, como señalábamos, los profesores desempeñan un papel más importante. En esto, la universidad alemana siguió a París antes que a Bolonia. Como lo indican los estatutos parisinos de 1215, no podía haber «ningún estudiante sin un maestro». Al margen de cuán logrado fuera el proyecto (pues el caos es un fenómeno recurrente en la temprana historia de la universidad), el propósito deliberado era el de evitar la dispersión de alumnos que oscilan entre un maestro y otro.[12]

Pero no todos los maestros o doctores eran profesores. La condición de «maestro» o «doctor» designaba ante todo el dominio de una disciplina, no el hecho de que se la enseñara. Sólo cierto número de los doctores, ellos mismos un grupo bastante reducido dada la escasa graduación, llegaban a ser docentes o «regentes». Es raro, por ejemplo, el caso de personas de familia noble, como Tomás de Aquino, que llegaran a ser profesores. Incluso la adquisición de una educación universitaria es algo por lo que la nobleza comienza a inclinarse recién en el siglo XVI.[13] En la Edad Media la docencia universitaria era, con mucho mayor frecuencia, un camino de promoción social, como lo fue para Wyclif, Gerson, Huss, y tantos otros de procedencia social baja o media que llegaban así a ostentar un reconocimiento muy similar al de la nobleza (aunque sometidos a exigencias ciertamente muy distintas de la misma). En efecto, el reconocimiento de los profesores, y las expectativas que recaían sobre los mismos de parte de la sociedad y la Iglesia, difícilmente podrían ser exagerados. Con todo, tal como hoy, es posible afirmar que el masivo reconocimiento dado a la educación universitaria siempre fue acompañado de ciertas voces críticas que, por ejemplo desde ciertos programas de

---

[12] Al respecto, véase Jacques Verger (1994), «Profesores», en: Hilde de Ridder-Symoens (ed.), *Historia de la Universidad en Europa. Volumen I. Las universidades en la Edad Media*, pág. 178.

[13] Véase Jürgen Miethke (2004), «Die Welt der Professoren und Studenten an der Wende vom Mittelalter zur Neuzeit», en: Jürgen Miethke, *Studieren an mittelalterlichen Universitäten. Chancen und Risiken*, Leiden: Brill, pág. 183-192.

renovación moral y espiritual, pusieran la mirada sobre la corrupción de la piedad y de la sencillez que parecía darse por las prácticas propias de esta institución.

¿Qué instrucción es la que daba una universidad? Si bien el esquema común es el de universidades que contaban con facultades de artes, medicina, leyes y teología, la relación entre la primera y última de éstas es la que nos interesa aquí. Los teólogos se veían, en efecto, obligados a pasar por la Facultad de Artes, salvo en el caso de los miembros de las órdenes mendicantes, quienes podían cursar dichas artes en sus propias instituciones. Las artes, en tanto, eran fundamentalmente el *trivium* y el *quadrivium*, que desde fines de la Antigüedad tardía habían sido objeto de gradual sistematización.[14] Una Facultad de Artes medieval probablemente sería hoy llamada Facultad de Artes Liberales, o Facultad de Filosofía y Humanidades, pero otorgaba una educación algo más amplia que lo que hoy cae bajo esos títulos. Presuponiendo el estudio teológico el paso por dicha facultad, se trata de un sistema que aseguraba una estrecha relación entre filosofía y teología –incluso el ocasional rechazo a la filosofía, o a tal o cual tesis filosófica, sería en general un rechazo bastante bien informado.

La educación teológica, en tanto, giraba en torno a dos textos fundamentales: la Biblia y las *Sentencias* de Pedro Lombardo (obra sobre la cual trataremos algo más adelante). Si se quiere preguntar por el lugar que tenía la Biblia en el estudio teológico, lo primero que hay que decir es que su presencia era efectivamente abrumadora: se la estudiaba por años, y, tras la audición pasiva, un estudiante quedaba habilitado inicialmente para comenzar a enseñar respecto de un libro del Antiguo y uno del Nuevo Testamento. La aspiración era volverse un *Magister in sacra pagina*. Cuando las *Sentencias* comenzaron a ser el material estándar de formación teológica inicial, eran enseñadas por bachilleres, para que los maestros pudiesen concentrarse en la más decisiva formación bíblica. Con todo, y concediendo la considerable familiaridad con el texto bíblico que caracteriza al periodo, no es completamente infundada la sospecha protestante respecto de su condición subordinada. En efecto, los dos cursos bíblicos que correspondía enseñar, podían ser reemplazados por la participación como replicante en las disputas académicas, pudiendo así pasarse a enseñar las *Sentencias* sin tener que enseñar antes sobre libros bíblicos.[15] No es ése el rumbo que siguieron los grandes autores medievales, pero difícilmente puede imaginarse tal fenómeno en una universidad protestante a mediados del siglo xvi.

---

[14] Al respecto, véase Ilsetraut Hadot (1984), *Arts libéraux et philosophie dans la pensée Antique*, París: Etudes Augustiniennes.

[15] Respecto de esto véase Monica Asztalos (1994), «La facultad de teología», en: Hilde de Ridder-Symoens (ed.), *Historia de la Universidad en Europa. Volumen I. Las universidades en la Edad Media*, pág. 477.

Las tareas de un maestro eran frecuentemente sintetizadas en la tríada de ofrecer lecciones, disputar y predicar. Naturalmente, siempre existió la preocupación porque a algunos les atría más la segunda de estas tareas.[16] Pero la interacción con la Facultad de Artes implicaba desafíos muy peculiares una vez que en ella dejara de enseñarse sólo las siete artes liberales como tradicionalmente habían sido recibidas, y comenzara a circular también la recientemente accesible filosofía de Aristóteles. Integrado de modo inicial en un marco agustiniano, el *corpus* aristotélico crecientemente cobraría vida independiente. El surgimiento en tal contexto del aristotelismo radical, y de las condenas eclesiásticas al mismo, significó una notoria pluralización de lo enseñado tanto en la Facultad de Artes como en la de Teología. Junto con diversos intentos por transmitir una síntesis aristotélico-agustiniana, surgirían proyectos naturalistas por un lado y voluntaristas por otro. Junto con la pluralidad de proyectos intelectuales que esto representa, hay un cambio institucional que genera otro tipo de pluralidad: el año 1347, Oxford y París pierden el monopolio de la enseñanza teológica, que empieza a extenderse por un amplio número de universidades. El resultado es un variado sistema en el que el tipo de educación que se reciba dependerá, como no ocurría en el primer siglo de existencia de las universidades, del lugar en el que se curse los estudios.

En los estudios medievales lo anterior suele ser designado como la querella de las vías. En ocasiones, una misma institución, de hecho, podía ofrecer enseñanza en más de una «vía». Al pensar en el contexto en el que recibirían su educación universitaria los futuros reformadores protestantes, conviene tener presente un matizado cuadro de estas vías. Éstas no se limitaban a la gruesa división entre *via antiqua* y *via moderna*, sino que incluían importantes subdivisiones por las que una institución podía enseñar teología en *via Alberti, Scoti, Thomae* o *Gregorii*. En ocasiones, resulta sumamente difícil establecer si acaso el nombre de un autor efectivamente designa la impronta de su propia obra, o si designa más bien una corriente más amplia.[17] Y, en más ocasiones aún, la vida universitaria del periodo implica que no sólo los alumnos, sino también los maestros, se empapen de las enseñanzas de más de una vía: se podía ser tomista respecto de la ley natural, sin haber asumido el conjunto de la perspectiva tomista, tal como se podía ser nominalista en teoría del conocimiento y agustiniano en soteriología. No fue sólo un periodo de «pluralismo», sino también de «disonancia cognitiva».

---

[16] Véase Spencer Young (2014), *Scholarly Community at the Early University of Paris: Theologians, Education and Society, 1215-1248*, Cambridge: Cambridge University Press, pág. 1-19.

[17] En Wittenberg, por ejemplo, la enseñanza se impartía en parte en *via Gregorii*, pero es un caso en el que se disputa si acaso efectivamente es la obra de Gregorio de Rímini lo que ejercía influencia decisiva, o si su nombre era aquí sólo un modo peculiar de designar una general educación en el nominalismo. Para una defensa de dicha última interpretación, véase Alister McGrath (2005), *The Intellectual Origins of the European Reformation*, pág. 106.

1.2. La Reforma como reforma universitaria

¿Constituye la Reforma un producto de la *via moderna* de los nominalistas? Tal ha sido una crítica recurrente desde la literatura católica al protestantismo. Hay, naturalmente, indicios a favor de esa tesis, como los textos en que Lutero se identifica de modo explícito con los ockhamistas. Con todo, el escenario tardo-medieval y renacentista en el que se educan los reformadores protestantes es de una complejísima pluralidad. Algunos reformadores fueron educados en la vía de Tomás, otros en el contexto de escuelas más «modernas». Pero debemos resistir la idea de que alguno perteneciera a una escuela de un modo tal que estuviera incontaminado por las restantes. Un ejemplo elocuente es el de Melanchthon. Educado en la Universidad de Tubinga, estaba expuesto tanto a la *via antiqua* como a la *moderna*, y además a la poderosa influencia del joven movimiento humanista alemán. En la biografía que del mismo escribiera su amigo Joachim Camerarius, nos cuenta que la vía (*antiqua*) de los llamados «realistas» se caracterizaba en Tubinga por su adhesión a Platón o a alguna variante de su concepción (*veluti Platonicam de Ideis…*); la otra vía, «más bien seguidora de Aristóteles», sería la de los llamados «nominales» o «moderni». El pasaje nos muestra aquí a los modernos como principalmente asociados con Aristóteles, y Melanchthon es descrito por Camerarius como alguien que, si bien adhiere a esa segunda vía, buscaba una conciliación entre ambas.[18] En carta al mismo Camerarius, Melanchthon puede elogiar a Biel como el más eximio «de ellos» (¿de los escolásticos? ¿de los nominalistas?), para de inmediato notar que sus obras están llenas de errores, que le falta tanto el saber explicar como el juicio recto sobre la realidad.[19] Gregorio de Rímini, uno de los escolásticos más apreciados por un número importante de reformadores, era a la vez nominalista y representante de la escuela agustiniana tardo-medieval que se oponía a los «modernos» en la doctrina de la gracia. Es más, dentro del mismo campo de la teoría del conocimiento se ha considerado a Gregorio como alguien que combina el ockhamismo con el agustinismo: él excluye de nuestro conocimiento del mundo los conceptos no verificables empíricamente, al mismo tiempo que respecto de la esfera superior se abre a una idea agustiniana de luz interior. Sería «tan estrictamente empirista como Ockham en lo que se refiere al mundo externo, como convencidamente agustiniano respecto del mundo inteligible».[20]

---

[18] La porción relevante de la biografía de Camerarius se encuentra reproducida en Heiko Oberman (1989), *Werden und Wertung der Reformation* (3ª ed.), Tubinga: Mohr Siebeck, pág. 424.

[19] Melanchthon a Joachim Camerarius, 21 de junio de 1541. CR 4, 407.

[20] Leff, Gordon (1961), *Gregory of Rimini. Tradition and Innovation in Fourteenth Century Thought*, Manchester: Manchester University Press, pág. 30. Para los distintos aspectos de su obra, véase los estudios reunidos por Heiko Oberman (ed.) (1981), *Gregor von Rimini. Werk und Wirkung bis zur Reformation*, Berlín / Nueva York: DeGruyter.

Junto a esa pluralidad de vías, y a los reformadores expuestos a «contagiarse» de una u otra, hay que añadir otros factores que vuelven variado el horizonte de ideas al que se exponían. Una serie de migraciones de académicos, en particular la movilidad desde París y Praga hacia distintas universidades alemanas, convertía precisamente a los territorios alemanes en un lugar en el que convivían el conjunto de las corrientes intelectuales del periodo. Al atender a ese trasfondo, se ve que las posiciones nominalistas están lejos de ser las únicas que pueden ubicarse en el trasfondo de la Reforma. Juan Huss, por ejemplo, a quien tanto la literatura católica como la protestante suele asignar un lugar de preeminencia entre los llamados «precursores» de la Reforma, representa en Praga, de cuya universidad fue rector, al partido realista; se encontraba en eso influido por otro «precursor» de la Reforma, el aún más decididamente adversario del nominalismo Juan Wyclif. En la condena de Huss en el Concilio de Constanza, en tanto, desempeñó un importante papel Pedro de Ailly, un nominalista, de modo que, a mediados del siglo xv, bien podía imaginarse a la «herejía» como nutrida del realismo y a la ortodoxia como asociada al nominalismo, y eso al mismo tiempo que en diversos lugares del continente aumentaban las condenas al nominalismo y la consolidación local –por ejemplo, en los conventos dominicos– del tomismo. Por otro lado, y atendiendo a los extremos a los que se podía llegar en estas disputas, existían también prohibiciones de polemizar. En suma, al cerrar la Edad Media, las vías rivales coexistían de un modo a veces hostil y a veces pacífico, sin que pudiera tenerse por evidente la mayor ortodoxia de alguna de ellas.

Si en ese contexto nace la Reforma, no es extraño que sobre ella confluya el conjunto de estas corrientes, además de las igualmente variadas tendencias del humanismo renacentista.[21] La claridad de los propios reformadores respecto de este conjunto de influencias que pesaban sobre ellos es, desde luego, igualmente variada. Pero antes de intentar cualquier valoración de esa influencia, debemos partir por afirmar un elemento común: tal como el pensamiento medieval, la Reforma es un fruto de la cultura universitaria.[22] Esa cultura universitaria en común puede ser tan relevante como la pluralidad de vías para la comprensión del periodo. Antes que reforma universitaria, la Reforma es producto universitario.

---

[21] Para una exposición de la relación de la Reforma con el mundo universitario con fuerte énfasis puesto en la influencia del humanismo, véase Lewis Spitz (1981), «The Impact of the Reformation on the Universities», en Leif Grane (ed.), *University and Reformation. Lectures from the University of Copenhagen Symposium*, Brill: Leiden.

[22] McGrath, Alister (2005), *The Intellectual Origins of the European Reformation*, ha intentado dar centralidad para la respectiva caracterización de luteranos y reformados al hecho de que en Wittenberg la reforma surge como un fenómeno universitario y en Zurich no. Si bien el hecho es indiscutible, su importancia ciertamente lo es: no en todas partes es un fenómeno intrauniversitario, pero la Reforma es, en todas sus manifestaciones, un producto de este trasfondo. La posición de McGrath puede servir para establecer contrastes entre estas dos ciudades para un par de décadas, pero no sirve para caracterizar el conjunto de las dos tradiciones.

Y las universidades del periodo responden al mismo conjunto de tensiones que la universidad medieval: en el mundo universitario del siglo xvi, hay rivalidad entre universidades antiguas y nuevas, una universidad puede ser fundada por interés eclesiástico o de un príncipe (Tomás de Aquino fue profesor de la más antigua universidad de fundación eclesiástica, Lutero fue profesor de una universidad recién fundada por un príncipe), y así sucesivamente. Tal como hoy, las universidades estaban envueltas en un proceso de competencia: Wittenberg desdeñaba, al menos en la retórica publicitaria, a la centenaria Universidad de Colonia, y se presentaba como alternativa humanista al carácter escolástico de la vecina Universidad de Leipzig.[23] Pero si se considera más que dicha retórica, los elementos de continuidad con la universidad medieval sobreabundan. A poco tiempo de haber llegado a Wittenberg, Melanchthon estaba, por ejemplo, preocupado por asegurar que cada alumno tuviese un tutor. La medida tuvo escaso éxito, pero bien cabe recordar la presencia del mismo ideal en los estatutos de la Universidad de París siglos antes. A continuación, el mismo Melanchthon, junto a Lutero, impulsó la reanudación de la práctica de las disputaciones académicas.[24] Wittenberg, una pequeña y recientemente fundada universidad regional, se convirtió así por décadas en un centro universitario de importancia capital para gran parte de Europa. Pocos profesores de griego en la historia posterior podrían jactarse, como Melanchthon, de contar con 600 alumnos de distintos países en una misma clase de dicha lengua.[25] Los conflictos desatados en conjunto con la Reforma produjeron además la masiva movilidad que suelen causar las crisis a tal escala, acentuando así la movilidad académica. Se ha hablado así de «las universidades como lugares de refugio», sin duda una de las causas de la supervivencia de una cultura intelectual supraconfesional en medio del conflicto.[26]

De las universidades cabe, por cierto, decir lo mismo que de la Iglesia: no es el edificio lo que importa. En la temprana universidad medieval, no era extraño que las salas fuesen un espacio arrendado por los mismos profesores para dictar sus lecciones: la universidad como lugar no existía, a veces sólo tenía realidad como asociación de profesores. Eso ya había quedado atrás para tiempos de la Reforma, pero la Iglesia y la universidad podían seguir iluminándose recíprocamente por la tradicional comprensión de la Iglesia como educadora. Calvino, en efecto, podía

---

[23] MacCulloch, Diarmaid (2004), *The Reformation*, pág. 117.

[24] Scheible, Heinz (2010), «Die Philosophische Fakultät der Universität Wittenberg von der Gründung bis zur Vertreibung der Philippisten», en: Heinz Scheible, *Aufsätze zu Melanchthon*, Tubinga: Mohr Siebeck, pág. 110.

[25] Las cifras corresponden al recuento realizado por Spalatin. Véase Gerhard Ebeling (1964), *Luther. Einführung in sein Denken*, Tubinga: Mohr Siebeck, pág. 6-8.

[26] Tomo la expresión de Hilde de Ridder-Symoens (1996), «La movilidad», en: *Historia de la universidad en Europa. Volumen II. Las universidades en la Europa moderna temprana*, Bilbao: Servicio Editorial Universidad del País Vasco, pág. 458.

hacer suya la afirmación de Cipriano según la cual tener a Dios por Padre iba de la mano de tener a la Iglesia por madre, madre a la que a la vez designaba como una «escuela de la que no nos graduamos hasta salir de esta vida».[27] El impulso existente en cada lado de la división confesional llevó tanto a una reforma de las instituciones existentes como a la creación de nuevas instituciones. La reestructuración puede verse de modo particular en las universidades del ámbito germano; aunque ya en 1527 se levantó Marburgo como primera universidad protestante, prima no la fundación de instituciones nuevas, sino un enérgico proceso de revitalización de las ya existentes. Nuevas instituciones universitarias se levantaron, sin embargo, en lugares como Leiden, un modelo de moderna universidad de investigación. Se trata, tal como en la temprana historia de Wittenberg, una vez más de un fenómeno internacional: cuando, en el segundo cuarto del siglo xvii, Leiden llegó a ser la principal universidad del mundo protestante, más de la mitad de sus estudiantes provenían de fuera de Holanda.[28] Con ello se continuaba, además, un proceso de reemplazo de los lugares de prominencia: Heidelberg había pronto reemplazado a Ginebra como lugar ideal para la formación de los reformados de todo el continente, y fue a su vez reemplazada por Leiden. Se trata de un proceso que en algunos casos alcanza a cubrir la trayectoria de un mismo autor: Franciscus Junius alcanzó a estudiar bajo Beza (tal vez algo bajo Calvino) en Ginebra, para luego pasar su madurez en Heidelberg, y finalmente terminar como catedrático en Leiden.[29] Naturalmente, este proceso se extiende también al Nuevo Mundo, en algunos casos con asombrosa rapidez. En el caso de Nueva Inglaterra, por ejemplo, no habían pasado seis años desde la llegada de los primeros puritanos cuando ya se había erigido Harvard. Establecida en lo que entonces bien puede ser considerado como la frontera de la civilización occidental, constituye un singular testimonio de la centralidad de la universidad para la cultura que se estaba estableciendo. La obra básica para el estudio de la teología era ahí la *Médula de teología* de William Ames, teólogo puritano que estuvo él mismo cerca de emigrar al Nuevo Mundo.[30] Y si bien el mismo Ames favorecía un currículum que daba escasa independencia a las disciplinas distintas de la teología, prevaleció una tendencia más generosa. En palabras de uno de los principales estudiosos del temprano currículum de Harvard, «el clero puritano que dominaba la institución buscaba lo mejor de dos mundos: la libertad para discriminar qué había de ser aceptado de

---

[27] Calvino, Juan, *Institución*, IV, 1, 1 y 4. Para esto, véase David Steinmetz (1999), «The Scholastic Calvin», en: Carl Trueman; Scott Clark (eds.), *Protestant Scholasticism. Essays in Reassesment*,.

[28] Al respecto, véase Benedict, Philip (2002), *Christ's Churches Purely Reformed: A Social History of Calvinism*, pág. 288.

[29] Para la vida de Junius, véase su autobiografía en Franciscus Junius (2014), *A Treatise on True Theology. With The Life of Franciscus Junius*, Grand Rapids: Reformation Heritage Books.

[30] Al respecto, véase George Marsden (1994), *The Soul of the American University. From Protestant Establishment to Established Nonbelief*, Oxford: Oxford University Press, pág. 33-47.

los caminos antiguos, y al mismo tiempo la satisfacción de saber que se participa de modo cabal de una cultura más amplia que la propia».[31]

Pocas dudas puede caber respecto del hecho de que, durante el siglo XVI, hubo también cambios curriculares importantes, pero muchas veces son cambios que se desarrollaron de modo equivalente en las distintas confesiones.[32] En sentido contrario, suele citarse una célebre carta de Lutero al superior de los agustinos, Johannes Lang, a comienzo de 1517: «Bajo la ayuda de Dios, nuestra teología y Agustín hacen grandes progresos y predominan en nuestra universidad. Aristóteles decae paso a paso y se encamina a ruina eterna».[33] Pero hay abundantes motivos para corregir la influencia que esta carta sigue ejerciendo sobre las descripciones del periodo, donde se cita como fiable descripción de hechos.[34] Como lo ha mostrado Heinz Scheible en un estudio sobre la evolución del currículum filosófico de la universidad de Wittenberg durante los primeros años de la Reforma, la afirmación de la carta de Lutero constituye más una expresión de sus deseos que una descripción de hechos. En realidad, el plan de estudios del año siguiente incorpora a Aristóteles más fuertemente que hasta entonces: a la exposición de varias de sus obras mayores en via tomista y escotista se suma desde entonces su exposición en formato humanista.[35] La principal historia de la educación de la Alemania del periodo suscribe esta lectura: «En contraste con los planes de reforma elaborados por Lutero en 1518, en el espectro de asignaturas cubierto por los profesores de Wittenberg salta ante todo a la vista la filosofía aristotélica».[36] Y no se trata sólo de Wittenberg. Al fundarse la Universidad de Marburgo, las dos cátedras de teología bíblica son acompañadas de diez cátedras para las restantes disciplinas en la Facultad de Artes, un significativo reconocimiento del papel asignado a los estudios propedéuticos. Las universidades protestantes, cabría así decir, se distinguieron de las católicas en el sencillo hecho de ser protestantes, a la vez que se unieron a las mismas en el hecho de ser universidades. Esas dos obviedades pueden justificadamente ser destacadas, pues la Reforma prevaleció en parte porque algunos reformadores persistieron en entenderse a sí mismos como hombres de universidad. En los estatutos de la Universidad de Wittenberg, Melanchthon

---

[31] Fiering, Norman (1981), *Moral Philosophy at Seventeenth-Century Harvard. A Discipline in Transition*, Chapel Hill: University of North Carolina Press, pág. 63.

[32] Véase Joseph Freedman (1985), «Philosophy Instruction Within the Institutional Framework of Central European Schools and Universities During the Reformation Era», en: *History of Universities*, 5.

[33] WA Br 1, 99.

[34] Como tal la toman, entre muchos otros, Carter Lindberg (2010), *The European Reformations*, pág. 63, y Alister McGrath, (2005), *The Intellectual Origins of the European Reformation*, pág. 61.

[35] Scheible, Heinz (2010), «Aristoteles und die Wittenberger Universitätsreform», en: Heinz Scheible, *Aufsätze zu Melanchthon*, pág. 130-141.

[36] Seifert, Arno (1996), «Das höhere Schulwesen: Universitäten und Gymnasien», en: Notker Hammerstein (ed.), *Handbuch der deutschen Bildungsgeschichte. Band I: 15. bis 17. Jahrhundert. Von der Renaissance und der Reformation bis zum Ende der Glaubenskämpfe*, Munich: C. H. Beck, pág. 286.

registró que, al grado de doctor en teología, había que aproximarse «con reverencia, como quien se aproxima al altar».[37] David Steinmetz lo ha expresado de modo elocuente: «Fue la comprensión medieval del oficio de un doctor, y no la comprensión moderna de la libertad de conciencia, lo que se encontraba tras el actuar de Lutero».[38] Comentando los salmos, en efecto, Lutero recordaba que era su juramento doctoral el que lo obliga a «exponer las Escrituras a todo el mundo».[39]

La conciencia de tal deber sería, por cierto, una poderosa fuerza al llegar la hora de enfrentar a movimientos protestantes hostiles a la erudición. Éstos son marginales, pero es posible encontrarlos desde Wittenberg, en el temprano siglo xvi, hasta Oxford a mediados del siglo siguiente. Durante los años 20 del siglo xvi, la matrícula de Wittenberg descendió a mínimos históricos, y era generalizada la percepción respecto de que el saber se encontraba en ruinas. Hacia 1653, John Owen podía como Vice-Canciller de Oxford escribir sin exageración sobre quienes buscaban «la abolición de las universidades»[40] mediante una campaña por la exclusiva formación bíblica de los pastores. Su defensa de Oxford durante su periodo como autoridad universitaria está llena de ecos de lo que hemos visto hasta aquí, en particular de la característica tensión propia del puritanismo: en su esfuerzo (tan apasionado como fallido) por acabar con las vestimentas académicas, podría parecer un ejemplo típico del radicalismo enemigo de la tradición. Pero los mismos colegas a los que alienaba mediante esta propuesta eran sus cercanos aliados en defensa de la educación tradicional que ofrecía su «madre en común».[41] Enfrentado a la «luz interior» de los quákeros, Owen provocadoramente deja de usar el inglés para volver al latín (en sus *Exercitationes adversus fanaticos*).[42] Y, sin embargo, esto no es tradicionalismo: se trata de una defensa de la universidad contra fuerzas disruptivas. Liberada de tales fuerzas, también Owen sabe describir su trabajo como uno abierto a la novedad:

> No es como si ser entendido consistiese en un simple haber leído las obras de hombres entendidos y excavado sus profundamente escondidas ideas; es hacer progreso diario, del que Dios y los hombres puedan dar

[37] Citado en Timothy Wengert (2013), «Philip Melanchthon and Wittenberg's Reform of the Theological Curriculum», en: Jordan Ballor; David S. Sytsma; Jason Zuidema (eds.) *Church and School in Early Protestantism. Studies in Honor of Richard Muller on the Maturation of a Theological Tradition*, pág. 27.

[38] Steinmetz, David (2011), «The Learned Ministry Revisited», en: David Steinmetz, *Taking the Long View*, Oxford: Oxford University Press, pág. 93.

[39] WA 31,1.

[40] *The Oxford Orations of Dr. John Owen* (1971), Callington: Gospel Communication, pág. 11.

[41] *The Oxford Orations of Dr. John Owen* (1971), pág. 11 y 13. Para una descripción de las controversias bajo su periodo como Vice-Canciller, véase Blair Worden (1997), «Cromwellian Oxford», en: Nicholas Tyacke (ed.) *The History of the University of Oxford*, Oxford: Clarendon Press, pág. 733–72.

[42] Owen, John, *Works*, 16:426–76.

testimonio, en la ampliación de las fronteras de las ciencias y en la promoción de las letras junto a la piedad y la religión.[43]

1.3. Las otras instituciones: Gimnasio y Academia

Hemos mencionado el surgimiento, durante el periodo de nuestro interés, de algunas nuevas universidades. También significativo, con todo, es el establecimiento de otro tipo de instituciones, como academias y gimnasios. La academia era una típica institución de formación humanista, cuyo florecimiento databa del siglo xv. Se trata de una institución que giraba en torno a una o dos figuras señeras, centradas en el cultivo de la historia literaria y de las ideas de la Antigüedad. Bien puede decirse de las academias de la Reforma que, en muchos sentidos, imitaron los numerosos modelos de academia humanista que tenían a su alrededor; sin embargo, es más común que las academias levantadas por la Reforma estuvieran diseñadas desde temprano para evolucionar hacia universidades, siendo a veces difícil de determinar el carácter de su diseño original. Resulta elocuente respecto de ese fenómeno la pregunta que subtitula la historia de la temprana Academia de Ginebra por Karin Maag: «¿seminario o universidad?».[44]

No cualquier ciudad estaba en condiciones de levantar una universidad, pero podía levantar academias que pudiesen competir en prestigio con las grandes universidades, eventualmente transformándose en una de ellas. Es el caso de la mencionada Academia de Ginebra, fundada en 1559 –el mismo año de la última edición latina de la *Institución* de Calvino. Naturalmente, también estas instituciones vivían la tensión entre poder eclesiástico y poder político, buscando unos privilegiar la formación teológica y otros la formación de funcionarios civiles. Pero se trata de una tensión fecunda. La alta concepción reinante respecto de lo que implicaba el trabajo teológico podía además, por sí misma, ser una garantía de la excelencia a la que se habría de aspirar. Levantar la Academia de Ginebra, por ejemplo, implicaba traer de otro lugar profesores de hebreo, griego y artes, situando de ese modo a la institución en un circuito internacional.[45] Muy pronto, en 1566 y 1567, bajo Teodoro Beza, implicaría la expansión en áreas como el derecho y la medicina, completando así las materias cubiertas por una universidad medieval,[46] y dando lugar a un ocasional intercambio de docentes con universidades como Leiden.

Para la historia intelectual del protestantismo del siglo siguiente, hay algunos casos que resultan de particular importancia. Dada su frágil condición legal,

---

[43] Owen, John, *Oxford Orations*, pág. 15.

[44] Maag, Karin (1995), *Seminary or University? The Genevan Academy and Reformed Higher Education, 1560-1620*, Aldershot: Scolar Press.

[45] Maag, Karin (1995), *Seminary or University?*, pág. 13-14.

[46] Maag, Karin (1995), *Seminary or University?*, pág. 23.

el temprano protestantismo francés no contó universidades; por lo mismo, las academias desempeñaron aquí un papel mucho más importante que en otros territorios.[47] Particularmente importante resulta, asimismo, la fundación de la Academia de Herborn. Ya hemos hecho mención de algunas importantes figuras que pasaron por ahí: con Caspar Olevianus como primer rector y Altusio como profesor de ciencia política, no es extraña la fama adquirida por la institución. Su peculiaridad, con todo, reside en que, a pesar de haber llegado a expandirse a las cuatro facultades típicas de una universidad, jamás pudo obtener el reconocimiento imperial como tal. Se trataba, después de todo, de una institución de la tradición reformada, confesión cuyo estatuto en el sacro imperio no alcanzó la estabilidad del luteranismo hasta la paz de Westfalia. Así constituye una significativa ilustración de aquello a lo que, bajo tales condiciones, se podía aspirar en términos institucionales: se trata de una institución que permitía una formación tan significativa como la de cualquier otra parte de Europa; algunas de las eminencias de la confesión reformada enseñaban ahí, se contaba con el reconocimiento de los pares en el resto del mundo académico, pero no se poseía el título de universidad ni podía aspirarse a entregar el grado de doctor. A su historia puso término, finalmente, nadie menos que Napoleón, reduciendo la institución original al seminario teológico que subsiste hasta el día de hoy. Podría decirse que, con tal paso del carácter universitario al exclusivamente teológico, Herborn constituye la historia inversa de la Academia de Ginebra.

Consideremos, por último, el lugar que en la vida intelectual del periodo tenían los centros de educación secundaria. Revivido el término «gimnasio» durante el renacimiento en Italia, fue la fundación del *Gymnasium* de Estrasburgo en 1538, bajo la dirección del humanista Johannes Sturm, lo que dio un fundamental impulso a estas instituciones preparatorias para la vida universitaria. Sturm, cabe notar, logró por un tiempo contar con Calvino y Bucero como profesores de la institución. Así esta intitución también desempeñó con seguridad un papel inspirador para la posterior academia ginebrina, que también contó desde el comienzo con un sección de estudios secundarios (llamada ahí *schola privata*, en contraste con el título de *publica* dada a la instancia superior). ¿Pero qué es un gimnasio? Si un gimnasio del mundo antiguo es un lugar para el ejercicio intelectual y físico, en el mundo contemporáneo estas dos dimensiones abarcadas por el término parecen haber sufrido una separación por regiones: en el mundo anglo e hispanoparlante, designamos como gimnasio el lugar de entrenamiento físico; principalmente en el mundo germano, en cambio, se preservó el gimnasio como título para las escuelas secundarias. Se trata, pues, de lugares de formación escolar avanzada, o de preparación para la universidad, pero que conviene incluir en la

[47] Para una síntesis, véase Emile Léonard (1959), «Les académies protestantes dans le destin du protestantisme», *Foi et Education* (47).

presente narración por su vínculo con los estudios avanzados, por el hecho de que hombres como Melanchthon estaban celosamente preocupados por su desarrollo, y por el hecho de que importantes pensadores del periodo se desempeñaron de hecho como profesores de estas instituciones. Uno de los casos más emblemáticos es el del Gimnasio de Gdansk, en Polonia. Siendo una institución de nivel escolar, fue el principal centro de formación del protestantismo polaco, y, desde su fundación en 1580 hasta 1655, más de la mitad de sus alumnos habían sido extranjeros.[48] Habiendo sido sus primeros rectores alumnos de Melanchthon, en la institución convivían –no sin roces– luteranos y reformados. Entre sus alumnos, se encuentran futuros profesores de Wittenberg, como Abraham Calov; y entre sus profesores se encuentran quienes lo podrían haber sido en distintas universidades. El más eminente de ellos, Bartolomeo Keckermann, rechazó la oferta de ser profesor en la Universidad de Heidelberg para poder volver a enseñar en su escuela de origen. Desde esa posición se difundieron por toda Europa las introducciones que escribió para las distintas disciplinas.[49] Se ha sugerido, además, que la exigencia (reformada y jesuita) por mejor preparación gimnasial desempeñó un significativo papel en el desarrollo de las universidades: al otorgar una elevada formación preparatoria, presionaban para que las facultades de artes dejaran su condición centenaria de facultad inferior, transformándose lentamente en modernas facultades de humanidades y filosofía, de rango igual a las otras facultades superiores (aunque simultáneamente mantuvieran su carácter propedéutico para el conjunto de la universidad).

2. La enseñanza

2.1. Autoridad e interpretación. La cultura pedagógica y el surgimiento del método escolástico

Hasta aquí nos hemos ocupado de la escuela como comunidad educativa, así como de algunos de sus objetos de estudio. Pero también usamos la palabra «escuela» en otros sentidos: hablamos de «escuelas» para designar corrientes. Una vez más, puede tratarse de un uso despectivo o no. El uso polémico existe desde antiguo: Agustín cuenta que, tras leer el *Hortensius* de Cicerón, fue movido a seguir no tal o cual escuela, sino la sabiduría misma.[50] También los renacentistas polemizan contra la filosofía de escuelas que consideraban característica de la

[48] Para una breve introducción véase Dariusz M. Bryćko (2013), «The Danzig Academic Gymnasium in Seventeenth-Century Poland», en: Jordan Ballor; David S. Sytsma; Jason Zuidema (eds.) *Church and School in Early Protestantism. Studies in Honor of Richard Muller on the Maturation of a Theological Tradition.*

[49] Para la trayectoria de Keckermann, véase Joseph Freedman (1997), «The Career and Writings of Bartholomew Keckermann», *Proceedings of the American Philosophical Society* (141, 3).

[50] Agustín, *Confesiones*, III, 4, 7-8.

Edad Media. Por otra parte, a veces decimos que algo es «escolar», y con ello nos referimos a que es básico o pedagógico. Eso puede decirse de modo despectivo, pero no tiene por qué serlo. Puede también tratarse de la simple constatación de que algo sigue un orden adecuado, que tiene un método. Conviene aquí detenernos en estas acepciones del término, pues ellas dan su nombre a la escolástica: ella llegó pronto a ser una filosofía y teología de escuelas, pero fue también un movimiento que se puede caracterizar por su carácter pedagógico y por el método en común desarrollado por esas escuelas rivales.

Bien puede representarse el ánimo de toda esta cultura intelectual por las grandes obras sistemáticas de Tomás de Aquino y Calvino. Se trata de una producción primordialmente pedagógica, de formación de escuela. De modo similiar al prólogo de Tomás de Aquino a la *Suma Teológica*, donde éste declara que la intención de la obra es educar a los que comienzan (*incipientes erudire*),[51] Calvino afirma en el prefacio de la edición de 1536 de su *Institución* que «sólo buscaba presentar ciertos rudimentos que permitan formar en la piedad a los que son tocados por alguna búsqueda de religión».[52] Se trata de una obra pedagógica y, como la *Suma Teológica* (pero no la *Suma contra Gentiles*), dirigida a los que ya se encuentran dentro del camino de la fe. El mundo moderno se encuentra, en sus primeros pasos, no sólo en cierta tensión respecto de esta posición por el lugar que, en uno u otro periodo, ocupa la fe, sino por un modificado contexto institucional. En efecto, para las ciencias modernas desempeñan un papel importante las tempranas sociedades científicas (piénsese en la Royal Society), instituciones que comparten mucho del espíritu de otras instituciones dedicadas al saber, pero que no tienen un carácter primordialmente pedagógico. Por otra parte, la temprana filosofía moderna es obra casi exclusivamente de figuras que voluntaria o involuntariamente se situaron fuera del mundo universitario: es la historia de Hobbes, Locke, Spinoza, Descartes, etc. Pero la obra de dichos filósofos de la modernidad temprana no pretende, por supuesto, dejar el interés pedagógico, sino oponerse a un método específico.

Para intentar comprender dicho método escolástico conviene dirigirnos al siglo xii, un siglo de renacimiento cultural que, por su vitalidad, casi hace palidecer al movimiento que siglos más tarde llevaría el título de «renacimiento». Con la escuela catedralicia de Chartres por un lado, y la de san Víctor por otro, el siglo xii parisino constituye un fenómeno intelectualmente superior a todos los siglos que lo separan de la muerte de Agustín, y literariamente superior a los siglos inmediatamente siguientes. Juan de Salisbury podía iniciar su *Metalogicon* señalando que no se avergüenza de defender en muchos puntos las tesis de los modernos

[51] Tomás de Aquino, *Summa theologiae*, Prooemium.

[52] Calvino, Juan, *Institución*. Prefacio al rey Francisco.

antes que las de los antiguos[53] –van a pasar algunos siglos antes de que se vuelva a hablar con tal confianza respecto del saber del presente. Como lo ha señalado Gilson, «el espíritu del siglo XII se encuentra más próximo al espíritu de los siglos XV y XVI, que al del siglo XIII».[54] Pero, a pesar de la riqueza de este mundo que logró recuperar a Cicerón y Boecio, y a pesar de encontrarnos ya ante escuelas organizadas que serían base de las nacientes universidades, no nos encontramos aquí propiamente con un método característico. Para entender el surgimiento del método conviene que dirijamos la mirada a un hombre de dicho siglo, pero ubicado fuera de las escuelas, Pedro Abelardo. Abelardo es, fuera de toda duda, uno de los personajes más singulares del periodo. Él mismo ha narrado su vida en una autobiografía, la *Historia de mis calamidades*, que, si hemos de ser francos, el estudiante de hoy encontrará bastante más atractiva que las *Confesiones* de Agustín. Una y otra vez Abelardo «roba» alumnos a otros profesores y humilla a sus propios maestros; pero si no fue el mejor de los colegas, ciertamente fue un maestro extraordinario. Para verlo en tal función, podemos dirigir la mirada a su obra *Sic et Non*, escrita alrededor de 1121, donde Abelardo ofrece un listado de 158 posiciones teológicas, y para cada una pone padres de la Iglesia de modo contrapuesto. Tomemos, por ejemplo, la primera de estas cuestiones, que es una pregunta sobre la relación entre fe y razón (siguen tras eso mayoritariamente cuestiones trinitarias). El título es «si acaso la fe debe ser acompañada de razones humanas o no», y a éste siguen numerosos párrafos de diversos padres de la Iglesia que podrían citarse a favor o en contra de la tesis en discusión. Significativamente, no son presentados como dos bandos en columnas opuestas, Abelardo no les asigna la posición a favor o en contra, sino que deja también esa tarea a sus alumnos.

¿Cuál es el propósito de dicho instrumento? El *Sic et non* podría, por supuesto, ser leído como una irreverente explotación de las contradicciones de las autoridades, y eso explica sin duda parte de los padecimientos de Abelardo. Pero el fin de la obra es otro. Para Abelardo, se trata de mostrar aparentes contradicciones para enseñar a los alumnos a lidiar adecuadamente con ellas. Y las instrucciones sobre cómo cumplir con dicha tarea las entrega Abelardo en el prólogo a esta obra, un texto digno de lectura tanto por lo que revela respecto del método escolástico como por el modo en que echa abajo las pretensiones de novedad que tantas veces han caracterizado a quienes en siglos siguientes han propuesto métodos similares. Abelardo parte, en efecto, por indicar la necesidad de establecer que «tu autoridad es tu autoridad»; esto es, se trata de establecer que el texto recibido efectivamente corresponde al autor que se pretende, que el texto se encuentra transmitido de modo fiel, que el autor en cuestión está presentando ahí su propia posición, y

[53] Juan de Salisbury, *Metalogicon*, pról.

[54] Gilson, Éttienne (1965), *La filosofía en la Edad Media. Desde los orígenes patrísticos hasta el fin del siglo XIV*, pág. 316.

no la de alguien al que está citando. Continúa luego llamándonos a considerar la evolución intelectual de los autores: si alguien ha cambiado de opinión, conviene tener en cuenta de modo privilegiado la que haya sido su última posición. Por último, hay un llamado a atender a las circunstancias específicas que motivan una toma de posición: ¿se pretende estar legislando de modo universal? ¿Se está abordando el mismo tipo de problema que abordan las discusiones actuales en las que citamos a la respectiva autoridad? Nada de esto es estricta novedad aportada por Abelardo. Sin embargo, no podría minimizarse el trabajo de codificación de reglas que estaba realizando: se propone aquí un modelo de trabajo histórico-crítico que luego se invita a aplicar de modo consistente a los más venerados autores.[55]

El naciente método escolástico es, pues, un método que pretende conjugar reverencia por la autoridad (y una *auctoritas* no es un funcionario eclesiástico, sino un texto de un autor eminente) con la ineludible tarea interpretativa que eso implica.[56] Como lo afirma el mismo Abelardo en un pasaje de su *Diálogo entre un filósofo, un judío y un cristiano*, la autoridad no basta para solucionar las distintas interpretaciones del cristianismo, ya que la mayoría de las disputas surgen precisamente respecto de cómo se debe entender la autoridad: se debe, por tanto, juzgar más bien sobre la autoridad, que a través de ella (*de ipsis prius quam per ipsa*).[57] Es mediante esa dialéctica entre autoridad e interpretación, que Abelardo está respondiendo a lo que, según indica en su autobiografía, era una exigencia de sus propios alumnos: le pedían «algo para entender, más que para repetir».[58] El entender y el interpretar, como bien puede verse, pasaba, sin embargo, por un cuidadoso repetir, por una detallada familiaridad con la tradición recibida. A su vez, esto podía por supuesto concretarse de modos distintos, pues mientras algunos autores pondrían todo su esfuerzo en lograr la concordancia entre las autoridades, otros tratarían a esas autoridades más bien como fuentes respecto de las cuales es posible una discusión más crítica.[59]

El método experimentó un desarrollo asombroso durante las décadas siguientes, en particular gracias al éxito de las *Sentencias* de Pedro Lombardo. Libros de sentencias, similares al *Sic et Non* de Abelardo, circulaban numerosos en ese periodo (el mismo Abelardo compuso más de una obra de este género). Pero, con una rapidez muy considerable, el de Lombardo se estableció como la obra principal

---

[55] Para una visión del desarrollo de este método en Abelardo y algunos sucesores inmediatos, véase Marcia Colish (2006), «Authority and Interpretation in Scholastic Theology», en: Marcia Colish, *Studies in Scholasticism*, Aldershot: Ashgate.

[56] Para la caracterización del lugar desempeñado por la autoridad, véase Rolf Schönberger (1991), *Was ist Scholastik?*, Hildesheim, Bernward Verlag, pág. 103-108.

[57] Pedro Abelardo, *Dialogus,* 1488.

[58] Pedro Abelardo, *Historia calamitatum*, 44.

[59] Charles Lohr ha además sugerido, a propósito de Tomás de Aquino, que hay autores en los que se da una transición desde un modelo al otro. Véase Charles Lohr (1974), «Thomas Receptor / Receptus», *Theologie und Philosophie* (49).

entre sus pares. Titulado *Sentencias reunidas en cuatro libros*, se impuso tanto por la riqueza de la selección de material patrístico, como por el equilibrio con el que Lombardo resuelve los problemas planteados; en esa resolución ya vemos, por supuesto, una diferencia respecto de Abelardo. A Lombardo, en efecto, bien lo podemos pensar como alguien que ha captado la importancia metódica de lo legado por Abelardo, pero que ha captado también de otros maestros la necesidad de guiar a sus alumnos en el ejercicio. El prólogo de su obra, de hecho, presenta el libro no como un simple manual de ejercicios –que es como podría caracterizarse un texto como el *Sic et Non*–, sino en un edificante tono pastoral entretejido de referencias bíblicas. Al culminar su prólogo, Lombardo capta bien el alcance de su propio proyecto al escribir que «aunque nuestra voz haya podido sonar un poco distinta, no se apartó de los límites de los Padres».[60]

La obra comenzó, casi de inmediato, a ser objeto de los más variados tipos de recepción. Desde un comienzo, existieron importantes abreviaciones. Es un fenómeno que conocemos en la tradición posterior también. Ante el riesgo de que un alumno resulte intimidado al presentársele la *Institución de la religión cristiana* de Calvino, se ha provisto de adecuados compendios.[61] Asimismo, Le Goff nos ha recordado cómo «la compilación, hoy desacreditada, fue en la Edad Media un ejercicio fundamental de la actividad intelectual».[62] En el caso de Tomás de Aquino la tarea no tuvo que recaer sobre los alumnos, sino que escribió él mismo un sencillo *Compendio de teología*. Los primeros discípulos de Lombardo ya habían captado esa necesidad, y transformado la obra pedagógica de su maestro en algo más pedagógico aún. Pero más importante que ese proceso de reducción, es el proceso de ampliación del que fue objeto por la larga historia de comentarios. No pasó mucho tiempo, en efecto, antes de que las *Sentencias* fueran el libro básico que todo alumno tenía que enfrentar en su educación, y la obra que todo profesor tenía que comentar al comienzo de su carrera docente. Alister McGrath escribió en una ocasión que las *Sentencias* habrían sido «el más aburrido libro de teología jamás escrito».[63] La afirmación no sólo no hace justicia al hecho de que esta obra logró consolidarse precisamente gracias a su superioridad respecto de las restantes que el género produjo en su generación. Ante todo, pierde de vista el fascinante

---

60 Pedro Lombardo (2012), *Sentencias* (2 vols.), Arequipa: Universidad Católica San Pablo, pág. 40-41.

61 De la *Institución* de Calvino hay un primer compendio, por nada menos que Olevianus, apenas dos décadas tras la muerte de Calvino: Caspar Olevianus (1586), *Institutionis Christianae Religionis Epitome*, Herborn. Le sigue una variada selección de aforismos y paráfrasis que, de modo similar, transmiten versiones «digeridas» de la *Institución*. Véase John Platt (1982), *Reformed Thought and Scholasticism. The Arguments for the Existence of God in Dutch Theology 1575-1650*, Leiden: Brill, pág. 34-46.

62 Le Goff, Jacques (1993), *Los intelectuales en la Edad Media*, pág. 13.

63 McGrath, Alister (1996), *Christian Theology: An Introduction*, Oxford: Blackwell, pág. 31. Cabe notar (¡siguiendo el llamado de Abelardo a buscar la última opinión de un autor!) que esta afirmación desaparece de las subsiguientes ediciones de esta obra.

papel que desempeñan los comentarios a esta obra en la subsiguiente historia de la teología, y el modo en que estos comentarios nos permiten estudiarla. Tras la Biblia, se trata del libro más comentado en la historia de la literatura cristiana, y la gran cantidad de comentarios conservados –alrededor de 1.400– nos permite muchas veces perseguir con claridad el problema que nos interese de autor en autor.[64] Quien quiera conocer la historia de un problema teológico del siglo XII al XVI, simplemente tiene que saber dónde trató el problema Pedro Lombardo, y luego podrá seguir el desarrollo del mismo en Buenaventura y Tomás de Aquino, Duns Escoto y Guillermo de Ockham, Gregorio de Rímini, Juan Huss y Lutero, por nombrar sólo a un puñado de autores.

Una vez más, en efecto, nos vemos obligados a recordar que la Reforma surge en reacción, pero también en continuidad, respecto de la cultura intelectual precedente. Philipp Rosemann, el principal historiador de los comentarios de las *Sentencias*, lo ha expresado de modo sencillo al recordarnos que, «al menos en cuanto comentador de las *Sentencias*, Lutero rompió con la tradición sólo en el sentido de serle fiel».[65] A lo que Rosemann se refiere con dicha fidelidad, es al hecho de que el prólogo de Lutero a las *Sentencias* –sobre las que tuvo que dictar clases entre 1509 y 1511– manifiesta su voluntad de reconducir a sus alumnos a Lombardo mismo, en lugar de interactuar con la larga serie de comentadores posteriores. Bien puede verse aquí una serie de capas de tradición, y el intento por moverse sabiamente entre ellas: todo arranca del texto bíblico, pero Agustín es tenido por quien mejor lo ha comprendido, y Lombardo como quien ha sistematizado de modo adecuado la obra de Agustín; a eso siguen, luego, los comentadores de Lombardo. En cada uno de esos pasos puede haber expansión y también pérdida, de ahí la necesidad de estar realizando constantes movimientos «ad fontes» que, sin embargo, no son una simple vuelta al inicio. Lo que incluso Rosemann omite, sin embargo, es que, con este comentario de Lutero (que de hecho es anterior al inicio de su carrera como reformador), no se pone término a la recepción de las *Sentencias* para el protestantismo. Lombardo goza, de hecho, de fama bastante respetable entre el conjunto de los reformadores (si bien ninguno de la primera generación comentó su obra), y hay al menos un comentario de importancia en la generación que sigue a la Reforma: el de Lambertus Danaeus, maestro de la Academia de Ginebra, de quien conservamos un comentario al libro I de las *Sentencias*. Su obra abre con una larga reflexión sobre la historia de la escolástica, en que ésta es dividida en una escolástica antigua, una media y una nueva, en constante decadencia. Hay

---

[64] Un intento por presentar la historia completa de su recepción ha sido sólo recientemente intentado. Con todo, naturalmente se trata de un proyecto selectivo. Véase Philipp Rosemann (2013), *The Story of a Great Medieval Book. Peter Lombard's Sentences*, North York: Univeristy of Toronto Press.

[65] Rosemann, Philipp (2013), *The Story of a Great Medieval Book. Peter Lombard's Sentences*, pág. 190.

ahí algo de ánimo antifilosófico, pues Danaeus sitúa en la incorporación de Aristóteles el comienzo de los problemas; sin embargo, no es el método escolástico el que es así cuestionado: en el mismo contexto en que critica a Aristóteles, Danaeus señala que escribir obras sistemáticas como las *Summae* o los *Loci Communes* es tarea que ha existido desde siempre.[66] Pero si el método no se identifica con una tradición filosófica específica, como la aristotélica, conviene desde luego que aclaremos su naturaleza.

2.2. ¿Qué es escolástica?

Danaeus nos ha permitido introducir un elemento crucial en el breve relato del método escolástico que hemos trazado: poco después de la consolidación de las *Sentencias*, la obra de Aristóteles fue recuperada en Occidente, llevando a un resurgimiento extraordinario de la actividad filosófica. Tendremos ocasión de detenernos en eso algo más adelante. Por lo pronto, lo que importa recordar es la sofisticación que, en consecuencia, pudo llegar a encontrarse en los comentarios, una sofisticación creciente a lo largo de los siglos. A modo de elocuente ejemplo, podemos mencionar cómo en el comentario de Guillermo de Ockham la teología ya parece completamente disociada de la reflexión bíblica y el cultivo espiritual: se omite el prólogo de Lombardo que acentuaba ese vínculo, y, en lugar de eso, se encuentra una larga reflexión inicial de 70 páginas respecto de la naturaleza de la evidencia; y como hace notar Rosemann, en las primeras 370 páginas de la obra encontramos una única cita bíblica.[67] Que luego hubiera un movimiento de contracción, de regreso a Pedro Lombardo y a la unidad entre teología y búsqueda de respuesta existencial, no debiera pues de extrañar a nadie.

Pero eso nos obliga desde luego a precisar qué queremos decir cuando hablamos de «escolástica». ¿Conviene usar el término de modo despectivo para designar un saber que se ha divorciado de la vida? En la literatura secundaria, encontramos variadas aproximaciones al sentido del término, y conviene aquí que nos hagamos cargo de dicho problema. Una posibilidad es, elogiosa o críticamente, definir la escolástica a partir de algún contenido que la caracterice. Así, por ejemplo, Josef Pieper, en su libro *Escolástica*, ha hablado de «la concordancia, proclamada por primera vez con Boecio, de lo creído con lo racionalmente conocido», como nota diferencial de este movimiento teológico.[68] Pieper es, por supuesto, un filósofo tomista que está elogiando tal aproximación. Pero un crítico de la misma, como el filósofo neocalvinista Herman Dooyeweerd, puede coincidir en lo sustancial

---

[66] Danaeus, Lambertus, *In Petri Lombardi librum primum Sententiarum*, Prolegomena, cap. II y III.

[67] Rosemann, Philipp (2013), *The Story of a Great Medieval Book. Peter Lombard's Sentences*, pág. 105.

[68] Pieper, Josef (1979), *Escolástica. Figuras y problemas de la filosofía medieval* en Pieper, *Filosofía medieval y mundo moderno*, Madrid: Rialp, pág. 45.

con esa explicación. Para él, lo propio de la escolástica es el espíritu de «síntesis», aunque con eso no se refiere a la capacidad de presentar de modo sistemático una gran visión de mundo, sino a la fusión de visiones de mundo en último término incompatibles.[69] Con todo lo dispares que son esas dos evaluaciones de la escolástica, coinciden en verla no como un método, sino como una posición. Si la escolástica es algo así como «la unidad de fe y razón», entonces uno puede decir que su momento más glorioso fue el siglo XIII, y que, en el siglo XIV, ya está en plena desintegración. Es la imagen que predomina en una parte considerable de la literatura. Pero es una imagen históricamente muy cuestionable: aunque algunos autores del siglo XIV puedan merecernos justos reproches, para sus contemporáneos que compartían tales reproches (que los juzgaban como semipelagianos, por ejemplo), eran tan escolásticos como cualquier autor del siglo XIII.

A causa de esta misma dificultad, se encuentra hoy bastante consolidada una manera distinta de explicar lo que queremos decir cuando hablamos de «escolástica». La escolástica es, como saltaba ya a la vista por la explicación que dimos de la obra de Abelardo y Lombardo, un método o un modo de proceder. Es una manera de tratar con autoridades, una consolidación de la necesidad de disputación e interpretación, y una búsqueda por consiguiente sistematización. No se trata, cabe notar, de buscar dar una descripción más neutral de la escolástica. El método, de hecho, no lo es: implica, por ejemplo, una particular disposición respecto de las autoridades de siglos precedentes, lo que ciertamente está lejos de cualquier neutralidad. Al mismo tiempo, sin embargo, representa un modo de enfrentar la tradición para que no se nos haga presente como una indiferenciada e impenetrable mole de autoridades. No es extraño que el método surgiera en el siglo XII, y con Pedro Abelardo, dado el riesgo de que la tradición efectivamente degenerara en tal dirección. El comprender que la escolástica es un método, nos permite reconocer la variedad de posiciones de fondo que pueden convivir compartiendo tal método; nos permite, también, entender cómo el método subsiste en medio de grandes cambios confesionales como la Reforma, y cómo puede a la vez fusionarse en el camino con otros métodos (en particular, con la preocupación filológica y retórica, tan cara al Renacimiento).[70]

Tal como podíamos mencionar filósofos católicos y protestantes (Pieper y Dooyeweerd) que entendieron la escolástica como síntesis, la concepción de la

[69] Dooyeweerd, Herman (1998), *Raíces de la cultura occidental. Las opciones pagana, secular y cristiana*, pàg. 115-152.

[70] Entre quienes han buscado en décadas recientes la rehabilitación de la escolástica protestante, ha sido frecuente el acento unilateral en el carácter neutral que tendría el método, que podría ser apropiado con indenpendencia de los contenidos de la escolástica medieval. Para una pertinente crítica de esa separación entre método y contenido, véase Willemien Otten (2010), «Scholasticism and the Problem of Intellectual Reform», en: Maarten Wisse y otros (eds.), *Scholasticism Reformed. Essays in Honour of Willem J. van Asselt*.

escolástica como método es una posición que tampoco guarda relación con el lado en el que uno se encuentre en la división confesional.[71] Pero ilustrémoslo aquí con palabras de Richard Muller, quien describe el fenómeno con la mirada puesta ya no en la escolástica medieval, sino en la escolástica protestante:

> La teología de los grandes sistemas escritos en los siglos xvi y xvii, tal como la teología de los maestros del siglo xiii, es de modo preeminente una teología de escuela. Es una teología diseñada para desarrollar un sistema a un elevado nivel técnico y en una manera extremadamente precisa, a través de la cuidadosa identificación de tópicos, división de estos tópicos según sus partes principales, definición de tales partes, y argumentación lógica y doctrinal respecto de estas divisiones y definiciones. Éste, por lo demás, es el sentido en que el término escolástica es usado por los escritores del siglo xvi cuando buscan describir su propia teología de tipo académico, técnico, disputativo, en cuanto distinguida de los otros géneros que cultivaban: catequético, bíblico-exegético, o simplemente didáctico o eclesial.[72]

En cierto sentido, teología o filosofía «escolástica» significa, pues, lo mismo que teología o filosofía «académica»; y eso en un doble sentido: lo académico hace referencia a cierto contexto pedagógico en el que se produce un determinado tipo de literatura, y hace referencia al género de literatura que es. Es, con frecuencia, una literatura altamente especializada. Podemos decir que la literatura académica es una conversación, pero una conversación entre especialistas. Es esa conversación que encontramos en las revistas académicas de prestigio, por ejemplo. Todo el sistema de referencias a otros autores es, en sus mejores momentos, un modo de situarse dentro de la conversación, un modo de atender de la manera debida a lo que los principales participantes en una conversación han dicho, un modo de hacer que la conversación avance apoyándose en autoridades, disputando que algunos deban ser considerados autoridades, llegando mediante argumentos a establecerse el autor mismo como autoridad. La escolástica no es otra cosa que eso. Si dicha analogía es correcta, usar «escolástica» siempre como reproche es por supuesto un error; pero no será siempre un error: a veces es evidentemente improcedente hablar de un modo académico, y quien piensa en la literatura académica especializada de hoy bien puede ver tanto las virtudes que tiene como los vicios a los que con facilidad se desliza. Una comparación entre la tradición escolástica y la tradición analítica podría, por ejemplo, iluminar muy bien los dos mundos: ambas podrían, en sus peores momentos, ser caracterizadas por una

---

[71] Para una exposición con elevada conciencia de ese hecho, véase Ulrich Leinsle (2010), *Introduction to Scholastic Theology*, Washington: The Catholic University of America Press.

[72] Muller, Richard (1987), *Post-Reformation Reformed Dogmatics* (vol. I, pág. 34-35).

desequilibrada preocupación por el análisis conceptual, el lenguaje, por las nimiedades discutidas y por su alejamiento respecto del hombre común y las preguntas existenciales; ambas podrían, sin embargo, ser también caracterizadas de modo positivo por su preocupación por la claridad y la precisión, por evitar el uso puramente decorativo del lenguaje y por manifestar con nitidez las posiciones a discutir y las premisas sobre las que descansan. Si se opta por esta descripción positiva en lugar de mirar a las versiones degeneradas del fenómeno, existe otro riesgo. El riesgo es que, de hecho, se esté describiendo no a la tradición escolástica o a la analítica, sino a toda forma de pensamiento riguroso. Una caracterización adecuada tendrá, pues, que incluir dentro de esos rasgos algunos más específicos, como el rango y tipo de autoridades y los géneros literarios específicos de cada tradición.[73]

De esta caracterización se desprende que la crítica a la escolástica sea un fenómeno que puede ser tanto interno como externo a la misma. Hay quienes están dentro del sistema o de la tradición escolástica y que, percibiendo sus riesgos, escriben de un modo que procure evitarlos; hay, en cambio, quienes tras ver los riesgos se sitúan completamente fuera de ella, por ejemplo, planteando una oposición entre teología bíblica y teología sistemática. Bien podríamos tomar a Tomás de Aquino y Erasmo como exponentes de estas dos alternativas. Puede sonar extraño, pues Tomás de Aquino podría también representar la quintaesencia del proyecto escolástico, por lo que contarlo entre sus críticos no parece una decisión fácil de justificar. Pero el punto de la distinción entre crítica externa e interna es precisamente que desde el centro mismo de la teología escolástica se puede percibir los riesgos de la misma e intentar preservar el equilibrio, por decirlo así, entre trabajo científico y búsqueda de la sabiduría. Quien se dirige al prólogo de la *Suma teológica* encontrará precisamente este tipo de crítica interna. Si uno lee la crítica de Tomás a la «multiplicación de inútiles cuestiones, artículos y argumentos» que sus predecesores ya han producido, al «fastidio y confusión que, en los oyentes, engendran las constantes repeticiones», pareciera que nos encontramos ante la más común de las críticas al escolasticismo. Sin embargo, el mismo párrafo muestra que se trata de un tipo interno de crítica. Ahí, en efecto, Tomás critica el método que en vez de seguir el «orden de la disciplina» sigue «la exposición del libro que se comenta o la disputa a que da pie tal o cual problema concreto».[74] No se trata, pues, para él, de abandonar el afán sistemático, sino de corregirlo de modo que uno no se deje llevar por los subproductos de la investigación misma –el libro que se comenta, la disputa que se deriva de un problema–, sino que se deje orientar por un orden interno de la materia tratada, el «orden de

---

[73] Puede darse con un amplio rango de útiles paralelos entre escolástica y analítica en los estudios reunidos por Oliver Crisp; Michael Rea (eds.) (2009), *Analytic Theology. New Essays in the Philosophy of Theology*, Oxford: Oxford University Press.

[74] Tomás de Aquino, *Summa theologiae*, Prooemium.

la disciplina». En Erasmo, en cambio, encontramos también la crítica a la confusión y el aburrimiento, a los artículos y cuestiones inútiles, pero no se trata de una crítica interna, sino externa. Tales críticas, en efecto, no apuntan a la reordenación de un sistema, sino al cabal reemplazo de la teología sistemática como tarea. A primera vista, se trata del reemplazo del sistema por la teología bíblica, pero el mismo Erasmo reconoce ir más allá. También la Biblia resulta ser algo demasiado complejo para la sencilla piedad que se busca promover, por lo que Erasmo pide que hombres sabios recopilen las enseñanzas fundamentales, lidiando con lo que debe ser creído en el menor número posible de artículos.[75] El modo en que este proyecto erasmista cobra fuerza y determina el rumbo de la teología subsiguiente ha sido narrado de modo magnífico por Henning Graf Reventlow.[76] Baste aquí con señalar que el resultante minimalismo doctrinal es hoy herencia común de liberales y fundamentalistas.[77]

Con todo lo anterior en mente, cabe plantear de modo más preciso la pregunta por la relación de los reformadores protestantes con la teología escolástica. A nadie que haya pasado algunas horas leyendo a los reformadores se le puede escapar que abunda en sus obras la crítica a los escolásticos. Lutero los puede criticar por volver a Aristóteles el patrón del trabajo teológico; Melanchthon por confundir la justicia civil y la justicia ante Dios; Zwinglio se dirige al rey de Francia criticando a los teólogos de la Sorbona que «nadie podría describir como se merecen»: desprecian las lenguas, ponen la filosofía sobre la Palabra de Dios, son incapaces de formular siquiera una frase digna de Aristóteles;[78] sin limitarse a la Sorbona, critica a aquellos «insignes teólogos» que creen ver en el hombre nada más que una leve inclinación al mal;[79] Calvino podía escribir a Sadoleto que la mezcla de sofistería y tortuosos enigmas hacía de la teología escolástica una especie de magia secreta.[80] En algunos casos, como hemos visto, la naturaleza de estas y otras críticas puede aclararse de un modo que nos permita determinar en qué medida se dirigen a la naturaleza misma de la empresa escolástica o a alguna de sus manifestaciones particulares. Cuando Calvino escribe en francés, queda claro que está hablando no de los escolásticos en general, sino de sus contemporáneos de la Sorbona. En el caso de Lutero, también cabe hacer precisiones importantes. Ante todo parece pertinente notar que, en su obra, los juicios categóricos sobre el conjunto los escolásticos conviven con afirmaciones más precisas:

---

[75] «Epistola ad Paulum Volzium», en: Erasmus von Rotterdam (1968), *Ausgewählte Schriften* (vol. 1), Darmstadt: Wissenschaftliche Buchgesellschaft, pág. 12-14.

[76] Reventlow, Henning Graf (1984), *The Authority of the Bible and the Rise of the Modern World.*

[77] Véase Manfred Svensson (2014), «Fundamental Doctrines of the Faith, Fundamental Doctrines of Society: Seventeenth Century Doctrinal Minimalism», *The Journal of Religion* (94, 2).

[78] Winglio, Ulrico, *Comentario sobre la verdadera y la falsa religión,* CR 90, 635.

[79] Winglio, Ulrico, *Comentario sobre la verdadera y la falsa religión,* CR 90, 661.

[80] Calvino, Juan, *Respuesta al cardenal Sadoleto,* CO 5, 396.

la (erróneamente así traducida) *Disputación contra la teología escolástica* contiene tesis «contra los escolásticos», «contra la opinión general», «contra Gabriel Biel», y también referencias a «la opinión *casi* general». David Bagchi ha además notado que para Lutero el antónimo de «escolástico» no es «bíblico» ni «humanista», sino «eclesiástico» (quiere hablar *non scholastice sed ecclesiastice*): a él le interesa hablar en conformidad con autoridades canónicamente reconocidas, y le parece que los escolásticos operan en eso con un criterio distinto.[81] Pero este tipo de aclaración no siempre es posible, por lo que conviene preguntarnos si acaso las críticas de los reformadores a la escolástica obedecen en general a la crítica interna que hemos caracterizado de la mano de Tomás de Aquino, o más bien al tipo de crítica externa que vinculamos a Erasmo. La pregunta puede abordarse más fácilmente si preguntamos por la relación de la Reforma con Erasmo que si preguntamos por su relación con Tomás; después de todo, Lutero estuvo implicado en una controversia con el humanista, una disputa que fue determinante para la disociación entre ambos movimientos. Con frecuencia la controversia entre Lutero y Erasmo es reducida a un conflicto sobre la naturaleza del libre albedrío. Pero el prólogo de Lutero a su *De servo arbitrio* se centra en las diferencias con Erasmo respecto de la interpretación bíblica. De importancia capital para Lutero en este debate es la disposición a hacer afirmaciones (*assertiones*) o realizar tomas de posición también en materias que parezcan alejadas del núcleo de fe sencilla que promueve Erasmo. Y cuando Lutero explica qué designa con estas *assertiones*, vemos que lo que está en juego es no sólo dejar de lado la neutralidad. «Para que nadie juegue con palabras», escribe que por *assertio* entiende «adherir de modo constante a una doctrina, reforzarla, confesarla, defenderla y aferrarse de modo inconmovible a ella».[82] Hay, por supuesto, un fuerte elemento de adhesión personal en este pasaje. Pero también hay un elemento de afirmación y precisión doctrinal.[83] El punto resulta relevante sobre todo si consideramos que Lutero puede, sin mayor duda, ser calificado como el menos escolástico de los reformadores. Aunque poco dado a la especulación, también él sabe y afirma –en el único escrito suyo, junto a los catecismos, que él mismo considerara digno de ser preservado– que esta práctica es un componente no sólo legítimo, sino a veces fundamental, en la vida cristiana.

¿Significa esto que la relación de los reformadores respecto de la escolástica es comparable a la relación de Tomás de Aquino con la misma? La respuesta indiscutible parece ser un «no», pero todo depende de si esa respuesta se ofrece

[81] Bagchi, David (1991), *Luther's Earliest Opponents. Catholic Controversialists 1518-1525*, pág. 78-79.

[82] Lutero, Martín, *Sobre la libertad esclava*, WA 18, 603. Hay una razón más específica por la que éste es el término escogido aquí. Cuando Erasmo publica en 1524 su *Diatriba sobre el libre albedrío*, el texto de Lutero que toma como punto de referencia para iniciar la discusión es la *Assertio omnium articulorum*, con la que Lutero responde en 1520 a León X.

[83] Al respecto, Manfred Svensson, «*Adiaphora* en la Reforma protestante».

en términos cuantitativos o cualitativos. Desde luego, la virulencia del ataque de muchos reformadores a la escolástica hace que parezca imposible de comparar con la tímida crítica que acabamos de ver en Tomás. Pero si la pregunta no es por la virulencia, sino por el carácter interno o externo con que se aborda el modo escolástico de acercarse a la tarea teológica, parece evidente que los reformadores están en esto con Tomás antes que con Erasmo. Si esta apreciación es correcta, bien cabe notar que la diferencia en la radicalidad de la crítica de Tomás y la de los reformadores a los vicios que pueden acompañar al método escolástico obedece a factores que saltan a la vista, y que pueden ayudar a que un tomista comprenda lo justificada que esta radicalidad puede haberse vuelto: si en 1265 o 1266, al comenzar la redacción de la *Summa*, Tomás ya podía escribir con cautela respecto de la multiplicación de cuestiones inútiles, una queja que se encuentra de modo creciente en los siglos subsiguientes (y que muchas veces sigue siendo una crítica interna), no puede sorprender que al comenzar el siglo xvi la larga serie de reformadores repitiera esta crítica de modo tanto más enfático. De hecho, es un tipo de crítica que en el siglo xvi formularían también numerosos teólogos católicos.[84]

Hay, pues, una preocupación de los reformadores por una literatura escolástica que no contribuye a la piedad. Pero tal inquietud no es una peculiaridad suya. Melanchthon la aborda en la *Apología* no como una preocupación exclusiva de los protestantes, sino precisamente en un momento en que habla del carácter no excepcional de las críticas de Lutero, del hecho de que esta crítica contaba con amplios antecedentes: «nosotros mismos –escribe sobre su propia época de estudiante en Tubinga– oímos a excelentes teólogos manifestar deseo por más moderación en la doctrina escolástica, que tiene más de disputa filosófica que de piedad».[85] Dicho trasfondo explica la peculiar afición de algunos reformadores por aquellos medievales que cultivaron una similar disposición –Jean Gerson entre los luteranos,[86] Bernardo de Claraval en el caso de Calvino[87]–, y el llamado a reestablecer ante la controversia infructífera «los juicios de la Escritura y de los padres»,[88] y retener, en la medida de lo posible, las «formulaciones usuales de la doctrina».[89]

Bien cabe preguntar, con ese trasfondo en mente, con qué conciencia de estos problemas abordaron sus tareas los escolásticos protestantes de las generaciones

---

[84] Para una importante parte de dichas críticas, véase Juan Belda Plans (2000), *La Escuela de Salamanca*, Madrid: BAC, pág. 6-22. Cabe, con todo, notar que Belda Plans sólo menciona, de los reformadores protestantes, lo que hay de craso discurso antiescolástico.

[85] BSLK 326.

[86] BSLK 410.

[87] Al respecto, véase Anthony Lane (1999), *John Calvin. Student of the Church Fathers*, Edinburgh: T & T Clark.

[88] BSLK 153.

[89] BSLK 143.

subsiguientes. Antonie de la Faye, sucesor de Beza en la dirección de la Academia de Ginebra, nos permite ver cómo era evaluada la situación desde el corazón de las más importantes instituciones de la post-Reforma. En su prólogo a un conjunto de tesis presentadas bajo él y Beza, atiende en 1586 a lo que parece haber sido una preocupación común: el hecho de que las Iglesias reformadas siguieran no obstante manteniendo los hábitos de los disputadores escolásticos, a pesar de la responsabilidad que tantos les atribuían por la situación crítica a la que había llegado la Iglesia. Pero de la Faye responde simplemente apuntando a la inevitabilidad de la disputa en torno a la verdad, y a que «si para las cosas sagradas se requiere de un gran juicio, con tanta mayor piedad han de ser tratadas».[90] La respuesta, con su larga lista de quienes han logrado la ideal combinación, no tiene mucho de original. Pero el solo hecho de que la pregunta fuese formulada por La Faye muestra que, cualquiera fuese su respuesta, el escolasticismo no era aceptado en las instituciones protestantes de un modo irreflexivo, sino que había conciencia de las objeciones que podrían surgir y la convicción de que podrían ser adecuadamente contestadas.

2.3. Reglas, distinciones, cuestiones, disputaciones, sumas y sistemas

Como hemos visto, el método escolástico encuentra una amplia acogida en la Reforma y post-Reforma. Conviene reconocer desde un comienzo que esto se da de un modo mixto: así como se recibe la tradición medieval, se incorpora también los nuevos métodos propios del humanismo renacentista. La misma combinación se encuentra, por ejemplo, en la Escuela de Salamanca. A propósito de Fray Luis de León, Santiago Orrego ha escrito que la característica tal vez más notable de la escuela salmantina es «el haber realizado una depuración del pensamiento escolástico y, al mismo tiempo, haberlo abierto a los aportes positivos del humanismo renacentista».[91] Tanto entre católicos como entre protestantes varía desde luego de autor en autor la medida en que quepa acentuar los elementos escolásticos o los elementos humanistas. Quien se dirija a Pedro Mártir Vermigli encontrará ahí un autor que en cada página parece tan escolástico como humanista; quien se dirija, en cambio, a Melanchthon, estará en presencia de alguien más apegado a los métodos del humanismo; un caso significativo de concentración en el polo opuesto, el escolástico, es el de Johannes Maccovius (1588-1644), ampliamente reconocido entre sus contemporáneos por su cultivo de las técnicas propias del

---

[90] Faye, Antoine de la (1586), *Theses theologicae in Schola genevensi ab aliquot sacrarum literarum studiosis sub DD. Theod. Beza et Antonio Fayo SS. Theologiae professoribus propositae et disputatae*, Ginebra. Epístola dedicatoria, texto no paginado.

[91] Orrego, Santiago (2008), «Presentación: texto, contexto y criterios de edición», en: Fray Luis de León, *Dios y su imagen en el hombre. Lecciones inéditas sobre el libro I de las Sentencias (1570)*, Pamplona: Eunsa, pág. 16.

método. John Owen, en su *Disertación sobre la justicia divina* de 1653, se declaraba guiado por Maccovius como un «veterano guía, tan bien entrenado en el campo escolástico».[92] Alguien bastante más alejado de la ortodoxia de Owen, el filósofo Pierre Bayle, le dedicó en su *Diccionario histórico y crítico* un artículo en que también lo elogió por sus conocimientos filosóficos y su capacidad como disputador.[93]

Como en el caso de su maestro Keckermann (a su vez discípulo de Zanchi), la carrera de Maccovius es la de alguien de una influencia exorbitante por su producción de manuales de estudio. En esto, ambos son fieles representantes de la cultura pedagógica que antes hemos descrito. Las obras de Maccovius reintrodujeron la metafísica en el protestantismo holandés y se difundieron por las más influyentes bibliotecas, desde Europa occidental a Yale. Uno de sus textos más populares, con todo, fue el manual de *Distinciones y reglas filosóficas y teológicas.*[94] Se trata de un manual de dialéctica dirigido a un amplio público, en el que Maccovius muestra haber asumido la tradición precedente, pero dándole forma propia –no hay autor alguno de la tradición medieval que sea citado por él. Este arsenal metódico se venía desarrollando, como hemos visto, desde el siglo xii. Gilberto de Poitiers escribía ya entonces que «no toda contradicción constituye una cuestión». La simple afirmación de tesis en sentido opuesto, sin que nada nos incline *prima facie* a conceder a ambas alguna plausibilidad, no constituye punto de arranque suficiente para una cuestión. «Sólo hay una cuestión cuando ambas partes parecen tener argumentos a favor de su verdad».[95] Preguntándose, un siglo más tarde, si acaso tales cuestiones han de resolverse mediante la autoridad o la razón, Tomás de Aquino responde que todo depende del objetivo de la disputación. Puede haber cuestiones disputadas dirigidas a remover dudas respecto de si algo es de cierto modo, y en ese tipo de escenario cabe resolver apelando a las autoridades que la contraparte acepte (las partes del canon bíblico que acepte, por ejemplo). Pero «en las escuelas existe también la disputación magistral», que busca no sólo establecer cómo son las cosas, sino por qué son de un determinado modo. En ese caso, continúa,

> conviene usar razones que indaguen por la raíz de la verdad y que hagan saber cómo es que resulta verdadero lo que se dice. De lo contrario, si el maestro resuelve la cuestión sólo con autoridades, el oyente sabrá que la cuestión es de tal modo, pero no adquirirá nada de ciencia ni comprensión, y se irá con las manos vacías.[96]

---

92 Owen, John, *Dissertation on Divine Justice*, *Works* X, 586.

93 Bayle, Pierre (1740), *Dictionnaire historique et critique*, s. v. «Makowski».

94 Véase Johannes Maccovius (2009), *Scholastic Discourse: Johannes Maccovius (1588-1644) on Theological and Philosophical Distinctions and Rules*, Apeldoordn: Instituut voor Reformatieonderzoek.

95 Porrée, Gilberto de la, *Comentario al De Trinitate de Boecio*, PL 64, 1257-8.

96 Tomás de Aquino, *Cuestiones Quodlibetales* IV, q. 9, a. 3.

Una de sus formas, la cuestión «sobre cualquier cosa» (*de quolibet*), permitía que, una vez por semestre, preguntas de todo orden fuesen planteadas a los maestros, también por parte de personas ajenas a la universidad. Estas *quaestiones quodlibetales*, que subsistieron hasta alrededor de 1330, han sido consideradas uno de los mecanismos por los que más intensa llegó a ser la interacción de la universidad con el resto de la sociedad.[97] La disputación podía, por supuesto, volverse también un juego. Pero conviene reconocer el tipo de disposiciones que se lograba desarrollar mediante ella. Guillermo de Rubruk, un monje franciscano que participó de las misiones hacia la tierra de los mongoles a mediados del siglo XIII, nos permite ver lo que la existencia de una teología académica estaba logrando también entre aquellos que no prosiguieron una carrera universitaria. En su célebre relato de viaje, Rubruk narra una ocasión en que es llamado a participar ante la corte de los mongoles en un diálogo con sarracenos, cristianos nestorianos y paganos. Teniendo por aliados a los nestorianos, quiso prepararlos mediante el siguiente ejercicio. «Yo asumiré a continuación el papel de los idólatras y ustedes el de los cristianos. Yo seré, así lo supondremos, de aquella secta. Como ellos suponen que no hay Dios, ustedes me deben demostrar que sí lo hay». Pero los nestorianos, según narra Rubruk, no estaban en condiciones de dar prueba alguna, «y sólo me repetían textos de las Sagradas Escrituras».[98] Lo que Rubruk ahí está diagnosticando es un cristianismo –el nestoriano que, subsistiendo en parte del lejano Oriente, había quedado marginado del desarrollo teológico– sin capacidad de autointerpretación, sin la capacidad de mirar la propia postura por un segundo como desde fuera.

Podría imaginarse aquí a los reformadores siguiendo los pasos de los nestorianos, sólo «repitiendo textos de las sagradas Escrituras» en lugar de participando de cuestiones disputadas. Pero en el contexto de la Reforma éstas siguen practicándose. Lo más común era organizar aquí y en la subsiguiente escolástica protestante la disputación a partir de *propositiones*. En cualquier caso, estas disputaciones tienen una importancia no menor para el temprano desarrollo de la Reforma, y adquieren una importancia tanto mayor en el siglo XVII al servir de entrenamiento para la controversia teológica. Algunos de los textos más importantes para el desarrollo inicial de la Reforma provienen, de hecho, de este tipo de ejercicio. Así ocurre con las disputaciones de Heidelberg y Leipzig, de las que emanaron textos de Lutero con el mismo nombre. Podría atribuirse eso a un simple continuismo inconsciente: Lutero y sus colegas habrían seguido trabajando con los métodos recibidos, atendiendo a cambios profundos y urgentes, dejando los

---

[97] Young, Spencer (2014), *Scholarly Community at the Early University of Paris: Theologians, Education and Society, 1215-1248*, pág. 55-57.

[98] Rubruk, Wilhelm von (1984), *Reise zum Großkahn der Mongolen*, Darmstadt: Wissenschaftliche Buchgesellschaft, pág. 187.

cambios metodológicos para más adelante. Pero lo que ocurrió fue exactamente lo opuesto: Lutero y Melanchthon revivieron de modo intencional la disputación teológica que en Wittenberg había tendido a decaer. Como ha notado Volker Leppin, uno de los rasgos más característicos de las disputaciones de Wittenberg fue tomado de quien llegaría a ser uno de sus principales adversarios, Juan Eck. En las disputaciones de Eck, en efecto, se introduce la práctica de dirigir las tesis de modo específico contra un autor o escuela. Es esta práctica, que puede ser vista como una instancia de síntesis entre método escolástico y retórica humanista, la que se encuentra en los «contra Biel» y «contra la opinión común» de las tempranas disputaciones de Wittenberg.[99]

Para el periodo de la posterior ortodoxia luterana, en tanto, se puede constatar una continuidad asombrosa: sólo de la Facultad de Teología se conserva 3.000 disputaciones impresas entre los años 1570 y 1710. De algunos profesores del periodo, nos consta que participaban no sólo de modo regular, sino incluso diario, de esta práctica, que no sólo constituía una particular herramienta de educación, sino también un modo de interacción entre las facultades (y, desde luego, no sólo interacción positiva). Kenneth Appold, quien ha sometido estas disputaciones de Wittenberg a un cuidadoso estudio, ha podido constatar algo ya indicado por otros estudiosos de las universidades del periodo: que, en medio de la fuerte confesionalización del siglo xvii, se puede aquí notar que la universidad efectivamente logra cumplir con su papel de espacio muchas veces libre de presión. A la confesionalización que vive un territorio, a veces la acompaña la desconfesionalización interna de una universidad; y a veces la confesionalización interna de la misma se produce por un delicado equilibrio de los propios académicos entre búsqueda de verdad y búsqueda de consenso. «Cualquier cosa antes que estática o propia de epígonos, esta forma de enseñanza se desarrolla como una extraordinaria herramienta de investigación de la ortodoxia luterana, y contribuye de modo esencial al carácter abierto y vivo de esta época».[100] La idea de que la disputación necesariamente conduzca a una indisciplinada e inútil controversia, o a la esterilidad, parece en cualquier caso ser incorrecta.

Una *Summa* medieval se compone de miles de *quaestiones*. En el contexto de la Reforma es frecuente que las primeras grandes obras sistemáticas llevasen, en cambio, el título de *Loci communes*. El método de los *loci* es propio del contexto humanista, invitando a que de la misma exposición de un texto surjan los

---

[99] Véase Volker Leppin, «Zuspitzung und Wahrheitsanspruch – Disputationen in den Anfängen der Wittenberger reformatorischer Bewegung», en: Herman Selderhuis; Ernst-Joachim Waschke (eds.), *Reformation und Rationalität*, pág. 43-57.

[100] Kenneth G. Appold (2004), *Orthodoxie als Konsensbildung. Das theologische Disputationswesen an der Universität Wittenberg zwischen 1570 und 1710*, pág. 88. Para una discusión más general de la tensión entre proceso de confesionalización y temprana universidad protestante, véase del mismo Kenneth G. Appold (2008), «Academic Life and Teaching in Post-Reformation Lutheranism».

«lugares» o tópicos principales a discutir sobre una materia. Así, por ejemplo, los *Loci* de Melanchthon provienen de los tópicos recogidos de sus lecciones sobre la Carta de Pablo a los Romanos. Otro modo común de titular las obras sistemáticas es señalando que ofrecían una instrucción, *institutio*: así desde la *Institución de la religión cristiana* de Calvino hasta la *Institución de teología polémica* de Turretini. Junto a los *Loci* y las *Institutiones*, pronto surgiría también *Systema* como título de las obras sistemáticas. Para el mundo reformado, ya se encuentra esa expresión en títulos de obras influyentes en el cambio de siglo, como el *Systema theologiae* de Keckermann, publicado en 1602. Herman Witsius da testimonio del carácter sinónimo de estos varios términos cuando afirma que pretendía (ingenuamente) asumir en sus alumnos el conocimiento previo de *Instituciones catequéticas*, *Sistemas de teología* y libros de *Lugares comunes*,[101] para así preocuparse sólo de su aplicación. También en el mundo católico la escolástica de la modernidad temprana fue decisiva para la consolidación de los manuales de estudio como género literario distintivo: las grandes obras medievales fueron gradualmente reemplazadas por el *cursus philosophicus* y el *cursus theologicus*.[102]

Este proceso de «sistematización» no ha de confundirse con sistemas cerrados, ni ha de proyectarse sobre él el fantasma de diversos sistemas filosóficos modernos que llevaron ese nombre. En realidad, es parte de un proceso que puede verificarse ya en la decisión de Tomás de Aquino de escribir una *Suma teológica*, en lugar de contentarse con comentar las *Sentencias*. Como hemos visto, en el prólogo de dicha *Suma*, plantea su queja por la multiplicación de cuestiones inútiles, y sobre todo por el vicio de quienes siguen «la exposición del libro que se comenta o la disputa a que da pie tal o cual problema concreto», en lugar del «orden de la disciplina».[103] Una clara ilustración de la carencia de ese orden en las *Sentencias* puede encontrarse en el campo de la teología moral. La discusión sobre los vicios se encuentra, en efecto, separada de la discusión sobre las virtudes, porque los primeros son tratados a propósito de la caída y los segundos a propósito de la vida de Cristo. Quien compare eso con la unificada porción teológico-moral de la *Suma* no puede sino constatar un progreso notorio. Pero es un progreso que logra consolidarse recién de modo paralelo a la Reforma y, en parte, tras ella. A comienzos del siglo xvi, la *Suma* estaba empezando a ser usada en París. En ese contexto estudió Vitoria, quien tras el primer cuarto de siglo tomaría la crucial decisión de convertir la *Suma* en el texto de instrucción teológica en Salamanca.[104]

---

[101] Witsius, Hermann (2010), *Sacred Dissertations on the Apostle's Creed*, pág. xxxvi.

[102] Al respecto, véase Jacob Schmutz (2012), «Medieval Philosophy after the Middle Ages».

[103] Tomás de Aquino, *Summa theologiae*, Prooemium.

[104] Para una síntesis véase Bernard McGinn (2014), *Thomas Aquinas's Summa theologiae. A Biography*, Princeton: Princeton University Press, pág. 144-159.

En Lovaina, en tanto, la *Suma* reemplazó a las *Sentencias* a fines del siglo (por edicto oficial recién en 1596).

Pero, como ya hemos mencionado, este es un mundo en el que no existe la hoy frecuente oposición entre teología bíblica y teología sistemática: medievales y reformadores pueden tener acentos fuertemente divergentes en su comprensión de la tarea de exposición bíblica, pero unos y otros comparten la convicción respecto de la interdependencia entre dicha tarea y la de la sistematización.[105] A esa relación con la Biblia y otros libros, previa a la ordenación de un sistema, nos dirigimos pues a continuación.

3. Ad litteram

3.1. Una cultura libresca

Terminamos la sección anterior atendiendo a diversos géneros literarios medievales y su continuada presencia en el temprano protestantismo. El conjunto de ellos –y el género del comentario, al que ya nos referiremos– responden a una nota común, la de una tradición centrada en libros. Aunque la expresión «gente del libro» es originalmente un reproche musulmán contra judíos y cristianos, el reproche ha sido en general transformado en elogiosa autodescripción.[106] Esta es una cultura en la que hay menos lectores que en la sociedad de hoy, y para la que los libros, sin embargo, desempeñan un papel más importante.[107] La tradición medieval puede ser estudiada, en efecto, como un caso colosal de recepción de una serie de tradiciones textuales previas. Naturalmente, el principal tipo de texto comentado desde un comienzo es la Biblia. Contra un común prejuicio protestante, no cabe sino afirmar categóricamente la centralidad de la misma no sólo para la tradición intelectual patrística, sino igualmente para la tradición intelectual medieval. Pero involucrarse en la tarea del comentario detenido a la Biblia implica participar en prácticas de interpretación existentes en la comunidad intelectual más amplia. Desde temprano, en efecto, los cristianos tomaron en sus manos las herramientas hermenéuticas del mundo circundante: los estoicos comentaban, por ejemplo, de modo alegórico a Homero, mucho antes de que los cristianos hicieran algo semejante con la Biblia. Pero así como hay adopción de métodos concebidos por los antiguos, hay también un giro característicamente cristiano hacia el libro como fuente de orientación. Desde Platón a los estoicos (aunque con la excepción de Aristóteles), es el cosmos el que había servido de modelo, por

[105] Para una síntesis de cómo esta doble tarea es abordada por Tomás de Aquino y Calvino, véase Michael Allen; Scott Swain (2015), *Reformed Catholicity. The Promise of Retrieval for Theology and Biblical Interpretation*, Grand Rapids: Baker Academic, pág. 130-137.

[106] Véase David Lyle Jeffrey (1996), *People of the Book. Christian Identity and Literary Culture.*

[107] Lewis, C.S. (1997), *La imagen del mundo. Introducción a la literatura medieval y renacentista*; Barcelona: Ediciones Península, pág. 14-18.

su carácter ordenado, para la formación de la vida moral.[108] En un distintivo giro, los cristianos ya no invitan a mirar el firmamento, sino, en una poderosa imagen de las *Confesiones* de Agustín, el «firmamento de tu Escritura».[109] Tal centralidad tuvo efectos sobre todas las áreas de la historia de los libros.

La redacción de textos cristianos, como ya había sido el caso de los textos hebreos, siempre implicó una estrecha vuelta sobre la tradición textual ya recibida. La profusa práctica veterotestamentaria, y luego neotestamentaria, de referencia interna desempeña en eso un papel fundacional: el profeta no es, como típicamente se le concibe hoy, una figura comparable al mago que trata de cosas ocultas; él invita más bien a volver a cosas reveladas. Esa misma es la práctica de la Iglesia antigua y, en general, de la posterior historia de la Iglesia. Que eso vaya de la mano de una gradual integración de aquello que se percibe como lo mejor de la literatura pagana no puede sorprender. Los padres de la Iglesia podían escribir importantes apologías de la adopción de la literatura pagana y dar importantes orientaciones respecto del uso adecuado de la misma (la célebre carta de Basilio a los jóvenes no es ninguna excepción). Pero exhibían también conciencia de estar formando ya una tradición literaria propia. Cuando Jerónimo escribe a un orador romano sobre una literatura cristiana en la cual no sabe si admirar más «su conocimiento de la literatura del mundo o de las Escrituras», lo que está defendiendo es una tradición muy específica, la que ha respondido a Celso, Porfirio y Juliano.[110]

Durante una parte importante del periodo que cubrimos en este libro, el cristianismo constituyó no sólo la tradición intelectual predominante, sino que gozó también de un acceso al poder político que podría hacer parecer que su producción literaria e intelectual sólo se encuentra al servicio de éste, o al menos que debe su subsistencia a éste. Pero, como tradición literaria, el cristianismo no sólo es anterior a cualquier influencia política que el mismo tuviera; también ahí donde el cristianismo retrocede como modo de configurar la vida política, o donde una confesión retrocede ante otra, la persistencia de redes de escritores, lectores y editores pudo ser el principal medio para sobreponerse a situaciones de adversidad.[111] El desarrollo de una tradición literaria, tanto en lo que se refiere a sus dimensiones más puramente espirituales como a su soporte material, constituye una fuente de formación capaz, en alguna medida, de sostenerse al margen de la distancia que se tenga de otros medios de influencia.

[108] Véase Rémi Brague (2011), *La sabiduría del mundo: Historia de la experiencia humana del universo*, Madrid: Ediciones Encuentro.

[109] Agustín, *Confesiones*, XIII, 18, 22.

[110] Jerónimo, *ep.* 70, 3-5. Para una exposición general, véase Giovanni Maria Vian (2005), *Filología e historia de los textos cristianos. Bibliotheca divina*, Madrid: Ediciones Cristiandad, aunque su comprensión del lugar de la Reforma en esta historia es, con todo, precaria.

[111] Para un caso ilustrativo, véase Neil Keeble (1987), *The Literary Culture of Nonconformity in Later Seventeenth-Century England*, Leicester: Leicester University Press.

3.2. La producción de libros

Al abordar la tradición intelectual cristiana como cultura libresca, conviene partir por notar que eso implica no sólo ciertos modos de relacionarse con los libros en términos de interpretación y comentario, sino también una participación especial en la historia de la producción de libros. El cristianismo, según es ampliamente reconocido, desempeña aquí una significativa historia que no se limita a la labor de los copistas que preservaron la cultura clásica ni al posterior desarrollo de la mano de la imprenta. La primera gran revolución tecnológica en materia de libros es el paso del rollo al códice; y si bien éste no fue creación de los cristianos, como grupo se adelantaron de modo masivo a paganos y judíos en su adopción. Similar en formato a los libros que hoy conocemos, si bien distinto por el grosor de sus páginas, el códice presentaba varias ventajas que los cristianos supieron captar tempranamente. Tener un texto en un códice, en lugar de rollos, presentaba, por ejemplo, ventajas económicas (pues permite usar ambos lados de la hoja) y de portabilidad. Pero, junto a tales ventajas prácticas, presentaba también ventajas que permitían transmitir un punto de fondo: aquí se podía tener a la vista la secuencia de los libros, la unidad del conjunto podía hacerse materialmente visible.

El libro como objeto material, y la biblioteca como centro de influencia, podría conducir de modo espontáneo nuestras miradas hacia Alejandría. Sin embargo, para el caso cristiano hay que dirigir la mirada más bien desde Alejandría a Cesarea, siguiendo el traslado de Orígenes de una ciudad a otra. En Cesarea, constituyó la más impresionante de las tempranas bibliotecas cristianas, y aquí también se innovó de modo significativo en la producción de libros. Aquí, Orígenes produjo la *Hexapla*, una presentación en columnas del texto bíblico en sus lenguas originales y diversas traducciones, tal vez el primer libro de la historia en adoptar un método tabular para mostrar sus contenidos y permitir la comparación entre ítems. Como ha destacado Anthony Grafton, estamos además aquí no sólo ante una transformación física del libro, sino ante una apertura a la sabiduría de los distintos pueblos: es precisamente Orígenes, una figura tan característica del mundo cristiano helenizado, quien de algún modo inaugura el carácter políglota de la cultura intelectual cristiana.[112]

Pero la Edad Media no se queda atrás en lo que a tecnología del libro se refiere. Resulta fascinante considerar aquí el desarrollo escolástico de una serie de elementos que damos por sentados en un libro actual. Para ello, baste aquí con considerar el tipo de instrumentos que nacieron sólo de la actividad en torno a la obra de Pedro Lombardo. Pensemos, en primer lugar, en los índices. Si bien la práctica de tener una tabla de contenidos existe desde alrededor del año 500, su

[112] Anthony Grafton; Megan Williams (2006), *Christianity and the Transformation of the Book.*

aceptación fue muy gradual. En Pedro Lombardo, en cambio, encontramos no sólo un índice, sino una rotunda afirmación de su utilidad al finalizar el prólogo de sus *Sentencias*. En torno a las mismas *Sentencias*, algunos tempranos comentadores elaboraron también tablas sinópticas y diccionarios de términos teológicos. Los comentadores de Lombardo nos prestaron un ulterior servicio al subdividir su texto de modos crecientemente sistemáticos (las «distinciones» con que hoy lo seguimos pertenecen, por ejemplo, a Alejandro de Hales). Pero se trata ahí de prácticas que si bien ilustramos con las *Sentencias*, se desarrollan con diversos textos en mente: Stephen Langton, el Arzobispo de Canterbury que suele ser tenido por primer comentador de las *Sentencias* (un comentario que nos ha llegado de modo muy parcial) es el hombre que introdujo una subdivisión considerablemente más influyente que la de las *Sentencias*:[113] es a él que debemos la subdivisión actual en capítulos de la Biblia, tal como al reformado Robert Estienne debemos la posterior división en versos.

Que el desarrollo de la imprenta *ad portas* de la Reforma desempeñaría un papel fundamental en el comienzo de la misma, es un hecho bien conocido. Lutero y Calvino en particular destacan como figuras profundamente compenetradas con el proceso completo por el que los libros son colocados en el mundo, no sólo con una pluma adaptable a distintos públicos, sino también con una fina capacidad para detectar tipos de editores y posicionar sus diversos géneros de obras.[114] Debemos también aquí recordar que la imprenta es algo de lo que no sólo se sirven para la difusión de su propia obra, sino algo que, antes que eso, los impacta por haber difundido obras de los padres de un modo distinto a como hasta aquí había ocurrido. No es sólo que se dispusiera de más literatura, sino que ésta se encuentra a su vez organizada de modos nuevos: la primera edición de las obras completas de Agustín (la edición de Amerbach), por ejemplo, ponía a su disposición los escritos antipelagianos del mismo como un conjunto, de modo que entre los autores del periodo fácilmente podían sugerir a sus colegas familiarizarse con «el tomo octavo».[115] La producción de obras completas era además obviamente una ocasión ideal para purgar el corpus de autores como Agustín de sus sobreabundantes obras inauténticas.

Esta coincidencia de ideales del humanismo y de la Reforma se revela de un modo no menor en el desarrollo de las bibliotecas públicas, que expresan la convicción de que los libros deben ser puestos en las manos de todos. No sólo se

---

[113] Para estos puntos véase Philipp Rosemann (2013), *The Story of a Great Medieval Book. Peter Lombard's Sentences*, pág. 28, 54, 60.

[114] Véase Andrew Pettegree (2015), «Calvin and Luther as Men of the Book», en: Karen Spierling (ed.), *Calvin and the Book. The Evolution of the Printed Word in Reformed Protestantism*, Gotinga: Vandenhoeck & Ruprecht.

[115] Véase Arnoud Visser (2011), *Reading Augustine in the Reformation: The Flexibility of Intellectual Authority in Europe 1500-1620*, Oxford: Oxford University Press, pág. 13-28.

produce aquí un amplio desarrollo de las bibliotecas comunales, sino que también las bibliotecas universitarias adquieren un nuevo carácter. No se trata, desde luego, de algo del todo nuevo: las bibliotecas de los conventos en buena medida eran las bibliotecas de sus respectivas ciudades, de modo que no se puede hablar de algo que surge con los movimientos reformadores del siglo xvi. Las tempranas bibliotecas públicas y el robustecimiento de las bibliotecas universitarias y escolares en la Reforma fueron además, con frecuencia, posibles por la simple apropiación por parte de las autoridades de dichas bibliotecas conventuales al disolverse los monasterios. Pero lo que positivamente ocurre es que se fortalece, al punto de volverse un lugar común, la convicción de que los libros están ahí para todos, y en particular se acentúa su estrecho vínculo con las instituciones de educación.[116] Pero con ello aparece en escena también un nuevo uso del libro: si antes el libro era un objeto en alguna medida exclusivo, aparece ahora el panfleto como género literario. Se apunta a una más amplia masa lectora, con una literatura que, aunque ocasionalmente compuesta por los autores más eminentes, se sabe a sí misma de un tipo distinto. El fenómeno es ambivalente, tal como en otro sentido era ambivalente la alta literatura dirigida a una escasa porción de la población. Entre sus efectos perdurables, se encuentra el hecho de que la imprenta se dirija ahora no sólo a la reproducción de obras antiguas, lo que en gran medida dotaba de autoridad a los textos, sino también a los contendientes contemporáneos.[117]

3.3. La interpretación de textos

Los nombres que hemos mencionado nos llevan naturalmente a pensar no sólo en la producción de libros, sino en su interpretación, y en una forma muy especial de ella. En la literatura de comentario, una vez más, podemos ver importantes confluencias entre la cultura medieval y la cultura que hereda y transforma la Reforma, confluencias que no siempre es fácil ver. La apologética católica nos puede hacer imaginar el siglo xvi como el momento en el que se desata sobre la tierra un «libre examen» desprovisto de toda disciplina, y la apologética protestante nos puede hacer imaginar una cultura medieval en que la repetición de las mismas tesis en sucesivos comentarios a Aristóteles resulta en una atrofia de la capacidad crítica. Pero incluso si imagináramos las cosas divididas así –medievales comentando a Aristóteles, por una parte, y protestantes comentando la Biblia, por otra– salta a la vista en cuántos sentidos tendría que corregirse la imagen

[116] Al respecto, véase Bernd Moeller (1983), «Die Anfänge kommunaler Bibliotheken in Deutschland», en: Bernd Moeller y otros (eds.), *Studien zum städtischen Bildungswesen des späten Mittelalters und der frühen Neuzeit*, Gotinga: Vandenhoeck & Ruprecht.

[117] Sobre estos asuntos, véase Bernd Moeller (1991), «Stadt und Buch. Bemerkungen zur Struktur der reformatorischen Bewegung in Deutschland», en: Bernd Moeller, *Die Reformation und das Mittelalter*, Gotinga: Vandenhoeck & Ruprecht.

recíproca. El apologeta católico podría fácilmente reconocer que el arte de la interpretación, sea cual sea la relación en la que se esté respecto de la autoridad eclesiástica, constituye él mismo una singular disciplina; el apologeta protestante podría reconocer que el arte del comentario nunca implica una simple repetición, sino que puede ser él mismo el modo en que las más creativas ideas se introducen en una tradición.

Pero una vez que dejamos a los apologetas para dirigirnos a la historia, la verdad es por supuesto que en los dos tipos de literatura –la filosófica y la Biblia– la tradición medieval y la Reforma son copartícipes de una larga cadena de comentadores e intérpretes. Bien podría, en efecto, sugerirse que tanto en relación con los textos comentados como con los modos de interpretación, la Reforma se encuentra consolidando fenómenos medievales. Si Aristóteles se empezó a recibir y comentar gradualmente desde fines del siglo xii, en el siglo xvii el número de comentarios a su obra llega a ser al menos equivalente en tierras protestantes y en tierras católicas. Si desde el siglo xiii se empieza a releer a los padres de la Iglesia no ya en florilegios de citas aisladas, sino en libros completos, la Reforma trae por lado y lado de la división confesional un amplísimo desarrollo de la patrología. Si el comentario literal a la Biblia es crecientemente valorado desde el siglo xii, en el siglo xvi dicho énfasis ya no se le puede escapar a nadie. La Reforma no constituye tampoco una absoluta innovación por el acto de traducir la Biblia a las lenguas vernáculas. Hay un número no menor de traducciones medievales a diversas lenguas, aunque éstas sean traducciones desde la Vulgata y su impacto, desde luego, sea infinitamente más restringido que el de las traducciones de la Reforma. Cabe además notar que la caracterización de la aproximación protestante a la Biblia como una disposición de «libre examen» resulta históricamente inútil: la fórmula de hecho ni siquiera se registra en el siglo xvi, y es más bien recurrente en la apologética católica del siglo xix y en las contemporáneas reivindicaciones protestantes. Bien puede decirse que los reformadores se habían liberado del papado como instancia de resolución en los conflictos de interpretación, pero dicha fórmula obviamente pretende transmitir algo más que eso: ella designa una interpretación no confesional, en el espíritu del llamado de Spinoza a reexaminar las Escrituras con espíritu libre (*libero animo examinare*).[118] En la Reforma, no sólo no existe la crítica a la religión que subyace a dicha interpretación espinosista, sino que es considerable el modo en que los autores se inscriben en la tradición exegética previa. Puede ser sólo una ligera exageración cuando Scott Hendrix escribe que «la Reforma no marca el comienzo de una nueva era en la historia de la exégesis».[119]

[118] Spinoza, Baruch, *Tratado Teológico-Político, pref.* Para su crítica de la religión, véase Leo Strauss (1965), *Spinoza's Critique of Religion*, Chicago: University of Chicago Press, Chicago.

[119] Hendrix, Scott (1983), «Luther Against the Background of the History of Biblical Interpretation», *Interpretation. A Journal of Bible and Theology* (37, 3), pág. 229. Para una clásica afirmación de

Una de las razones por las que suele concebirse una tal nueva era es el generalizado rechazo de los reformadores al lugar ocupado hasta entonces por la alegoría. Al respecto, conviene partir por notar que la tarea de la interpretación alegórica es una que sólo podía asumir de modo sensato alguien con un conocimiento magistral de la letra misma. El arte de alegorizar no era el arte de sacar cualquier cosa de cualquier texto, sino el arte de conectar textos, formando, podríamos decir, con ellos una red que sustente la idea que se busca exponer. Así, no es de extrañar que el mayor de los alegoristas de la Iglesia antigua fuese precisamente alguien tan versado en la letra como el autor de la *Hexapla*. Pero no es menos cierto que la alegoría puede ser una puerta abierta a la arbitrariedad, y los pensadores medievales enfrentan dicho riesgo de distintos modos. La cuestión puede ser ilustrada comparando a un filósofo islámico, Averroes, con Tomás de Aquino. Averroes invoca la alegoría de modo expreso para aquellas situaciones en las que existe conflicto entre la ley revelada en el Corán y la filosofía. Se trata de una tesis reveladora respecto de su proyecto intelectual: Averroes afirma la compatibilidad de la religión y la filosofía, pero, al mismo tiempo, dicta como principio general que, en caso de aparente conflicto, la solución siempre implicará librarse del sentido literal del Corán.[120] Entre los cristianos había por supuesto hace tiempo interpretación alegórica, a veces arbitraria, y ocasionalmente tal vez tendiente a limar tales tensiones con la filosofía. Pero eso no es jamás propuesto como proyecto deliberado de modo comparable a como lo hace Averroes. Y una vez que nos volcamos a los pensadores cristianos posteriores, nos encontramos con que, junto a una continuada afirmación de la pluralidad de sentidos de las Escrituras, se afirma la primacía inequívoca del sentido literal. Tomás de Aquino, como mencionamos, sirve en esto de significativo punto de contraste respecto de Averroes, cuando afirma que «fundándose todos los sentidos sobre uno, el literal, sólo a partir de éste se puede formar un argumento».[121] Si hay cuatro sentidos de la Escritura, éstos no se encuentran a la par; y si la alegoría sigue siendo legítima, no lo es para solucionar controversias.

La reacción de los reformadores ante este pasado, con frecuencia presentada en la literatura como un redescubrimiento del sentido literal en un contexto dominado por la alegoresis, debe ser descrita con más mesura. Con Robert Kolb, cabe afirmar que no había nada de revolucionario en afirmar el sentido literal.[122] No cabe la menor duda respecto de la impaciencia de los reformadores ante los excesos de la alegoría, pero un movimiento gradual en esa dirección ya había

cómo se participa de la tradición previa, véase David Steinmetz (1980), «The Superiority of Pre-Critical Exegesis», *Theology Today* (37, 1).

[120] Averroes, «Libro del discurso decisivo», en: Rafael Ramón Guerrero (ed.) (1998), *Averroes, Sobre filosofía y religión*, Pamplona: Servicio de publicaciones de la Universidad de Navarra, pág. 83-87.

[121] Tomás de Aquino, *S. Th.* I, q. 1, a. 10, ad 1.

[122] Kolb, Robert, (2009), *Martin Luther, Confessor of the Faith*, pág. 46.

tenido lugar en algunas corrientes medievales. Lutero podía además expresar esto de modos que se encuentran en singular continuidad con lo que hemos visto en Tomás. En su *Comentario a Gálatas*, comentando el recurso del propio Pablo a la alegoría, afirma que ésta efectivamente puede servir cuando se busca explicar algo a los fieles sencillos. Pero, acto seguido, todo el acento cae en su inutilidad para la controversia: «nunca se podrá probar algo contra los infieles mediante la alegoría».[123] Cuanto más central sea la experiencia de controversia, tanto más central será por supuesto esta declaración de principios.

Así como hay un esfuerzo por reforzar la centralidad del sentido literal en el contexto polémico en que se vive, hay también reconocimiento de legítima variedad en la interpretación y exposición. En la carta a Grynaeus, que precede a su comentario a Romanos, por ejemplo, Calvino afirma de modo enfático su preferencia por la «brevedad lúcida» como patrón al que debe atenerse el buen expositor. Si su función es la de abrir el texto al lector, el solo hecho de un comentario que se amplía sin medida le parece implicar el riesgo de alejar al lector del texto. Al mismo tiempo, sin embargo, afirma que los defensores de la tesis contraria ostentan algunas buenas razones. A la variedad en la exposición de las Escrituras hay que darle lugar, afirma, siempre que se logre mantener la sobriedad en el trato con el texto. Así, más que un argumento por un único tipo de interpretación, lo que hay es advertencia contra el reemplazo de la exposición por la proyección al texto de los sueños del expositor.[124] Durante la Reforma, no hay, en suma, un quiebre con la tradición exegética previa, sino algo que podría describirse como un intento por reencausarla.

Los estudios, aún incipientes, sobre la interpretación bíblica en el tiempo de la ortodoxia protestante, muestran un esfuerzo tanto más profundo por lograr ese encausamiento de un modo que sea fiel a la riqueza de la tradición de interpretación. Para la ortodoxia luterana y reformada continuó siendo capital la afirmación de la autoridad de las Escrituras.[125] Ella continuó siendo defendida, expuesta y explicada como norma del discurso teológico, de un modo cada vez más sofisticado y diferenciado. Pero, junto a la afirmación de las Escrituras como fuente autorizada, se plantea por supuesto la pregunta por la autoridad para la interpretación de la misma. Inevitablemente, había que conceder algo que en la retórica de las querellas con el catolicismo tendía a quedar en penumbras: el hecho de que la Iglesia, como fuera que se concibiera su estructura, posee tal autoridad. Bien cabría decir que el riesgo principal del periodo era el de acabar *de facto* depositando tal autoridad en los profesores de teología. Pues aunque en principio se afirmaba el deber de todos los fieles de conocer las Escrituras, de modo que también

---

123 WA 2, 550.

124 CO 10, 402-406.

125 Para el amplio desarrollo de la post-Reforma, véase Richard Muller (1987), *Post-Reformation Reformed Dogmatics* (vol. 2).

ellos pudiesen obrar de modo vigilante respecto de la autoridad eclesiástica, pocos fieles podrían contar con los recursos intelectuales que la misma sofisticación del periodo parecía poner como requisito para una exégesis sana.[126] Si no prevaleció sin contrapeso tal autoridad profesoral, se debe en parte a que la autoridad eclesiástica se expresara también en los documentos confesionales a los que también los profesores se sujetaban.

4. La Biblia, los documentos confesionales y la filosofía

4.1. ¿Nuda scriptura?

La Reforma, como hemos visto, da continuidad a la «cultura libresca» que caracterizaba a la tradición intelectual cristiana previa. Respecto de las Escrituras, ese hecho no llamará la atención de nadie. Pero precisamente la afirmación del *sola scriptura* puede llevar a que esta continuidad parezca increíble por lo que se refiere al resto de la literatura. Pero no hay aquí paradoja alguna: dicho *sola* es una afirmación sobre la instancia última de apelación; no indica, en cambio, que sólo los escritos bíblicos merezcan ser leídos, ni implica un *modo* de leer exclusivo. Sólo una vez que se quita el *sola scriptura* del entramado teológico en el que tuvo su origen, pudo llegar a convertirse en bandera de un craso biblicismo.[127] Respondiendo a un interlocutor católico que, en el nombre del *sola scriptura*, le pide limitarse a textos bíblicos en lugar de argumentos, Voetius no considera necesario extenderse muchas líneas: simplemente afirma que «esto es vigorosamente negado por toda nuestra enseñanza y nuestra práctica».[128] Tampoco significa el *sola scriptura* que los restantes textos sean leídos, pero como desprovistos de autoridad. Ya hemos visto que, dado lo que *auctoritas* significa para la cultura escolástica, reconocer que algo merece ser leído es casi idéntico con reconocerle autoridad. Ante la pregunta respecto de si los padres de la Iglesia, los documentos confesionales u otros textos constituyen para los tempranos protestantes autoridades, la respuesta no puede sino ser afirmativa. La cuestión relevante es que, sin embargo, sobre las autoridades también se juzga, y hay grados de autoridad. Es en la discusión sobre los grados de autoridad que tienen sentido las afirmaciones de los reformadores respecto de la autoridad última de las Escrituras. Es, asimismo, sobre las instancias y grados de autoridad que, en último término, tienden a desembocar las disputas entre el protestantismo y el catolicismo romano.

---

[126] Para una exposición centrada en esta tensión entre la autoridad de las Escrituras y su implementación práctica, véase Kenneth Appold (2005), «Scriptural Authority in the Age of Lutheran Orthodoxy», en: John A. Maxfield (ed.), *The Bible in the History of the Lutheran Church*, St. Louis: Concordia Historical Institute & The Luther Academy.

[127] Al respecto, véase Michael Allen; Scott Swain (2015), *Reformed Catholicity. The Promise of Retrieval for Theology and Biblical Interpretation*, pág. 49-93.

[128] Voetius, Gisbertus, *De ratione*, 5, I.

Que haya grados de autoridad es también una herencia compartida de larga data, y sería una cuestión también cuidadosamente elucidada por autores católicos como Melchior Cano en el siglo xvi.[129] En Agustín, por ejemplo, los reformadores podían encontrar de modo recurrente la afirmación de una diferencia tajante entre la autoridad de las Escrituras canónicas y la autoridad de concilios y la de escritores eclesiásticos. Las cartas que los obispos escriben una vez cerrado el canon, afirma, «si se han apartado de la verdad, pueden ser corregidas por la palabra de alguien más sabio o perito en la materia, por otros obispos de mayor autoridad y prudencia más docta, o por concilios».[130] «Tal género de autoridad debe ser distinguida de la del canon».[131] La literatura cristiana postcanónica puede contener la misma doctrina que la contenida en la Biblia, «pero con una autoridad significativamente distinta», de modo que «es un género de textos que debe ser leído no con el deber de creer sino con la libertad de juzgar».[132] ¿Libre examen? Apenas resulta necesario decir que, en Agustín, tal libertad sigue siendo entendida en términos que son compatibles con una profundísima veneración por sus predecesores. Pero la fuerza con que estos pasajes separan la autoridad canónica de la postcanónica apenas es superada por los reformadores protestantes. El agustinismo medieval había continuado de modo sustantivo por esta senda, pero con rasgos que permiten destacar de modo muy peculiar los puntos en que habría de contrastar con la Reforma. En Buenaventura, por ejemplo, se puede encontrar una jerarquía de autoridades similar a la de Agustín, pero algo divergente en lo que a la claridad de las Escrituras se refiere. El estudioso, nos dice Buenaventura, debe dirigirse en primer lugar a las Escrituras, en segundo lugar a los escritos de los padres, en tercer lugar a los libros de sentencias de los maestros (esto es, a los contemporáneos o predecesores del propio Buenaventura), y finalmente a los filósofos paganos.[133] La suma autoridad en esta escala es conferida a la Biblia, pero también la suma dificultad: en la Biblia, se ha de buscar captar un sentido espiritual al que no se puede acceder por cuenta propia, de ahí la necesidad de ir a los padres; dada la dificultad de éstos, nos movemos con naturalidad a los manuales más próximos; pero ahí –y ni hablar del nivel siguiente– ya nos encontramos con frecuente error y oposición a los padres, de modo que debemos volver a movernos en dirección hacia las Escrituras. La mayor autoridad se encuentra donde hay mayor dificultad. Aquí, sí cabe destacar una novedad de la Reforma: no en sus convicciones respecto de la primacía de las Escrituras, sino en sus convicciones

[129] Para un estudio comparativo, véase Pilar Pena Búa (2007), *Las fuentes de la teología en Felipe Melanchthon: su doctrina sobre los lugares teológicos comparada con la doctrina católica de Melchor Cano y la tradición medieval*, Salamanca: Universidad Pontificia de Salamanca.

[130] Agustín, *Sobre el bautismo contra los donatistas*, II, 3, 4.

[131] Agustín, *Epistola* 93, 10, 35.

[132] Agustín, *Contra Fausto*, 11, 5.

[133] Buenaventura, *Collationes in Hexæmeron*, XIX, 6-15.

respecto de lo accesibles que resultan. No su autoridad última, sino su claridad (*perspicuitas*) es la novedad de los reformadores.

Que la autoridad se dé en grados no significa, por otra parte, que los grados menores sean indiferentes. La inclinación a imaginarlos así procede precisamente de lo ajena que se nos ha vuelto una mentalidad graduada. A lo largo de la tradición intelectual cristiana, en cambio, es posible ver cómo credos, catecismos y confesiones de fe eran considerados de autoridad inferior a la Biblia y, sin embargo, vinculantes. Uno de los rasgos especiales de este tipo de documentos es el hecho de que su redacción es obra de un conjunto de autores. Ya ese hecho los coloca en una posición especial si se les compara, por ejemplo, con las obras de Jerónimo o Agustín, Erasmo o Calvino. Son, además, textos típicamente formulados en respuesta a situaciones críticas. Por lo mismo, no ha de extrañar su importancia para el periodo que aquí nos ocupa. La formulación de lo creído en credos y confesiones ofrece, en efecto, un punto en el cual la continuidad de la Reforma con la tradición intelectual previa es algo más que continuidad: se trata de la reaparición masiva de un fenómeno que no se veía en esa proporción desde la Antigüedad tardía. Si bien durante la época medieval hay un desarrollo intelectual amplio del cristianismo, es muy inusual que encuentre concreción en catecismos o confesiones de fe. Ahí se trabaja no creando confesiones de fe, sino dando por sentada la validez de las antiguas. Esta observación puede ser matizada si incluimos los cánones y documentos emitidos por diversos concilios (en particular el Cuarto Concilio Lateranense y su formulación de la doctrina de la transubstanciación). Pero esto no es ni remotamente comparable al impacto que tiene sobre la vida de la Iglesia la explosión de catecismos y confesiones entre los siglos XVI y XVII.

Tal observación, por cierto, es válida también para el catolicismo romano: no en vano el Concilio de Trento produjo tanto un catecismo como la *Profesión tridentina de fe*. Pero en lo que a la proporción de escritos se refiere, no hay nada en la historia de los credos y confesiones que se compare a lo escrito en el campo protestante durante este periodo. Piénsese en una localidad puntual como Wittenberg. De 1522 a 1529, se registra en dicha ciudad sesenta y dos impresiones de trece distintos textos de instrucción catequética.[134] Se trata de textos directamente orientados a la formación del pueblo, en general en respuesta directa tanto a visiones rivales (muchas veces internas al propio protestantismo), como en respuesta a la extendida corrupción moral. Si dirigimos la mirada desde esta ciudad luterana al mundo reformado, y desde la literatura catequética a las confesiones de fe, nos encontramos con un fenómeno igualmente masivo. La primera obra de Calvino con miras a la reforma de Ginebra (probablemente en coautoría con Guillermo Farel) fue un catecismo y una *Confesión de fe*; poco antes de su muerte redactó la

[134] Wengert, Timothy (1997), *Law and Gospel: Philip Melanchthon's Debate with John Agricola of Eisleben over poenitentia*, Grand Rapids: Baker Academic, pág. 51.

base de lo que los hugonotes adoptarían como *Confessio Gallicana*. Desde los *Artículos irlandeses* de 1615 a la *Formula Consensus Helvetica* de 1675 el siglo siguiente sería enormemente productivo en documentos confesionales. Como lo ha señalado Jaroslav Pelikan, es con la Reforma protestante que la «confesión de fe», como algo distinto de un credo, llega a establecerse como género literario y teológico.[135]

En un sentido, esta masiva adopción y extensión protestante del acto de detallada confesión no debiera sorprender. Después de todo, los llamados bíblicos a no sólo creer con el corazón sino confesar con la boca (Rom 10,9-10) son elocuentes, y van acompañados de una especial preocupación por «la forma de las sanas palabras» (2Tm 1,13).[136] Por otra parte, sin embargo, tanto un elemento carismático como un elemento erasmista podían haber inclinado a muchos en una dirección distinta. La necesidad de una confesión explícita, en efecto, puede ser afirmada sin por eso creer que deba tratarse de fórmulas fijas. Después de todo, a los cristianos se les dice que no teman confesar públicamente su fe, porque «en la misma hora» el Espíritu Santo nos enseñará qué decir (Lc 12,12). Puede, además, considerarse necesaria la confesión explícita, incluso con una forma fija, y sin embargo sostenerse que a causa de la paz los artículos de fe deben ser siempre muy pocos, la confesión de fe lo más limitada que sea posible en sus contenidos. El grueso de la tradición protestante no cedió, sin embargo, ante ninguna de esas dos alternativas. A la primera, se puede responder que efectivamente el Espíritu Santo otorga las palabras para hablar en situaciones de apremio, que tanto los instruidos como los que no lo son requieren del mismo para confesar la verdad en tal situación; pero las funciones de la confesión de fe son múltiples –no se trata sólo de la confesión ante los poderosos, sino de la instrucción y de la conducción de la vida interna de la Iglesia. A la segunda objeción, en tanto, bien cabía responder que la paz es un gran bien, pero no el mayor de éstos: efectivamente hay que cuidarse del espíritu contencioso que busca afirmación dogmática respecto de cada minucia, pero dicho cuidado es compatible con hacer explícitos puntos controversiales.

Cabe notar, por cierto, que un recurrente tópico de la Reforma es la crítica a la idea de que para la salvación puede bastar la «fe implícita». Característicamente, la posibilidad de una fe implícita es retratada como si se tratara de un confiar ciego en cualquier cosa que enseñe la Iglesia, sin requisito alguno de comprensión. Pero los mismos reformadores admiten, por supuesto, que hay grados de conocimiento en la Iglesia, y que el detalle con que la fe sea explicitada es algo que no se exige del mismo modo a quienes enseñan y al conjunto de los creyentes. En eso, su posición de hecho coincide en el sentido con las formulaciones originales

[135] Pelikan, Jaroslav (2005), *Credo: Historical and Theological Guide to Creeds and Confessions of Faith in the Christian Tradition*, New Haven / Londres: Yale University Press, pág. 458.

[136] Para una defensa contemporánea de las implicancias confesionales de estos textos, véase Carl Trueman (2012), *The Creedal Imperative*, Wheaton: Crossway.

de la idea de fe implícita.[137] La explicitación como fruto de la controversia es un fenómeno que en la Reforma misma es fácil de rastrear, y muchas veces dentro de la obra de un mismo autor. Los ejemplos más significativos, sin duda, son los de Melanchthon y Calvino. Ambos partieron su producción sistemática con una obra que busca introducir de modo sencillo al cristianismo. Los *Loci comunes* de 1521 y la *Institución* de 1536 son obras apologéticas y concentradas en la soteriología.[138] Fruto de la controversia interna del protestantismo, y de la externa con católicos y espiritualistas de diverso género, las dos obras llegaron en 1559 a ediciones que superan ampliamente su diseño original. Ese desarrollo (no sólo de la extensión con que se aborda cada tema, sino del rango de tópicos a tocar) de las obras doctrinales de autores individuales, encuentra su paralelo en el desarrollo de documentos confesionales que rara vez son de autoría individual. Pero, aunque la codificación doctrinal fuese algo ampliamente aceptado por las principales tradiciones y los más egregios autores del temprano protestantismo, no es de extrañar que el punto estuviese con frecuencia acompañado de controversia.[139] Sin embargo, el posterior aumento de estas controversias pende tal vez más de un factor político –y de política eclesiástica– que de una preocupación puramente doctrinal. Es el carácter potencialmente divisivo de las formulaciones doctrinales lo que enfrenta, por ejemplo, a Richard Baxter y John Owen.[140] El problema se cruza así con la dificultad que, por largo tiempo, tuvieron los cristianos para mostrar que una confesión de fe robusta puede ser compatible con la tolerancia de quienes disienten de ella. Pero precisamente el caso de Owen muestra que no se trataba de una dificultad insuperable.

4.2. Los credos antiguos y el lenguaje filosófico

Los credos y confesiones de fe son documentos ideales para plantearnos dos tipos de cuestiones: la pregunta por la continuidad y el desarrollo doctrinal, y la pregunta por el uso de lenguaje filosófico en textos eclesiásticos. Las dos cuestiones pueden ser vinculadas entre sí de modo privilegiado a propósito de los

---

[137] Para una típica crítica por parte de un reformador, véase Juan Calvino, *Institución*, III, 2, 2. En la aclaración que he presentado, sigo la exposición de Arvin Vos (1985), *Aquinas, Calvin, and Contemporary Protestant Thought. A Critique of Protestant Views on the Thought of Thomas Aquinas*, Washington: Christian University Press, pág. 21-28.

[138] Para el desarrollo de Melanchthon, véase Sven Grosse (2008), «Melanchthons Wendung zur Trinitätslehre», *Kerygma und Dogma* (54); para el de la *Institución* de Calvino, véase Bruce Gordon (2016), *John Calvin's Institutes of the Christian Religion: A Biography*, Princeton: Princeton University Press.

[139] Como ha destacado Chad van Dixhoorn, en sus primeras sesiones el punto llega a causar división incluso en la Asamblea de Westminster. Véase su «New Taxonomies of the Westminster Assembly (1643-52): The Creedal Controversy as Case Study», *Reformation & Renaissance Review* (6, 1, 2004).

[140] Al respecto, véase Tim Cooper (2011), *John Owen, Richard Baxter and the Formation of Nonconformity*, Farnham: Ashgate.

énfasis de la Reforma: ¿no implica el *sola scriptura* un rechazo tanto del desarrollo doctrinal como del lenguaje ajeno a la Biblia? Algunos reformadores citaban con aprobación las palabras con que Tertuliano prohibía toda innovación doctrinal: recto es lo primero, adulterino lo posterior.[141] Pero el mismo Tertuliano –quien entre otros términos es responsable de haber acuñado el latín *Trinitas*– bien puede ser citado también como ejemplo de desarrollo legítimo. Que la preocupación por la retención fiel del depósito de la fe pudiese ir de la mano de la aceptación de algún tipo de desarrollo doctrinal no resulta en realidad en modo alguno algo inaudito. Es la necesidad de disputar con los herejes, escribía Tomás de Aquino, que lleva a la introducción de novedades como el término «persona»; pero se trata de novedades concordantes con «la antigua fe respecto de Dios». Si tal novedad no pudiese aceptarse, escribe, ya la traducción de las Escrituras tendría que resultar una empresa sospechosa.[142] No será necesario notar el peso que un argumento como ése podría tener para los reformadores.

Las preguntas que nos plantea la Reforma son, pues, preguntas que bien pueden ser planteadas a propósito de las más tempranas etapas del desarrollo teológico cristiano. En el siglo v, Vicente de Lerín, con su llamado a retener la fe confesada «en todas partes, siempre, y por todos», era igualmente sensible a las dos caras de este problema.[143] En su célebre *Commonitorium*, el llamado a dicha preservación va, en efecto, de la mano del reconocimiento de que no todas las adiciones o mutaciones son del mismo tipo. El rechazo a todo tipo de progreso en la religión lo describe, de hecho, como algo propio del odio a Dios, y en ese sentido parece tan vigorosamente rechazado como el abandono del depósito de fe. En concreto, distingue entre una mutación (*permutatio*) y un desarrollo (*profectus*). La distinción consistiría en que, «en el desarrollo, cada cosa va creciendo conforme a sí misma, mientras que en la mutación se vuelve algo distinto»;[144] en el desarrollo, en otras palabras, «lo que se encuentra en el adulto ya ha sido puesto ahí por el Creador en el niño».[145] Este modo «embrional» de concebir el desarrollo es, en efecto, él mismo la versión embrionaria de la posterior historia de reflexión cristiana sobre el desarrollo doctrinal.

Dentro de esos desarrollos aprobados por Vicente, se encuentra la adopción de términos no contenidos en las Escrituras (él mismo está escribiendo poco después del Concilio de Éfeso). Pero los decretos de los siete concilios ecuménicos de Nicea

141 Véase Peter Fraenkel (1961), *Testimonia patrum. The Function of the Patristic Argument in the Theology of Philip Melanchthon*, pág. 187-191.

142 Tomás de Aquino, *S. Th.* I, q. 29, a3, ad1.

143 Para una exposición de Vicente de Lerín con simultánea atención a estos dos aspectos, véase Thomas Guarino (2013), *Vincent of Lérins and the Development of Christian Doctrine*, Grand Rapids: Baker Academic.

144 Vicente de Lerín, *Commonitorium* 23, 3.

145 Vicente de Lerín, *Commonitorium* 23, 7.

I a Nicea II hacen todos gala de una prohibición de innovación: cada uno declara que nada será añadido al anterior, prohibición que parece ser violada de modo flagrante por cada uno de ellos al producir sus propios credos, introduciendo nuevos modos de resolver nuevos conflictos.[146] Pero precisamente lo flagrante que sería la contradicción lleva a sospechar que para ellos no la había. La tensión latente es, después de todo, una cuestión presente para el cristianismo al margen de sus credos: en cierto sentido, todo pende de que el cristianismo se manifieste como una novedad que no es sino desarrollo –o más que desarrollo, realización– de la fe de Israel. En ese sentido, la lógica del desarrollo doctrinal no constituye algo extraño. Pero todo depende, por supuesto, de que el desarrollo sea realización efectiva de lo previo, y no simple innovación. Una vez más, cabe decir que es en torno a este punto –el criterio de evaluación del desarrollo, y no la legitimidad del mismo– que giran las disputas entre protestantismo y catolicismo romano. Si el desarrollo doctrinal es legítimo no de cualquier forma, sino como explicitación de realidades contenidas *in nuce* en lo previamente profesado, a los reformadores resultaba evidente por qué la Iglesia antigua tuvo que, por ejemplo, explicitar una doctrina trinitaria contenida desde el comienzo en la adoración trinitaria. Aquellas doctrinas y prácticas que quedarían tras la separación como distintivas del catolicismo romano son, en cambio, recurrentemente rechazadas por los reformadores como «innovaciones»: el punto de tal objeción no es que no pueda existir el desarrollo doctrinal legítimo, sino que a sus ojos el catolicismo romano no habría cumplido en estos casos con el criterio de legitimidad. Ambos concuerdan, sin embargo, en que puede haber desarrollo doctrinal y en que típicamente es el conflicto el que lleva al mismo: nuevos conflictos obligan a explicitar lo implícitamente contenido en lo hasta ahora profesado.[147] Es por eso, además, que el desarrollo doctrinal no es necesariamente gradual y uniforme, sino que responde a periodos de crisis. Así, los credos elaborados por la Iglesia en la Antigüedad tardía y la temprana Edad Media responden de modo principal a preguntas sobre la Trinidad y la naturaleza de Cristo; las confesiones de fe de la época de la Reforma asumen estos credos, pero haciendo explícito lo implícitamente contenido en ellos sobre la salvación.

Este desarrollo, como señalamos, suele implicar la adopción de lenguaje filosófico. No hace falta estar familiarizado con la filosofía griega para entender a cabalidad el *Credo de los apóstoles*; no puede, sin embargo, decirse lo mismo de los credos emanados de los concilios ecuménicos: aquí hacen su aparición la sustancia (*ousia*) y la subsistencia (*hypostasis*), la naturaleza (*physis*) y las voluntades

146 Para esta repetida afirmación en los decretos de los concilios, véase Jaroslav Pelikan, (2005), *Credo: Historical and Theological Guide to Creeds and Confessions of Faith in the Christian Tradition*, pág. 9-18.

147 El clásico católico es John Henry Newman (2010), *An Essay on the Development of Christian Doctrine*, Cambridge: Cambridge University Press. Para un intento protestante contemporáneo de Newman, véase Philip Schaff (2004), *The Principle of Protestantism*, Eugene: Wipf & Stock Publishers.

(*thelêmata*), la actividad (*energeia*) y la consubstancialidad (*homoousios*).[148] De este modo, no sólo se estaba asumiendo lenguaje de las escuelas filosóficas, sino incluso términos que previamente habían sido adoptados por movimientos heréticos. Eso mismo nos recuerda lo consciente que es el proceso de adopción de este lenguaje: no es que estos términos se introduzcan de modo subrepticio en el vocabulario de los cristianos, y con ellos también todo un sistema de pensamiento ajeno, sino que son conscientemente tomados de un contexto rival, y en varios casos paulatinamente especificados (como en la gradual discusión por la que *ousia* y *hypostasis* dejan de usarse como términos sinónimos para significar uno la sustancia una de la divinidad y el otro las personas individuales).

La «novedad» de la Reforma entronca en ocasiones de modo consciente con lo anterior, de una manera que permitía responder a críticas simplistas a los «solas» de la Reforma. El *sola fide*, podía alguien objetar, constituye en sí mismo una vulneración del *sola scriptura*, ya que califica la fe con un «sola» que, de hecho, no se encuentra en las Escrituras. En su *Carta abierta sobre la traducción*, Lutero mismo reconoce tal ausencia, pero defiende, para expresarlo en un lenguaje de hoy, la equivalencia dinámica sobre la equivalencia formal: el sentido de Pablo se transmitiría mejor en alemán introduciendo una partícula excluyente. En la *Apología de la Confesión de Ausburgo*, Melanchthon remite asimismo a otros usos de partículas excluyentes en Pablo («gratis, no por obras, es don, etc., también éstas son excluyentes»),[149] buscando así ilustrar la concordancia del *sola fide* con el conjunto de su teología. Dichas dos defensas son realizadas dirigiendo la mirada a Pablo. Pero también podría haber tenido lugar una defensa orientada a la tradición que mediaba entre Pablo y ellos. Después de todo, Tomás de Aquino, aunque no comprende la justificación del mismo modo que Lutero, también había considerado apropiado introducir un *sola* en sus comentarios a las cartas paulinas.[150] Alguien tan furiosamente protestante como Matthias Flacius podía explícitamente apelar al desarrollo doctrinal antiguo como modelo para este punto. «En cuestiones tan elevadas y hoy controversiales como ésta» –escribe sobre la sola fe– «no debemos hablar como habla la Escritura, sino del modo que deje la verdad más clara a las personas y exponga del modo más claro la mentira». Asimismo, continúa Flacius, obraron quienes en la Iglesia antigua respondieron a los arrianos, no sólo repitiendo con las Escrituras que el Hijo y el Padre son uno, sino «usando una palabra nueva

---

[148] Para su localización en distintos credos véase Jaroslav Pelikan, (2005), *Credo: Historical and Theological Guide to Creeds and Confessions of Faith in the Christian Tradition*, pág. 23.

[149] BSLK 174-175.

[150] Para un elenco de referencias, tanto sobre *sola gratia* como sobre *sola fide*, véase Dennis Janz (1983), *Luther and Late Medieval Thomism*, Waterloo (Ontario): Wilfrid Laurier University Press, pág. 58, n. 120.

para decir que el Hijo es consubstancial con el Padre».[151] La legitimidad de tal lenguaje es asumida también ahí donde hay una enfática preferencia por la vuelta al lenguaje bíblico, como ocurre entre los puritanos. Owen nota que no es sólo en el orden metafísico, sino también en el práctico que el cristianismo ha recogido vocabulario de los filósofos: «el mismísimo nombre de la virtud, en el sentido en que es usualmente utilizado, viene de las escuelas de los filósofos, no de las Escrituras».[152] Aunque en este caso el tono es de evidente reproche a un interlocutor ignorante de este hecho, el mismo Owen continúa sin problema alguno utilizando el término.

4.3. Los documentos confesionales del protestantismo

Al pasar a considerar los escritos confesionales de la Reforma, conviene notar cómo se articulan con los credos antiguos. Éstos son regularmente afirmados en las primeras líneas, artículos o páginas de las confesiones de los siglos XVI y XVII. Objeto primordial de los credos antiguos había sido la naturaleza de Dios y de la persona de Cristo, pero no la doctrina de la salvación. Recayendo la controversia de la época de la Reforma más bien en la soteriología y la eclesiología, es natural que, junto con la afirmación de lo recibido, se volviera necesario explicitar puntos que habían hasta entonces permanecido latentes.

Consideraremos a continuación lo que ocurre en los escritos confesionales que así surgieron. Nos detendremos de modo particular en el *Libro de concordia* y en la *Confesión de fe de Westminster*, los dos documentos confesionales de más amplio impacto, adecuadamente representativos además del mundo luterano y el reformado.[153] Dadas ciertas características de estos dos textos, nos referiremos a ellos resaltando cuestiones muy distintas en cada caso: en el caso del *Libro de concordia*, buscaremos presentar no su uso de recursos filosóficos, sino el modo en que en este texto es recibida la tradición intelectual previa, en particular la medieval. En el caso de la *Confesión de fe de Westminster*, en cambio, nos concentraremos en el uso que la propia *Confesión* hace del lenguaje filosófico. Las razones de esta distinta aproximación se relacionan con las diferencias entre ambos textos que detallaremos brevemente a continuación.

El *Libro de concordia* contiene los documentos oficiales de confesión de fe luteranos, desde la *Confesión de Ausburgo* escrita por Melanchthon en 1530 hasta la *Fórmula de concordia* por la que en 1577 se resuelven las controversias intraluteranas posteriores a la muerte de Lutero y Melanchthon. Vale la pena notar que

[151] Matthias Flacius Illyricus (1551), *Gründliche Verlegung aller Sophisterey*, Magdeburgo: Christian Rödinger, sección «Von der Rechtfertigung», sin página.

[152] Owen, John, *Truth and Innocence Vindicated*, *Works* XIII, 411.

[153] Para su vitalidad contemporánea, véase para el caso luterano Robert Kolb (1991), *Confessing the Faith*, Saint Louis: Concordia Publishing House; para el caso reformado, Scott Clark (2008), *Recovering the Confessions*, Phillipsburg: Presbyterian & Reformed Publishing.

se trata de una fecha temprana: en contraste con los grandes documentos confesionales del mundo reformado, en el caso luterano se trata de una rápida toma de posición tras las significativas contiendas surgidas tras la muerte de Lutero. Si pensamos en la tradición luterana, no existe siquiera el lapso de tiempo necesario como para hacer plausible la causa de quienes interpretan estos documentos como una «recaída» en la escolástica. El *Libro de concordia* fue publicado en 1580, y en él se encuentran textos que datan de 1530 a 1577, lo cual nos sitúa dentro de la primera y segunda generación de la Reforma. Para la escolástica luterana este texto confesional fue, pues, más punto de partida que punto de llegada.[154]

Los textos de la tradición calvinista son no sólo más tardíos, sino también más uniformes en su autoría y más austeros en las referencias a autores previos. La *Confesión de fe de Westminster* no incluye, por ejemplo, referencia expresa a pensador alguno, a pesar de que la asamblea estaba compuesta por un elenco notable de eruditos bíblicos, patrísticos y escolásticos, y a pesar de que se puede diagnosticar la mayor o menor presencia de determinadas corrientes teológicas en ella.[155] En contraste con esto, el *Libro de concordia* constituye un conjunto de textos de naturaleza muy distinta: en él encontramos una simple confesión de fe como la *Confesión de Ausburgo* –comparable a la de Westminster–, pero también la *Apología de la Confesión de Ausburgo* que Melanchthon escribiera el año siguiente, dos textos polémicos de Lutero –los *Artículos de Esmalcalda* y el *Tratado sobre la primacía del papa*–, los dos catecismos de Lutero, y la *Fórmula de concordia*. En este conjunto de textos, la presencia de la tradición intelectual cristiana previa es muy variada. Tal variación se debe en parte a los distintos géneros literarios usados, que se prestan unos más que otros para hacer alusiones a autores del pasado: la *Apología de la Confesión de Ausburgo* se presta por ejemplo más que la *Confesión* misma para mostrar quiénes en el pasado pueden ser invocados como aliados. Por otra parte, los textos proceden en el caso luterano de autores distintos, y esto nos permite evaluar en qué medida los casos de crítica o apropiación de la tradición medieval se deben a diferencias individuales, y en qué medida, por el contrario, nos encontramos con aproximaciones características de toda una tradición.

4.4. La escolástica medieval en el Libro de concordia

Partamos por algunas observaciones terminológicas. La expresión *scholastici* es bastante frecuente en el *Libro de concordia*; aparecen también en la obra términos alternativos para referirse a las escuelas medievales: algunos estrictamente

[154] Para este juicio véase Kenneth G. Appold (2004), *Orthodoxie als Konsensbildung. Das theologische Disputationswesen an der Universität Wittenberg zwischen 1570 und 1710*, pág. 54.

[155] Al respecto, véase Robert Letham (2009), *The Westminster Assembly. Reading its Theology in Historical Context*, Phillipsburg: Presbyterian & Reformed Publishing, pág. 33.

descriptivos –como «sentenciarios»[156] para referirse a los comentadores de Lombardo–, otros en cambio despectivos –«sofistas».[157] Pero ninguno de esos términos indica una división epocal que refiera a algún periodo como «Edad Media». Cuando hay en estos escritos una división entre épocas, se trata siempre de la división entre «antiguos» y «modernos». Dentro de tal división, los autores que nosotros llamamos medievales suelen ser clasificados entre los «modernos» o *recentiores*,[158] un punto importante a tener en mente para evaluar la autocomprensión de los reformadores.

Atendamos a algunos casos específicos. De todo el *Libro de concordia*, sólo la *Fórmula de concordia* contiene una referencia simultánea a «teólogos antiguos y modernos». Su propósito es señalar que unos y otros pueden valer como testigos, mas no como jueces en las controversias teológicas.[159] No parece pues que se pueda hablar de una actitud precipitadamente favorable a antiguos o modernos. A renglón seguido, en efecto, se declara que tanto entre los antiguos como entre los «modernos» existe ocasionalmente un lenguaje que no puede ser seguido.[160] Ahora bien, la *Fórmula* comienza también señalando que su objeto es dirimir controversias de la actualidad, y así no ha de extrañar si se da preponderancia a errores «modernos». ¿Pero quiénes son estos autores antiguos y modernos? En cuanto al período de inicio de esta «modernidad», los distintos textos que componen el *Libro de concordia* difieren entre sí. Por una parte están los autores de la *Fórmula de concordia*, que trabajan con criterios más parecidos a los que usaríamos hoy. Así se puede ver en dos listados que ofrece la *Fórmula*, uno de «doctores antiguos» que termina con Gelasio (fallecido en 496),[161] y otro de «antiguos doctores de la Iglesia» que termina con Juan Damasceno (fallecido en 749).[162] Clasificaciones similares son fáciles de encontrar en patrologías de hoy, con autores como éstos como respectivos límites occidentales y orientales. Distinto es el caso de Melanchthon, para quien el término «padre» se extiende mucho más allá. Melanchthon habla de «padres» como Bernardo (muerto en 1153) y Francisco (muerto en 1226). Melanchthon se aleja, pues, de nuestro uso, y trabaja más bien con un concepto de «padres» tan amplio como el de Migne en el siglo XIX. Los padres llegan así a una fecha que prácticamente coincide con la del nacimiento formal de la escolástica. Tomás de Aquino es así un «moderno»,[163] pero hay también aquí distinciones: Melanchthon lo califica –a él y sólo a él– como un «moderno prudente».[164]

---

156 BSLK 182.

157 BSLK 219.

158 BSLK 375. Para esta designación entre los humanistas, véase István Bejczy (2001), *Erasmus and the Middle Ages. The Historical Consciousness of a Christian Humanist*, pág. xv.

159 BSLK 768.

160 BSLK 767.

161 BSLK 983.

162 BSLK 1024.

163 BSLK 152.

164 BSLK 152.

Tal expresión obviamente nos invita a preguntar qué sería lo «imprudente» de los modernos. Para aclarar dicho punto, conviene dirigirse al capítulo de la *Apología* «Sobre la confesión y la satisfacción», y la crítica que ahí hace Melanchthon al modo en que sus adversarios entienden la penitencia y las obras supererogatorias.[165] Pues, tras presentar sus propios argumentos, reclama que, para la doctrina de los adversarios, no hay respaldo ni en los antiguos autores eclesiásticos, y que *ni siquiera* Pedro Lombardo habla de las «satisfacciones eclesiásticas» del modo en que lo hacen ellos. Acto seguido habrían venido «los escolásticos», que de la presencia de satisfacciones en la Iglesia concluyen que éstas deben tener algún poder para aplacar a Dios. Nos encontramos, pues, ante un punto en el que los escolásticos son responsabilizados de modo categórico por un error, y la explicación ofrecida es muy frecuente en Melanchthon: se habría confundido cosas espirituales con cosas «políticas».[166] El sentido de tal crítica es que una medida legítima en su condición puramente disciplinaria («política») es confundida con algo capaz de satisfacer a Dios («justicia espiritual»). La terminología más usual, con que Melanchthon trata esto, es la de una confusión entre la justicia del evangelio y la justicia civil. Por lo pronto cabe aquí notar que incluso los canonistas son eximidos por Melanchthon de este error, en cuanto la glosa al *Decreto de Graciano* reconoce que las satisfacciones habrían sido instituidas por disciplina.[167] La escolástica medieval, delimitada de este modo, es así criticada no por haber sido excesiva en su búsqueda de precisión conceptual, sino, por el contrario, por la falta de distinción en un punto relevante.

Revisemos ahora brevemente la forma que eso toma en el doble problema de la concepción del hombre y el uso de la razón en la filosofía (es *un* doble problema, en cuanto es al «pesimismo» luterano que se suele imputar el poco lugar que habría para la razón). Tal imputación tiene su contraparte en la acusación de pelagianismo o semipelagianismo, que ha sido frecuente desde la Reforma en adelante en contra de gran parte del pensamiento medieval, y también contra gran parte del catolicismo moderno. El mismo término «semipelagianismo» es, de hecho, una creación de Teodoro de Beza, adoptada luego por el *Libro de concordia* y que pronto circularía también en la intracatólica controversia *de auxiliis*.[168] En cualquier caso, la acusación es coextensiva con la afirmación de que no se ha comprendido la gravedad de la caída del hombre. Sobre dicha caída, en efecto,

---

[165] BSLK 275.

[166] BSLK 277. El término «política» incluso es dejado en griego en esta afirmación, enfatizando así lo afirmado.

[167] BSLK 276-7.

[168] BSLK, 778. Para el origen del término véase Irena Backus; Aza Goudriaan (2014), «Semipelagianism: The Origins of the Term and its Passage into the History of Heresy», *The Journal of Ecclesiastical History* (65).

Lutero afirma que «los escolásticos» sólo han enseñado «error y ceguera».[169] En Melanchthon, se encuentra tesis similares. Al comenzar la *Apología*, caracteriza a los escolásticos como autores que reconocen las enfermedades más leves del hombre, pero no las más graves.[170] La explicación ofrecida es la de haber sido «secuestrados» por una filosofía ajena al cristianismo. Los términos específicos de la acusación son aquí los de haber mezclado la doctrina de Cristo con una filosofía «de la perfección de la naturaleza humana».[171] En este caso, la difundida concepción según la cual el catolicismo romano implica una visión más optimista y el protestantismo una visión más pesimista de la vida parecería pues encontrar cierto asidero. *Este* Aristóteles, interpretado como un simple optimista antropológico, obviamente resulta problemático para Melanchthon no menos que para Lutero.

Pero no toda interacción con la filosofía es así rechazada. Si consideramos el campo de acción reconocido a la razón, veremos que, tal como en otros tópicos, la mirada a los escritos confesionales conduce aquí a un juicio bastante sobrio. En todo el *Libro de concordia*, hay sólo dos textos que parecen contener una visión negativa de la razón. Uno de ellos no permite concluir mucho, pues si bien es una alusión a la «vana razón humana y la filosofía», se encuentra en medio de un pasaje que no parece más que recoger el mensaje de 1Corintios respecto de cómo se ve la sabiduría de Dios a los ojos de un mundo perverso.[172] Tales afirmaciones se encuentran, por supuesto, presentes a lo largo de toda la tradición cristiana, tal como las críticas a la mera *curiositas*,[173] y no permiten concluir nada en particular respecto del protestantismo. La otra mención se encuentra en la «declaración sólida» –la exposición detallada, en contraste con el «epítome»– de la *Fórmula de concordia*, y no es un texto de los autores de la misma, sino un texto de Lutero que los autores de la *Fórmula* citan en medio de su propia exposición. Ahí, éste habla de la «vieja bruja, doña razón». Esto parecería confirmar la interpretación según la cual, si no el protestantismo en general, al menos Lutero sería un irracionalista. Pero significativamente, este texto suyo no hace alusión a algún presunto abuso de la razón por parte de los escolásticos, sino que es una alusión a otro reformador protestante, Zwinglio.[174] Si tenemos aquí una crítica a la razón, es pues contra el uso de la razón que hay en otro reformador, no contra la tradición intelectual previa del cristianismo. El *Libro de concordia*, en suma, nos muestra un temprano luteranismo rotundo en su rechazo de las deformaciones que diagnostica. La raíz de dichas deformaciones las sitúa, además, en tiempos relativamente remotos (a tres siglos de sí mismo), pero en tiempos que percibe como «modernos».

[169] BSLK, 434.
[170] BSLK 149.
[171] BSLK 149.
[172] BSLK 874.
[173] BSLK 225.
[174] BSLK 1029.

Entre estos autores «modernos» hay, sin embargo, al menos alguna disposición a hacer distinciones.

4.5. El recurso a la filosofía en la Confesión de fe de Westminster

Como hemos señalado, la *Confesión de fe de Westminster* es un texto de redacción más homogénea que los múltiples textos incluidos en el *Libro de concordia*. Nunca hay, además, una referencia a un autor específico. Con todo, hay tesis formuladas mediante la inequívoca apropiación de un lenguaje moldeado por la tradición intelectual precedente. La discusión respecto de la legitimidad de ese lenguaje ya había tenido lugar en el principal sínodo reformado de la generación precedente, el Sínodo de Dort, de cuya recepción proviene la lamentablemente común reducción del calvinismo a cinco puntos.[175] Al sínodo fue presentada, en efecto, una queja contra Maccovius por su uso del método escolástico y por la manera en que éste lo parecía llevar a manifestar de modo excesivamente duro su distancia respecto de tesis teológicas rivales. La resolución del sínodo forzó a ambas partes a la moderación: se defendió el que Maccovius usara el método escolástico, reconociendo que en eso simplemente seguía una larga tradición de respetados pensadores reformados; se le exhortó, sin embargo, a procurar un lenguaje más accesible, marcado, según la resolución, más por los apóstoles que por Francisco Suárez.[176] Bien podría decirse que la posterior asamblea de Westminster se encuentra en su conjunto siguiendo esta doble resolución.

En el texto de la *Confesión de fe de Westminster*, la apropiación de la tradición escolástica puede ser vista en varios puntos distintos. Un buen punto de acceso, con todo, es el modo en que es expuesto el papel de la razón en relación con las Escrituras. La doctrina de las Escrituras es lo primero, en efecto, que el texto toca. De hecho cabe decir que en términos más generales la *Confesión* abre con la pregunta por el conocimiento (un punto de contraste con la mayoría de las confesiones de fe, que suelen comenzar con la doctrina de Dios). Eso implica que, casi de inmediato, estará hablando sobre la autoridad de las Escrituras, pero no sin antes realizar la clásica afirmación de que el conocimiento de Dios por la «luz natural de la razón» existe. Es un conocimiento no suficiente para la salvación, pero sí suficiente para dejarnos sin excusa.[177] Tal punto de partida parece haber sido tan ampliamente aceptado, que, por lo que revelan las actas, ni siquiera parece haber suscitado discusión en la asamblea. De hecho la expresión «luz de la

---

[175] Para los problemas de la reducción a cinco puntos, véase Richard Muller (1993), «How Many Points?», *Calvin Theological Journal* (28). Para la amplitud de tópicos implicados en el conflicto, véase también Aza Goudriaan (2011), «The Synod of Dordt on Arminian Anthropology», en: Aza Goudriaan; Fred van Lieburg (eds.), *Revisiting the Synod of Dordt (1618-1619)*.

[176] Véase la discusión en *Scholastic Discourse* p. 10-11.

[177] CFW I, 1.

naturaleza» aparece varias veces no sólo en la *Confesión*, sino también en el *Catecismo mayor* que emanó de la misma asamblea. Pero, como bien han observado Fesko y Richards, cada una de estas menciones en los dos documentos confesionales va de la mano de un contraste entre la luz de la naturaleza y la luz de la palabra de Dios.[178] Estas afirmaciones se encuentran así enraizadas en toda una tradición de reflexión sobre el «conocimiento doble» respecto de Dios (*duplex cognitio Dei*, respecto de Dios como creador y como redentor), tradición en que una y otra vez el conocimiento natural es por una parte afirmado y, por otra parte, limitado y complementado.

Pero la razón desempeña, según la *Confesión*, otros varios papeles respecto de las Escrituras. Uno de los principales es el de explicitar lo que en ella sólo está latente. Dentro del mismo capítulo relativo a las Escrituras, se encuentra, en efecto, la declaración de que en la Biblia se encuentra no sólo lo necesario para la salvación, sino «el consejo completo de Dios» en relación con su propia gloria, nuestra vida y salvación. Pero no se afirma que dicho consejo completo esté ahí expuesto de modo explícito, sino que «está expresamente expuesto en las Escrituras, o se puede deducir de ellas por buena y necesaria consecuencia».[179] Se trata de un punto sobre el que, recurrente y confiadamente, vuelven los protestantes ortodoxos del periodo. Voetius llega a escribir que «*la mayoría* de las doctrinas de la religión cristiana no se encuentran contenidas literalmente en la Escritura, pero pueden ser derivadas de ella por el pensamiento discursivo o por expresiones equivalentes de la Escritura».[180] Detenernos brevemente en dicho punto puede traer algo de precisión sobre el modo en que se acostumbra presentar la relación entre el mundo reformado, sus adversarios arminianos, y la posterior Ilustración. Según una frecuente aproximación, son los arminianos antes que los reformados quienes pueden ser tenidos por antecedente de la Ilustración. Dicha tesis bien puede ser tenida por cierta (baste pensar en la participación arminiana en la temprana «república de las letras» y en el lugar ocupado en la historia intelectual por arminianos como Hugo Grocio). Pero la explicación que suele darse es que hay en los arminianos (u otros movimientos disidentes como los socinianos) una inusitada confianza en la razón. Tales explicaciones son tan pobres como aquellas que caracterizan a la Ilustración por una simple confianza en la misma. La discusión sobre la legitimidad del desarrollo doctrinal, «por buena y necesaria consecuencia», permite ilustrar el sentido en que cabría afirmar lo contrario.

---

[178] Fesko, John V.; Richards, Guy (2009), «Natural Theology and the Westminster Confession of Faith», en: Ligon Duncan III (ed.), *The Westminster Confession into the 21st Century* (vol. 3), Fearn: Mentor, pág. 253.

[179] CFW I, 6.

[180] Voetius, *De ratione* 6, IV. Mi cursiva.

Consideremos brevemente a dos teólogos de la generación posterior a la *Confesión de fe de Westminster*, el calvinista Turretini, y el arminiano Philip van Limborch, el principal representante teológico del arminianismo en la segunda mitad del siglo xvii y un cercano amigo personal del filósofo John Locke (quien, de hecho, dedicó su *Carta sobre la tolerancia* a Limborch). En la obra de Turretini, como en la mayor parte de sus contemporáneos ortodoxos, vemos que la presentación de la doctrina de la autoridad bíblica va acompañada de una detenida discusión sobre la legitimidad de apelar no sólo a lo explícitamente contenido en las Escrituras, sino también a lo derivado de ellas por «consecuencias legítimas y necesarias». Según afirma Turrettini, afirmamos que la Biblia contiene todo no literalmente (*kata lexin*), sino *kata dianoian* o implícitamente (la terminología fue acuñada por Eusebio de Cesarea).[181] En defensa de su posición, Turretini llega a citar a su favor al principal polemista antiprotestante del catolicismo postridentino, el cardenal Belarmino.[182] Si dirigimos, en cambio, la mirada a Limborch, lo encontraremos abriendo y cerrando su *Theologia Christiana* con una discusión sobre doctrinas necesarias y no necesarias, poniendo entre los requisitos para la delimitación entre las mismas la expresa coincidencia verbal con lo contenido en las Escrituras,[183] rechazando la constitución de artículos de fe mediante derivación,[184] y señalando que no sólo debe encontrarse algo de modo expreso en la Biblia para que deba ser creído, sino que debe ir acompañado del requisito expreso de la necesidad de creerlo (*addita necessitatis nota*).[185] Esta posición de Limborch es seguida de cerca por John Locke en su *Carta sobre la tolerancia* y su posterior *Razonabilidad del cristianismo*. Así como Turretini puede en esto ser alineado (si bien en una afirmación muy puntual) con el católico Belarmino, Limborch puede ser alineado con Locke. Pero aquí es la dupla proto-Ilustrada la literalista, y la «tradicional» la que manifiesta confianza en la razón.

Pero, para una adecuada evaluación de estas cuestiones, importa desde luego mucho el tipo de uso de la razón al que se está invitando. El mismo pasaje de la *Confesión de fe de Westminster* que estamos considerando habla, por ejemplo de las circunstancias del culto y el gobierno eclesiástico que son «comunes a las acciones y sociedades humanas, que deben arreglarse conforme a la luz de la naturaleza y de la prudencia cristiana».[186] Se trata, por cierto, sólo de la determinación relativa a las circunstancias del culto y el gobierno. Pero el pasaje es fascinante por el modo en que se afirma la necesidad de seguir una razón común, «la luz de la naturaleza», y al mismo tiempo se pone a esta prudencia el adjetivo de «cristiana». Lo

---

181 Turrettini, *Institución* I, 12, 3 y prólogo.

182 Turrettini, *Institución* I, 12, 8.

183 Philip van Limborch, *Theologia Christiana, Praefatio*, 2.

184 Philip van Limborch, *Theologia Christiana* VII, XXI, 13.

185 Philip van Limborch, *Theologia Christiana* VII, XXI, 9 y 10.

186 CFW I, 6.

que se abraza es un elocuente proyecto de compenetración recíproca del esfuerzo racional y la formación cristiana. En diversos lugares de la *Confesión*, uno puede ver este modo de proceder en acción, integrando terminología filosófica (que es siempre más que mera terminología) en su aproximación a problemas fundamentales. El campo en el que tal vez más interesante resulta, es el de la discusión sobre la libertad. Se trata, por supuesto, de una materia en la que resulta de primera importancia entender con precisión cuál es la postura de la *Confesión*, dada la popular imagen de la tradición reformada como difusora de un tipo craso de determinismo. A decir verdad, el lenguaje craso en la discusión sobre libertad y predestinación no es nada infrecuente en el periodo, y ciertamente se puede responsabilizar a más de un autor en esta tradición por los malentendidos de los que ha sido objeto. Pero no es menos cierto que, desde el comienzo, se encuentra en la misma tradición afirmaciones que permiten un análisis más diferenciado. En el mismo Calvino, por cierto, uno encuentra tras una larga discusión sobre el libre albedrío la afirmación de que si bien no usará el término, admite que otros lo sigan usando siempre que con ello no se transmita una concepción pelagiana. En tal caso, afirma «no serán molestados» por él[187], que afirma estar lejos de los necios que imaginan que Dios mueve al hombre como quien arroja una piedra.[188] Cuando posteriores escolásticos reformados desarrollan un más diferenciado análisis de estas cuestiones, se encuentran pues en perfecta continuidad con Calvino.[189]

¿Cuál es, entonces, la posición abrazada por la *Confesión de fe de Westminster*? Consideremos un párrafo de su capítulo tercero:

> Dios desde la eternidad, por el sabio y santo consejo de su voluntad, ordenó libre e inalterablemente todo lo que sucede. Sin embargo, lo hizo de tal manera, que Dios ni es autor del pecado, ni hace violencia al libre albedrío de sus criaturas, ni quita la libertad ni contingencia de las causas secundarias, sino más bien las establece.

El rotundo compatibilismo contenido en un texto como éste puede resultar sorprendente y difícil de entender hoy; o bien, es aceptado como si se tratara de una paradoja. Pero, en el contexto intelectual en el que aquí nos situamos, constituye más bien un ejemplo elocuente de cómo, con su conciso lenguaje,

---

[187] *Institución* II, 2, 8. Para una exposición de la posición de Calvino, véase Anthony Lane (1981), «Did Calvin Believe in Freewill?», *Vox Evangelica* (12).

[188] Calvino, Juan, *Institución* II, 5, 14.

[189] Para tales aproximaciones del siglo siguiente, véase Willem van Asselt (ed.) (2010), *Reformed Thought on Freedom*, Grand Rapids: Baker Academic. Para la posterior transformación, puede verse Richard Muller (2011), «Jonathan Edwards and the Absence of Free Choice: A Parting of Ways in the Reformed Tradition», *Jonathan Edwards Studies Journal* (1, 1).

la *Confesión* se inserta en la tradición intelectual previa. Considérese, por ejemplo, la estrecha afinidad con el modo en que Tomás de Aquino aborda el mismo problema:

> Dios es causa primera que mueve las causas naturales y las voluntarias. Y tal como al mover las causas naturales no quita la naturalidad al acto de las mismas, tampoco al mover las voluntarias quita la voluntariedad de estas, sino que más bien hace que lo sean. Obra, en efecto, en cada uno según sus propiedades.[190]

Afirmaciones de la *Confesión de fe de Westminster*, y de la tradición reformada en general, adquieren un tinte muy distinto una vez que uno se vuelve consciente de este trasfondo. Pero para adquirir mayor conciencia del mismo es hora ya de que atendamos al modo en que fueron recibidos autores específicos.

5. Casos de recepción en la Reforma y post-Reforma

Conclusiones como las que se siguen de una lectura de los escritos confesionales son, fuera de toda duda, importantes para nuestra visión del papel desempeñado por la Reforma en la historia intelectual. Un mínimo de familiaridad con estos documentos basta, en efecto, para que se vengan abajo interpretaciones primordialmente rupturistas de la misma. Hemos podido constatar cuán fuerte es ahí el trabajo, tanto explícito como implícito, de recepción de la tradición previa.

La historia del pensamiento ha sido siempre una historia de recepción: quien piensa quiere dialogar, pero dialogar con los que mejor han pensado sobre un determinado problema. Esos mejores compañeros de diálogo suelen estar muertos. Así, desde que hay pensamiento escrito, se está citando a autores precedentes. Aristóteles, por poner un ejemplo, inicia su *Metafísica* con una sustantiva reseña de las posturas de sus diversos antecesores.[191] Pero hay periodos en que se intensifica esta condición de la historia del pensamiento como historia de recepción, así como hay periodos en que se oculta la dependencia respecto del pasado, o se busca de hecho la independencia. El naciente pensamiento moderno constituye un ejemplo característico de esto último: quien se sumerge en el estudio de Descartes, Locke o Spinoza, comenzará tras poco andar a descubrir los diversos modos en que éstos son deudores de tradiciones previas, aunque las modifiquen considerablemente. Pero esa deuda no se manifiesta sino muy rara vez en citas explícitas. Si el naciente pensamiento moderno involucra un tal ocultamiento de

---

190 Tomás de Aquino, *S. Th.* I, q. 83. a.1 ad 3.

191 Aristóteles, *Metafísica* I, 3-10.

las deudas, la época medieval implica, por el contrario, un amplísimo reconocimiento de las mismas. El pensamiento medieval puede, en efecto, ser estudiado bajo el exclusivo foco de su recepción de la filosofía antigua.[192] Con todo –y no es de extrañar, tratándose de un periodo tan extenso–, pronto esto se transforma en una «recepción de la recepción», cuando los autores medievales comienzan a recibir a los padres de la Iglesia que, a su vez, recibieron a los filósofos paganos.[193]

Naturalmente, estas variadas capas de recepción de distintos autores antiguos mediados por distintos autores patrísticos implican que la tradición intelectual cristiana se constituye tempranamente como una tradición intelectual ecléctica, según ya hemos visto. No hay motivo para entender lo ecléctico como una síntesis amorfa. Se trata de la adaptación de elementos de distintas tradiciones a la comprensión del mundo que, generación a generación, fueron precisando los cristianos. En tal eclecticismo, naturalmente, hay autores que pasan a desempeñar un papel preponderante: una recurrente reapropiación patrística fue espontáneamente de la mano, por ejemplo, de una singular predilección por Agustín. Estas características y variaciones valen, *grosso modo*, tanto para la tradición medieval como para la Reforma y post-Reforma. Consideraremos a continuación esta recepción de recepciones en particular bajo la óptica de los autores que gozaron de especial favor: Platón y Aristóteles, Agustín y Tomás.

5.1. Platón y Aristóteles

C.S. Lewis escribió una vez que «Platón, con sus Formas Trascendentes, es el doctor de los protestantes y Aristóteles, con sus Formas Inmanentes, el doctor de los católicos».[194] Como veremos, la cuestión es considerablemente más intricada. Los *Loci communes* publicados por Melanchthon en 1521 constituyen un buen lugar para evaluar cómo eran vistos los filósofos paganos al iniciarse la Reforma. Las referencias al Estagirita en la obra son muy escasas, y pueden parecer todas un tipo de crítica vulgar que poco parece diferenciarse de las más radicales expresiones de Lutero sobre Aristóteles. Melanchthon pronto cambiaría, pero, en dicho momento temprano, esos juicios eran centrales para su visión teológica. En la epístola dedicatoria de la obra, señala que ésta tiene dos propósitos fundamentales: enseñar a los jóvenes qué deben buscar en las Escrituras y mostrarles a qué tipo de alucinaciones llegan quienes guían su teología por Aristóteles en lugar de

---

[192] Para dicha perspectiva, véase Peter Schulthess; Ruedi Imbach (2000), *Die Philosophie im lateinischen Mittelalter: Ein Handbuch mit einem bio-bibliographischen Repertorium*; Düsseldorf: Artemis & Winkler.

[193] Para una visión de conjunto, cabe remitir a Irena Backus (ed.) (2001), *The Reception of the Church Fathers in the West: From the Carolingians to the Maurists* (2 vols.), Leiden: Brill.

[194] Lewis, C.S. (2000), *La Alegoría del Amor*, Santiago: Editorial Universitaria, pág. 256-257.

Cristo.[195] Tal contraposición entre las enseñanzas de Aristóteles y las de Cristo es repetida también en el primer capítulo de la obra. Ahí, además, añade que esta corrupción de la Iglesia reciente por Aristóteles sería análoga a la corrupción de la Iglesia antigua por Platón. El propio Melanchthon se cuidaría mucho de afirmaciones así de gruesas en los años siguientes. Con todo, pueden servirnos al menos de introducción al modo en que épocas enteras pueden retratarse por su respectiva adopción de Platón o Aristóteles. Sea que los tengamos por agentes corruptores o por profundo apoyo, los dos filósofos griegos dejan, en efecto, huella en periodos distintos de la historia del cristianismo, y entender esa historia es por tanto entender también el modo en que ellos fueron recibidos.

5.2. El milenio de los platonismos

Difícilmente podrá exagerarse la influencia del platonismo sobre la Iglesia antigua. Lo que sí puede hacerse es explicarla mal, sugiriendo que las tendencias gnósticas presentes en los primeros siglos fuesen, por ejemplo, reducibles a una influencia platónica. Ese tipo de genealogía circulaba, por cierto, también entre algunos tempranos escritos eclesiásticos, Tertuliano el más prominente.[196] Pero para la abrumadora mayoría de tempranos autores cristianos, tan hostiles al gnosticismo como Tertuliano, no podía concebirse filosofía más afín al cristianismo que la del «divino Platón». Al margen del platonismo específico que se adoptara, bien puede decirse que, para un cristiano de la Antigüedad tardía, era en la tradición platónica que la vocación intelectual podía verse encarnada (si se admite ese modo poco platónico de expresarlo). Sin embargo, aunque el nombre de Platón y las grandes líneas de su pensamiento estuviesen en boca de todos, no es el caso de sus obras. Éstas ejercieron gran influencia sobre algunas generaciones de platónicos paganos, pero el temprano cristianismo bebe el platonismo de fuentes algo más tardías. Los primeros cristianos recibieron el ecléctico platonismo medio, con importantes elementos estoicos; más tarde fueron esos autores que hoy llamamos neoplatónicos, como Plotino, los decisivos. Cuando un cristiano del temprano siglo v, como Agustín, se referiría a «los platónicos», es de Iámblico, Porfirio, Plotino y Apuleyo que está hablando.[197]

No se trata sólo de un fenómeno patrístico. Haremos bien en recordar que el platonismo es la norma, hasta comenzar el siglo xii. La simple constatación, de la mano del Eclesiastés, de la vanidad de todo lo que ocurre bajo el sol, podía bastar como introducción a las tesis principales de Platón.[198] Todavía hoy, tras

[195] CR 21, 82.

[196] Tertuliano, *De anima* 23, 5-6.

[197] Así, por ejemplo, en *La ciudad de Dios* VIII, 12.

[198] Juan de Salisbury, *Metalogicon* IV, 35.

el gran periodo aristotélico y los muchos otros modelos que vinieron después, podemos decir que el platonismo ha sido la filosofía con más largo reinado entre los cristianos. Pero también en el periodo medieval los tipos de platonismo de los que se nutren los cristianos son variados. Siguiendo a Marie-Dominique Chenu, podemos clasificar el platonismo medieval en tres grandes tradiciones.[199] Se puede pensar en el platonismo de Agustín, caracterizado por su comprensión del mal como privación y desorden o, positivamente, por las ideas de participación y orden; se puede pensar en un platonismo como el que se encuentra en Boecio, que comparte con Agustín la recurrente distinción entre lo inteligible y lo sensible, pero que es algo más erudito y confiere algo más de autonomía a las ciencias; o bien podemos pensar en un neoplatonismo como el del pseudo-Dionisio, que más que constituir una explicación del mundo sensible desde el inteligible, fundamentalmente consiste en un camino escalonado hacia el inteligible, a través de las jerarquías celestiales. No es poco común que se piense en el platonismo como un proyecto de huida o subvaloración de este mundo. Pero sólo el tercero de estos platonismos podría ser caracterizado por ese espíritu de huida; los otros dos, de Agustín y Boecio, son más bien vías distintivas para intentar comprender el mundo. Estos platonismos se distinguen, además, en que Boecio y Dionisio no manifiestan crítica abierta al platonismo pagano. En Agustín, en cambio, el profundo aprecio va de la mano de una sostenida crítica. La discusión con la acción y autocomprensión pagana que tiene lugar en *La ciudad de Dios* se encuentra entera organizada con miras a la discusión con «los filósofos, y no cualesquiera sino aquellos de excelentísima gloria y que en mucho concuerdan con nosotros».[200] Pero se trata precisamente de un enfrentamiento: el platonismo es, precisamente por esa cercanía, el rival con el que más fina y detenida es la disputa en este máximo monumento de la apologética antigua.[201] «Cambiando unas pocas cosas», había escrito antes Agustín, los platónicos ya serían cristianos; en su madurez puede añadirse que aunque pocas, son cosas sustantivas.[202] Pero estos tres tipos de platonismo han ejercido su influencia sobre épocas y autores posteriores en medida muy distinta. Si, con idas y vueltas, la influencia de Agustín ha sido constante, los otros florecen en periodos más específicos. Así, suele caracterizarse el renacimiento del siglo XII como una *aetas boethiana*. Esa designación es por supuesto reciente, como lo es también la expresión «neoplatonismo». Como los

[199] Chenu, Marie-Dominique (1968), «The Platonisms of the Twelfth Century», en: Marie-Dominique Chenu, *Nature, Man and Society in the Twelfth Century*, Chicago: University of Toronto Press, pág. 49-98.

[200] Agustín de Hipona, *La ciudad de Dios*, I, 36.

[201] Véase la discusión completa en *La ciudad de Dios* VIII-X.

[202] Para exposición y balance de la posición de Agustín, véase Robert Crouse (2000), «Paucis mutatis verbis. St. Augustine's Platonism», en: Robert Dodaro; George Lawless (eds.), *Augustine and his Critics*, Londres / Nueva York: Routledge.

cristianos platonizantes del siglo IV, los del siglo XII se entendían simplemente como platónicos. Juan de Salisbury, quien como nadie nos informa de la cultura intelectual de su siglo, escribe sobre Bernardo de Chartres como el «más cabal de los platónicos de nuestro tiempo».[203]

Quien dirija la mirada a Tomás de Aquino, se encontrará con un caso en el que los tres tipos de platonismo parecen tener una influencia muy similar. Puede ser difícil, en efecto, encontrar un autor tan singularmente atento a Agustín, Boecio y Dionisio. Sin duda, la influencia preponderante sobre Tomás de Aquino es Agustín. Pero hay que ir a su comentario sobre el *De Trinitate* de Boecio, si se quiere encontrar su clasificación de las ciencias (y, por tanto, su comprensión de su relación y su relativa independencia), así como hay que ir al Pseudo-Dionisio para ver de dónde se nutre su concepción de la jerarquía de las criaturas. Incluso sus pasajes más críticos del platonismo pueden ser leídos, según Hankey, como críticas de la tradición platónica desde otros ángulos de la misma tradición.[204] «Con frecuencia, Aristóteles reprueba las opiniones de Platón no en cuanto a la intención de Platón, sino en cuanto a su modo de expresión», escribe Tomás en uno de sus más importantes pasajes al respecto. Aristóteles corrige a Platón porque éste «tenía un mal modo de enseñar». Las críticas de Aristóteles estarían así al servicio del lector que no es capaz de seguir el lenguaje figurado de Platón y que por culpa de éste es capaz de caer en el error.[205] Esto está en la línea de la más típica tradición armonizadora de la Antigüedad. El mismo tipo de precisión es, por lo demás, lo que uno encuentra en la lectura que Tomás hace de los platónicos cristianos, en particular de Agustín. Considérese, por ejemplo, cuando aborda una frecuente discusión del siglo XIII: si acaso el amor con el que amamos al prójimo es algo creado en nosotros, o es Dios mismo. Quienes defienden que es Dios mismo citan a su favor a Agustín. Tomás responde con plena conciencia de que Agustín debe ser explicado a la luz de la doctrina platónica, «de la cual estaba imbuido». Pero eso no lo dice como un reproche, sino que procede a explicar por qué en el marco de dicha doctrina platónica las afirmaciones que identifican a Dios con el amor permiten que, sin embargo, califiquemos el amor que hay en nosotros como algo creado. «Se dice que somos buenos por la bondad que es Dios y sabios por la sabiduría que es Dios, porque la bondad por la que formalmente somos buenos es cierta participación de la bondad divina». Así, se dice también que es el amor de Dios el que está presente cuando amamos: en términos de participación, «un modo de hablar común entre los platónicos». Tomás no reprocha a Agustín seguir

[203] Juan de Salisbury, *Metalogicon* IV, 35.

[204] Hankey, Wayne (2002), «Aquinas and the Platonists», en: Stephen Gersch; Maarten Hoenen (eds.), *The Platonic Tradition in the Middle Ages. A Doxographic Approach*; Berlín: Walter de Gruyter.

[205] Tomás de Aquino, *Sententia libri De Anima* lib. 1 l. 8 n. 1.

ese modo de hablar; sí reprocha a los que «al citarlo sin advertir este hecho acaban errando a partir de sus palabras».[206]

Todo lo anterior es, con todo, un platonismo casi sin Platón. El *corpus* platónico volvió a estar en manos de los pensadores europeos más tarde que el aristotélico. Volveremos sobre el papel del platonismo en la Reforma, tras considerar esta trayectoria medieval del *corpus* aristotélico.

5.3. Aristotelismo, antiaristotelismo y aristotelismo radical en la Edad Media

Aristóteles tiene una historia de recepción bastante más compleja que Platón entre los cristianos. Los capítulos iniciales de esa historia revelan dudas mucho más significativas que las que en cualquier momento hayan sido expresadas respecto de Platón, pero es una historia que luego lo catapulta a la posición de «el Filósofo», tanto para católicos como para protestantes (contrariamente a la afirmación de Lewis que hemos citado más arriba). Dicha posterior posición de preeminencia vuelve tanto más importante que comprendamos la tensión medieval entre la tradición agustiniana y el aristotelismo radical. Ésta, sin embargo, es precedida por la accidentada historia del *corpus* aristotélico. La importancia de la vida institucional, a la que ya hemos hecho referencia, deja aquí clara huella. Platón funda una escuela que se extiende hasta su cierre el año 529 dC; a eso debemos que también los escritos de Platón estuvieran disponibles en un *Corpus platonicum* íntegramente transmitido hasta nuestros días. El caso de Aristóteles es radicalmente distinto, de partida por su larga permanencia dentro de la Academia platónica. La difusión de los escritos populares que entonces compuso lo podía fácilmente hacer parecer un platónico más. Por este y otros motivos, no es en absoluto de extrañar que en el periodo helenístico hubiera esfuerzos por mostrar la coincidencia entre Platón y Aristóteles. Los autores cristianos de mayor influencia sobre la Edad Media, en efecto, se entendían a sí mismos o como aprobando esa tarea de armonización o como activamente involucrados en ella. El primero es el caso de Agustín, que si bien de Aristóteles apenas conoció las *Categorías*, escribía que nunca han faltado eruditos «que, en sus disputaciones, enseñaran una armonía tal entre Aristóteles y Platón, que sólo a los inexpertos y menos atentos parecen disentir».[207] El segundo es el caso de Boecio. Según su elocuente declaración de intenciones, pretendía «traducir al latín todo lo de Aristóteles que me venga a la mano, escribiendo también comentarios latinos a todo ello», y lo mismo con la obra de Platón. «Hecho esto, continúa Boecio, no desestimaré conducir la opinión de ambos a cierta concordia, mostrando que no disienten en todas las cosas, como muchos creen, sino que concuerdan en

[206] Tomás de Aquino, *S. Th.* II-II, q. 23, a.2, ad 1.

[207] *Contra Académicos* III, 19, 42.

muchas y sobre todo en las de mayor importancia filosófica».[208] Con las fuerzas de Agustín y Boecio unidas en presentar a Platón y Aristóteles como compatibles, no es extraño que el mundo medieval haya logrado articular diversos proyectos de esa orientación.

Pero en paralelo al Aristóteles popular y platonizante que conocía el mundo helenístico, ese mismo mundo nos dio el otro Aristóteles: el organizador científico, pensador metodológico, el gran lógico y metafísico. Las obras de Aristóteles habían, en efecto, llegado a Roma como botín de guerra, y hacia el año 30 aC estaban siendo objeto de una gran edición, la de Andrónico de Rodas –el hombre al que el mundo debe la palabra «metafísica»–, edición que, en buena medida, se corresponde con el Aristóteles que hemos recibido nosotros. De esta edición, podríamos decir, surge el aristotelismo como tradición distintiva. Podría afirmarse que el trabajo editorial de Andrónico es a la tradición aristotélica lo que la existencia de la Academia fue a la tradición platónica. Durante los dos siglos siguientes, encontramos, por una parte, su establecimiento como una voz significativa en la cultura romana y, por otra parte, la vuelta del aristotelismo a su tierra de origen, mediante la fundación por Marco Aurelio de una cátedra aristotélica en Atenas.

La manifestación literaria más típica de esta tradición se encuentra en los comentarios a la obra aristotélica. Desde temprano, uno encontrará comentarios escritos en espíritu muy diverso. Algunos son tales que reflejan más las posiciones de su autor que las de Aristóteles; otros, en cambio, son tales que, aunque al autor disienta de Aristóteles, busque ante todo ofrecer la más precisa explicación posible del mismo. Entre los antiguos, es el caso sobre todo de Alejandro de Afrodisias. En la Antigüedad tardía, esta tradición de comentario fue continuada sobre todo por autores neoplatónicos. Pronto, con todo, su foco principal se encontraría trasladado a Persia y Siria, lugares desde los que se extendería al resto del mundo árabe tras la conquista islámica. Es desde ahí que entre el siglo xii y xiii volvería al mundo latino. Tal proceso es inicialmente lento y fragmentario: de algunas obras, circula al comienzo traducción parcial, como la denominada *Ethica vetus*, que contenía algunos libros de la *Ética a Nicómaco* de Aristóteles, pero que ya circulaba a fines del siglo xii dando gradualmente origen a los primeros comentarios. Hacia la segunda mitad del siglo xiii, ese carácter fragmentario ya quedaba definitivamente atrás.[209] Algunos de los más grandes pensadores medievales se dedicaron a comentar a Aristóteles más bien al inicio de su carrera literaria. Es el caso de Alberto Magno, quien, a comienzos de los años 50 del siglo xiii, se encontraba comentando la mayor parte del *corpus* aristotélico. Opuesto es el caso

---

[208] Boethius, *In Librum De interpretatione editio secunda*, lib. 2. PL 64, 433D.

[209] Para una informativa discusión, véase José Antonio Poblete (2014), «Itinerario de las traducciones latinas de *Ethica Nicomaquea* en el s. xiii», *Anales del Seminario de Historia de la Filosofía* (31, 1).

de su discípulo Tomás de Aquino, quien, si bien se había apropiado de Aristóteles desde su juventud, se dedica a comentarlo mucho más tarde. Se vuelca, en efeco, a escribir comentarios a la obra de Aristóteles, cuando ya tenía un dominio extraordinario del mismo, en los últimos cuatro o cinco años de su vida.[210] Las causas de esta tardía interacción pueden ser variadas: por una parte, el estudio de los escritos de Aristóteles le permitiría una renovada apropiación de este material en el momento en que redactaba la *Suma teológica*; por otra parte, le permitiría ofrecer un tipo de comentario alternativo al que estaba circulando en ese momento en la Facultad de Artes de la misma Universidad de París. En efecto, cuando Tomás de Aquino escribe sus propios comentarios a Aristóteles, no está luchando por establecer el primado de Aristóteles contra un primado de Agustín; está luchando por establecer lo que considera la más recta interpretación de Aristóteles contra lo que considerada una torcida interpretación del mismo.

Su principal adversario no son, pues, en este momento otros teólogos agustinianos, sino el tipo de corriente que hoy solemos calificar como «averroísmo latino», «aristotelismo radical» o «aristotelismo ético». Cómo se le llame depende, desde luego, de qué nexos y acentos se resalte del movimiento. Si nos dirigimos a París en los últimos años de enseñanza de Tomás, nuestra mirada puede concentrarse en Sigerio de Brabante y Boecio de Dacia, profesores de la Facultad de Artes. Son autores como ellos los que motivan la condena de 1277, una de las mayores intervenciones de la autoridad eclesiástica en la historia del pensamiento (podría, si fuésemos más conscientes de nuestro trasfondo medieval, disputarle la importancia a la condena de Galileo). Se trata de una de las instancias mayores de confrontación abierta entre variantes del agustinismo y el aristotelismo, con la condena publicada precisamente el día en que se conmemoraban tres años de la muerte de Tomás de Aquino, quien había pretendido sintetizarlos. Nos podemos formar una idea de lo que estaba en discusión, si dirigimos la mirada a algunas de las 219 tesis condenadas.[211] Las presentamos aquí según el número de la condena en cuestión:

> 3. Dios no conoce cosas distintas de sí mismo.
>
> 18. La [afirmación de una] resurrección futura no debe necesariamente ser concedida por el filósofo, porque es imposible su investigación por la razón.
>
> 22. Dios no puede infundir la felicidad de modo inmediato.

---

[210] Para el detalle de cada comentario, véase Jean-Pierre Torrell (2002), *Iniciación a Tomás de Aquino: su persona y su obra*, Pamplona: Eunsa, pág. 243-257.

[211] Uso la edición de Kurt Flasch (1989), *Aufklärung im Mittelalter? Die Verurteilung von 1277. Das Dokument des Bischofs von Paris*, Mainz: Dieterichs.

32. El intelecto es numéricamente uno.

40. No hay condición (*status*) mejor que la de dedicarse a la filosofía.

50. Dios no puede mover irregularmente, esto es, de otro modo que como mueve, porque en Él no hay diversidad de voluntades.

71. En las sustancias separadas no hay cambio posible, ni están en potencia para algo, pues son eternas y libres de materia.

157. Un hombre ordenado en cuanto al intelecto y al afecto, del modo suficiente que puede ser ordenado por las virtudes intelectuales y otras virtudes morales de las que habla el filósofo en la *Ética*, está suficientemente preparado (*dispositus*) para la vida eterna.

170. Alguien pobre en lo que se refiere a los bienes externos no puede actuar moralmente bien.

174. En la ley cristiana hay fábulas y cosas falsas, tal como en otras religiones.

208. De dos bienes propuestos mueve más fuertemente el que es más fuerte.

Quien observe este conjunto de tesis puede fácilmente formarse una idea del entramado de problemas que estaba en discusión. Pensemos, en primer lugar, en aquellas condenas que se inspiran de modo evidente en la obra de Agustín. Cuando, en el número 22, se condena a quienes afirman que «Dios no puede infundir la felicidad de modo inmediato», lo que está en cuestión es la posibilidad de que la felicidad nos sea otorgada por la gracia de Dios, en lugar de ser alcanzada por el largo esfuerzo consistente en el desarrollo de nuestras variadas capacidades morales e intelectuales. La contraparte de esto se encuentra en la condena 157: se rechaza ahí la idea de que habiendo desarrollado tales capacidades, ya tengamos todo lo requerido por la vida eterna. Podría describirse a los que sostenían lo contrario –la suficiencia del esfuerzo humano– como un tipo de naturalistas. Ese término, después de todo, capta bien lo que está siendo condenado en varios de los números siguientes. Si los aristotélicos de la Facultad de Artes estaban afirmando que en el relato cristiano hay fábulas (174), que no es posible hacer una investigación racional sobre la resurrección (18), si eran deterministas tanto respecto de la voluntad divina (condena 50) como respecto de la humana (condena 208), entonces parece apropiado describirlos como naturalistas.

¿Pero corresponde, además, describirlos como aristotélicos? Algunas de las tesis (como la rechazada en la condena 3, por tomar un ejemplo fuera de disputa) son efectivamente aristotélicas, y reconocerlas como tales nos puede ayudar a sentir la tensión entre el aristotelismo y la tradición agustiniana hasta entonces predominante. Otras tesis, en tanto, implicaban una lectura tal vez plausible, pero no la única lectura posible de Aristóteles. Finalmente, algunas de las tesis constituyen, fuera de toda duda, una radicalización de las posiciones de Aristóteles. La condena 170 se enfrenta a quienes afirman que una persona pobre no puede actuar moralmente bien; pero Aristóteles nunca insinúa algo semejante: sólo afirmaba que, aunque actuaran moralmente bien, los obstáculos para su felicidad serían tal vez insalvables.[212] Desde el cristianismo, se puede tener motivos para cuestionar también la formulación original de Aristóteles (piénsese en el profeta Habacuc, hablando de gozarse en Dios, «aunque la higuera no florezca»), pero la condena estaba enfrentando una tesis más radical –de ahí que con razón quepa hablar de «aristotelismo radical» para describir este aspecto del movimiento.

En la condena de este movimiento hay, como en toda historia de este tipo, un fascinante historial de intriga. El cardenal Tempier, que había enseñado en la Facultad de Teología de la Universidad de París antes de ser obispo de la ciudad, estaba dirigiendo la investigación eclesiástica sobre la Facultad de Artes, junto con el papa Juan XXII (el lógico Pedro Hispano, que en calidad de tal conocía bien los conflictos de la universidad parisina). Con todo, Tempier no tuvo la paciencia para esperar la última respuesta del papa, sino que promulgó la condena por cuenta propia, dándole tal vez un carácter más unilateral del que, de lo contrario, habría tenido. Su prisa es un testimonio elocuente de los ánimos que imperaban. Nadie menos que Buenaventura había dado años antes una serie de conferencias de semana santa que, publicadas bajo el título de *Conferencias sobre la obra de los seis días* (*Collationes in Hexaemeron*), nos dan una buena muestra de que, más allá de la condena eclesiástica, había una disputa intelectual profunda, que Buenaventura veía, en último término, como una tensión entre platonismo y aristotelismo. Merece ser citado *in extenso* en su crítica a quienes rechazaron las ideas platónicas:

> El principal de éstos parece haber sido Aristóteles, quien tanto al comienzo como al final de la *Metafísica*, así como en muchos otros lugares, execra las ideas de Platón. De ahí que diga que Dios sólo se conoce a sí mismo y que no requiere de conocimiento de ninguna otra cosa, y que mueve como amado y deseado. A partir de esto sostienen que Dios no conoce nada particular. De ahí que Aristóteles impugne las ideas sobre todo en la *Ética*, donde dice que el sumo bien no puede ser una idea [...]. De este error se sigue otro error, esto es, que Dios no tiene presciencia ni providencia, por el hecho de que no tiene en sí mismo el conocimiento (*rationes*) de las cosas, a partir del cual pudiese conocerlas. También dicen

212 Aristóteles, *Ética a Nicómaco* I, 10, 1100 b28-30.

> que no hay ninguna verdad respecto del futuro si no es verdad respecto de cosas necesarias, y que la verdad respecto de los contingentes no es verdad. Y a partir de esto se seguiría que todo ocurre por casualidad o por necesidad fatalista. Y como es imposible que ocurran por casualidad, a partir de ahí los árabes concluyen que las cosas ocurren por necesidad fatalista [...]. De lo anterior se sigue una triple ceguera u oscuridad. En primer lugar, respecto de la eternidad del mundo, como parece enseñarla Aristóteles [...]. Nunca encontrarás que éste diga que el mundo tuvo principio o inicio; incluso refuta a Platón, quien parece ser el único en haber sostenido un inicio del tiempo.[213]

La totalidad de los errores de la época parecen, para Buenaventura, concatenados con el rechazo de la realidad paradigmática eterna como la había concebido Platón. Bien cabe llamar la atención sobre el hecho de que, en este pasaje, las referencias a Aristóteles son modificadas por un «parece» que le da al filósofo griego el beneficio de la duda; los aristotélicos radicales son, en cambio, objeto de rechazo más inequívoco. Para otros, como Tomás de Aquino, el aristotelismo radical era un adversario igualmente relevante, pero estaban menos inclinados aún a pensar que Aristóteles hubiera de ser responsabilizado por las tesis de estos comentadores suyos. Corresponde, en efecto, notar, que aquí está en juego algo mucho más significativo que interpretaciones divergentes de Aristóteles. En el mundo islámico, la filosofía de Aristóteles había sido cultivada de un modo distinto a como lo fue luego entre los cristianos: más visibles tensiones entre filosofía y religión llevaron a que el cultivo de la filosofía fuese un ejercicio más independiente y propio de una élite. En los averroístas latinos del siglo xiii, lo que encontramos es ese mismo ideal filosófico, pero trasladado a un contexto religioso cristiano. No podía sino producirse ahí un quiebre con la tradición de fe que busca comprensión, tradición que también un aristotélico como Tomás representaba, con toda la independencia formal que concedía a la filosofía.

No hubo solución intelectual a dicho conflicto. Habiéndose zanjado en la esfera de la política eclesiástica, reemergió precisamente en el pensamiento político, un siglo más tarde. Así como el siglo xiii vio emerger una filosofía marcadamente emancipada de la fe, el siglo xiv vio emerger en Marsilio de Padua una concepción de la política emancipada también de las cuestiones últimas que animan a la tradición precedente.[214] Tal como en el caso de los averroístas del siglo precedente, esta emancipación se llevó a cabo bajo la apariencia de un tradicional aristotelismo. Cabe decir que Marsilio siguió, en efecto, a Aristóteles como

[213] Buenaventura, *Collationes in Hexaemeron* VI, 2-5.

[214] Para este paralelo, véase Jorge Martínez Barrera (2011), «La emancipación de la filosofía en el siglo xiii como antecedente de la autonomía de la política», *Patristica et Mediaevalia* (32).

cientista político, como investigador de las distintas formas del orden, pero se separó de él como filósofo político, a la hora de preguntar por el origen y fin de la vida política.[215] Ahí donde Aristóteles había concebido la vida política como algo que nace para cubrir necesidades, pero subsiste para buscar la excelencia, pasando de la vida a la vida buena, Marsilio lo expone de un modo que limita la vida política a la vida, a la satisfacción de necesidades o a «la vida suficiente».[216] Nace así la primera teoría del Estado secular, cuya nota distintiva es, no la simple separación respecto de la Iglesia, sino una reconfiguración de las aspiraciones de la vida política. Sobre su recepción en la Reforma, tendremos ocasión de volver en nuestro capítulo final.

5.4. Platonismo, aristotelismo y antiaristotelismo en la Reforma

Cuando llegamos al momento de la Reforma protestante debemos, pues, ser conscientes de un amplio trasfondo de controversia. Platón y Aristóteles habían, en diversas combinaciones y modificaciones de uno y otro, marcado el pensamiento cristiano por más de un milenio el primero, y por dos siglos y medio el segundo. Cuando los reformadores dan inicio a sus propias carreras, nos encontramos en un mundo en el que Platón se halla de algún modo en el trasfondo dando un marco general de sentido, y en el que, al mismo tiempo, Aristóteles es el filósofo por excelencia. La presencia expresa de Platón en la discusión de los reformadores es por lo mismo limitada, aunque su traducción completa por parte de Ficino apenas precedió en algo más de una generación a la Reforma. Pero aunque escasas, las menciones de Platón entre los reformadores son casi invariablemente elogiosas. Calvino, por ejemplo, quien es poco dado a citar a cualquiera de los filósofos paganos –aunque sí dado a reconocer en términos generales su sabiduría– alude a Platón en una de las primeras páginas de su *Institución*, cuando afirma que ya los filósofos descubrieron que sólo podía llamarse conocimiento de Dios uno que condujera a la adoración. No se trata de una afirmación genérica, sino que de inmediato aclara que se está refiriendo a la doctrina de la *theosis* o *homoiosis theo*. «No otra cosa quiso Platón –escribe Calvino– al frecuentemente enseñar que el sumo bien del alma es la similitud con Dios, cuando por conocimiento de Él, el alma toda es transformada en dirección al mismo».[217] Algunos capítulos más adelante, el mismo Platón es mencionado como el más sobrio y religioso de los

[215] Esta distinción entre ciencia y filosofía política en Marsilio la tomo de Francisco Bertelloni, *Desaparición del finalismo e irrupción del mecanicismo causal: ¿neo-aristotelismo o antiaristotelismo en la filosofía política de Marsilio de Padua?* Documento inédito.

[216] Marsilio de Padua, *Defensor Pacis* I, 4, 2. El pasaje en cuestión, como fácilmente se puede verificar, parte por citar la posición completa de Aristóteles, para luego exponerlo de un modo que marginaliza de modo completo la pregunta por la vida buena.

[217] *Institución* I, 3, 3.

filósofos,[218] pero precisamente para indicar que no ha cumplido con ese requisito que él mismo habría puesto. Así, incluso en el mejor de ellos, como en todos los hombres, el conocimiento que Dios nos ha dado de sí mismo no da el fruto debido.[219] Bien puede decirse que una posición como ésa sintetiza el sentir del conjunto de los reformadores respecto de Platón, al margen de la frecuencia con que cada uno de ellos se refiriese a su obra.

No muy distinta es, en efecto, la posición adoptada por Lutero en la *Disputación de Heidelberg*. Ésta está compuesta no sólo por un conjunto de tesis teológicas, sino también por una serie de tesis filosóficas. Unas posteriores *probationes* presentan la defensa de las tesis en cuestión, y dichas *probationes* de las tesis filosóficas de hecho han sido publicadas sólo muy recientemente.[220] Éstas concluyen no con una crítica a Aristóteles desde una perspectiva puramente bíblica o agustiniana, sino con una explícita y elogiosa remisión a Platón: que la filosofía de este sería «mejor que la de Aristóteles resulta evidente por el hecho de que aquél siempre busca lo divino e inmortal, lo separado y eterno, lo espiritual y no sensorial; de ahí, que deja las cosas individuales que son objeto de los sentidos, dado que por su inestabilidad no pueden ser objeto de ciencia».[221] Quien considera textos como éste difícilmente podrá dejar de evocar las conferencias de Buenaventura que hemos citado con anterioridad. Pero esta disposición positiva respecto de Platón coexiste en Lutero con su rechazo del neoplatonismo del tipo que se encuentra en Dionisio Areopagita, «un hombre más platonizante que cristianizante».[222] En otros autores y corrientes del temprano protestantismo, el platonismo se vuelve un fenómeno recurrente y más complejo, también más abierto a figuras como Dionisio. Goclenius, escribiendo a fines del siglo XVI, aprovecha abundantes excursos para explicar a Platón del mejor modo posible, «porque sé que aquí pocos le hacen justicia entendiéndolo a fondo; también a mí se me escapaba antes su genuino sentido».[223] Richard Hooker, que usualmente ha sido presentado como un protestante positivamente abierto a Tomás de Aquino, ha sido recientemente interpretado como también un eminente platónico.[224] Si hablamos ya no de autores individualmente considerados, sino de corrientes, no

---

[218] *Institución* I, 5, 11.

[219] *Institución* I, 5, 11.

[220] Su primera publicación es de Helmar Junghans (1979), «Die probationes zu den philosophischen Thesen der Heidelberger Disputation Luthers im Jahre 1518», *Luther Jahrbuch* (46). Para discusión de dicho texto, véase Theodor Dieter (2001), *Der junge Luther und Aristoteles*, Berlín / Nueva York: Walter de Gruyter, pág. 431-631.

[221] Junghans, Helmar (1979), «Die probationes zu den philosophischen Thesen der Heidelberger Disputation Luthers im Jahre 1518», pág. 56.

[222] *La cautividad babilónica de la Iglesia*, WA 6, 562.

[223] Goclenius, Rudolph (2010), *Übungen zur Ethik / Exercitationes Ethicae. Marburg 1592*, Würzburg: Königshausen & Neumann, pág. 250.

[224] Kirby, Torrance (2005), *Richard Hooker. Reformer and Platonist.*

puede aquí dejar de nombrarse a los platónicos de Cambridge: aquí se tiene, no un movimiento anticuario ni de simple recepción de la tradición, sino un platonismo activamente involucrado en el debate filosófico que en la segunda mitad del siglo XVII emprendía nuevos rumbos.[225]

La adopción de Platón puede, en suma, considerarse como algo no controversial entre las primeras generaciones de protestantes, aunque la medida en que fuese adoptado está lejos de ser uniforme. También la tradición de conciliación entre Platón y Aristóteles se encuentra aquí bien representada. En su discurso *Sobre Platón* (1538), Melanchthon escribe que, pese a las correcciones de Aristóteles a su maestro, la diferencia entre ambos filósofos no es mucha, y que la lectura de Platón será provechosa, si uno antes se ha dejado educar por Aristóteles (sobre cuya superioridad pedagógica, Melanchthon perpetúa así una ya larga tradición).[226] Pero el modo en que sería recibido Aristóteles es, desde luego, materia de discusión ostensiblemente mayor. La crítica a Aristóteles a veces se ha tendido a imaginar como un rasgo predominante de la Reforma. ¿Existe ese antiaristotelismo de la Reforma? Este es uno de los puntos en los que conviene una vez más volverse consciente de las preguntas que hemos levantado con anterioridad respecto de la excepcionalidad de Lutero. Ciertamente hay un antiaristotelismo de Lutero; otra cosa es que haya un antiaristotelismo de la Reforma. El antiaristotelismo de Lutero se enmarca, como es natural, dentro de la larga serie de tensiones entre la tradición agustiniana y la tradición aristotélica (y debe, por tanto, ser distinguido de otros tipos de antiaristotelismo tardo-medieval y temprano-moderno). Ya hemos visto algo de las reacciones medievales ante la obra de Aristóteles, en particular el modo en que la tradición agustiniana, en variantes tan distintas como las de Tomás de Aquino, Buenaventura y el obispo Tempier, se enfrentó al aristotelismo radical. ¿Cómo hemos de evaluar la posición de Lutero ante ese trasfondo? Cabe, en primer lugar, notar que Lutero tuvo entre sus primeras tareas académicas el enseñar la *Ética* de Aristóteles. Hay, además, una reiterada pretensión de Lutero de haberlo entendido mejor que sus antecesores medievales –aunque, precisa, tampoco el Aristóteles bien entendido sería compatible con el cristianismo.[227] Tales declaraciones suelen generar dispares reacciones. Por una parte, están quienes efectivamente han estudiado a Aristóteles, y no pueden aceptar que un par de simples insultos de Lutero al mismo sean tenidos por una posición seria, por mucho que el reformador lo pretenda. Por otra parte, está la disposición de no pocos estudiosos de Lutero que, viendo a éste presumir de

[225] Para una introducción general a este conjunto de autores, véase Tod Jones (2005), *The Cambridge Platonists: A Brief Introduction*, Lanham: University Press of America. Para su contexto filosófico, G. A. Rogers y otros (eds.) (2010), *The Cambridge Platonists in Philosophical Context: Politics, Metaphysics and Religion*, Dordrecht: Kluwer Academic Publishers.

[226] CR 11, 413-425.

[227] *La cautividad babilónica de la Iglesia*, WA 6, 508; WA Br 1, 157.

conocimiento de Aristóteles, y viendo que, de dicho conocimiento, se desprende un juicio negativo sobre el Estagirita, no pueden sino dar por sentada la validez de dicho juicio. Las dos reacciones deben ser vistas con cautela. No es simple ignorancia lo que encuentra quien revisa detenidamente las declaraciones de Lutero, aunque tomadas como guía para la comprensión de Aristóteles ciertamente constituirían una piedra de tropiezo.

Lo mejor que podemos hacer es partir por atender a la tradición específica de crítica a Aristóteles en la que se enmarca Lutero, para, dentro de ella, entender su posición específica. Cabe partir por recordar que no hay nada de antiaristotelismo en Agustín (más bien la pretensión de su armonía con Platón). Pero cuando Lutero escribe, el antiaristotelismo agustiniano es ya una tradición centenaria, particularmente intensificada al tener como contraparte el aristotelismo radical en los años 70 del siglo XIII. Puede disputarse exactamente qué autores son los que transmiten de modo más decisivo esta tradición a Lutero, pero en cualquier caso hay una extensa tradición agustiniana de crítica a Aristóteles que parece indudablemente influenciarlo.[228] La conciencia de eso puede volver comprensibles afirmaciones que de otro modo parecerían ser simplemente embarazosas. A mediados de los años treinta, por ejemplo, Lutero ya no sólo critica el aristotelismo de Tomás, sino que lo acusa de averroísmo.[229] Podría objetarse con facilidad a Lutero el no estar tomando siquiera noticia de la oposición de Tomás a los averroístas en la última etapa de su carrera. Pero, aunque tal objeción venga plenamente al caso, cabe notar que la crítica de Lutero podía gozar de cierta plausibilidad dentro de esa tradición que, en parte, consideró a Tomás como tocado por la condena de 1277.

El repertorio de problemas que causaba tensión entre las tradiciones es conocido y abordado no sólo por críticos cristianos de Aristóteles. También teólogos musulmanes, como Al-Ghazali, estaban atentos a la tensión entre sus creencias y las posiciones de cierto aristotelismo respecto de la eternidad del mundo, la resurrección del cuerpo, o el conocimiento de singulares de parte de Dios. Ahora bien, la posición de Lutero en esta tradición bien puede ser descrita como un asumir la misma, pero ampliando de modo particularmente enfático la preocupación por la filosofía práctica de Aristóteles. Así rezan algunas de sus tesis de 1517: «La *Ética* completa de Aristóteles es el mayor enemigo de la gracia». «Es un error pretender que la comprensión aristotélica de la felicidad no es incompatible con la doctrina católica».[230] También el agustinismo tardo-medieval tiene preocupaciones de tipo práctico, por cierto. Uno encuentra ahí objeciones respecto del

---

[228] Para una introducción al estado de nuestro conocimiento de este agustinismo tardo-medieval, véase Eric Saak (2013), «The Augustinian Renaissance. Textual Scholarship and Religious Identity in the Later Middle Ages», en: AA.VV., *Oxford Guide to the Historical Reception of Augustine*, Oxford: Oxford University Press (vol. 1, pág. 58-67).

[229] *Comentario a Isaías*, WA 25, 219; *Comentario al Génesis*, WA 43, 92.

[230] *Disputación contra la teología escolástica*, WA 1, 226.

carácter puramente temporal de la felicidad buscada por Aristóteles, objeciones de un tenor similar al encontrado en Lutero. Con todo, la objeción estándar de Lutero es otra: Aristóteles explica la justicia diciendo que la adquirimos por la realización de actos justos; pero no es así: es sólo siendo justificados que puede emanar de nosotros la justicia. Afirmaciones en este sentido pueden ser encontradas desde los más tempranos escritos de Lutero. Así, por ejemplo, en las lecciones sobre Romanos, anteriores al inicio formal de la Reforma en 1517. Explicando la expresión «la justicia de Dios» (Rom 1,17), escribe ahí que ésta lleva dicho nombre precisamente «por contraste con la justicia de los hombres, que nace de las obras». Así, continúa Lutero, «la define Aristóteles en el libro tercero de la *Ética*, pues según él la justicia nace de los actos».[231] Esta toma de posición, en diversas formulaciones, es recurrente. Uno de los elementos que particularmente llama la atención es el hecho de que, con frecuencia, al objetar esta posición de Aristóteles, Lutero lo hace mediante un contraste explícito con Agustín, citando pasajes del *De spiritu et littera* –el más temprano de los textos antipelagianos de Agustín y el de más decisiva influencia en la Reforma.[232] Si uno se enfoca en estos pasajes, la inclinación a leer esto dentro de la entonces ya larga historia de tensiones entre la obra de Aristóteles y la de Agustín parece justificada, y salta a la vez a la vista lo centrales que son las objeciones de Lutero a Aristóteles para su propio proyecto. Se trata de algo vinculado con el núcleo mismo del movimiento reformador.

Pero surgen aquí varios puntos a tener en cuenta, si queremos captar el alcance y la motivación de la crítica de Lutero a la comprensión aristotélica de la adquisición de virtudes. Como en todas las materias, cabe preguntarse qué hay de crítica a Aristóteles y qué de crítica a la apropiación teológica del mismo en el medioevo. No es poco frecuente que la cuestión sea tratada de modo indiferenciado, y Lutero mismo tiene cierta responsabilidad en ello. Si hoy resistimos la tentación de identificar a Aristóteles y Tomás de Aquino, por ejemplo, Lutero hace bastante por fomentarla. En *La cautividad babilónica de la Iglesia*, nos habla –a propósito de la transubstanciación– de su descubrimiento de «qué Iglesia es ésta que toma tales determinaciones, a saber la tomista, la de Aristóteles».[233] El joven Lutero puede haber pasado un mal rato enseñando la *Ética*, pero es ante todo esta asociación con la teología medieval lo que hace que Aristóteles siga estando en su mente por el resto de su vida. Así, en 1518, escribe de un Aristóteles de cuatro cabezas (*quadriceps Aristoteles*) que se expresa en tomistas, escotistas, albertistas y modernos.[234] Cabe, pues, afirmar que Lutero no tiene ningún interés independiente en Aristóteles, y que, por tanto, cabe esperar como regla que sus

---

231 *Comentario a Romanos*, WA 56, 172.

232 *Comentario a Romanos*, WA 56, 172; *Disputación de Heidelberg*, WA 1, 364; WA Br 1, 70.

233 WA 6, 508.

234 *Los diez mandamientos explicados al pueblo de Wittenberg*, WA 1, 509.

críticas al mismo vayan dirigidas en realidad a su adopción medieval. Pero eso obliga a preguntarse si acaso la crítica a Aristóteles, así como la formula Lutero, es aplicable a la escolástica como un conjunto o a alguno de sus principales representantes.

A esa pregunta bien cabría responder que la posición aristotélica se encuentra tan modificada por la concepción tomista de hábitos infusos, que teólogos protestantes de ortodoxia impecable como John Owen pudieron seguir su misma huella.[235] La crítica de Lutero sólo tendría sentido, aparentemente, si se dirige con exclusividad a Aristóteles (y si Lutero creía que fue asumido de modo no modificado por los escolásticos). Pero la posición de Aristóteles, como entre los estudiosos de Lutero lo ha destacado Theodor Dieter, no está suficientemente descrita con la afirmación de que el hábito es fruto de ejercitación. Hay aquí, después de todo, una serie de problemas de cuyo planteamiento Aristóteles se hace cargo. Por lo pronto, está la gran dificultad de pensar cómo el que se ha vuelto injusto podría luego dejar de serlo. Aristóteles lo aborda en medio de su discusión sobre la voluntariedad del vicio en el libro III de la *Ética a Nicómaco*. Si bien volverse licencioso o injusto, escribe ahí, es voluntario, «no es por la simple voluntad que alguien dejará de ser injusto y se volverá justo».[236] La idea de que «el principio» está en el agente es literalmente una concepción acerca del principio de la acción: arrojada la piedra, no es fácil ver cómo recobrarla. Éstos son textos con los que alguien educado por el libro VIII de las *Confesiones* de Agustín y su concepción del encadenamiento de la voluntad podría sentirse perfectamente cómodo. Desde luego, la manera en que Aristóteles plantea la cuestión está lejos de la noción de pecado original, noción según la cual todos estamos en la posición del licencioso o el injusto que Aristóteles describe; pero está no menos lejos de la idea de que siempre esté en nuestra mano el reorientar nuestra vida: «una vez que han llegado a serlo [licenciosos, injustos], ya no les es posible no serlo».[237] Es más, si bien en Aristóteles efectivamente hay una prioridad temporal de la operación sobre el hábito, en el libro II de la *Ética* destaca el hecho de que, en rigor, el acto virtuoso sólo puede ser llamado tal, cuando proviene de la disposición virtuosa: «las acciones se llaman justas y moderadas cuando son tales que un hombre justo y moderado podría realizarlas».[238] No es, pues, que en Aristóteles tengamos la posición según la cual nos volvemos justos por realizar actos justos, y en Lutero la alternativa opuesta; Lutero convierte más bien en alternativa –simple prioridad del acto o del hábito– lo que en Aristóteles no es tal: hay un sentido fuerte en el

[235] Al respecto véase, Christopher Cleveland (2013), *Thomism in John Owen*, Farnham: Ashgate, pág. 69-120.

[236] *Ética a Nicómaco* III, 5, 1141 a12-15.

[237] *Ética a Nicómaco* III, 5, 1141 a21-22.

[238] *Ética a Nicómaco* II, 4, 1105 b5-7.

que Aristóteles puede decir que, sólo del que ya es justo, salen actos justos. No es inconcebible que, bajo condiciones de recepción distintas, un Lutero hubiese podido citar esa posición a su propio favor. Pero, como ha notado Theodor Dieter, si bien en Aristóteles algunos de estos puntos son problematizados, lo mismo no vale para todos sus comentadores tardo-medievales. En Buridan y Gabriel Biel, por lo pronto, una simple remisión a la capacidad del libre albedrío para corregir el vicio basta para solucionar lo que, en Aristóteles, tiene un carácter bastante más complejo.[239] Viniendo de una tradición agustiniana, y enfrentando *ese* Aristóteles, no hay que extrañarse del tenor de las críticas de Lutero.

Pero volvamos a la «excepcionalidad de Lutero». Si en algo ésta resulta visible, es en el contraste entre su crítica a Aristóteles y la virtualmente universal adopción del mismo por parte de otros reformadores, y tanto más por sus continuadores escolásticos. El caso más llamativo, sin duda, es el de su colega Felipe Melanchthon. Y uno de los hechos más llamativos de la relación entre ambos es que, en Lutero, no haya palabra de queja por el aristotelismo de su estrecho colaborador. Melanchthon mismo estuvo bajo la influencia de la crítica de Lutero a Aristóteles por alrededor de seis años, pero luego se volvió un asiduo comentador y difusor de su obra. Y debe subrayarse aquí lo de la excepcionalidad: es Lutero, no Melanchthon, quien constituye la anomalía. No es que el aristotelismo fuese «reintroducido» por Melanchthon, sino que subsiste con independencia de él en muchos otros reformadores, algunos de ellos –elocuente es el caso de Vermigli– fuertemente enraizados en el mismo agustinismo tardo-medieval de Lutero. La medida en que Aristóteles fue recibido por los tempranos protestantes es, como antes hemos visto, una materia sobre la que nos informa mucho mejor el trabajo de recientes especialistas en el renacimiento (como Charles Schmitt y Charles Lohr) que la historiografía concentrada en la Reforma. Hoy el mayor riesgo ya no es que desconozcamos ese hecho –aunque para un amplio público siga siendo invisible–, sino que confundamos esto con una monolítica adopción del mismo. Aquí vale lo que en otros puntos ya hemos mencionado: el comentar un texto por siglos fue el camino no para ser esclavo del mismo, sino para el desarrollo de las más originales ideas. Tanto más vale esto cuando consideramos que un autor nunca es recibido en soledad, sino integrado con la obra de otros autores recibidos en conjunto. La presunta uniformidad del aristotelismo es, en efecto, más bien una creación de sus críticos de la modernidad temprana, un fenómeno con el que el estudioso de esta tradición rara vez se cruza.

Es cierto, con todo, que ocasionalmente Aristóteles funciona para estos autores como funciona una enciclopedia. Un autor como John Owen puede remitir a sus lectores a pasajes específicos de Aristóteles simplemente para no tener que

[239] Dieter, Theodor (2001), *Der junge Luther und Aristoteles*, pág. 175-193.

explicarles qué significan en su acepción más común «ira» o «reconciliación».[240] Cuando no existía la *Enciclopedia británica*, existía el *corpus aristotelicum*. Resulta, sin embargo, importante notar que, en un mismo autor, ese tipo de uso puede convivir con un uso polémico, imaginativo y científico, como, de hecho, ocurre en un amplio número de escolásticos protestantes. Pero, aunque Aristóteles cumpla un papel importante en el conjunto del pensamiento del periodo, no desempeña en la teología de los escolásticos protestantes un papel idéntico al que desempeña entre los escolásticos medievales. Casi no hay página de la *Suma teológica* de Tomás, en que Aristóteles no esté desempeñando algún papel importante, mientras que, en las obras de Turrettini, Owen, Voetius y otros, su presencia es recurrente pero menos decisiva.

5.5. Agustín y Tomás en la Edad Media tardía

Hemos considerado la recepción de Platón y Aristóteles a lo largo del periodo medieval y en la Reforma. Si algo emerge como resultado de tal revisión es que, contra lo sugerido por C.S. Lewis (que en eso representa una común opinión), no podemos hablar de Platón como doctor de los protestantes y Aristóteles como doctor de los católicos. Ambos filósofos paganos son recibidos a lo largo de la historia cristiana en diversas combinaciones. Pero a eso hay que añadir algo más: muchas veces no son recibidos de modo directo, sino mediado; la historia del cristianismo no es una simple historia de apropiación de autores paganos para fines propios, sino también una historia de apropiación de autores cristianos que han hecho trabajo filosófico propio. Agustín y Tomás merecen, en este sentido, ser comparados no porque hayan desempeñado un papel idéntico (uno como el padre adoptivo de Platón, otro como el padre adoptivo de Aristóteles), sino más bien por sus aparentes diferencias: Agustín es el telón de fondo de todo el cristianismo occidental, recibido y leído de múltiples maneras; Tomás de Aquino, en cambio, con frecuencia da más bien la impresión de ser un autor que no es «recibido» en el mismo sentido: parece ser el tipo de autor que no es objeto de múltiples relecturas, sino que simplemente es aceptado o rechazado como norma. Atendamos, pues, a la recepción de ambos con esa inquietud en mente.

Agustín es, aunque sólo fuese porque vivió antes que tantos otros grandes, la voz más importante de la teología occidental. Pero agustinismos ha habido varios y con base textual muy distinta. En vida, Agustín ya podía ver que las *Confesiones* eran su libro más popular, leído no sólo en África, sino de España a Italia. En sus *Retractaciones*, menciona el hecho de que esta obra suya es leída con placer por muchos –un tipo de afirmación que no hace respecto de ninguna de sus restantes

[240] Para la ira, véase *Dissertation on Divine Justice* (*Works* X, 542), para la reconciliación *The Death of Death in the Death of Christ* (*Works* X, 262).

obras.[241] Pero popularidad y autoridad son dos fenómenos distintos: la consolidación de Agustín como autoridad se relaciona principalmente con la controversia antipelagiana. Fue ella la que le trajo el reconocimiento también de aquellos que, como Jerónimo, habían tenido con él una relación más bien tensa. Así, pronto su presencia se haría universal en el Mediterráneo, pero particularmente en la forma de florilegios: colecciones de citas por las que, sin leerlo directamente, se podía hablar de una infinidad de tópicos, teniendo para todos un texto de Agustín a la mano. Para la temprana Edad Media, esta es la forma principal de su transmisión: no se difunden en una proporción significativa obras completas de Agustín, pero sí la combinación de un general espíritu agustiniano y un conjunto de textos dispersos.

Los tipos de texto por los que se transmitió eran variados. El único género literario medieval que puede ser considerado irrelevante para la historia del agustinismo son los comentarios: se comentaba a Aristóteles o también a Boecio, mientras que escribir un comentario a una obra de Agustín siempre fue algo excepcional. Pero estaban los mencionados florilegios. Por otra parte, estaba la multitud de citas de Agustín que podía encontrarse en los comentarios a la Biblia elaborados con citas de los padres. Con la consolidación de la *Glossa ordinaria* como principal texto en ese género en el siglo xii, tenemos un caso emblemático de ese tipo de transmisión. En el mismo siglo, encontramos las *Sentencias* de Pedro Lombardo, también compuestas de modo principal por citas de Agustín (a las 680 citas que Lombardo ofrece de Agustín, siguen apenas 66 de Ambrosio como segunda autoridad). Quienquiera que pasase por algún tipo de enseñanza formal se vería expuesto a este conjunto de manuales, viéndose así imbuido de una amplia formación agustiniana, aunque no leyera una sola obra de Agustín mismo.

En consecuencia, difícilmente se encontrará autor en el siglo xiii que no pueda ser calificado como agustiniano. Pero, por lo mismo, el término puede perder algo de sentido, y conviene precisar grados y modos de adhesión. Alberto Magno, por lo pronto, una de las figuras principales en la recepción de Aristóteles, tiene respecto de Agustín una relación de tan copiosa apropiación como cualquiera de sus contemporáneos; sin embargo, estrechamente familiarizado con disciplinas en las que Agustín poco le parecía contribuir –Alberto es uno de esos raros genios universales como Aristóteles o Leibniz–, puede declarar que aunque lo tiene «en no poca reputación, respondo que en cuestiones de filosofía natural no hay que creerle donde se opone a los filósofos naturales».[242] Para otros, como Buenaventura, el genio de Agustín residía precisamente en su capacidad para unir los respectivos campos en los que brillaron Platón y Aristóteles. El primero de éstos parecía «fijar un camino de sabiduría, que procede según razones eternas, pero

[241] *Retractaciones* 2, 6.

[242] Alberto Magno, *Comentario al II libro de las Sentencias* d. 13, c, art. 2.

destruía a cambio el camino de la ciencia, que procede según razones creadas». El segundo, en cambio, estableció la ciencia descuidando el camino superior. A eso opone Buenaventura el hecho de que Agustín habría unido «la palabra de ciencia y la palabra de sabiduría».[243] En este contexto, resulta difícil precisar la posición exacta de Tomás de Aquino respecto de Agustín. Como algún grado de síntesis entre Aristóteles y Agustín es la norma en el periodo, no se dice mucho al describir su proyecto como uno de síntesis. El mayor riesgo, tal vez, es el concebir ésta como si lo suyo fuese un recurso a Aristóteles para la filosofía y a Agustín para la teología.[244] Así, por mucho que se hable de un agustinismo de Tomás, parece ser uno exclusivamente teológico, mientras que, en lo filosófico, sería un corrector de Agustín.[245] Contra ese tipo de énfasis, bien cabría decir que el agustinismo da el marco para el conjunto del pensamiento de Tomás de Aquino, pero que al mismo tiempo el pensamiento de Aristóteles penetra en el conjunto de ese marco. Así, quien considere, por ejemplo, la felicidad –uno de esos tópicos que precisamente fijan el marco–, se encontrará con una posición muy enfáticamente agustiniana respecto de la imposibilidad de una felicidad puramente temporal, al mismo tiempo que el conjunto del análisis específico de la felicidad sigue de cerca a Aristóteles.[246]

Durante el siglo xiii, se ha empezado ya a dejar los florilegios y volver a la lectura de obras íntegras de Agustín. Es un siglo tan agustiniano como cualquiera de los precedentes, e incluso más, si se piensa en cómo la controversia con el aristotelismo radical aumentó ciertas tensiones. Al mismo tiempo, es un siglo sin significativa querella antipelagiana, motivo por el que su agustinismo fácilmente ha sido invisible para muchos protestantes. ¿Cómo debemos imaginar el siglo que lo sigue? ¿Fue la Edad Media tardía agustiniana? ¿Tomista? ¿Pelagiana? La tentación de intentar caracterizar cada periodo de la historia por un espíritu determinado siempre ha sido fuerte. Pero, aunque para algunos periodos tal tentación sea atendible, es prudente oponerle cierta resistencia. Ya hemos visto que si algo

---

[243] Bonaventura, «Christ Our One Teacher», en: Robert Pasnau (ed.) (2002), *The Cambridge Translations of Medieval Philosophical Texts* (vol. 3: *Mind and Knowledge*), Cambridge: Cambidge University Press, pág. 88-89.

[244] Así ocurre todavía en la última obra colectiva sobre el agustinismo de Tomás, con contribuciones casi exclusivamente centradas en la teología del aquinate. Véase Michael Dauphinais y otros (eds.) (2007), *Aquinas the Augustinian*, Washington: Catholic University of America Press.

[245] Es una interpretación cuya fuerza se debe ante todo a Étienne Gilson (1926), «Pourquoi Saint Thomas a critiqué Saint Augustin», *Archives d'histoire doctrinale et littéraire du Moyen Age* (1). Entre las respuestas a la posición de Gilson, cabe destacar la de Charles Boyer (1927), «Saint Thomas y Saint augustin d'après M. Gilson», *Gregorianum* (1). Para otro ejemplo de cómo Tomás *no* corrige a Agustín, cabe ver Johannes Brachtendorf (2002), «Selbsterkenntnis: Thomas von Aquin als Kritiker Augustins», *Philosophisches Jahrbuch* (109).

[246] Véase *S. Th.* I-II, q. 1-5. Para los elementos agustinianos en la discusión tomista sobre la posibilidad de virtud en los paganos, véase Thomas Osborne (2003), «The Augustinianism of Thomas Aquinas' Moral Theory», *The Thomist* (67).

caracteriza al periodo, es la querella de las vías. Las respectivas órdenes religiosas pronto llegarían al punto de legislar al respecto, los dominicos estableciendo a Tomás como maestro oficial de la orden, y los franciscanos prohibiendo enseñar la *Suma*, si no era de la mano de la «corrección» de la misma (*Correctorium fratris Thomae*) que Guillermo de la Mare había escrito en 1279. No hay un espíritu bajo el cual quepa sintetizar el conjunto de querellas de las escuelas. No hay tampoco épocas agustinianas y épocas pelagianas, sino tendencias fundamentales que habitan en mayor o menor medida todo tiempo. Como veremos, tener eso presente es fundamental para comprender la situación intelectual y espiritual que precede a la Reforma. ¿Qué papel desempeña, entonces, el tomismo en la Edad Media tardía? Sabemos que, tras su muerte, la obra de Tomás es objeto de controversia. Algunas de las condenas del cardenal Tempier a los aristotélicos radicales estaban formuladas de modo tal, que fácilmente serían leídas como dirigidas también contra Tomás. Al mencionado *Correctorium* de Guillermo de la Mare, los tomistas respondieron con sus propios *correctoria* (el de Guillermo, a su vez, lo calificaban no como corrección, sino corrupción, *corruptorium*). En medio de esa literatura de *correctoria* y *corruptoria*, el tomismo llegó a ser una de las escuelas más débilmente representadas en el París del siglo xiv. Esa situación sólo cambiaría en el siglo xv, cuando de la mano de Capreolo puede ya hablarse de un renacimiento tomista. Pero, antes de considerar éste, conviene dirigir la mirada al renacimiento agustiniano del siglo xiv, con el que Capreolo está en buena medida conectando para su propio trabajo en torno a la obra de Tomás.

Para comprender el renacimiento agustiniano puede resultar iluminadora una mirada a Egidio Romano (1245-1316). Porque Egidio, por una parte, estudió bajo Tomás de Aquino y estuvo bajo el fuerte influjo de su obra, mientras por otra parte se erigió en la principal autoridad teológica de la orden agustiniana a fines del siglo xiii. Hoy Egidio tiende a ser conocido más bien por sus posiciones en la literatura político-teológica de su tiempo, en la que participa como uno de los principales defensores de la corte papal. Pero, para los problemas que aquí nos interesan, resulta más significativo el papel que desempeñó en el surgimiento del fuerte agustinismo del siglo xiv. Como general de los agustinos eremitas, a fines del siglo xiii había hecho una vigorosa apuesta por un más exhaustivo conocimiento de Agustín, que estuviera directamente fundado en el conocimiento de su obra completa y que inspirara el cultivo de una tradición intelectual y espiritual distintiva de esta orden. El llamado surtió indiscutible efecto. Pocas décadas más tarde, había maestros de la orden agustiniana que superaban en su conocimiento de Agustín a cualquiera de los grandes escolásticos del siglo xiii. Es el caso principalmente de Gregorio de Rímini, pero está lejos de ser un caso aislado. A mediados del siglo xx, se cobró por primera vez conciencia de la importancia de este fenómeno. Historiadores como Heiko Oberman, Adolar Zumkeller y Damasus Trapp nos volvieron conscientes de ello, y subrayaron aspectos distintos de este agustinismo tardo-medieval. Para Oberman, el centro de este renacimiento agustiniano se encontraba en la lucha contra un nuevo pelagianismo. Zumkeller, por su parte, resaltaba su centralidad como movimiento de la orden agustina. Trapp, en tanto, destacaba la más amplia base de textos de Agustín sobre los que descansaba esta *Schola Augustiniana Moderna*. Había en dicho agustinismo del siglo XIV preocupación por las citas exactas, gusto por la erudición textual. Cuando hay referencias a un autor anterior, los comentadores subsiguientes se preocupan por verificar la literalidad de la cita. Donde textos del siglo anterior refieren a las opiniones de «alguien» (*quidam*), los miembros de este movimiento del siglo XIV intentan identificar de quién se trata. Trapp muestra a estos agustinos como un movimiento histórico-crítico en un siglo del que se acostumbraba destacar sólo la inclinación lógico-crítica.[247] Siguiendo a Eric Saak, resulta importante resaltar aquí el hecho de que, si bien este movimiento agustino tardo-medieval se despliega de un modo especialmente vigoroso una vez que percibe estar en oposición a un resurgimiento pelagiano –piénsese en el título de Bradwardine: *De causa Dei contra pelagianos*–, ciertamente antecede a ese resurgimiento. Llegó a ser un movimiento antipelagiano, pero era un agustinismo más amplio que eso. Conviene tener dicho punto en mente cuando pensemos en la Reforma, ya que también respecto de ella cabe preguntarse en qué medida representa un agustinismo puramente antipelagiano y en qué medida, en cambio, uno más amplio.

De este agustinismo del siglo XIV, la figura más importante para la Reforma es fuera de toda duda Gregorio de Rímini (c. 1300-1358), compañero de orden de Egidio Romano y del posterior Lutero. Ha sido considerado como el mayor conocedor de Agustín en la Edad Media tardía, el hombre en el que florece el impulso dado por Egidio al estudio de su obra. No sólo se trata de un erudito y agudo intérprete de Agustín, sino que se levanta con clara conciencia de estar respondiendo a un contexto intelectual dominado por el pelagianismo. Sin embargo, cabe notar que, sobre la orientación de Gregorio, hay considerable discusión por la singular síntesis que parece implicar: aunque fue un acérrimo enemigo de sus contemporáneos nominalistas por ser éstos pelagianos, parece haber compartido su nominalismo. Los bloques y tradiciones del periodo, como ya repetidamente hemos señalado, se contaminan recíprocamente en una medida que desafía a una categorización sencilla. Al considerar a Gregorio, resulta particularmente importante recordar que este renacimiento agustiniano se dio en un momento de peculiar debilidad para el tomismo. Pero la situación no permaneció así, sino que en el siglo XV espera un renacimiento tomista que conscientemente se encuentra siguiendo los pasos del movimiento agustiniano del siglo XIV. Su principal figura es el ya mencionado Capreolo, cuya única obra es un comentario a las *Sentencias*

---

[247] Al respecto, véase Damasus Trapp (1956), «Augustinian Theology of the 14th Century. Notes on Editions, Marginalia, Opinions and Book-Lore», *Augustmiana* (6).

titulado *Defensas de la teología del divino Tomás* (*Defensiones Theologiae Divi Thomae Aquinatis*). Así como, en el siglo xiv, los agustinólogos pasaron de la simple cita de Agustín al estudio con mayor base textual, con gusto por la erudición histórica, con Capreolo llegamos por fin a un tomista con conciencia de los puntos en los que Tomás de Aquino tuvo evolución doctrinal. Es lo que ocurre precisamente con su comprensión de la gracia, que en la obra tardía ya se ha alejado de las formulaciones semipelagianas que podía encontrarse en escritos más tempranos de Tomás.[248]

Resulta de sumo interés considerar el conjunto de estas figuras con la posterior Reforma en mente. Como monje agustino, Lutero tenía natural familiaridad con la obra de Gregorio, su compañero de orden. Su aprecio por el mismo es no sólo irrestricto, sino que es usado por Lutero como figura de contraste con todos los pensadores de los siglos precedentes.

> Los modernos (como les llaman) están de acuerdo con los escotistas y tomistas en relación con la gracia y el libre albedrío, salvo por un solo hombre: Gregorio de Rímini, al que todos ellos condenan, pero que con toda razón los muestra como peores que pelagianos. Porque sólo él entre los escolásticos está de acuerdo con Karlstadt, esto es, con Agustín y el apóstol Pablo, contra los escolásticos más recientes.[249]

Según estas líneas, la tradición de Pablo a Agustín, y de éste a Wittenberg, contaría con un único mediador escolástico, Gregorio. En otros momentos Lutero estaría dispuesto a dejar que Buenaventura ocupara ese lugar.[250] Pero Capreolo, que había emprendido el estudio de Tomás con conciencia de estar enfrentando un ambiente pelagiano, bien podría haber dado algo que pensar a Lutero. Comparando a Gregorio y Capreolo, Denis Janz ha hablado de una «notable convergencia entre el principal tomista y el principal agustiniano de la Edad Media tardía».[251] Esta convergencia resulta particularmente interesante por no sólo tener lugar en la posición antipelagiana, sino en cierto tipo de estudio. Porque, así como Gregorio fue no sólo un autor antipelagiano, sino lo que podríamos llamar un agustinólogo, Capreolo por su parte se embarcó en un estudio no menos significativo de Tomás,

---

[248] Janz, Denis (1983), *Luther and Late Medieval Thomism*, pág. 43-59. Para discusión más reciente sobre este punto –pero conducente a similares conclusiones–, véase Pasquale Porro (2014), «Predestination, Human Merit and Moral Responsibility. The Reception of Augustine's Doctrine of Irresistible Grace in Thomas Aquinas, Henry of Ghent and John Duns Scotus», en: Pieter d'Hoine y Gerd Van Riel (eds.), *Fate, Providence and Moral Responsibility in Ancient, Medieval and Early Modern Thought. Studies in Honour of Carlos Steel*; Lovaina: Leuven University Press.

[249] *Resoluciones de Lutero sobre sus proposiciones discutidas en Lepizig*, WA 2, 394-395.

[250] WA Tr. 1. Nr. 683.

[251] Janz, Denis (1983), *Luther and Late Medieval Thomism*, pág. 86.

caracterizado, según hemos visto, por cierta atención a la evolución de su pensamiento. En una expresión significativa para esta convergencia de método, Capreolo llega a sugerir que se lea la *Suma teológica* precisamente como las *Retractaciones* de Agustín, como un registro de los puntos en los que el autor se ha corregido a sí mismo.[252] La sugerencia puede ser exagerada, pues la evolución intelectual de Agustín es pronunciada en muchos más temas que en Tomás. Pero la observación resulta pertinente precisamente para la materia que podría ser de mayor importancia para los reformadores: Tomás se había movido de un temprano semipelagianismo a una madura posición agustiniana. Pero, como tendremos ocasión de ver, el tomismo que enfrentó la Reforma en un primer momento no es el de Capreolo.

5.6. La Reforma como querella interna del agustinismo

A pocos años de iniciada la Reforma, tanto católicos como protestantes habían publicado decenas de antologías de textos patrísticos, en ambos casos pretendiendo mostrar que la Iglesia antigua se inclinaba por su posición. En palabras de Steinmetz, «la controversia entre católicos y protestantes fue no una controversia entre una teología nueva y otra teología antigua, sino un choque entre dos visiones teológicas rivales, con cada una de ellas pretendiendo (y cada una con cierto derecho a esa pretensión) ser más antigua que la otra».[253] Tal advertencia nos puede ayudar a evitar algunos comunes errores. El más grueso de ellos es el de imaginar la Reforma como agustiniana y al catolicismo romano como aristotélico, una frecuente contraposición en la literatura sobre el periodo. Un camino hacia una comprensión más ecuánime del fenómeno se encuentra en una afirmación del célebre calvinista decimonónico B. B. Warfield. Según él, la Reforma representa el triunfo de la visión agustiniana de la gracia sobre la visión agustiniana de la Iglesia. Se trataría, entonces, de una querella interna del agustinismo: el Agustín antipelagiano se habría levantado contra el Agustín antidonatista. Pero esa sigue siendo una descripción insuficiente del problema. Lo es, porque presume que es posible separar tan radicalmente estos dos lados de Agustín, como si no hubiera un diagnóstico unificado que lo llevó a oponerse a pelagianos y donatistas. La vida de Agustín tras su conversión puede, en efecto, ser cómodamente dividida en la sucesión de controversias que lo tuvo luchando contra maniqueos, donatistas y pelagianos, por casi quince años contra cada grupo, terminando siempre una controversia en el momento preciso en el que se iniciaba la siguiente. Si contra los maniqueos discutía respecto de la bondad de la creación, las controversias con donatistas y pelagianos tienen mucho que ver con el mal. Los donatistas,

[252] Véase las citas y discusión de los textos en Denis Janz (1983), *Luther and Late Medieval Thomism*, pág. 67.

[253] Steinmetz, David (2011), «The Catholic Luther», en: David Steinmetz, *Taking the Long View*, pág. 63.

podríamos decir simplificadamente, tenían dificultad para aceptar la existencia del mal en la Iglesia, para reconocer a ésta como un cuerpo mixto de trigo y cizaña; los pelagianos, en cambio, tenían dificultad con reconocer el mal dentro de sí mismos, con reconocernos a cada uno de nosotros como campos mixtos de trigo y cizaña. Siguiendo a Jaroslav Pelikan, algunos estudiosos han vuelto a llamar la atención sobre la continuidad entre estas controversias, pero se trata de un fenómeno reciente en los estudios agustinianos.[254] Es, sin embargo, sólo así que se logra comprender el carácter unitario del agustinismo como algo más que un movimiento antipelagiano.

En un comienzo también el protestantismo puede ser descrito como un movimiento agustiniano, y no sólo en el estrecho sentido de adoptar una comprensión agustiniana de la salvación del hombre. Por el contrario, era un movimiento que podía ser descrito como agustiniano por los más variados acentos, una amplitud que puede considerarse reflejada en la declaración de Calvino, en el prólogo a la primera edición francesa de su *Institución*, de estar desarrollando una «Philosophie Chrestienne». Los reformadores conocían a Agustín por el conjunto de vías por las que se le estudiaba en el periodo: por florilegios y por las *Sentencias*, por el agustinismo tardo-medieval y por la lectura de obras completas. Y ese Agustín completo que conocían es alguien de quien se apropiaban también de modo cabal: no sólo para oponerse al pelagianismo, sino también para el cultivo de una «filosofía cristiana», para pensar sobre la naturaleza de las Escrituras y para considerar el bien de la creación. En medio de todo eso, los documentos confesionales del naciente protestantismo no tenían duda alguna en condenar el donatismo. En otras palabras, se entendían a sí mismos no como quien abandona la Iglesia disconforme con el carácter tibio o mixto de la misma, lo cual los habría puesto en una posición incómoda para su agustinismo, sino que se oponen como quien se opone a una herejía, lo cual desde luego resulta más compatible con dicha raíz.

Pero, para contar bien la historia, resulta fundamental reconocer que el partido católico también se veía a sí mismo como íntegramente agustiniano. En algunos puntos, de hecho, contaba con recursos propios de los que los protestantes carecían: las grandes ediciones de las obras completas de Agustín fueron fruto del trabajo de los humanistas y de los católicos, no de los protestantes. Hoogstraeten, uno de los principales polemistas dominicos, aprovechó precisamente estos recursos –la edición de Amerbach publicada entre 1503 y 1517– para construir

[254] Pelikan, Jaroslav (1987), «An Augustinian Dilemma: Augustine's Doctrine of Grace versus Augustine's Doctrine of the Church?», *Augustinian Studies* (18); Russell, Frederick (1990), «Only Something Good can be Evil: The Genesis of Augustine's Secular Ambivalence», *Theological Studies* (51); Kaufman, Peter Iver (1990), «Augustine, Evil and Donatism: Sin and Sanctity before the Pelagian Controversy», *Theological Studies* (51).

una obra en forma de diálogo, en la que Agustín se enfrenta a Lutero.[255] Tomar conciencia del agustinismo de la Contrarreforma, desde luego, no resuelve aún la cuestión de qué lado estaba siendo más fiel a las intuiciones principales de Agustín. Pero es un paso indispensable para plantear de modo completo los problemas de recepción de la tradición intelectual cristiana en el periodo. En medio de dichas disputas por el legado de Agustín, Juan Eck es el primer católico en haber planteado la discusión como una en la que los reformadores equivalen a un partido donatista. Bien podría decirse que buena parte de la historia posterior del protestantismo, que parece aceptada por las palabras que hemos citado de Warfield, constituye una concesión ante esa acusación de Eck. Si el protestantismo de siglos siguientes ha tendido en alguna medida a la concentración en el lado puramente antipelagiano de Agustín, puede no deberse sólo a su propio ímpetu original, sino a haber aceptado el modo en que parte de los polemistas católicos del periodo planteaban los términos de la discusión.

Pero un impulso en esa dirección, ha de concederse, existió también en los propios reformadores. La Reforma podía ser un movimiento de general tenor agustiniano, pero el libro de Agustín que más influyó sobre los reformadores fue el *De spiritu et littera*, la primera de sus obras contra los pelagianos. Lo encontrado ahí lo describe Lutero hacia el final de su vida en un célebre pasaje autobiográfico:

> Tal como antes veía la expresión «justicia de Dios» con el mayor odio, ahora la exaltaba con el mayor amor. Así estas palabras de Pablo (Rom 1,17) me abrieron las puertas del paraíso. Más tarde leí el libro de Agustín *De Spiritu et Littera*, donde sin esperarlo pude ver que entendía «justicia de Dios» de un modo similar: como la justicia con la que Dios nos viste al hacernos justos. Y aunque esto todavía no es exacto, y no explica claramente todo lo que se refiere a la imputación, sin embargo me agradó que aquí se enseñara de una justicia de Dios por la que somos hechos justos.[256]

El pasaje parte con una referencia a la tradición en la que había sido educado, una tradición en que, bajo «la justicia de Dios», se entiende la justicia por la cual Dios paga al pecador lo que éste merece, no la justicia por la cual reestablece su creación. Como es común en Lutero, el texto nos ofrece una mirada algo indiferenciada del pasado medieval: la posición que crítica –y que unas líneas antes describe como una comprensión «filosófica» de la justicia– es probablemente la de sus propios profesores en Erfurt, pero aquí es presentada como si fuese la común aproximación medieval. Desde ahí, Lutero procede a describir la manera en que

[255] Véase Arnoud Visser (2011), *Reading Augustine in the Reformation: The Flexibility of Intellectual Authority in Europe 1500-1620*, pág. 26.

[256] *Prefacio al primer volumen de los escritos latinos*, WA 54, 186.

llegó a comprender la justicia de Dios de un modo que pudiera infundirle amor por la misma. Pero Lutero no está afirmando que haya llegado a su posición a través de Agustín. El camino fue la lectura del apóstol Pablo, y la lectura de Agustín le mostró que las conclusiones a las que había llegado no constituían una innovación herética, sino que coincidían con una autoridad como la del hiponense. Por último, debemos notar que Lutero afirma que la posición de Agustín contenía algo que «todavía no es exacto». Él mismo aclara en qué punto está afirmando ir más allá de Agustín: éste «no explica claramente todo lo que se refiere a la imputación». A lo que Lutero se refiere aquí es a lo que, para él, constituiría el punto neurálgico de la correcta comprensión de la justificación: que la justicia sea entendida como algo que nos es no infundido, sino imputado, teniendo por tanto que distinguirse la justificación del proceso de santificación.

Como en tantas otras materias, aquí conviene cuidarnos de no identificar la posición de Lutero con la posición de la Reforma y del temprano protestantismo en general. En virtualmente cada uno de los tempranos protestantes, Agustín es el autor más citado; sin embargo, los énfasis con que es recibido en distintos contextos pueden variar de modo considerable. Bucero, por ejemplo, estaba tan convencido de la legitimidad de los argumentos agustinianos a favor de la coerción imperial contra los donatistas, que encargó a Musculus que realizara una traducción alemana de la correspondiente obra de Agustín, dirigida en esta versión actualizada contra los anabautistas. También eso es parte del agustinismo protestante. Pero, ante todo, cabe notar que, entre los reformadores de segunda generación, ya hay una recepción de Agustín que se hace eco del conjunto de facetas de su obra. Tal vez el caso más elocuente sea aquí el de Danaeus, quien en 1575 publicó una edición del *Enchiridion* de Agustín. Prologó esta edición con un ensayo titulado «Sobre el método de los libros de Agustín» en el que, siguiendo la sugerencia del mismo Agustín en las *Retractaciones*, desaconseja prestar mucha atención a las obras tempranas. La obra de madurez es clasificada en libros didácticos, polémicos y exegéticos, y Danaeus entrega, para cada una de las subdivisiones, sugerencias respecto de las obras principales a leer.[257] La ausencia del *De spiritu et littera* de esa lista nos habla de modo elocuente respecto de la independencia de juicio que, en estas materias, guardaban nuestros autores, pero ante todo hay que acentuar que, sin retroceder en lo más mínimo en su oposición al pelagianismo, ése ha dejado aquí de ser el motor principal o único por el que se acude a Agustín.

5.7. Tomás de Aquino en el temprano protestantismo

Hemos visto ya el irrestricto elogio de Lutero a Gregorio de Rímini, presentado como el único entre los escolásticos que no sucumbió al pelagianismo. Pocos

[257] Lambertus Danaeus (1575), *Aurelii Augustini Enchiridion ad Laurentium*, Ginebra.

años antes de que Lutero escribiera esas líneas, Capreolo estaba desarrollando una similar crítica a sus contemporáneos pelagianos, juicio del que eximía no a uno, sino a dos escolásticos: Tomás de Aquino y Gregorio. Gregorio, cabría añadir, coincide en esto no con Lutero sino con Capreolo: también él cita a Tomás como alguien situado a su lado en la querella contra los nuevos pelagianos. Los juicios de Lutero por una parte, y Gregorio y Capreolo por otra parte, nos recuerdan con cuánta calma corresponde proceder al considerar el modo en que Tomás es recibido y evaluado del siglo xiv al temprano siglo xvi. Como ha señalado David Steinmetz, «la historia de Tomás y el protestantismo aún está por contarse, y no es idéntica con la historia de Tomás y Lutero».[258] En el caso de Lutero, el «antitomismo» va además de la mano de diversas otras oposiciones, en particular el antiaristotelismo. Pero conviene notar aquí que el rechazo de Aristóteles y el rechazo de Tomás de Aquino no son fenómenos idénticos ni se encuentran necesariamente en los mismos autores. Melanchthon, por ejemplo, puede ser calificado como un aristotélico, pero no cabría calificarlo como un tomista. El abierto tomismo, bien cabría decir, es una posición menos común entre los tempranos protestantes que un abierto aristotelismo. Al ser, sin embargo, la Reforma un movimiento de fuerte inspiración agustiniana, bien puede decirse que muchos tempranos protestantes se encuentran desarrollando un esfuerzo de síntesis aristotélico-agustiniana. Eso no significa que el resultado vaya a ser similar a la síntesis que Tomás obra entre esas tradiciones, pero sí significa que podrían reconocerse a sí mismos en el tipo de tarea que Tomás llevó a cabo.

Tal historia es difícil de contar, porque una parte importante de las críticas a Tomás que hoy se puede encontrar en la literatura protestante son simple parte de nuestra herencia moderna, no de una herencia específicamente protestante. A veces, esas críticas incluso se encuentran en tensión –o derecha contradicción– con típicas críticas protestantes. Así, mientras Tomás puede ser objeto de cierto desprecio ilustrado por mantener presuntamente la filosofía cautiva a la teología, hay críticos protestantes que lo imaginan como demasiado filosófico como para haber podido ser un teólogo fiel. A esas dificultades, se suma el hecho de que el interlocutor en muchas de estas discusiones es más bien un tomismo de manual. El Tomás que ahí se encuentra se reduce a ser el autor de cinco vías para demostrar la existencia de una causa primera, así como el supremo representante de un sistema moral centrado en la idea de ley natural. Pero, superada la estrechez de esa visión manualesca, puede encontrarse algunas tempranas críticas protestantes que han tenido persistente influencia. Algunos reformadores rechazaron la idea de que un *donum superaddditum* haya sido dado a los hombres como don añadido a

[258] Steinmetz, David (2002), «Luther among the Anti-Thomists», en: David Steinmetz, *Luther in Context* Grand Rapids: Baker Academic, pág. 58.

su constitución original.[259] Tomás es obviamente un representante de la posición rechazada, y ésta muchas veces ha sido tenida por ejemplo de un dualismo que afecta el conjunto de su pensamiento: las relaciones entre filosofía y teología, entre naturaleza y gracia, la idea de preámbulos de la fe, todo parecería teñido por una separación entre naturaleza y gracia desde la creación misma.

A lo anterior se une, sin duda, la fuerte herencia de las críticas de Lutero a Tomás. Aunque la historia de Tomás en el protestantismo no se reduzca a la reacción de Lutero, como bien lo señala Steinmetz, éste sí es parte del relato. Al considerar dicha relación cabe, en primer lugar, señalar que Tomás no fue objeto de estudio directo por parte de Lutero. Su familiaridad con la obra del Aquinate es parcial, pero ante todo es mediada, y la mediación no es a través del tomismo agustiniano de autores como Capreolo, sino a través de autores con tendencias más semipelagianas, que habían sido adoptadas por parte de la escuela tomista alemana en el periodo. A eso cabe añadir otros hechos que reforzarían en Lutero una imagen negativa de Tomás. Por una parte, está la imagen de Tomás que le transmitía un anterior tomista como su colega Karlstadt. Por otra parte, está la imagen transmitida a través de la literatura de otras escuelas tardo-medievales. En Erfurt, como hemos visto, Lutero estudió con la obra de Gabriel Biel. En la obra del mismo, Tomás es usualmente representado de un modo fiel al original, salvo precisamente en un punto: la doctrina de la justificación, donde Biel acerca a Tomás a su propio semipelagianismo. Si a esto añadimos el hecho de que todos los tempranos contradictores de Lutero fueron dominicos, no cuesta comprender la virtual imposibilidad de que Lutero estuviese bien dispuesto respecto de la obra de Tomás.[260]

Pero un número no menor de tempranos reformadores tuvieron una formación tomista bastante respetable. Algunos de ellos la dejaron. En Wittenberg, ése es el caso de Andreas Karlstadt. Otros, en cambio, retuvieron su herencia tomista. Es el caso de Martín Bucero, Pedro Mártir Vermigli y Girolamo Zanchi, por ejemplo. Entre luteranos tanto como entre reformados (pero inicialmente de modo más claro entre estos últimos), Tomás fue recibido desde los más tempranos inicios protestantes de maneras que están lejos de ser hostiles. Ese tímido tomismo protestante de algunos tempranos autores va naturalmente *in crescendo* con el curso del tiempo. Con la gradual consolidación de la escolástica protestante, Tomás se encuentra perfectamente integrado como una de las autoridades que casi todo pensador del periodo tiene al menos presente. El caso tal vez más

[259] Se trata, sin embargo, de una posición mucho menos universal que lo en general asumido por la literatura posterior. Para una visión matizada, véase Luca Baschera (2012), «Total Depravity? The Consequences of Original Sin in John Calvin and Later Reformed Theology», en: Herman Selderhuis (ed.), *Calvinus Clarissimus Theologus. Papers of the Tenth International Congress on Calvin Research*, Gotinga: Vandenhoeck & Ruprecht.

[260] Para una completa revisión de sus juicios sobre el Aquinate, véase Denis Janz (1989), *Luther on Thomas Aquinas: The Angelic Doctor in the Thought of the Reformer*, Stuttgart: Franz Steiner.

extraordinario (Donnelly lo ha llamado «el *ne plus ultra* del tomismo luterano»)[261] es el de Johann Georg Dorsch, quien en 1656 publicó un tratado cuyo título invitaba a ver a «Tomás de Aquino, llamado doctor angélico, como confesor de la verdad evangélica según la confesión de Ausburgo».[262] La voluminosa obra procede entusiastamente a demostrar que Tomás de Aquino fue un buen luterano. Para comprender la naturaleza de tal esfuerzo conviene, con todo, notar que Dorsch no forma parte de los proyectos de teología irénica tan comunes en esa década que sigue a la guerra de los treinta años. Se trata, para él, no de mostrar la fundamental unidad con los adversarios, sino de convencerlos a partir de una autoridad que reconocen. «La demostración más verdadera y menos expuesta a contradicción odiosa es la que se formula desde los dichos de los adversarios».[263] Pero el caso de Dorsch, con todo lo espectacular que puede parecer a la luz de la posterior historia de ignorancia sobre Tomás por parte de la teología protestante, no es particularmente representativo del periodo. El dedicar una obra positivamente a Tomás podría calificarse como algo tan excepcional como el antitomismo de un Lutero.

Lo más frecuente es el variado rango de posiciones intermedias, desde la relativa indiferencia respecto de Tomás hasta significativos grados de aprecio por su obra que, sin embargo, no culminan en intentos por volverlo a él un protestante, ni tampoco por transformar a los protestantes tomistas. Dicha amplia recepción, a veces, es consciente y explícita; otras veces, en cambio, implica tener a Tomás por el silencioso filtro por el que se recibe una más amplia tradición. Cuando Junius inicia su clasificación de la ley, por ejemplo, lo hace afirmando que partirá por una «definición común», pero se trata casi literalmente de la definición de Tomás (a quien no menciona), que la presenta como ordenación de la razón con miras al bien común instituida por parte de quien tiene a su cargo la comunidad.[264] En un polo opuesto de esta transmisión algo anónima, se encuentran las reflexiones en las introducciones al estudio teológico, donde los autores protestantes deben determinar de modo explícito cuánto recomiendan a sus alumnos familiarizarse con la obra de Tomás. Éste tiende a encontrarse virtualmente siempre presente en tales programas de estudio, pero sin ocupar un lugar del todo prominente. Un caso particularmente reflexivo respecto del papel que Tomás debería desempeñar es el de Thomas Barlow (que había sido tutor de John Owen). En su tratado *Sobre el estudio de la teología*, Barlow escribe que en la lectura de la Biblia se sacará especial provecho, si se la lee teniendo en mente un amplio elenco de preguntas sobre la religión, para saber a qué estar atento. Si se quiere seguir tal consejo, afirma,

[261] Donnelly, John Patrick (1976), «Calvinist Thomism», pág. 442.

[262] Respecto de su obra, véase Winfried Zeller (1975), «Lutherische Orthodoxie und mittelalterliche Scholastik. Das Thomas-Verständnis des Johann Georg Dorsch», *Theologie und Philosophie* (50, 4).

[263] Dorsch, Johann Georg (1655), *Thomas Aquinas veritatis evangelicae confessor*, pág. 1.

[264] Junius, Franciscus (2015), *The Mosaic Polity*, pág. 38. La única diferencia con la fórmula de Tomás en *S. Th.* I, q. 90. a. 4 es «instituta» en vez de «promulgata».

no podrá hacerse nada mejor que dirigir a los estudiantes a la obra de Lombardo y Tomás. Antes que por sus respuestas –Barlow remite acto seguido a las obras sistemáticas de Calvino y Zanchi para orientación al respecto–, es por sus preguntas que Tomás es así recomendado (aunque también las respuestas Barlow las describe como con frecuencia sabias, y como aptas para protegernos de ser presa fácil de cualquier escuela).[265] En general, podemos decir que Tomás es asumido como una voz de importancia capital dentro del gran concierto de la tradición teológica, aunque obviamente hubo siempre autores que mantuvieron también en la escolástica protestante mayor distancia respecto del mismo. En cualquier caso, esta común disposición positiva respecto de Tomás de Aquino, a quien se tiende a presumir tan lejano a los reformadores, es uno de los más significativos indicios del sentido fuertemente continuista con que la Reforma protestante se rebela contra lo que percibe como los problemas de su tiempo.[266]

[265] Thomas Barlow, Thomas (1699), *De Studio Theologiae: or, Directions for the Choice of Books in the Study of Divinity*, Oxford: Leon Lichfield, pág. 76.

[266] Para un panorama general, véase David VanDrunen; Manfred Svensson (eds.) (2017), *Aquinas Among the Protestants*, Oxford: Wiley-Blackwell.

Capítulo III

Realidad última y realidad política

En los dos capítulos precedentes, hemos procurado dar adecuada cuenta de los diversos modos en que la Reforma protestante se encuentra arraigada en la tradición intelectual cristiana que la precede. Tal énfasis no tiene por objeto minimizar en modo alguno la ruptura que la Reforma, en otros sentidos, constituye. La ruptura es percibida como tal por los reformadores, y es también entendida por ellos como trágica, aunque su autoconciencia sea primordialmente la de quienes han redescubierto la verdad. Jaroslav Pelikan ha acuñado la expresión «trágica necesidad» para describir dicha constelación.[1] Su carácter trágico ha sido sin duda minimizado por el protestantismo posterior, mientras que su carácter necesario ha sido siempre cuestionado por el catolicismo romano. En los capítulos previos, hemos procurado aproximarnos a la Reforma de un modo que no enfatiza el carácter necesario de la misma ni su carácter trágico. Lo que se ha buscado es mostrar cómo, tras esta trágica necesidad, subsiste una robusta tradición supraconfesional de reflexión cristiana. Dicha subsistencia no nos debiera extrañar; nada tiene de trágico y mucho de necesario.

Sobre dicha base, procedemos ahora a un último capítulo. Se trata aquí de mostrar la continuidad y discontinuidad en el terreno de problemas específicos. Ya no se trata del modo en que se transmitió una cultura intelectual, sino, ante todo, del contenido de la misma. El elenco de temas posibles de tratar bajo esa óptica es, desde luego, virtualmente inagotable. Hemos procurado, por tanto, buscar grandes temas que puedan servir de marco para otros. En primer lugar, dirigiremos la mirada al conocimiento de Dios. No nos ocuparemos aquí directamente del modo en que los reformadores se aproximan a la revelación que Dios hace de sí mismo en las Escrituras, sino de aquello que, en la interepretación de la Reforma, suele ser más controversial: el lugar dado al conocimiento de Dios mediante la razón. Que nuestra discusión se centre ahí no significa, sin embargo, que se limite al acceso racional a Dios: el tratar sobre las relaciones entre fe y razón implica, al menos, cierta tematización indirecta de la revelación. Tras atender a distintas dimensiones de esta pregunta, dirigiremos la mirada a la reflexión sobre la realidad política. Es éste, por cierto, el característico orden de estos tópicos en las grandes obras dogmáticas de la Reforma, que típicamente comienzan con un capítulo sobre el conocimiento de Dios y terminan con uno sobre el magistrado civil.

---

[1] Pelikan, Jaroslav (1959), *The Riddle of Roman Catholicism*, Nueva York: Abingdon Press, pág. 45.

Aunque trataremos sobre el acceso racional a Dios más que sobre la revelación, y aunque nos preguntaremos por la comunidad política más que por la comunidad eclesiástica, subyace por supuesto a la exposición una idea respecto de cómo unas y otras se relacionan. Nuestros dos temas pueden, en efecto, ser vistos como casos de estudio para la relación entre naturaleza y gracia; si bien no se profundizará aquí en dicha discusión, conviene explicar qué comprensión de esa relación se encuentra tras nuestra exposición. Ha sido recurrente en la teología protestante contemporánea asumir que la relación naturaleza-gracia es una materia en la que se encuentran diferencias sustantivas respecto del pensamiento medieval, en particular el de Tomás de Aquino. La crítica se ha desarrollado desde diversos frentes y tiene varias dimensiones. En algunos círculos existe la presunción de que la discusión medieval sobre naturaleza y gracia invita a un modo dualista de pensar, un modo por el que se separa la vida de la gracia del resto de la realidad humana. Pero dicha crítica muy probablemente constituye más bien una proyección hacia el medioevo de problemas mucho más recientes. Después de todo, las otras críticas del protestantismo contemporáneo a Tomás se centran precisamente en el modo en que la obra de éste efectivamente relaciona naturaleza y gracia. Dicha relación es célebremente expresada por Tomás diciendo que «la gracia no destruye, sino que perfecciona la naturaleza».[2] Hay, por cierto, una considerable discusión intracatólica respecto de cómo se ha de entender esta tesis, por ejemplo sobre si acaso ella presupone que puede distinguirse en el hombre entre un fin natural y otro fin sobrenatural. Al margen de dicha discusión, desde el protestantismo se ha objetado que la fórmula presupone una naturaleza intacta, que requiere no restauración sino perfección.[3] Esa crítica implica (así, por ejemplo, en el caso del neocalvinismo holandés) un doble desafío a la fórmula de Tomás: por una parte, la gracia salvífica es descrita antes como restauradora que como perfeccionadora de la naturaleza; en segundo lugar, el actuar cristiano en el mundo común, en la política y en las ciencias, es descrito y promovido no a la luz de categorías como «realidad natural» o «razón natural», sino en términos de participación en la «gracia común» de Dios.[4] Tal gracia, obviamente, no se entiende como salvífica, sino como aquella gracia indiscriminadamente repartida por Dios con miras a la preservación de la creación; aquella gracia, en otras palabras, por la que no sólo es sostenido el mundo, sino también la capacidad del hombre para actuar bien en el mismo. Pero aquí no nos preocupa la idoneidad de estas fórmulas alternativas, sino el modo en que reflejan o no el temprano pensamiento

[2] *S. Th.* I, q. 1, a. 8.

[3] Para exposición y moderada respuesta a esa crítica, véase David VanDrunen (2014), *Divine Covenants and Moral Order. A Biblical Theology of Natural Law*, Grand Rapids: Eerdmans, pág. 29-36.

[4] La primera de estas modificaciones cabe asociarla primordialmente con el nombre de Herman Bavinck, la segunda con el de Abraham Kuyper.

protestante. Y al respecto hay que dar una respuesta matizada. Por una parte, cabe notar que la clásica fórmula tomista no es objeto de crítica alguna en tiempos de la Reforma, y que, en la tercera generación del protestantismo, ya es posible encontrar, como ocurre en Junius, a autores que explícitamente la adoptan en la mismísima introducción a su propio pensamiento político.[5] Es cierto que, en el siglo xvii, llegó a desarrollarse una oposición entre naturaleza y gracia, tal que todo lo relativo a la religión se discutiese de un modo que cuidadosamente prescindiera de referencias al orden natural; pero tal desarrollo tuvo lugar no entre los protestantes, sino entre los socinianos, y con clara conciencia de estar quebrando tanto con protestantes como católicos.[6] Por otra parte, cabe notar que sí existen referencias en el temprano protestantismo a una gracia común, no salvífica, por la que todos los hombres son capaces de participar tanto del conocimiento de Dios como del conocimiento del bien y del mal. Expresiones como *gratia communis o amor generalis* se encuentran presentes a lo largo de los siglos xvi y xvii para explicar esta realidad. Pero, al mismo tiempo que reconocemos esta continuidad entre la Reforma y el neocalvinismo del siglo xix, cabe notar que, en el temprano protestantismo, estas fórmulas son usadas simplemente para apuntar a la bondad providente de Dios. No son, en cambio, el lenguaje bajo el que se organiza la reflexión filosófica o política. En otras palabras, es ahí más bien común que tal reflexión se organice viéndola como parte de la vida natural: una vida natural quebrada, sin duda, de un modo que, por una parte, remite a la revelación, y, por otra parte, recuerda que la realidad política no es la realidad última; pero una vida que, sin embargo, puede ser objeto de exploración racional.

La elección de estos dos tópicos nos permite, además, dirigir la mirada al pensamiento cristiano tanto en su dimensión teórica como en su dimensión práctica. El modo en que esas dos dimensiones de la racionalidad humana, teórica y práctica, se relacionan es, por supuesto, él mismo una materia sobre la que dentro de la tradición intelectual cristiana hay variadas posiciones. Las había también en el mundo antiguo. Platón no concebía salvación para la ciudad, si no era por la mediación de un tipo de figura que uniera en sí las dos dimensiones: el rey-filósofo es precisamente quien, por su conocimiento de lo que es en sí mismo bueno, puede ordenarnos al bien común. Su discípulo Aristóteles no veía las cosas así. Consideraba que, si bien podía ser deseable ese ideal humano que aglutina ambas capacidades, éstas podían no obstante tenerse por separado: se puede tener conocimiento del mejor régimen político sin tener conocimiento de Dios, y viceversa. Conviene tener a la

---

5 Junius, Franciscus (2015), *The Mosaic Polity*, pág. 38. Un influeyente compendio teológico de la misma generación, la *Synopsis purioris theologiae* compuesto en conjunto por varios catedráticos de Leiden, pronuncia similarmente en su capítulo sobre la providencia que ésta «no corrompe la naturaleza, sino que la perfecciona, no la quita sino que la guarda» (XI, 11).

6 Véase Sarah Mortimer (2010), *Reason and Religion in the English Revolution. The Challenge of Socinianism*, Cambridge: Cambridge University Press.

vista que, en ambas posiciones, hay algo que, a los cristianos, les interesa preservar. Hay un elemento «integral», por decirlo así, en el platonismo, un reconocimiento de que nada puede, en último término, ser comprendido si no es por su referencia a Dios. Pero, en la posición aristotélica, que otorga cierta autonomía al conocimiento práctico, hay algo que, desde el cristianismo, parece no menos cierto: hay una brecha entre la comprensión del bien último y la comprensión del bien político, tal como la hay en general entre el conocimiento del bien y el actuar conforme al mismo.[7] No es extraño que, en la tradición intelectual cristiana, pueda por lo mismo constatarse cierta tensión entre ambas posiciones, o incluso algunas síntesis que buscan preservar la independencia del orden práctico de un modo que no sea total.[8] Aunque dicha independencia no sea cabal, es suficiente para una división pedagógica de los tópicos. Es lo que nos orientará a continuación, tratando en primer lugar el acceso racional a Dios y, en segundo lugar, la realidad política, en una aproximación que por fuerza será sumamente esquemática.

1. La realidad última: la Reforma protestante y el acceso racional a Dios

Nos detendremos a continuación a considerar algunos aspectos de cómo los primeros autores protestantes abordaron el problema del acceso racional a Dios. Detrás suyo tenían una amplia tradición de reflexión respecto de los límites del conocimiento humano, pero también respecto de su apertura a la realidad última. No es posible abordar aquí en detalle el complejo trasfondo y su recepción en la Reforma. Intentaremos, con todo, concentrarnos de modo particular en la historia de las relaciones entre fe y razón, filosofía y teología, dado que el modo en que éstas se encuentren articuladas desde luego es decisivo para la medida en que, luego, se despliegue o no una teología natural o elementos de la misma, y decisivo también para el modo en que dicha teología sea puesta en relación con la revelada. Tras abordar dicha historia de las relaciones entre fe y razón, consideraremos aquellos obstáculos que, según se suele pensar, la Reforma pone a un acceso racional a Dios, en particular su énfasis en el carácter caído de la humanidad. Finalmente, dirigiremos la mirada al efectivo desarrollo de argumentos en torno a la existencia de Dios.

1.1. Fe y razón: una breve historia

Con Theo Kobusch, cabe señalar que la necesidad de revelación, obviamente acentuada en los autores cristianos, refleja no sólo conciencia del límite de la

[7] De Platón, véase *República* 473 d, y *Político* 258 e. De Aristóteles, el libro VI de la *Ética a Nicómaco*.

[8] Para el modo en que tal vía media es elaborada por Agustín, véase Manfred Svensson (2009), *Theorie und Praxis bei Augustin. Eine Verhältnisbestimmung*; Friburgo: Alber.

capacidad humana, sino también afirmación de esa capacidad: es común a la antigüedad pagana y cristiana ver a la razón humana como apta para recibir y transmitir la verdad divina.[9] Pero antes de cualquier aventurarse a la historia de las relaciones entre fe y razón, conviene aclarar que ésta es distinta de la historia de las relaciones entre teología y filosofía. A una distinción entre fe y razón está obligado todo pensador cristiano, si acaso no todo pensador. Distinguir, en cambio, entre teología y filosofía es, si cabe llamarlo así, opcional. El resultado se puede expresar en diversas combinaciones. Por una parte, es posible no distinguir la filosofía de la teología, buscar una sabiduría de carácter general que poco interés guarda por la relación y delimitación entre las disciplinas, y no obstante comprender que llegamos al conocimiento tanto por propia indagación como por recibirlo de otros. Por otra parte, es posible distinguir teología y filosofía sin atribuirles respectivamente la fe y la razón como actos propios, sino abriéndose dentro de cada una de ellas a variados espacios para la fe y la razón. En cualquier caso, queda claro que las dos parejas no son estrictamente equivalentes.

Tal aclaración preliminar resulta fundamental para comprender la variada trayectoria del pensamiento medieval, pues Agustín, su gran fuente, constituye uno de esos casos en que no hay distinción entre teología y filosofía, y sí hay, en cambio, distinción muy consciente entre fe y razón. El término «teología», de hecho, lo emplea Agustín –siguiendo a Varrón– sólo para referirse a los distintos tipos de teología pagana: la mítica, la civil y la natural.[10] Su propia labor como cristiano no la describe como la de teólogo, sino como la de quien busca la «verdadera filosofía». Así, incluso cuando se refiere a lo que muchos considerarían materias teológicas de primer rango –la vida de nuestros primeros padres, la felicidad en el Edén, el conflicto interior tras la caída, la resurrección de los cuerpos–, sintetiza su posición como propia de la «filosofía cristiana».[11] Esta ausencia de una distinción entre teología y filosofía no implica, como señalamos, que vaya a estar ausente la distinción entre razón y fe. Expresada usualmente por Agustín como una distinción entre lo que conocemos por razón y lo que conocemos por autoridad, esta distinción se extiende desde el comienzo de su obra hasta sus últimos textos.[12] Razón y autoridad se encuentran ahí articuladas dentro de un proyecto que, siguiendo al mismo Agustín, puede ser expuesto como uno de fe

---

[9] Kobusch, Theo (2006), *Christliche Philosophie. Die Entdeckung der Subjektivität*, pçag. 31.

[10] Agustín de Hipona, *La ciudad de Dios* VI, 5-10.

[11] Véase *Contra Juliano* IV, 14, 72: «nostra Christiana, quae una est vera philosophia» ... «vera verae pietatis sanctaque philosophia».

[12] Para una exposición estándar, véase Frederick van Fleteren (1973), «Authority and Reason, Faith and Understanding in the Thought of St. Augustine», *Augustinian Studies* (4). Para una defensa contemporánea, véase Paul J. Griffiths (2005), «How Reasoning Goes Wrong: A Quasi-Augustinian Account of Error and Its Implications», en: Paul Griffiths; Reinhard Hütter (eds.), *Reason and the Reasons of Faith*, Nueva York / Londres: T & T Clark.

que busca comprensión. En, efecto, desde sus tempranos diálogos lo encontramos sosteniendo que debemos partir por la fe, porque así nos vemos purificados, nos volvemos aptos para recibir semillas de la verdad, y, una vez que nuestro espíritu esté sano, podrá también comprender.[13] Hay así una primacía temporal de la fe, en el sentido de que por ella partimos, pero hay una primacía última de la comprensión, en cuanto es ella lo buscado. Conviene hacer alguna precisión para que esto se entienda bien. Pues que se hable de la primacía temporal de algo, del hecho de que algo sea un requisito previo, puede significar cosas muy distintas. La gramática es requisito para aprender a escribir, y pasar por la escuela es requisito para ambas; pero la escuela es un requisito previo que en un momento dado dejamos atrás, mientras que la gramática es un requisito que, mientras sigamos escribiendo, llevaremos con nosotros. La fe puede ser un prerrequisito del primer tipo, habiendo cosas que, una vez aceptadas por testimonio, luego son conocidas. Pero también es prerrequisito en el segundo sentido, tal como la confianza en una persona es algo que requerimos para conocerla, pero no es algo que podamos dejar de lado, cuando ya se ha consolidado nuestra relación.

Estas disquisiciones sobre el lugar de la fe en la adquisición de conocimiento bien pueden ser tomadas como un capítulo dentro de una preocupación mayor por los requisitos previos de la comprensión. Además de la fe, además del *crede ut intellegas*, Agustín formula casi literalmente algo así como un *ama ut intellegas.*[14] Podría también describirse como plenamente agustiniano, aunque el mismo Agustín no lo formule, el precepto «adora para comprender».[15] No es sólo la fe la que abre el camino a la comprensión, sino que hay todo tipo de prerrequisitos morales y espirituales para la misma. Pero, así como esta posición descansa sobre un trasfondo bíblico, se trata por supuesto también de una tesis platónica: para salir de la caverna hay que literalmente convertirse, purificarse, luego ascender. La purificación (*katharsis*) es el principio del proceso que culmina en el asemejarse a Dios, y no hay contemplación posible, sin el cumplimiento de ese prerrequisito. Afirmar el lugar de los presupuestos del conocimiento no es, pues, un elemento de una posición fideísta, sino algo en que se está también en la tradición de los grandes filósofos paganos.

Pero, entre esos requisitos del conocimiento, la fe ocupa un lugar especial. No es extraño que, entre los cristianos, esta posición se desarrollara con especial claridad ahí donde se escribe en oposición a los gnósticos. Así, Clemente de Alejandría escribe sobre la fe como el más central de los prerrequisitos del

[13] Véase *Sobre la utilidad de creer*, 1, 2; 9, 21 y 14, 31.

[14] Así se podría parafrasear sus palabras en *Tratados sobre el evangelio de Juan* 96, 4.

[15] Para un desarrollo del pensamiento cristiano desde esa perspectiva, véase James K. A. Smith (2009), *Desiring the Kingdom (Cultural Liturgies): Worship, Worldview, and Cultural Formation*; Grand Rapids: Baker Academic.

conocimiento[16] e Ireneo hace esta reflexión extensiva a la lectura e interpretación de las Escrituras. En discusión con los gnósticos compara la exégesis de éstos a la de quienes «una vez que tienen una idea en la cabeza, tratan de probarla a partir de versos de Homero». Quien en realidad conoce a Homero, escribe, no se dejará llevar por un par de versos aislados, reconocerá éstos, pero no al argumento no-homérico que circula de su mano. Asimismo, escribe Ireneo, ocurre con los que pueden ofrecer extensas citas bíblicas pero se apartan del «argumento» (*hypothesis*) de las Escrituras como supuesto que guía la exposición de las mismas.[17] No es de extrañar que sea precisamente en sus obras antimaniqueas que Agustín empieza a desarrollar la relación entre fe y razón de un modo que destaque esta primacía de la fe. Agustín suele citar en defensa de tal proyecto Isaías 7,9, en versión de los LXX: «si no creéis, no entenderéis». Cuando más tarde se percata de que el texto hebreo invita más bien a un «si no creéis, no permaneceréis», procede a acentuar la compatibilidad entre estas dos lecturas: la permanencia, la estabilidad, es algo que se adquiere precisamente con la comprensión.[18] Pero bien cabe señalar que Agustín afirma de modo igualmente enfático la posición complementaria: que, si debemos partir por la fe, es porque es racional partir por ella –y al menos en ese sentido cabe también hablar de una primacía temporal de la razón.[19] No todo círculo es vicioso, y la posición agustiniana obviamente descansa sobre la idea de que aquí estamos ante un círculo virtuoso, sobre la idea de que razón y fe pueden ser cuidadosamente distinguidas, pero que, al mismo tiempo, se condicionan e iluminan recíprocamente de múltiples maneras. Como dice en un sermón, «para que creas, comprende mis palabras; para que comprendas, cree la Palabra de Dios».[20]

Este complejo legado, en lo que a relaciones entre fe y razón se refiere, es obviamente compatible con sistemas intelectuales en los que, manteniéndose tal articulación entre fe y razón, se diera también cabida a ciertos tipos de distinción entre filosofía y teología. En el cristianismo de la Antigüedad tardía, ya se encuentra algo semejante, por ejemplo en la obra de Boecio. Pero desde luego su tratamiento medieval es considerablemente más explícito. Ahí uno encuentra a quienes intentaron tratar las disciplinas como estrictamente separadas, y también a quienes, como Tomás, buscan más bien una distinción que permite mantener una intensa influencia recíproca. Cabe recordar que esto tiene lugar en medio de un contexto científico muy específico. El redescubrimiento del *corpus* aristotélico no sólo implicaba el reconocimiento de la metafísica como disciplina paralela a la teología, también con Dios como su objeto último de conocimiento, sino que, al

16 Véase *Stromata* II, 31, 3.

17 Ireneo, *Adversus Haereses* I, 9, 4. Véase también I, 8, 1.

18 *Sobre la doctrina cristiana* II, 12, 17.

19 *Carta* 120.

20 *Sermón* 43, 9.

mismo tiempo, traía consigo el intento por mostrar que la teología puede cumplir con los mismos estándares de cientificidad de dicha disciplina. Tal como el saber natural procede sobre la base de los primeros principios accesibles a la razón, la teología es concebida como un saber capaz de la misma dilucidación racional, pero con principios que le han sido revelados. Todavía en Lutero se encuentra ecos de ese lenguaje: «que sólo las palabras de Dios sean primeros principios para los cristianos».[21]

Pocas cosas resultan tan reveladoras respecto del cambio de perspectiva que había tenido lugar desde tiempos patrísticos como la inquietud con la que se abre la *Suma* de Tomás. Pues en la primera cuestión de la misma, se pregunta si acaso, además de las ciencias filosóficas, es necesaria alguna otra disciplina.[22] Naturalmente, responde de modo positivo a esta cuestión, pero la pregunta nos habla de una situación muy distinta de aquella en la que los cristianos se habían preguntado si acaso, además de la revelación, se requiere algún otro tipo de saber. Es la pregunta de quien ha visto irrumpir en su mundo una ciencia con pretensiones plausiblemente omniabarcantes. Pero esta apertura de la *Suma* no constituye por eso una concesión de supremacía, como si la teología sólo pudiese proceder una vez habiéndose justificado ante el tribunal de la nueva filosofía. Incluso puede leerse, como lo ha hecho Ebeling, como una fundación de la teología sobre la base de la limitación y deficiencia de las disciplinas filosóficas que han pretendido hablar de modo válido sobre Dios.[23] Algo más de precisión por medio del contraste se puede alcanzar comparando la perspectiva de Tomás y la de los aristotélicos radicales respecto de la relación entre fe y razón. La posición de estos últimos es, por supuesto, considerablemente más difícil de determinar que la de Tomás, dados los escasos textos sobre los que trabajamos. Comúnmente, se acentúa en los mismos su carácter racionalista, su, a ratos cauta y a ratos osada, afirmación de la suficiencia de la vida terrenal y de la perspectiva natural. Pero, en sus últimos años, al menos Sigerio parece inclinarse más bien por afirmar que sólo está exponiendo la posición de Aristóteles, no juzgando sobre su verdad. Si es acertada la interpretación de John Wippel, los más tardíos textos de Sigerio de Brabante y Boecio de Dacia tienden más bien a «desinflar» el potencial conflicto entre fe y razón enfatizando la falibilidad del filósofo.[24] Naturalmente, Tomás también confiesa tal falibilidad, pero su respuesta ante situaciones de conflicto entre fe y razón contiene una mayor confianza en la capacidad de la razón de corregirse, o

[21] *Afirmación de todos los artículos condenados por la bula de León X*, WA 7, 98.

[22] *S. Th.* I, q. 1.

[23] Véase Gerhard Ebeling (1969), «Über der hermeneutische Ort der Gotteslehre bei Petrus Lombardus und Thomas von Aquin», en: Gerhard Ebeling, *Wort und Glaube* (vol. 2), Tubinga: Mohr Siebeck, pág. 209-256.

[24] John Wippel (1995), *Mediaeval Reactions to the Encounter between Faith and Reason*, Milwaukee: Marquette University Press.

en la posibilidad de rechazar el error filosóficamente. Pero si en un sentido esto parece implicar una más tenaz confianza en la razón que sus adversarios, podría hablarse también, a la vez, de una adhesión más firme a la fe. Así, cuando Sigerio escribe que el cristianismo rechaza la eternidad del mundo «porque su ley es contraria», Tomás critica de modo vehemente la distancia expresada por ese lenguaje de Sigerio. Éste estaría hablando como si tal ley le fuese ajena, y para colmo, se queja Tomás, describe la fe en el aséptico lenguaje de una teoría cualquiera «calificando la sentencia de fe como una posición».[25]

Todo esto apunta a una variada interacción de la filosofía con la fe. En su principal texto al respecto, Tomás considera que puede errarse en el uso de filosofía en cuestiones de fe no sólo al equivocarse filosóficamente, sino también al incluir «entre los objetivos de la filosofía» aquello que es de fe. Pero eso sigue permitiendo un triple uso de la filosofía, tanto para establecer preámbulos de lo que se ha de creer, como para iluminar la fe mediante las «similitudes» que pueda haber entre lo racionalmente establecido y lo creído, y finalmente también para refutar errores.[26] En este marco, sin embargo, Tomás es particularmente cauteloso respecto de los riesgos de usar argumentos meramente verosímiles –que son los que podemos emplear respecto de aquello que excede a la razón– para convencer adversarios: «porque la misma insuficiencia de las razones los confirmaría más en su error, al juzgar que consentimos a la verdad de fe por razones tan débiles».[27] Hay cosas que es mejor usar sólo «para ejercicio y solaz de los fieles».

No es de extrañar que gradualmente se produjera una distinción no sólo entre filosofía y teología, sino que también los sujetos, filósofos y teólogos, empezasen a ser considerados como distintos. Para comprender la radicalidad de ese giro, conviene recordar que, como hemos visto, hasta el siglo XII, «teología» era en realidad un término que los cristianos no tendían a usar para describir su propia obra, sino la de los paganos. Todavía en dicho siglo, cuando Abelardo escribe varias obras con el título *theologia* (*Theologia summi boni, Theologia christiana, Theologia scholarium)*, Bernardo se le opone (como en tantas otras cosas) prefiriendo designar el trabajo de los creyentes como una *philosophia christiana.*[28] Lo usual es que incluso los cristianos que hacían *philosophia* reservaran el título de filósofo para los paganos. «Paganos» (*ethnici*) y «filósofos» son términos que con frecuencia tienen carácter sinónimo. En contraste con los «santos», término regular para designar a los padres de la Iglesia, estos filósofos son quienes, con toda su grandeza, no

[25] *Sobre la unidad del intelecto*, cap. 5.

[26] *Super De Trinitate*, pars 1 q. 2 a. 3 co. 2-4.

[27] *SCG* I, 9.

[28] Para las referencias, véase Theo Kobusch (2011), *Die Philosophie des Hoch- und Spätmittelalters*, Munich: C. H. Beck, pág. 53-55.

pudieron saber de la creación, de la caída ni de la redención.[29] A eso se puede, desde luego, añadir varias otras perspectivas que atenuarán o acentuarán la diferencia entre unos y otros. Así, Tomás de Aquino escribe que los filósofos «siguen el orden del conocimiento natural, ordenando el conocimiento de las criaturas a la ciencia divina, esto es el natural a la metafísica; entre los teólogos, en cambio, se procede al revés, de modo que la consideración del Creador anteceda a la de la criatura».[30] Aquí la distinción está dada por el modo de proceder, de ordenar un conocimiento a otro, más que por alguna diferencia de objetos. En Duns Escoto, en cambio, encontramos la división en términos que implican más que una división de tareas: «los filósofos afirman el carácter perfecto de la naturaleza –y con ello la suficiencia del conocimiento natural–, y niegan que haya una perfección sobrenatural. Por el contrario, los teólogos reconocen el carácter carente de la naturaleza, y la necesidad de la gracia y de la perfección sobrenatural».[31]

Es con este trasfondo en mente que debe plantearse la pregunta por lo que ocurre durante la Reforma con las relaciones fe-razón y filosofía-teología. Existe una extendida presunción de que se encontraría en ella una posición fideísta u hostil, al menos al uso de la razón dentro de la teología. La más prestigiosa *Historia de los dogmas* que autores católicos publicaran en la segunda mitad del siglo xx iniciaba su capítulo sobre el método teológico afirmando que los reformadores rechazaron «tal vez radicalmente todo empleo de la razón en la teología».[32] Pero el mismo texto, pocas páginas más adelante, afirmaba que, en Calvino, hay «pasajes que casi suscitan la impresión de un tratado de filosofía de la religión o de historia de la religión».[33] Resulta llamativo cómo, en medio de un tan explícito reconocimiento de la evidencia en sentido contrario, y en medio de una muy equilibrada discusión de la posición de los reformadores, la introducción sigue perpetuando viejos estereotipos respecto del fideísmo protestante. Según hemos visto hasta aquí, se trata de estereotipos que no responden necesariamente a una perspectiva confesional, sino que son compartidos por una amplia literatura protestante que repite de modo acrítico la idea de que aquí tuvo lugar un cambio radical. Exposiciones que, en el detalle, son acertadas persisten en ajustar dichos detalles a un falso cuadro general.

No es completamente de extrañar que este tipo de preconcepción exista. Suena plausible, por supuesto, dados algunos de los puntos capitales enfatizados por la

---

[29] Chenu, Marie-Dominique (2001), «Les philosophes dans la philosophie chrétienne médiévale [*philosophi, sancti*]», en: Marie-Dominique Chenu, *Studi di lessicografia filosofica medievale*, Firenze: Olschki.

[30] *Super De Trinitate*, pr. 1

[31] Escoto, Duns, *Ordinatio*, prol., quaestio unica, n. 5.

[32] Beumer, Johannes (1977), «El método teológico», en: Michael Schmaus; Alois Grillmeier (eds.), *Historia de los Dogmas* (I / 6), Madrid: BAC, pág. 92.

[33] Beumer, Johannes (1977), «El método teológico», pág. 95.

Reforma. El *sola scriptura* parece prohibir que se apele a otra autoridad, la radicalidad con que se afirma la caída parece volver vana en cualquier caso tal apelación, y la centralidad que, con razón, se atribuye a la doctrina de la justificación por la fe, bien podría leerse como un énfasis unilateral en ésta en desmedro de la razón. En la siguiente sección, atenderemos a parte de estos obstáculos. Pero, por lo pronto, atender al sentido de la doctrina de la justificación por la fe puede servir para corregir la imagen general: que seamos justificados mediante la fe, no dice nada respecto de cómo conocemos a Dios. No obstante, en no pocas ocasiones es pasada por alto esta elemental distinción, como si *sola fide* fuera una afirmación respecto del medio para nuestra relación cognitiva con el Creador, y no el medio por el que el hombre se apropia de la salvación. Como tendremos ocasión de ver, tanto entre los reformadores como entre sus sucesores abunda en realidad la reflexión sobre el acceso racional a Dios.

Bien cabe preguntarse en qué medida en la Reforma hay algún tipo de discusión relevante respecto de la relación entre fe y razón, y no más bien una recepción implícita de las posiciones frecuentes en la tradición agustiniana. Sí hay, en cambio, una discusión algo más explícita respecto de la naturaleza de la relación entre teología y filosofía. Una y otra vez se encuentra entre los reformadores la queja porque los medievales no habrían distinguido adecuadamente las dos tareas. Melanchthon, por ejemplo, elogia a Lutero por haber redescubierto algunas cosas que no se encontrarían en Tomás ni en Escoto, y nombra entre ellas la distinción entre filosofía y evangelio, la distinción entre promesas de la ley y promesas del evangelio.[34] A esto bien podría alguien responder que sólo es reflejo de sus prejuicios humanistas, dado que la distinción entre filosofía y teología o racionalidad filosófica y fe efectivamente se encuentra en estos autores. Pero la situación cambia si atendemos al vocabulario exacto que está utilizando Melanchthon, que parece esperar que esa distinción se dé explícitamente como equivalente de la distinción entre ley y evangelio. En cualquier caso, la situación refleja un paradójico agustinismo: la Reforma puede ser caracterizada como agustiniana por el modo habitual en que se pliega a la tradición de una fe que busca comprensión; pero al mismo tiempo, declara caracterizarse por una búsqueda de mayor delimitación entre teología y filosofía que lo que encontramos en la Edad Media, la que ya era mayor que la que se encuentra en Agustín.

Pero cabe preguntarse si el resultado no es más tradicional que lo que tales declaraciones programáticas pretenden. Se acusa a los medievales de una confusión entre las disciplinas –confusión que no siempre existió, y que tendió a existir más bien en los periodos no criticados por los reformadores–, y se crean así expectativas de novedad que difícilmente se cumplen. El punto se puede ilustrar comparando el modo en que Aristóteles se hace presente en la obra de Tomás de

[34] *Sobre la filosofía*, CR 6, 161.

Aquino y Melanchthon. La filosofía aristotélica ciertamente se encuentra menos presente en las obras *teológicas* de reformadores como Melanchthon, que en la obra de escolásticos medievales como Tomás. En este sentido puede decirse que la pretensión de mayor distinción entre filosofía y teología se cumple, al menos como énfasis. Pero quien dirige la mirada a las obras filosóficas de unos y otros bien podría sacar la conclusión opuesta: los comentarios de Tomás de Aquino están purgados de reflexión teológica en una medida muy mayor a los comentarios de Melanchthon.

En cualquier caso, este tipo de problemas son tratados de un modo considerablemente más parco e improvisado por los reformadores, que por las generaciones siguientes de protestantes. Al volcarnos ahora a dicho periodo, podemos dejar las relaciones entre filosofía y teología para concentrarnos en la relación entre fe y razón. Podemos hacerlo dirigiendo la mirada en primer lugar a Voetius, cuyas *Disputaciones selectas* abren con una disputación sobre el uso de la razón en cuestiones de fe (*De ratione humana in rebus fidei*). La disputación se inicia como si estuviese dirigida exclusivamente contra los socinianos, cuya posición tiene la peculiaridad de pretender el más estricto biblicismo, a la vez que afirma el carácter de la razón como juez último; su resultado es la oposición a todo tipo de supranaturalismo, de modo particularmente manifiesto en su rechazo de la doctrina de la Trinidad. Una vez que avanzamos en la lectura de la disputación de Voetius notamos, sin embargo, que se dirige también polémicamente contra algunos contemporáneos católico-romanos que leen la posición sociniana como si fuese la posición normativa del protestantismo, y que, por tanto, rechazan que los protestantes acudan en su disputa con los católicos a argumentos racionales, a deducciones a partir de las Escrituras, o al pensamiento discursivo en general.[35] Cabe, por cierto, notar que hay cierta disparidad entre los dos objetos polémicos, en cuanto ya en la presentación inicial de la disputación Voetius escribe que ésta va dirigida «contra los socinianos y sus seguidores» y contra «ciertos papistas modernos» –en otras palabras, el problema de los socinianos es esencial a la posición de los mismos, mientras que la posición de los autores católicos que se combate no es esencial al catolicismo, sino un fruto de su incomprensión del protestantismo. Por lo mismo, tanto autores medievales como católicos contemporáneos son citados por Voetius a favor de su propia posición.

Voetius inicia su discusión estableciendo una larga serie de precisiones que dará por conocidas (*praecognita*), en particular precisiones sobre los dos objetos de los que habla, la fe y la razón. Su pregunta queda tras eso precisada como una respecto de la razón del hombre caído en relación con aquello que es objeto específico de la fe, no aquello que es accesible también para la razón. Al hacer tal

[35] *De ratione*, 4. Las referencias son a la traducción inglesa contenida en Willem J. van Asselt y otros (2011) *Introduction to Reformed Scholasticism*, Grand Rapids: Reformation Heritage Books, pág. 225-247.

separación entre la fe sobrenatural y la razón, ésta sigue siendo el sujeto receptor de la fe, y sigue siendo el principio por el que lo revelado es comprendido. Así,

> Nuestra fe y teología puede ser llamada completamente racional, no en el sentido de que demuestre *a priori* su verdad de modo necesario con argumentos en oposición a quienes nieguen los fundamentos básicos de la religión cristiana, sino en el sentido de que demuestra sus conclusiones desde la autoridad de la Escritura y con argumentos derivados de la misma, en oposición a quienes aceptan algo de lo que ha sido divinamente revelado, y en el sentido de que al menos refuta los argumentos de quienes no aceptan nada de ello, a saber, aquellos argumentos por los que se acusa a nuestra fe de absurdo y contradicción.[36]

Tanto en su aspecto positivo como en su aspecto negativo, de refutación, la posición de Voetius es deudora de Tomás, a quien refiere antes que a cualquier otro autor para ulterior discusión. Pero a su mención sigue una larga lista de autores patrísticos, así como de contemporáneos tanto escolásticos como humanistas, dando una elocuente muestra del tipo de amplia tradición en que Voetius con razón considera inserta su posición. Pero así como esta posición implica afirmar la completa racionalidad de la fe y de la teología, implica también que ningún argumento humano es el principio por el cual se cree. También ese corolario es defendido por Voetius de múltiples maneras, por ejemplo, notando las implicaciones elitistas de la tesis contraria. Echando mano de una expresión popularizada por Nicolás de Cusa (pero también ella original de Agustín), Voetius escribe que en tal escenario la razón jamás podría ser constreñida a la condición de una «docta ignorancia».[37] La distancia que media entre nosotros y la posición que, por lo pronto, hemos ilustrado con Voetius puede percibirse en lo común que es hoy encontrar las dos caras de dicha posición como escuelas separadas. Su afirmación de la total racionalidad de la fe y de la teología nos suena racionalista, su afirmación de la independencia de la fe, en cambio, fideísta.

Dicha segunda tesis podemos considerarla con algo más de detención en John Owen, expresada en este caso en un contexto literario distinto. Su libro bajo el título *La razón de la fe* es en realidad la sexta parte de su voluminosa obra sobre el Espíritu Santo,[38] algo muy distinto de un prefacio filosófico sobre los preámbulos de la fe. Dicho contexto ya constituye un indicio del tipo de posición que busca defender: se trata, por decirlo así, de mostrar que la razón de la fe no es la razón; o más exactamente: que el fundamento o motivo de la fe no es la evidencia racional

---

36 *Sobre la razón* 2, VI.

37 *Sobre la razón* 3, VIII.

38 Owen, John, *Works* 4, 5-115.

que se presenta a la misma. Con una amplia tradición precedente, Owen concibe la fe simplemente como un modo de conocimiento que pende del testimonio. Dada la multiplicidad de testimonios a los que nos vemos enfrentados, «fe» es por lo mismo un término equívoco; con la misma tradición Owen especifica en consecuencia como «divina» o «sobrenatural» la fe de la que aquí trata: como aceptación de la revelación de Dios en virtud de Su veracidad y autoridad, tal fe trae consigo un grado de certeza mayor que el de cualquier demostración filosófica.[39] Pero, tal como afirma la independencia de cada acto de fe respecto de las pruebas racionales, *La razón de la fe* ofrece también una enfática defensa de éstas como «consecuencia de lo creído, para defensa de aquello que profesamos, para justificación ante el mundo».[40] Lo que se encuentra en Owen, quien aquí puede servir de representante para una multitud de sus contemporáneos, no es ni fideísmo ni evidencialismo, sino una compleja afirmación de la autonomía de la fe a la vez que de la pertinencia de la exploración racional de lo creído.[41] Sobre la base de esa combinación no puede sino esperarse una abundante interacción entre exégesis y exploración metafísica, como la que efectivamente se encuentra en el periodo.[42] En el más célebre estudiante que tuvo Owen, John Locke, puede, en cambio, percibirse con claridad las transformaciones que experimentaría este modo de considerar las relaciones entre razón y fe entre los pensadores de la modernidad temprana. Quien dirige la mirada a su *Ensayo sobre el entendimiento humano*, encontrará ahí un capítulo sobre las relaciones entre fe y razón que fácilmente puede inducir a leer a Locke en sustantiva continuidad con la tradición intelectual cristiana (como más de una vez se ha hecho).[43] Pero la continuidad temática se encuentra aquí visiblemente al servicio de una innovación de fondo. Ya el título del correspondiente capítulo refiere en realidad a las «distintas provincias» de la fe y la razón, y abundan ahí las referencias a los estrictos límites y fronteras que deben ser trazados entre ellas.[44] Hay sentidos en que lo señalado por Locke descansa, desde luego, sobre la tradición precedente: la fe se despliega principalmente respecto de aquello que no nos resulta directamente accesible por la razón, y desde siempre ha sido esa diferencia entre lo que conocemos por la razón y lo que excede nuestra capacidad lo que ha dado lugar al problema de las relaciones

---

[39] Para una defensa de la originalidad con que Owen presenta esta posición, véase John Lamont (2009), «A Conception of Faith in the Greek Fathers», en: Oliver Crisp; Michael Rea (eds.), *Analytic Theology. New Essays in the Philosophy of Theology*.

[40] *Works* 4, 48.

[41] Para este doble aspecto del escrito, véase Sebastian Rehnman (2012), «John Owen on Faith and Reason», en: Mark Jones; Kelly Kapic (eds.), *The Ashgate Research Companion to John Owen*, Farnham: Ashgate.

[42] Para una ilustración, véase Sebastian Rehnman (2001), «Theistic Metaphysics and Biblical Exegesis. Francis Turretin on the Concept of God», *Religious Studies* (38).

[43] Para un buen ejemplo de tal lectura, puede verse Greg Forster (2005), *John Locke's Politics of Moral Consensus*, Cambridge: Cambridge University Press.

[44] Locke, John, *Ensayo sobre el entendimiento humano* IV, 18, 1-2.

entre fe y razón. Pero al tratar sobre lo creído, aquello que está sobre la razón y que constituye la materia propia de la fe (Locke cita ejemplos como la resurrección), su conclusión es que tales cosas son «materia únicamente de la fe, con las cuales la razón no se relaciona de modo alguno directamente».[45] La posibilidad de una exploración radical de lo creído, en términos del proyecto agustiniano de fe que busca comprensión, se encuentra así descartada.

Si a veces miramos el conjunto de este pasado como un mundo en el que reinaba armonía entre la fe y la razón, debe ponerse cuidado en la liviandad con que se usa dicha imagen. Existe la armonía dentro del matrimonio, y existe la armonía entre los vecinos; la primera pende de un delicado entramado de interacciones, la segunda muchas veces de buenos muros que nos separen. Si en la modernidad temprana continuó reinando armonía entre fe y razón, fue muchas veces bajo el programa de tales muros; y si el mundo premoderno vio más bien un matrimonio entre fe y razón, no es menos cierto que conoció muchos modos distintos de concebir las relaciones dentro de dicha unión.

1.2. Finitud y corrupción

Hemos atendido de modo general a la manera en que el temprano protestantismo se inserta en la tradición de una *fides quaerens intellectum*. Pero la idea de una fe que busca comprensión se enfrenta a algunos obstáculos significativos. Incluso si no entrara en nuestra consideración la caída, la finitud del hombre parece echar por tierra nuestro anhelo de acceso racional a la realidad última. Si se suma dicha caída, la dificultad parece volverse irremontable. El acceso a Dios parece entonces reducirse a lo que provea la revelación especial. La conjunción de cada uno de estos énfasis en la Reforma hace presumir que de su seno no podría surgir nada semejante a una reflexión racional respecto de la realidad divina. Para quien, por otra parte, escribe desde una exclusiva familiaridad con la Reforma, existe el frecuente riesgo de tratar los restantes periodos de la tradición intelectual cristiana como ignorantes respecto de la caída o la finitud y, por tanto, como insuficientemente atados a la autoridad de la Biblia.

Una afirmación paulina de significativa importancia para la reflexión patrística es aquella según la cual «ahora conocemos en parte» (1Cor 13,12). Con tales palabras, Pablo estaba reconociendo tanto la existencia del conocimiento de Dios en esta vida como el carácter limitado del mismo. Quien dirige la mirada desde ahí a su carta a los romanos, encuentra en su primer capítulo una igualmente elocuente afirmación de cómo el conocimiento de Dios que se tiene mediante las criaturas se ve trastocado cuando los hombres «mediante la injusticia restringen la verdad» (Rom 1,18). Las convicciones transmitidas por estos textos han naturalmente

[45] Locke, John, *Ensayo sobre el entendimiento humano* IV, 18, 7.

ocupado un lugar central ahí donde la reflexión cristiana se ha desarrollado de un modo anclado a la exposición de los escritos bíblicos. Los dos textos –y así la doble preocupación por el modo en que nuestra finitud y caída afectan nuestro conocimiento de Dios– ocuparon, por ejemplo, un papel prominente en la reflexión de Agustín.[46] Pero la conciencia del límite y de la caída no se traduce en el temprano cristianismo en una negación del conocimiento, ni tampoco en la sola afirmación de su carácter parcial. Junto a esto, se encuentra desde temprano un discurso crecientemente diferenciado respecto de lo que se puede llegar a conocer y lo que no. A esta última categoría pertenece no sólo «la paz de Dios, que sobrepasa toda inteligencia», escribe Gregorio Nacianceno, sino «su naturaleza inasible e incomprensible». Gregorio precisa de inmediato tal confesión de ignorancia como referida no a la existencia de Dios, que sí puede ser conocida, sino sólo a su esencia.[47] Esta posición del Nacianceno se volvería moneda corriente entre los medievales, y constituye también un caso típico de simple continuidad entre los mismos y los reformadores protestantes. Éstos y sus sucesores abrazan con toda naturalidad la clásica posición según la cual es posible saber *que* Dios es santo, omnipotente, eterno, sin por eso saber *qué* es. Zwinglio lo expresa diciendo que «tal vez sobrepase al intelecto humano qué sea Dios; pero que hay un Dios no lo sobrepasa».[48] «Su esencia –escribe Calvino– es incomprehensible, escapando su numen a todo sentido humano, aunque la gloria brille en cada una de sus obras».[49] Incluso esa afirmación de la incomprehensibilidad de la esencia divina va por supuesto de la mano de la afirmación de la adecuación de los nombres divinos transmitidos por la Escritura. Nuestras imágenes, palabras y pensamientos no son adecuados para describir la realidad divina, y al intentar tal descripción existe el serio riesgo de que estemos proyectando a la eternidad una realidad creada. La teología negativa bien puede ser explicada como barrera contra la idolatría. Pero el riesgo, por el otro lado, es que la misma teología negativa se vuelva una suerte de ídolo, un entronizamiento de la incertidumbre. En los grandes autores cristianos se encuentra por lo mismo el doble componente de teología negativa y afirmación de la revelación, de lo adecuados que en su limitación son los nombres que Dios nos ha dado para hablar de Él.

Pero si respecto de la finitud del hombre la Reforma no parece postular nada nuevo en relación con su trasfondo medieval, hay una extendida percepción de que sí introduce una novedad en la comprensión de la caída. Ésta es una percepción que los reformadores tienden, de hecho, a compartir con sus críticos.

---

[46] Para su recepción de estos dos textos, véase Frederick van Fleteren (1992), «Per Speculum et in aenigmate: I Corinthians 13:12 in the Writings of St. Augustine», *Augustinian Studies* (23), y Goulven Madec (1962), «Connaissence de Dieu et action de grâces», *Recherches augustiniennes* (2).

[47] Gregorio Nacianceno, *Cinco discursos teológicos*, Discurso 28 (2), 5.

[48] *Comentario sobre la verdadera y la falsa religión,* CR 90, 640.

[49] *Institución* I, 5, 1.

Melanchthon, según hemos visto, escribe denunciando que los escolásticos habrían mezclado la doctrina de Cristo con una filosofía «de la perfección de la naturaleza humana».[50] Calvino, por su parte, testifica en el prólogo de la *Institución* de que ya en dicho temprano momento de la Reforma los protestantes eran criticados por estar subvirtiendo no sólo las obras meritorias y diversos puntos doctrinales en discusión, sino también la luz natural de la razón. Esta acusación –que aún hoy es frecuente– no es, pues, fruto de los estereotipos creados durante la época de las guerras de religión y la confesionalización, sino que data de los inicios mismos de la Reforma. Calvino nombra, en efecto, dicha acusación de un modo que parece conceder cierta razón a los acusadores, pues lo hace refiriéndose a esta luz como «no sé qué luz ciega de la naturaleza».[51] Pero la *Institución* está organizada en torno a la distinción entre el conocimiento de Dios como Creador y el conocimiento del mismo como Redentor: la ceguera que aquí Calvino atribuye a la luz de la naturaleza se refiere al segundo tipo de conocimiento. Las primeras páginas de la obra –a las que ya nos dirigiremos– son elocuentes respecto de la existencia de dicha luz por la que se conoce al Creador.

Ahora bien, cuando se habla de la caída desde luego mucho pende de si acaso términos como «corrupción» o «depravación» son tomados como términos precisos, que estén designando una corrupción de la naturaleza en estricto sentido –tal que la hiciera, por ejemplo, incapaz de ejecutar cualquiera de sus funciones–, y en qué medida se trata más bien de términos que simplemente quieren volver muy patente la caída. Después de todo, si se trata del simple uso de términos categóricos para no dejar lugar a dudas respecto de la radicalidad de la caída, bien cabe recordar que también Agustín era capaz de hablar de la imagen de Dios como algo trastocado en imagen de bestias, y eso al mismo tiempo que afirmaba la permanencia de la imagen de Dios en el hombre.[52] Pero respecto del carácter figurado o literal en que haya que comprender las referencias a la depravación total del hombre no hay por qué quedar en aporía, pues dicha pregunta es abiertamente planteada y resuelta en más de una ocasión en el periodo que nos ocupa. La *Fórmula de concordia*, por lo pronto, con todo lo rotunda que es su doctrina del pecado, rechaza de modo enfático que se hable sobre la maldad humana mediante indiferenciadas generalizaciones, sin explicación exacta.[53] En medio de las controversias de la post-Reforma, Flacius había sostenido que por la caída la imagen de Dios en el hombre es cambiada por imagen del demonio, que el pecado se ha vuelto esencia o naturaleza del hombre; esta tesis, que una lectura descuidada podría considerar típicamente

[50] BSLK 149.
[51] *Institución*, Prefacio al rey Francisco.
[52] *Sobre la Trinidad* XII, 11, 16.
[53] BSLK 844-845.

protestante, es de hecho condenada en los textos confesionales luteranos,[54] en medio de una reiterada pretensión de guardarse no sólo del pelagianismo, sino también del maniqueísmo.[55]

En el caso de la tradición reformada, una vez más, los textos confesionales brindan una adecuada oportunidad para notar el sentido preciso en que es afirmada la «corrupción total» del hombre. El Sínodo de Dort puede, en efecto, ser tenido por una instancia cuya preocupación central se encuentra en el rechazo de una nueva forma de pelagianismo, y es de este sínodo que se deriva la expresión «depravación total» como fórmula rutinaria para designar la condición del hombre caído. Sin embargo, también aquí lo que se encuentra es –junto a la afirmación sin ambigüedad de la caída– precisión respecto del alcance de este lenguaje. Si se quiere hablar en términos de la «radicalidad» de la caída, cabe notar que aquí no es una radicalidad en la intensidad, sino en la extensión, lo que se afirma: esto es, que no hay parte del hombre que se encuentre a salvo de la caída. El primer artículo de Dort relativo a este punto afirma que así como el hombre completo era santo, en el hombre caído se encuentra «distorsión del juicio en su mente, perversidad, desafío y dureza en su voluntad y, finalmente, impureza en todas sus emociones».[56] Hay un largo trecho, un trecho que sólo un lenguaje descuidado puede atravesar, desde ahí a afirmar que no quede nada bueno en el juicio, la voluntad o las emociones del hombre. No es, pues, de extrañar que algunos artículos más adelante sea expresamente afirmado que algo de eso efectivamente queda: «Ciertamente permanece en el hombre tras la caída cierta luz natural, por cuyo beneficio éste retiene cierta noticia de Dios, de las cosas naturales, de la diferencia entre las cosas honestas y las vergonzosas, y algo de búsqueda de la virtud y de la disciplina externa».[57] El énfasis de la tradición protestante en la radicalidad de la caída es, en otras palabras, real, pero en su periodo clásico fue tenido por compatible con la afirmación de un conocimiento natural tanto en el campo moral como en el campo teológico.

Cabe notar, además, que en esta materia la mirada de los reformadores respecto del pasado con frecuencia es equilibrada, en el sentido de que precisan a qué tipo de autores cabe acusar de minimizar la caída. En sus *Loci* de 1543, Melanchthon escribe por ejemplo de modo elogioso sobre la comprensión de la caída en Agustín, Hugo de san Víctor y Buenaventura, mientras que sobre Ockham declara que si bien mantiene el título de «pecado original», minimiza lo que se ha

---

54 BSLK 859.

55 BSLK 846 y 850. Para una informada discusión de las respuestas tanto luteranas como reformadas a la posición de Flacius, véase Luca Baschera (2012), «Total Depravity? The Consequences of Original Sin in John Calvin and Later Reformed Theology».

56 Dort, III / IV, 1.

57 Dort, III / IV, 4.

de entender por el mismo[58]. Más significativo aún resulta el hecho de que en un escolástico reformado como Voetius, la descripción de los efectos de la caída sea (mediada a través del jesuita Martín Becanus) la ofrecida por Tomás de Aquino. En su *Suma*, Tomás expone la cuestión enumerando cada una de las potencias del alma, precisamente para señalar cómo en cada una de ellas la pérdida de la justicia original se manifiesta en un tipo específico de desorden: la razón ordenada a la verdad, la voluntad al bien, el apetito irascible a lo arduo, el apetito concupiscible al placer moderado por la razón –perdidos dichos órdenes se constituyen las heridas (*vulnera*) de la ignorancia, la malicia, la debilidad y la concupiscencia. Algún protestante podrá experimentar dudas por parecerle débil el término «herida» para designar este estado, pero cabe notar que la conclusión de Tomás también tiene algo del lenguaje omniabarcante que al protestantismo le interesa preservar: a partir del pecado del primer padre se ha herido por esta cuádruple vía a «la naturaleza humana completa».[59] Voetius, como señalamos, adopta esta descripción de modo íntegro.[60]

No es de extrañar, entonces, que ahí donde más fuertes son las objeciones de un autor protestante a la teología natural, las objeciones no son en realidad relativas a la posibilidad de tal conocimiento, sino a su sentido. William Ames, en efecto, escribe que la pretensión de un acceso racional a Dios distinto de la revelación es algo admisible en los paganos, no así en los cristianos;[61] afirma, asimismo, que, al transmitirnos un conocimiento que no muestra a Dios como trino, tal esfuerzo nos entrega un «Dios sin Dios».[62] Piénsese lo que se piense respecto de estas objeciones, cabe notar que en ellas está asumido que el conocimiento en cuestión es uno al que efectivamente se accede. Hay en la Reforma y en las generaciones siguientes un renovado énfasis en las consecuencias epistémicas de la caída, pero uno que no se traduce en los cambios radicales que con frecuencia se asume tras esa posición.[63]

1.3. Sensus divinitatis y theologia gloriae

En las secciones precedentes, hemos intentado situar el lugar de la Reforma dentro de la historia de las relaciones entre fe y razón, entre filosofía y teología; hemos, asimismo, considerado un énfasis típico de la Reforma que con frecuencia

---

58 CR 21, 672-673.

59 *S. Th.* I-II, q. 85, a. 3 in c.

60 Para exposición de los textos relevantes, véase Aza Goudriaan (2006), *Reformed Orthodoxy and Philosophy*, pág. 42.

61 Ames, William, «Theological Disputation Against Metaphysics», tesis 3.

62 Ames, William, «Theological Disputation Against Ethics», tesis 23.

63 Para la permanencia, por ejemplo, del conocimiento por analogía, véase Richard Muller (2012), «Not Scotist: Understandings of Being, Univocity, and Analogy in Early-Modern Reformed Thought», *Reformation and Renaissance Review* (14, 2).

es imaginado como obstáculo para una relación de continuidad con la tradición intelectual cristiana. Quien aborda estas cuestiones se encuentra con frecuencia en los reformadores con afirmaciones que no parece fácil conciliar entre sí. Algunas hablan de la realidad divina como accesible a nuestra razón; otras declaran que si no fuese por la revelación de Dios nada podríamos saber de Él. Comentando, por ejemplo, el primer capítulo de Romanos, Zwinglio escribe que ahí el conocimiento de Dios es atribuido a una «así llamada naturaleza».[64] La razón para calificar el conocimiento natural de «así llamado» es sencilla: Zwinglio está interesado en afirmar el acceso universal y racional del que habla el pasaje, al mismo tiempo que le preocupa afirmar que es un conocimiento recibido de parte de Dios. No ha de sorprender que a partir de dicha preocupación una parte importante de la tradición reformada haya preservado tópicos clásicos de teología natural, pero subsumiéndolos bajo el título de revelación general. Es cierto que, en Calvino, se puede encontrar afirmaciones como que «todo conocimiento de Dios al margen de Cristo es un abismo inmenso que absorbe todo nuestro sentido»,[65] y si se lee tales palabras a la luz de un «cristocentrismo» barthiano difícilmente se concederá siquiera lugar a una revelación general.[66] Pero Calvino no está ahí negando la posibilidad de tal conocimiento, sino precisamente describiendo en qué condición se encuentra el hombre que accede de tal modo a Dios –una condición de desesperación, por verse enfrentado a algo que «absorbe todo su sentido»– con lo cual se da por sentado que tal conocimiento es en realidad posible. No muy distinta es la posición de Lutero en su *Comentario a Gálatas*, el pasaje en que más explícitamente habla sobre un doble conocimiento de Dios. Califica a dicho conocimiento como dividido entre uno «general» y uno «propio». Lo característico del primero sería su posesión universal y el revelar aquellos atributos de Dios por los que el hombre caído difícilmente puede presentarse con tranquilidad ante Él: «que creó el cielo y la tierra, que es justo, que castiga a los impíos».[67] Lejos de constituir una negación de un acceso a Dios a través de las criaturas, éstas y análogas formulaciones afirman tal conocimiento («si acaso por naturaleza o como algo recibido de los padres, no lo discuto»), al mismo tiempo que niegan pueda ser la fuente de sentido de la vida humana. Fuente de tal sentido sólo puede ser el conocimiento «propio» por el que Dios se revela como el que quiere salvar a los hombres.

---

[64] *Comentario sobre la verdadera y falsa religión*, CR 90, 641.

[65] *Comentario a las epístolas católicas*, CO 55, 226.

[66] Para un caso de tal proyección barthiana, véase Eberhard Busch (2008), «Gott und Mensch», en: Herman Selderhuis (ed.), *Calvin Handbuch*, Tubinga: Mohr Siebeck, pag. 222. Para una crítica de la retórica «cristocéntrica», véase Richard Muller (2006), «A Note on 'Christocentrism' And The Imprudent Use Of Such Terminology», *Westminster Theological Journal* (68, 2).

[67] *Comentario a Gálatas*, WA 40, 1, 607.

Ese conocimiento «propio» puede ser descrito como una teología de la cruz. Pero, si en su comentario a Gálatas, el conocimiento «propio» y el «general» se presentan de un modo algo más complementario, Lutero habla de una teología de la gloria y una teología de la cruz más bien en términos de oposición. Desarrollada en la temprana *Disputación de Heidelberg*, lo que esta distinción busca expresar es oposición a cualquier teología que busque conocer a Dios fuera de su relación como el Dios que justifica al pecador. En la cruz, como lugar en el que Dios se oculta y revela, se concentraría así la totalidad tal vez no del conocimiento posible, pero sí del conocimiento legítimo de Dios. La oposición entre *theologia gloriae* y *theologia crucis* es así una «fórmula de combate» en la que se concentra la oposición de Lutero a la teología precedente.[68] Otra cosa es que tal fórmula resulte adecuada para describir con justicia dicha teología –el mismo Lutero no le atribuye ningún carácter normativo, y rara vez vuelve sobre ella tras ese temprano uso de 1518. En cualquier caso, parece injustificada la tendencia a concebir esta oposición –que sintetiza una oposición entre preocupación existencial y preocupación especulativa– como típica del protestantismo. Recién en el siglo xx, se comienza a atribuir a la oposición entre teología de la gloria y teología de la cruz un papel central, pretendiendo que el compromiso con la segunda mueva a recortar el espectro clásico de preocupaciones teológicas.[69] El temprano pensamiento protestante en general combinó el ímpetu de la fórmula con un esfuerzo por no reducir la amplitud con que se concebía la teología.

Pero esto nos permite precisar algo la relación de continuidad y discontinuidad con la tradición precedente. La posición de los reformadores, según aquí la hemos reseñado, reconoce la existencia de un conocimiento natural de Dios, pero siempre añadiendo una advertencia respecto de lo que ocurre si se posee un conocimiento de un Dios santo sin al mismo tiempo conocer la manifestación de su gracia. La tradición precedente, por supuesto, confiesa a una voz con los reformadores protestantes que lo alcanzado por la razón natural no es un conocimiento salvífico; pero Lutero y Calvino añaden un elemento que ahí, a lo sumo, estaba de modo latente: que tal conocimiento no sólo no es salvífico, sino que por lo mismo conduce a desesperación. Cabe preguntarse en qué medida estas posiciones son complementarias, en qué medida los reformadores están explicitando algo tácitamente contenido en autores anteriores, o en qué medida se encuentra aquí más bien tensiones. Parece particularmente importante notar la tensión que habría con el hecho de que para la concepción aristotélica de la vida

[68] La expresión la tomo de Bernard Lohse (1995), *Luthers Theologie in ihrer historischen Entwicklung und in ihrem systematischen Zusammenhang*, Gotinga: Vandenhoeck & Ruprecht, pág. 51.

[69] Para un caso representativo de este tipo de contraposiciones, véase Karl-Heinz zur Mühlen (1995), «Zur Gotteslehre M. Luthers auf dem Hintergrund der mittelalterlichen Theologie», en: Karl-Heinz zur Mühlen, *Reformatorisches Profil. Studien zum Weg Martin Luthers un der Reformation*, Gotinga: Vandenhoeck & Ruprecht.

feliz la contemplación de la verdad es precisamente el principal modo de realización humana. Los aristotélicos cristianos del medioevo por supuesto podían, tal como con la felicidad a la que se accede por la vía de la vida activa, enfatizar la necesidad de la gracia. Podían, como Tomás, describir como *beatitudo imperfecta* la felicidad alcanzada en esta vida.[70] Pero una felicidad imperfecta no es lo mismo que la desesperación, y la tensión que aquí existe sería exacerbada por algunos protestantes. En su *Disputación teológica contra la Metafísica*, William Ames le da a esta objeción su forma más punzante, al hablar de la «ficticia felicidad que coexiste con la miseria de los condenados».[71] En pasajes como los que hemos visto, el conocimiento natural de Dios ha sido analogado a la ley, que también se puede conocer sin revelación especial, y la analogía se extiende a los terrores que el pecador percibe confrontado con una ley santa. Parece tratarse así de un caso notorio de cómo un tópico clásico es retenido, pero integrado a un modelo de ley / evangelio. Sin embargo, resulta importante recordar que éste no es el único modo en que es abordado el conocimiento natural de Dios en la Reforma. Después de todo, un lenguaje recurrente en Calvino es el que invita a ver la creación como teatro de la gloria de Dios, y difícilmente cabe concebir el terror como la reacción única que la contemplación de tal gloria podría producir.

El célebre comienzo de la *Institución*, que pone la suma de la sabiduría en un doble conocimiento, el de Dios y de nosotros mismos (*Dei cognitione et nostri*), ilustra lo anterior de modo nítido.[72] Tal doble perspectiva es un tópico recurrente desde la más temprana literatura cristiana. Cecilio, el contradictor pagano en el *Octavius* de Minucio Félix, llama a limitarnos al conocimiento de nosotros mismos y de lo que se encuentra a un paso de distancia, pero Octavio responde que, si bien los cristianos también nos interesamos por el conocimiento de uno mismo, «eso no lo podemos explorar ni descubrir sin a la vez preguntar por la totalidad; porque estas cosas están tan conectadas y entrelazadas, que si no examinas de modo diligente la naturaleza de la divinidad, no conocerás la de la humanidad».[73] Uno de los lugares clásicos de la literatura patrística sobre este tema es el dictum de los *Soliloquios* agustinianos, según el cual Agustín sólo buscaba conocer a Dios y al alma.[74] Pero el paralelo con Calvino debe ser trazado con cuidado, sobre todo respecto del segundo punto, el conocimiento del alma. Pues Calvino no está pensando en un conocimiento de su naturaleza, sino de su condición actual: la suma de la sabiduría consiste en saber sobre nuestra miseria, para así dirigirnos

---

70 *S. Th*. I-II, q. 5, a. 5, co.

71 Ames, William, «Theological Disputation Agains Metaphysics», en: *The Philosophical and Theological Treatises*, tesis 6.

72 *Institución* I, 1, 1.

73 *Octavius* 17, 1-2.

74 *Soiloquios* I, 2, 7.

al Creador.[75] En dicho giro dado al doble proyecto de conocimiento de Dios y de nosotros, puede verse una afinidad con la *theologia crucis* de Lutero, pero de un modo que no implica antítesis a la *theologia gloriae*. Éste es, después de todo, el punto en que con toda naturalidad debería aparecer la negación de una luz natural del intelecto humano, y la consiguiente necesidad de acceder a Dios por otra vía. Pero el punto sirve a Calvino más bien para llamar la atención sobre el recíproco condicionamiento del conocimiento de Dios y el conocimiento de sí mismo. Ha partido por indicar que la conciencia de nuestra miseria lleva a un mayor conocimiento de Dios, pero luego indica que ese reconocimento de la propia miseria presupone, desde luego, una medida suficientemente elevada a la luz de la cual mirarse: se requiere primero haber dirigido la mirada al rostro de Dios y desde ahí volver a descender a la consideración de nosotros mismos.[76] De ahí la convicción de Calvino de que hay en todos los hombres un *sensus divinitatis* que –añade enfáticamente en la misma línea que por primera vez menciona este *sensus*– «no puede ser borrado».[77]

Las expresiones *sensus divinitatis*, *sensus deitatis* o *semen religionis* se encuentran repetidamente en las primeras páginas de la *Institución*, y este *sensus divinitatis* o *naturalis instictus* es presentado como algo indubitable, *extra controversiam*. Conviene ver los pasos que sigue Calvino para afirmarlo. En primer lugar, propone lo que podríamos considerar un sencillo axioma teológico: Dios no puede haber dado lugar a que nos refugiemos en la pretensión de ignorancia respecto de Él, y por eso ha puesto este *sensus divinitatis* en nosotros. En segundo lugar, encontramos lo que parece ser una observación empírica: la convicción de que, de hecho, el teísmo –en cualesquiera aberrantes variantes– se encuentra universalmente extendido. Para esto Calvino invoca testimonios paganos, particularmente de Cicerón, en que se busca mostrar que la religión es algo que se extiende incluso a los pueblos que más se asemejan en lo restante a las bestias. ¿Pero tiene razón? Este segundo punto es probablemente el más débil, pues un solo caso de ateísmo parecería bastar para desmentirlo. Es un argumento empírico, y abierto por tanto a refutación empírica. El hecho de que Calvino no parezca verlo en modo alguno como un mal argumento, o como eventualmente refutable, se relaciona con seguridad con el tercer punto. Calvino sostiene aquí que la idolatría es un indicio claro de la existencia de este sentido de la divinidad. Que el hombre, a pesar de su resistencia a considerar otras criaturas como superiores a él mismo, les rinda culto, es para Calvino un indicio «sumamente vehemente» de lo imposible de obliterar que es este arraigado sentido de la divinidad en el hombre. Según una expresión

[75] *Institución* I, 1, 1. En este párrafo de hecho aparecen los términos *pravitas* y *corruptio* para designar nuestra situación.

[76] *Institución* I, 1, 2.

[77] *Institución* I, 3, 1.

suya el corazón humano es una «fábrica de ídolos»,[78] y Calvino toma esto como un claro indicio de la existencia de este *sensus*. En un capítulo posterior, responde de modo similar a los que –en una suerte de temprana filosofía de la sospecha– interpretarían la religión como fruto de una conspiración sacerdotal. Tal conspiración puede de hecho existir, concede Calvino, pero «jamás lograría su propósito si las mentes de los hombres no estuvieran antes imbuidas de aquella constante persuasión respecto de Dios, de la cual como de semilla emerge la propensión a la religión».[79] A estos tres argumentos presentados inicialmente por Calvino, se añaden luego otros indicios como el temor de Dios y los terrores de la conciencia provocados por nuestro actuar –una suerte de argumento moral a favor de la existencia de Dios.[80] La aproximación de los reformadores al problema del acceso racional a Dios puede, pues, caracterizarse por un continuismo respecto de la tradición previa por lo que a la posibilidad de tal acceso se refiere, aunque las vías específicas por las que se aborda el tema sean en alguna medida originales. La pregunta específica por las pruebas de la existencia de Dios nos permitirá mostrar esto de un modo algo más nítido.

1.4. ¿Pruebas de la existencia de Dios?

Que los reformadores creían en la existencia de una revelación general de Dios, en un libro de la naturaleza junto al libro de la revelación especial, es algo que está fuera de duda. También el conocimiento así alcanzado se expresa de modos que revelan su enraizamiento en la tradición. Así, Zwinglio escribe sobre cómo «lo primero que captamos en el conocimiento de Dios es que Él es quien existe por naturaleza, que no ha recibido su ser de otro»,[81] que «este ser es tanto el bien como el ser».[82] Pero la existencia de una revelación general por la que se puede ver la existencia de Dios a partir de sus obras, no debe ser confundida con la existenca de pruebas de la existencia de Dios. Cuando llegamos al capítulo quinto de la *Institución*, sobre el conocimiento de Dios que se nos presenta en la creación y en el gobierno del mundo, la más popular traducción inglesa de la obra habla de las pruebas (*proofs*) que tendríamos tanto en la sencilla contemplación del mundo como en el conocimiento más preciso que nos dan la medicina, la astronomía y la física. También la clásica traducción española habla aquí de «infinitas pruebas». Pero Calvino escribe en realidad sobre «testimonios» (*quae*

[78] *Institución* I, 11, 8.
[79] *Institución* I, 3, 2.
[80] *Institución* I, 3, 2 y 3.
[81] *Comentario sobre la verdadera y falsa religión*, CR 90, 644.
[82] *Comentario sobre la verdadera y falsa religión*, CR 90, 645.

testentur...... esse testes).[83] A partir de tales testimonios, se puede, tal vez, elaborar pruebas *a posteriori*, pero ellos mismos no constituyen tales pruebas. Además, otro pasaje del mismo capítulo sí incluye la palabra *demonstratio*, pero precisamente para descartar que sea necesaria: «Vemos que no hay necesidad de una larga y difícil demostración para mostrar los testimonios que sirven para ilustrar y afirmar la majestad divina».[84]

Que los más tempranos escritos de los reformadores no incluyan nada semejante a pruebas de la existencia de Dios no nos debiera extrañar en lo absoluto. No tenían necesidad apologética para hacerlo, ni la calma que invita a hacerlo por motivos más puramente sapienciales. Lo asombroso es cuán pronto uno vuelve, sin embargo, a encontrárselas. En su *Comentario a Romanos* de 1532, Melanchthon presenta por primera vez la idea de que, sobre la base de la revelación general, el hombre puede proceder a tales pruebas. En la edición de 1540 de la misma obra, tales argumentos aparecen ya formalizados y enumerados. A través de los discípulos de Melanchthon en Heidelberg, tales argumentos se encontrarían ya pronto en los comentarios al *Catecismo de Heidelberg*, vía por la que pronto llegarían a formar parte de todas las grandes obras teológicas.[85] Su temprano paso de Wittenberg a Heidelberg muestra además de modo elocuente su presencia en ambas confesiones. Bien cabe preguntarse, sin embargo, por la compatibilidad de este desarrollo con el tipo de posición que hemos visto en Calvino, quien, al menos, declaraba superfluas tales pruebas. En la obra del ginebrino, no hay, en efecto, prueba alguna; pero tampoco hay un explícito rechazo de las mismas. Hay un rechazo de su necesidad, lo que deja abierta la pregunta por su posibilidad. La razón para rechazar su necesidad (y el sentido en que está siendo rechazada) resulta evidente por el hecho de que Calvino está tratando el estado inexcusable en que nos encontramos producto del universal conocimiento de Dios. Tal inexcusabilidad se vería comprometida si nos viéramos obligados, para conocer a Dios, a pasar por las dificultades de una prueba racional. Después de todo, el mismo Tomás abre su *Suma* afirmando que tales pruebas son algo alcanzado por pocos, durante largo tiempo, y con mezcla de muchos errores –condiciones nada ideales para un conocimiento así de crucial.[86] Como además ha notado Michael Sudduth, en su comentario a *Hechos* Calvino escribe que Pablo y Bernabé no ofrecieron «un discurso estrictamente razonado respecto de los secretos de la naturaleza conforme al discurso filosófico, pues estaban discutiendo con personas no instruidas, comunes

[83] *Institución* I, 5, 2. Las traducciones a las que me refiero son las de Beveridge al inglés y Cipriano de Valera al castellano.

[84] *Institución* I, 5, 9.

[85] Este desarrollo se encuentra finamente documentado en John Platt (1982), *Reformed Thought and Scholasticism. The Arguments for the Existence of God in Dutch Theology 1575-1650*, Leiden: Brill.

[86] *S. Th.* I, q. 1, a. 1. co.

y corrientes».[87] Bien cabría decir que Calvino considera a su público como comparable al de Pablo y Bernabé. Que ante otro tipo de público cabría desarrollar «un discurso estrictamente razonado», es algo que, al menos, queda abierto. Por dicha puerta abierta, entraría virtualmente toda la tradición reformada de los dos siglos siguientes, discutiendo todo el elenco clásico de argumentos teístas.

Al evaluar la continuidad de este desarrollo con la precedente tradición cristiana son varias las preguntas que es posible tener a la vista. La cuestión no es sólo si acaso se desarrolla pruebas de la existencia de Dios, sino qué tipo de pruebas, para quién, con qué función y en qué lugar de la arquitectura de las obras. La primera de estas preguntas es de relativamente fácil respuesta. Quien atiende al más temprano desarrollo protestante se encuentra con una concentración llamativa en dos tipos de argumento: por una parte, en argumentos a partir del orden de la creación, por otra parte, argumentos a partir de la existencia de la conciencia moral en el hombre. Estos dos tipos de argumento obedecen naturalmente al contexto en que Melanchthon por primera vez aborda esta cuestión: los argumentos a partir del orden surgen del primer capítulo de la Carta a los Romanos, tal como los argumentos de tipo moral surgen del segundo. Entre los tempranos autores reformados, parece haber cierta conciencia de que esta doble aproximación es la distintiva de la tradición protestante, pero un carácter distintivo que no necesariamente es tratado en términos que sean excluyentes respecto de la tradición precedente. Así, por ejemplo, Danaeus refiere respetuosamente a las cinco vías de Tomás, para luego decir que dejará esos argumentos a los escolásticos para desarrollar los suyos propios.[88] Una mirada general al pensamiento protestante del siglo xvii, en la medida en que una caracterización así de general es posible, no permite hablar del predominio de uno u otro tipo de argumento –salvo por la llamativa ausencia del argumento ontológico–,[89] sino de variados grados de concentración en el doble foco emanado de Romanos y en los restantes argumentos elaborados por pensadores cristianos anteriores a la Reforma.

Ahora bien, John Platt ha sugerido que no sólo el tipo de argumentos, sino su función y lugar sufren en la post-Reforma una transformación que abandona las posiciones originales de la Reforma. Melanchthon presentaba sus primeros argumentos en un capítulo sobre la creación, mientras que pronto se verían trasladados a los clásicos capítulos iniciales sobre la existencia de Dios, lo que Platt interpreta como una «recaída» en una lógica de preámbulos independientes de la

---

[87] Véase CO 48, 328 y el análisis del pasaje, en Michael Sudduth (1995), «The Prospects for Mediate Natural Theology in John Calvin», *Religious Studies* (31), pág. 53-67.

[88] Véase John Platt (1982), *Reformed Thought and Scholasticism. The Arguments for the Existence of God in Dutch Theology 1575-1650*, pág. 120-121.

[89] Véase Jan Rohls (1987), *Theologie und Metaphysik. Der ontologische Gottesbeweis und seine Kritiker*, Gütersloh: Gütersloher Verlagshaus Gerd Mohn, pág. 187-188.

fe cristiana.[90] Mientras Melanchthon escribe explícitamente señalando que los argumentos son para confirmación de los ya creyentes,[91] la tradición subsiguiente prontamente comenzaría a desplegar los mismos argumentos contra lo que se percibe como una creciente presencia del ateísmo. Los argumentos pasarían así de una original función de confirmación interna a una de convicción externa.[92] Pero si bien parece correcto afirmar que gradualmente se producirá una migración de los argumentos teístas desde su contexto teológico hacia una apologética evidencialista, cabe hacer algunas precisiones respecto de la idea según la cual esto consistiría en una «recaída» en posiciones medievales. De partida, porque entre los mismos reformadores, aunque no se trate ahí propiamente de pruebas, se afirma con flexibilidad que «este camino para aproximarse a Dios es común a los que están dentro y fuera de la Iglesia»,[93] lo que parece indicar su disposición a que los argumentos teístas se desplieguen con libertad en distintos contextos.

Cuando los escolásticos modernos comienzan a desarrollar los argumentos teístas de un modo que se dirige primordialmente a convencer a interlocutores no creyentes, efectivamente comparten con autores medievales como Tomás un punto: la confianza en que la razón es capaz de asumir tal tarea. ¿Hay una significativa historia de cambios en el *lugar* de los argumentos teístas? Tomás efectivamente concibe los argumentos teístas como preámbulos de la fe y, sin embargo, son preámbulos que se desarrollan en sede teológica. Resulta aquí, además, capital comprender en qué sentido se habla de preámbulos. Los preámbulos de la fe no son cosas que haya que aprender antes de creer, no son prerrequisitos del acto de creer, sino preámbulos o prerrequisitos de lo creído (sólo si hay un Dios se puede encarnar, pero eso no significa nada respecto del orden en que nos relacionamos con Él). En cualquier caso, uno de los hechos más sorprendentes –aunque a primera vista invisibles– de la historia del pensamiento cristiano es que estos argumentos se desarrollaran originalmente tanto más cuando menos necesarios parecían. No es en el pluralista contexto patrístico, sino cuando más homogéneamente cristiano parece el contexto intelectual, que con mayor confianza los pensadores medievales desarrollan tales argumentos.

Considerar tal hecho nos permite volver sobre la pregunta por la función de los argumentos teístas. El énfasis original de la Reforma se encuentra a todas luces

---

[90] Véase John Platt (1982), *Reformed Thought and Scholasticism. The Arguments for the Existence of God in Dutch Theology 1575-1650*, pág. 51 y siguientes.

[91] *Loci theologici (secunda aetas)*, CR 21, 369.

[92] Para un elocuente estudio de esta transformación, mediante una comparación entre Tomás de Aquino y Locke, véase Nicholas Wolterstorff (1986), «The Migration of the Theistic Arguments: From Natural Theology to Evidentialist Apologetics», en: Robert Audi; William Wainwright (eds.), *Rationality, Religious Belief, and Moral Commitment. New Essays in the Philosophy of Religion*, Cornell: Cornell University Press.

[93] *Institución* I, 5, 6.

en un punto: la inexcusabilidad del hombre. No cabe cuestionar la centralidad de este punto. Lo que sí cabe cuestionar es si acaso se trata del *único* interés legítimo que puede haber en los argumentos teístas desde una perspectiva protestante. La tendencia de cierta literatura a considerarlo así obedece probablemente a que se concibe la pregunta como una disyuntiva entre limitarse a la inexcusabilidad o abrir la puerta a que el conocimiento natural de Dios pueda tener un carácter salvífico. La limitación a reforzar la inexcusabilidad del hombre se entiende entonces como una adecuada función «negativa» de la filosofía; la apertura a usos «positivos», en cambio, se percibe como una abolición de la distinción entre ley y evangelio: la creación acabaría en ese caso mostrándonos no la ley de Dios, sino operando como evangelista. Pero hay algo importante que esa disyunción deja fuera y, como en tantas otras cosas, disyunciones que no provienen del periodo estudiado distorsionan nuestra comprensión del mismo. Hay, después de todo, usos positivos que no tienen por qué implicar el colapso de la distinción entre ley y evangelio. Los argumentos teístas se pueden, en efecto, desarrollar también por simple amor al conocimiento. Se pueden asimismo desarrollar como introducción al espíritu racional bajo el cual se busca desarrollar una exposición sistemática del conjunto del pensamiento cristiano. Tales motivaciones no sólo son legítimas, sino que constituyen el modo más natural de explicarse la presencia de tales argumentos en el tipo de cultura intelectual a la que las primeras generaciones de protestantes pertenecieron.

2. La realidad política

2.1. El lugar del pensamiento político

Consideraremos a continuación el lugar de la Reforma en la historia de la reflexión cristiana sobre la realidad política. El punto tiene particular importancia porque la temprana filosofía moderna, desarrollada algo más de un siglo tras la Reforma, es un tipo de filosofía para la que la reflexión política ocupa un lugar primordial. Contrastemos, por un segundo, a Tomás de Aquino y Locke. Tomás ciertamente se ocupa de algunas materias políticas. Sobre algunas ha pensado con particular atención, y evidentemente se puede desarrollar, a partir de lo que él dice al tratar sobre otras materias, algo así como una reconstrucción de una filosofía política tomista.[94] Pero la política ciertamente estaba lejos de encontrarse entre sus preocupaciones centrales. Al justificar la existencia de la filosofía política como disciplina, en el prólogo de su comentario a la *Política* de Aristóteles, Tomás menciona (si bien entre otras razones) que gracias a su existencia «se completa la

[94] Una influyente articulación de tal pensamiento en el siglo xx es por supuesto la de Maritain. Para una reconstrucción más erudita del pensamiento de Tomás, véase John Finnis (1998), *Aquinas. Moral, Political, and Legal Theory*, Oxford: Oxford University Press.

filosofía».[95] A ningún pensador primordialmente político se le ocurriría esgrimir algo de tal irrelevancia práctica como un argumento a favor de la filosofía política. Contrastémoslo con Locke, quien, en el prólogo de su *Ensayo sobre el entendimiento humano*, señala que el origen de su preocupación epistemológica se encuentra en «asuntos muy alejados de los aquí tratados». Reunido, cuenta, con amigos que discutían sobre moral, política y religión revelada, llegaban a obstáculos que sólo parecían poder resolverse tras un análisis crítico de nuestra capacidad de conocer.[96] Al contrario del pasaje de Tomás de Aquino que acabamos de considerar, aquí el interés político y moral es el que prima y orienta, el que mueve a desarrollar el resto de la investigación filosófica. Es la filosofía, cabría decir, la que «completa la política». Esta descripción de ambos autores ciertamente podría ser acusada, y no sin cierta justicia, de caricaturesca; pero el punto es que del Aquinate y de Locke lo que cabe hacer es la caricatura opuesta. No es sólo que la filosofía política moderna sea en muchos sentidos algo radicalmente nuevo, sino que dentro del universo del pensamiento ocupa un papel considerablemente más decisivo que el papel ocupado por la política en la tradición intelectual medieval. Gilson escribió que «para un pensador de la Edad Media, el Estado es a la Iglesia como la filosofía es a la teología y como la naturaleza es a la gracia».[97] Pero quien considera tal afirmación no puede sino constatar que, en la Edad Media, la filosofía y la naturaleza fueron objeto de atención bastante más considerable que el Estado o la realidad política en general. Se puede entender mucho de Tomás sin conocer bien su pensamiento político; sería imposible pretender lo mismo con Hobbes, Spinoza o Locke. Quien abre *La ciudad de Dios* o la *Suma teológica* buscando averiguar cómo imaginan Agustín o Tomás la república ideal, sale fácilmente desilusionado por lo poco que parecen revelar al respecto; no le ocurre lo mismo al que abre el *Leviatán* –éste puede intimidar, pero no decepcionar.

Los reformadores protestantes de primera y segunda generación se encuentran en general en una situación que en esto es más bien similar a la de los autores medievales. Cuando por el título se cree tener por delante una obra de reflexión política, como ocurre con el tratado de Bucero, *Sobre el reino de Cristo*, no se encuentra ahí en realidad nada sobre las preguntas políticas básicas: en lugar de interés por el origen y naturaleza del poder político, lo que se encuentra es interés por el modo en que dicho poder pueda servir a la reforma de la Iglesia; en lugar de preguntas sobre las formas de organización política, se abre con una extensa descripción de la renuncia de Cristo a reinar mediante dichos medios.[98] Este

---

95 *Comentario a la Política*, pr. 5.

96 Locke, John, «Epístola al lector», en: *Ensayo sobre el entendimiento humano*.

97 Gilson, Étienne (1965), *La filosofía en la Edad Media. Desde los orígenes patrísticos hasta el fin del siglo XIV*, pág. 239.

98 La obra se encuentra traducida en Wilhelm Pauck (1969), *Melanchthon and Bucer*, Philadelphia: The Westminster Press.

carácter poco central del saber político no es del todo de extrañar: lo que en este libro hemos considerado es primordialmente la tradición universitaria del pensamiento cristiano, y la política estaba aún lejos de ser una parte fija del currículum. La enseñanza de la *Política* de Aristóteles había sido opcional desde su recepción en Occidente y, si bien fuera de la universidad tuvo una recepción medianamente creativa, dentro de la universidad la posesión del genuino saber político era pretendida más bien por la Facultad de Derecho.[99] La política, por otra parte, no sólo no es el interés primordial de los reformadores, sino que con frecuencia se refieren a ella simplemente porque es inevitable hacerlo. Así, no es extraño encontrar, particularmente en sus escritos más tempranos, afirmaciones que parecen más respuestas *ad hoc* ante los problemas que se enfrenta que desarrollos reflexivos. «Si algo es característico de la Reforma, es que no podemos relacionarla con el nombre de un solo gran pensador político», sentenciaba Eric Voegelin.[100] Sin embargo, muy pronto el resultado es de considerable consistencia, de modo que hablar de un pensamiento político de la Reforma no sea tal vez una generalización del todo inadecuada.

Los escolásticos de la modernidad temprana, fuesen católicos o protestantes, ciertamente tienden a tener un pensamiento político más desarrollado que el de sus predecesores, sean éstos medievales o de la Reforma. En algunos se encuentra, además, cierta conciencia del estado crítico en que se encontraría la disciplina. En su *Apparatus Practicus*, publicado en 1609, Keckermann presenta, por ejemplo, una introducción y minuciosa subdivisión del saber práctico, en cuyo prólogo declara su intención de contribuir a una rehabilitación de la filosofía práctica, la cual desde la Antigüedad se encontraría postrada. Keckermann culpa de este estado a la cadena de «intérpretes y comentadores de Platón y Aristóteles» que apenas habrían hecho algo por la disciplina. Pero cabe preguntarse cuánto conoce Keckermann dicha tradición, por cuanto cita como principal ejemplo de la misma «la paráfrasis de Averroes a la *Política* de Aristóteles».[101] Keckermann obviamente la confunde con el comentario de Averroes a la *República* de Platón,

[99] Para una síntesis del camino hacia la autonomía de la política tanto respecto de teólogos como respecto de juristas, véase Janet Coleman (1996), «The Science of Politics and Late Medieval Academic Debate», en: Rita Copeland (ed.), *Criticism and Dissent in the Middle Ages*, Cambridge: Cambridge University Press. En el contexto de la Reforma, continúa rigiendo este carácter opcional: la *Política* es comentada bastante temprano por Melanchthon (1530), pero su enseñanza sólo se vuelve obligatoria –y por un breve periodo de ocho años– sesenta años más tarde. Véase Noah Dauber (2008), «Deutsche Reformation: Philip Melanchthon», en: Christoph Horn; Ada Neschke-Hentschke (eds.), *Politischer Aristotelismus. Die Rezeption der aristotelischen Politik von der Antike bis zum 19. Jahrhundert*, Stuttgart: J. B. Metzler, pág. 189, n. 60.

[100] Voegelin, Eric (1998), *History of Political Ideas (Vol. 4. Renaissance and Reformation)*, Columbia: University of Missouri Press, pág. 217 (probablemente la única afirmación razonable en medio de su destemplado análisis de este periodo).

[101] Keckermann, Bartolomeo (1609), «Carta al lector», en: *Apparatus practicus*, Hannover.

pues la *Política* de Aristóteles jamás fue comentada en el mundo árabe. Bien cabe decir que, además, la rehabilitación propuesta por Keckermann en buena medida consiste en un insertarse en esa tradición de intérpretes y comentadores. Pero su observación nos recuerda que, aunque sea participando de tal cadena de comentadores, al tratar sobre la política los primeros pensadores protestantes se dirigen a los filósofos clásicos antes que a sus continuadores medievales (en evidente contraste con su reflexión sobre el conocimiento de Dios, donde ocurre lo contrario). Nada de extraño hay en eso: si Tomás de Aquino, Buenaventura o Duns Escoto son autores cuyo interés político fue limitado, no puede decirse lo mismo de Platón, Aristóteles o Cicerón. Los tempranos pensadores protestantes dirigían con naturalidad la mirada a ese pasado, aunque lo hacían entroncando con una tradición intelectual cristiana que desde temprano no sólo reelaboró algunas tesis clásicas, sino que a la vez recibió impulsos de la propia tradición bíblica para reflexionar sobre la naturaleza de la comunidad, el poder, la violencia y el bien común.

La Reforma entronca con dicha tradición movida en parte por motivos de inmediata relevancia práctica: era denunciada como revolucionaria y tenía, por tanto, que dar cuenta de su valoración del orden; se encontraba en una posición precaria y tenía, por tanto, que dar cuenta de las situaciones en que el orden podía y debía ser quebrado. No es de extrañar que los tópicos más recurrentes en la discusión sobre la influencia de la Reforma en la historia del pensamiento político sean su papel en el surgimiento del absolutismo y su papel en el desarrollo de las teorías de resistencia. Con alguna frecuencia, los dos tópicos son además campo privilegiado para resaltar diferencias (muchas veces forzadas) entre las confesiones, destacándose el papel luterano en el primero y el reformado en el segundo de estos desarrollos. Aquí, más que en la discusión sobre el acceso racional a Dios, existe además la tentación de enfatizar la influencia de la Reforma sobre la modernidad política. Hay un triunfalismo protestante que, por un buen tiempo, ha celebrado la modernidad política y a sí mismo como formador de ella. Es una amplia literatura, tanto popular como científica, que celebra la democracia, el republicanismo, la tolerancia, y una larga serie de fenómenos relacionados, como productos del protestantismo. Sobra decir que las afirmaciones ahistóricas campean libremente en tal literatura. Incluso en los casos en que en los reformadores se encuentran atisbos de tales ideas, en dicha literatura es común imputarles un papel decisivo en materias en las que son simples receptores de ideas ajenas. Pero se trata además de una disputa por un botín muchas veces más ambivalente de lo que el discurso celebratorio quisiera reconocer. En la modernidad, libertades políticas inauditas coexisten con la descomposición de los lazos humanos más básicos, la afirmación de la igualdad entre los hombres coexiste con un exacerbado nacionalismo, el discurso de derechos humanos con el terror totalitario. Si lo que se quiere es caracterizar la modernidad política, ninguno de estos énfasis es, en principio, más justificado que el otro, y muchas veces tendencias en apariencia opuestas se encuentran mutuamente implicadas de modos complejos. Las tradiciones de reflexión política premoderna, por cierto, no son menos ambivalentes, como atestigua por ejemplo la dificultad de la mayoría de los autores hasta el tardío siglo xvii (en el mejor de los casos) para pensar la comunidad política, si no es sobre la base de la homogeneidad religiosa. La pregunta no es, pues, qué tradición es ambivalente, sino con cuál de estas ambivalencias se relaciona más claramente la Reforma.

Un modo de intentar responder a dicha pregunta es atendiendo al deseo de transformación que caracteriza al proyecto moderno. Pocos elementos son tan característicos de la política moderna como su aspiración de ser transformadora. Sea que se trate de proyectos de transformación de la sociedad desde el Estado o de la no menos real revolución desde el mercado, las aspiraciones de transformación caracterizan hoy incluso a los movimientos conservadores. Y el carácter de este espíritu de transformación es uno de los tantos prismas a través de los cuales cabe ver la ambivalencia de la política moderna. Pues en él hay un atrevimiento prometeico, una fe en nuestra capacidad de efectivamente cambiar no sólo las condiciones de existencia sino la naturaleza misma de la condición humana; pero se encuentra en él también una disposición a cuestionar si acaso el orden político tal como actualmente lo conocemos es efectivamente un orden natural. La política premoderna, para bien y para mal, muchas veces carece de estas dos dimensiones: está a salvo de riesgos utópicos, pero a veces a cambio de una bastante simple aceptación del orden dado. ¿Dónde se encuentra, ante esta alternativa, la Reforma? Si se busca en el siglo xvi un movimiento religioso con elevada expectativa de transformación es indudablemente en la reforma radical donde ha de buscarse. Lutero, en una característica autoreferencia, escribió en una ocasión que, tal como la Iglesia había requerido de un Lutero, la vida política y jurídica también requeriría uno. Sin embargo, escribe, teme que recibirán más bien un Müntzer.[102] El contraste entre una aspiración reformista y una revolucionaria no podría ser más claramente expresado. Los reformadores magisteriales representan distintas variantes de la primera de esas aspiraciones, algunas medianamente inmovilistas, otras más reformistas.[103] Pero incluso si en algunos casos se considerara sustantivo dicho reformismo, los reformadores magisteriales representan una versión matizada no del transformacionismo moderno, sino de la tradición que precedió al mismo.

---

[102] *Comentario al salmo 101*, WA 51, 258.

[103] Y a las diferencias locales hay obviamente que añadir las personales. En su comentario a la *Política*, Melanchthon, por ejemplo, elogia repetidamente a su príncipe Federico el Sabio por su idea de que los cambios legales deben ser rechazados por… ser cambios («Es macht Bewegung» [genera cambio] –es la única frase dejada en alemán en medio del escrito latino, resaltando, con referencia a Platón, la enfática cautela respecto de las modificaciones legales). CR 16, 420.

A lo anterior, debe añadirse la crucial distinción entre la manera en que las *ideas* de la Reforma y la manera en que el simple *hecho* de la Reforma transforman el pensamiento político. Que el hecho de la Reforma, la ruptura de la unidad político-religiosa, la gradual consolidación de la coexistencia de creencias rivales en un mismo espacio, opera tras importantes pasos de la temprana filosofía política moderna es un hecho fuera de disputa. Pero sobra decir que no cabe entender eso como una influencia de las ideas de los reformadores. Sobre dichas ideas, en tanto, cabe aquí no sólo preguntar respecto de su influencia. Nos preguntamos también en qué medida las ideas políticas de los reformadores se encuentran arraigadas en el resto de su pensamiento y, en particular, en sus énfasis más distintivos. No es inusual que, al pretender enraizar las ideas políticas de los reformadores en dichos énfasis distintivos, el resultado sea que su enraizamiento histórico decrezca: así, por ejemplo, se presume su pensamiento político como vinculado con una antropología particularmente pesimista, y se concluye que su pensamiento político no asignará más un papel rector a ideas como las de bien común o ley natural. Incluso exposiciones del pensamiento del periodo que acaban en menor o mayor medida reconociendo la continuada presencia de tales ideas, parten por suponer que el pensamiento político de los reformadores, y en particular el de Lutero, arrancaría de una «obsesión con la total indignidad del hombre» que haría imposible fundar el orden político en una ley divina manifiesta en la creación misma.[104] En respuesta, digamos lo obvio: el pensamiento político de los reformadores efectivamente se encuentra relacionado con las restantes ideas de los mismos, pero de éstas hay que, por lo mismo, recoger una versión más matizada. Y bien cabe preguntarse si es ante todo de lo que parecieran ser sus ideas más distintivas que se nutre su pensamiento político, o más bien de las preocupaciones que les son comunes con el resto de los pensadores cristianos. Harro Höpfl, por ejemplo, ha recientemente documentado la total ausencia de relación entre el pensamiento político de Calvino y la doctrina de la predestinación.[105] Pero el mismo Höpfl ha escrito que la primera prescripción de Calvino a sus lectores en «no qué hacer, sino qué pensar» respecto de la realidad política.[106] En tal pensar, como veremos, bien puede decirse que se configuran de a poco algunos rasgos distintivos, rasgos que, sin embargo, no parecen en absoluto pender de doctrinas que fuesen exclusivas de los reformadores. Al fin y al cabo, algunas de las ideas que hoy son más típicamente asociadas con el pensamiento social católico, como las de ley natural y subsidiariedad, son moneda corriente entre los escritores protestantes de los primeros

---

[104] Skinner, Quentin (1978), *The Foundations of Modern Political Thought (Volume II: The Age of Reformation)*, Cambridge: Cambridge University Press, pág. 3.

[105] Höpfl, Harro (2014), «Predestination and Political Liberty», en: Gijsbert van den Brink; Harro Höpfl (eds.), *Calvinism and the Making of the European Mind*, Leiden: Brill.

[106] Höpfl, Harro (1982), *The Christian Polity of John Calvin*, Cambridge: Cambridge University Press, pág. 48.

dos siglos.[107] Ni siquiera de los típicos contrastes entre las confesiones protestantes –aquellos que ven el luteranismo el terreno ideal para el cultivo del absolutismo y en la tradición reformada la crítica del orden establecido y las teorías de resistencia– queda mucho en pie. Cabría tal vez decir que, habiendo en el luteranismo tanto impulsos para el absolutismo como para el constitucionalismo, la tradición reformada recibió de ahí más usualmente la segunda inclinación. Pero incluso tal tipo de formulación sólo tiene sentido si es considerablemente matizada.

2.2. De dos ciudadades a dos reinos

Oliver O'Donovan ha escrito sobre lo poco que comunica la apelación actual a un ethos de «separación de Iglesia y estado», una expresión que «no habría perturabado en lo más mínimo a los más tradicionales apologetas de la doble jurisdicción en la cristiandad».[108] Poco se ha dicho, si no se aclara cómo se piensa sobre cada una de las realidades así separadas. Al respecto, el cristianismo tiene una amplia tradición de reflexión. Desde un comienzo, la necesidad de reflexionar teológicamente respecto del imperio en el que se existía permitió que un elenco considerable de alternativas fuesen expuestas. El imperio podía ser visto como instrumento del diablo, como ministro de Dios, como institución secular carente de mayor significado que la función de contención del mal, como realidad dotada de sentido escatológico, como precondición de la difusión del evangelio. No se trata, por cierto, de posiciones en todo sentido y necesariamente opuestas: que el demonio pueda involuntariamente estar sirviendo a los planes de Dios, y que el imperio pueda así alternadamente describirse como siervo de Dios o del enemigo, sólo resultaría contradictorio en el contexto del maniqueísmo. Pero al margen de cuál de estos acentos predominara, la Iglesia antigua tiene una bastante uniforme convicción respecto de la ausencia de resistencia con que se debía enfrentar al poder imperial cuando éste la perseguía. Para Orígenes, la actitud pacífica de los cristianos era la nota tal vez más distintiva de los mismos. Una concepción agonal de la existencia humana no desaparece, por eso, de su descripción de la realidad, pero el tipo de guerra que los cristianos llevan a cabo es transformado: el conjunto de los elementos bélicos del Antiguo Testamento es reinterpretado –en característico uso de la exégesis origenista– para servir de ilustración del conflicto interior en el que ahora se despliega la fuerza de la Iglesia. Pero, aunque esto puede contener elementos de «pacifismo», no se trata de una doctrina presentada

[107] Respecto de su vínculo en el periodo, véase Jordan J. Ballor (2014), «A Society of Mutual Aid. Natural Law and Subsidiarity in Early Modern Reformed Perspective», en: Wim Decock; Jordan Ballor y otros (eds.), *Law and Religion. The Legal Teachings of the Protestant and Catholic Reformations*, Gotinga: Vandenhoeck & Ruprecht.

[108] O'Donovan, Oliver (1996), *The Desire of the Nations. Recovering the Roots of Political Theology*, Cambridge: Cambridge University Press, pág. 244.

al imperio como norma a la cual éste deba ceñirse; por el contrario, la lucha interior de los cristianos en oración es presentada como complemento de la guerra justa desarrollada por el imperio.[109]

Si Orígenes sirve para ilustrar la mentalidad de al menos una parte de la Iglesia perseguida, la *La ciudad de Dios* de Agustín representa el vuelco que el pensamiento toma tras la modificada situación de los cristianos en el imperio. Aquí se imagina con frecuencia que el riesgo es que el orden político secular se viera desvalorizado, habiendo sido absorbido por la ciudad de Dios que es la Iglesia. Así lo describía Egidio Romano en el siglo xiii, afirmando «con Agustín» que «la verdadera justicia no existe sino en aquella república cuyo fundador y rector es Cristo». La conclusión de Egidio parece seguirse con toda naturalidad de Agustín: si la justicia es prerrequisito del dominio, quien no ha sido regenerado por la Iglesia queda justamente «privado de todo su dominio, dado que no puede ser justo señor de cosa alguna».[110] No pocos, entre Egidio y el siglo xx, han tomado esto por una adecuada descripción del pensamiento político de Agustín. La realidad es, por supuesto, considerablemente más compleja. Las dos ciudades que, según Agustín, atraviesan, «entremezcladas y cruzadas», toda la historia no son, en realidad, ciudades empíricamente existentes, ni son tampoco el poder secular y la Iglesia, tal como se presentan a la vista.[111] La concepción agustiniana de las ciudades es no una teoría sociológica, sino una teoría psicológica, una historia de amores rivales. Son el amor a Dios y el amor a uno mismo los que «crearon dos ciudades».[112] Una de dichas ciudades, la de Dios, bien puede ser identificada con la Iglesia. Pero todo pende de no perder de vista la perspectiva escatológica en la que eso está dicho: el primer párrafo del *opus magnum et arduum* anuncia que la ciudad de Dios existe «en la estabilidad de la sede eterna» y en la peregrinación; y, en esta última forma, Agustín está agudamente consciente del carácter mixto de trigo y cizaña que reviste la sociedad así formada. Un análogo elenco de problemas acompaña a la caracterización de la ciudad terrena, un término que puede describir a aquellos cuyo amor por sí mismos los hace incapaces de constituir siquiera una comunidad, y que puede designar en términos ni críticos ni laudatorios al orden político secular, pero que también puede designar a una comunidad política concreta, como Roma, y ello en un sentido que la vuelve instancia casi paradigmática del primer sentido: la ciudad que es ella misma dominada por su afán de dominio. Son amores, pero crean tipos de comunidad. Apenas puede extrañar que este complejo conjunto de factores, que le permite a Agustín combinar una

[109] Véase Gerard Caspary (1979), *Politics and Exegesis: Origen and the Two Swords*, Berkeley / Los Ángeles: University of California Press.

[110] Romanus, Ægidius, *De ecclesiastica potestate* II, 7. La referencia es a *La Ciudad de Dios* II, 22.

[111] *La ciudad de Dios* I, 35.

[112] *La ciudad de Dios* XIV, 28.

severa crítica cultural con reflexión sobre los fundamentos de la vida en común, se convirtiera por un significativo tiempo en un simple arsenal de argumentos para posiciones distintas de la de él.[113]

Dada la usual caracterización de la Reforma como movimiento agustiniano, resulta llamativo que, en ella, la idea agustiniana de dos ciudades esté virtualmente ausente (salvo para ocasionales objetivos polémicos, mediante la identificación de Roma y la ciudad terrena). Pero situar cierta dualidad en el centro de la reflexión política es algo que, sin seguir el modelo de las dos ciudades, ya había caracterizado a buena parte del pensamiento político medieval. En éste, en efecto, la comprensión agustiniana de las dos ciudades virtualmente desapareció, como ejemplarmente puede verse en la obra del cronista Otón de Frisingia, en el siglo xii, quien afirma que, dada la progresión de la cristiandad desde tiempos de Constantino, «me parece haber estado escribiendo una historia no de dos ciudades, sino de una sola, a la que llamo Iglesia».[114] A contar de la segunda mitad del siglo xiii, difícilmente se podría volver a encontrar un monismo semejante. Por una parte, el nuevo acceso a la *Política* de Aristóteles permitió el gradual establecimiento de la filosofía política como disciplina. Por otra parte, las pretensiones papalistas que encontraron su máxima expresión en Bonifacio VIII dieron lugar a una amplia literatura que, por lado y lado, es no sólo polémica, sino también de creciente precisión científica. Así, una creciente atención a la naturaleza del poder secular corre de modo paralelo con el surgimiento de los tratados *De ecclesia*, que, hasta entonces, no tenían existencia independiente en el pensamiento cristiano. El problema, de aquí en adelante, ya no sería el tipo de monismo del que podría acusarse a un Otón de Frisingia, sino la adecuada articulación de la dualidad en la que se desarrolla la vida humana, una vez que la perfección última deja de encontrarse en la *polis*. Pero la pregunta por la adecuada articulación entre la autoridad secular y la Iglesia no es simplemente una de adecuada delimitación entre jurisdicciones. Lo que está en cuestión es si acaso uno de los dos polos de la dualidad es pensado a imagen del otro, y la medida, por el contrario, en que logra emerger su naturaleza propia. Así, en Egidio Romano la sociedad misma es concebida a imagen de la Iglesia, mientras que en otros autores hay una gradual inclinación a estudiar la Iglesia en los términos desarrollados por Aristóteles para la sociedad política; en autores como Juan de París, por último, su común origen en Dios es más bien lo único que tienen en común el poder eclesiástico y el secular, explorados cada uno según su lógica propia.[115]

---

[113] Un hito fundamental en la recuperación de la visión de Agustín sigue siendo la obra de Robert Markus (1970), *Saeculum. History and Society in the Theology of St. Augustine*, Cambridge: Cambridge University Press.

[114] Frisingensis, Otto (2011), *Chronik oder die Geschichte der zwei Staaten*, Darmstadt: Wissenschaftliche Buchgesellschaft (Libro V, prol.).

[115] Para exhaustivo análisis de estos desarrollos, véase Jürgen Miethke (1993), *Las ideas políticas de la Edad Media*, Buenos Aires: Biblos.

La manera en que la Reforma se desarrolla dentro de este marco se pierde fácilmente de vista, al interpretársela como movimiento de simple interiorización o individualización de la fe, en que desaparece toda mediación eclesiástica. Ante eso, sólo cabe recordar que se trata de un movimiento eclesiástico de punta a cabo, uno que fue reconocido y rechazado como tal por aquellos contemporáneos (tanto radicales como humanistas) que sí buscaron esa interiorización e individualización. Pero la Reforma tuvo su propio lenguaje para continuar expresando esta dualidad. Tal lenguaje no es el de las dos ciudades, ni el medieval de las dos espadas, ni el moderno de la separación de Iglesia y estado, sino el de los dos reinos. Dicho lenguaje de dos reinos ocasionalmente se ve reemplazado por uno de dos regímenes o gobiernos (*Regimente*), con el que se busca expresar no dos tipos de institución en el mundo, sino dos vías por las que Dios gobierna el mismo. El énfasis suele entonces recaer no tanto en dos jurisdicciones –aunque éstas por supuesto sigan existiendo–, sino en la distinción entre el orden temporal y el espiritual, el exterior y el interior, el regido por la espada y el regido por la Palabra.[116] Así, el conjunto de las vocaciones temporales –incluidas entre ellas las eclesiásticas– serían en un sentido parte del reino temporal o secular, y la idea de dos reinos serían así un marco general por el que el conjunto de la existencia humana es puesta ante nuestros ojos, distinguiendo cómo se ve ante los hombres y cómo ante Dios. Con todo, es un lenguaje que, de modo privilegiado, es usado para abordar la discusión sobre el carácter no de cualquier actuar en el mundo, sino en particular en el orden político. Su primera formulación se encuentra, de hecho, en un tratado de Lutero, *Sobre el poder secular*, donde se propone «fundamentar bien el derecho y la espada seculares (*weltliche*)».[117] Que los cristianos no son llamados a portar espada, sino más bien a no devolver mal por mal, es lo que sirve de contrapunto a tal poder (resulta así evidente por qué la imagen de dos espadas ya no puede aquí servir). Esta posición de Lutero está inicialmente formulada en términos tales, que «tenemos que dividir a todos los hijos de Adán en dos grupos: los unos pertenecen al reino de Dios, los otros al reino de este mundo».[118] Esto parece ser una división no ya entre tipos de órdenes, sino entre tipos de personas; o entre tipos de personas a las que corresponden tipos distintos de orden: el reino de Dios por el que su Espíritu forma hombres piadosos y el reino del mundo por el que los perversos son mantenidos a raya. Así, la división parece además entendida de un modo tal que, si todo el mundo fuese cristiano, no sería en realidad necesario ningún tipo de orden secular. Las afirmaciones de ese tipo, sin embargo, deben ser entendidas ante el trasfondo de un uso fuerte del calificativo de cris-

[116] Para dicha aproximación véase William Wright (2010), *Martin Luther's Doctrine of the Two Kingdoms*, Grand Rapids: Baker Academic.

[117] WA 11, 247.

[118] WA 11, 249.

tiano: Lutero advierte en el mismo contexto contra quienes intentan gobernar a los hombres como cristianos antes de hacerlos cristianos, ya que la mayoría no lo sería «por mucho que estén bautizados y se llamen cristianos».[119] Lo que va introduciendo complejidad a esta cuestión es el énfasis del mismo Lutero en que un cristiano es «simultáneamente justo y pecador» y el hecho, reconocido por él también en este escrito, de que la ilegitimidad de la represalia por parte del cristiano sigue manteniendo en pie su deber de ocasionalmente usar la espada en defensa de otros. Así, lo que originalmente parecía una división en tipos de personas se va con rapidez transformando, dentro de un mismo escrito, en una distinción entre tipos de orden de los que simultáneamente todos participan. Se trata de un ejemplo característico de cómo, en estas materias, el pensamiento de Lutero se va armando en el camino. Cuando su lenguaje de dos reinos es luego recibido en otros autores, como lo es por ejemplo en Calvino, no quedan ya trazos de la idea de que el régimen secular exista sólo para frenar el mal. De lo que sí quedan trazos es de la ambigüedad por la que un mismo lenguaje expresa en algunos momentos una distinción entre lo exterior y lo interior (condiciones bajo las que bien puede decirse que también la Iglesia pertenece al gobierno temporal), y en otras ocasiones una más tradicional distinción entre jurisdicciones.[120] Al menos, parte de la agitada discusión contemporánea al respecto puede pender de esta ambigüedad en el origen.[121]

¿Pero qué es lo que mueve a los reformadores en esta discusión? Uno de los mayores impulsos para su reflexión sobre los dos reinos es reactivo: los reformadores forman en estas materias un frente singularmente unificado contra la reforma radical, en algunas de cuyas manifestaciones consideran tener por delante un sueño de unificada realización político-religiosa. Cuando Calvino escribe que su

---

119 WA 11, 252.

120 Compárese en Calvino, *Institución* III, 19, 15 para el primer enfoque, y IV, 20, 1 para el segundo.

121 La actual discusión en parte del protestantismo norteamericano (en buena medida en reacción a David VanDrunen, *Natural Law and the Two Kingdoms*) ha repetido (con escasa o nula conciencia de estarlo haciendo) una serie de temores que ya se habían manifestado en la discusión alemana de postguerra. De ésta, véase, por ejemplo, Heinz-Horst Schrey (ed.) (1969), *Reich Gottes und Welt. Die Lehre Luthers von den zwei Reichen*, Darmstadt: Wissenschaftliche Buchgesellschaft, y Niels Hasselmann (ed.) (1980), *Gottes Wirken in seiner Welt, Zur Diskussion um die Zweireichelehre* (2 vols.), Hambrugo: Lutherisches Verlagshaus. Las objeciones provienen ante todo de quienes temen que, adoptando tal distinción, la vida secular no podría ser pensada desde categorías cristianas. Acusan a la doctrina de dos reinos de un «dualismo» que no permitiría a los cristianos hablar de modo responsable respecto de lo que ocurre en el mundo, sea en términos constructivos o de denuncia. Algunos de los puntos críticos de esta discusión son específicamente teológicos –ante todo la cuestión de cómo se articula creación y redención (¿corresponde imputar a la idea de dos reinos una radical separación de esos dos polos?). Pero hay más: la sospecha de que, mediante la idea de dos reinos, se abandona una parte de la realidad a sí misma obviamente nos dirige a lo distinto que es formularla en un contexto en el que la filosofía había pasado por un largo proceso de recepción e integración en una cosmovisión cristiana, y un contexto intelectual indiferente u hostil respecto del cristianismo. Pero eso significa que, precisamente para el periodo que aquí nos interesa, parte importante de esta discusión es irrelevante.

actuar es tanto contra los aduladores de príncipes y poderosos como contra quienes buscan echar abajo todo el orden establecido, el «anarquismo» denunciado es uno que rechaza el orden establecido precisamente en nombre del evangelio.[122] Las advertencias de Calvino a este propósito son particularmente enfáticas contra los sueños de transformación de quienes «creen que nada está seguro, hasta que todo el mundo adquiera un nuevo aspecto, donde no haya cortes, ni leyes, ni magistrados».[123] En un mismo tono escribe Melanchthon contra «los necios que sueñan que el evangelio no es otra cosa que una doctrina política».[124] Estas afirmaciones nos recuerdan que la idea de dos reinos presenta evidentes paralelos con la distinción entre ley y evangelio, ambas estructuradas contras quienes «intentaron construir ciudades conforme al evangelio tras abrogar las restantes leyes».[125] El ideal buscado por los reformadores en respuesta a ese diagnóstico no es exactamente la moderna separación de jurisdicciones (aunque ésta sea un elemento de la solución), sino una marcada distinción de ley y evangelio de la mano de la recíproca sumisión de los representantes de cada orden. En palabras de Vermigli, «así como todo rey, por alta que sea su autoridad y dignidad, se somete a la palabra de Dios pronunciada por los ministros de la Iglesia, los hombres eclesiásticos, por excelente y elevada que sea su función, no pueden sustraerse a la obediencia y sujeción al magistrado».[126] Pero estas palabras, además de expresar una algo irreal expectativa de armonía, nos recuerda cuán profundamente arraigada seguía estando la idea de la sociedad como una sociedad en su conjunto cristiana. A eso nos dirigimos a continuación.

2.3. El corpus christianum y la filosofía (medieval) del Estado moderno

Al lector de hoy le puede resultar difícil comprender qué se quiere decir cuando se habla aquí de dos reinos, pues, mientras algunos textos de los reformadores sobre esta materia lo invitan a pensar en una radical separación, se encuentra luego con el patente hecho de que el magistrado y la Iglesia se encuentran en la época confesional, trabajando muchas veces no sólo con un mismo fin, sino en un mismo campo. Y no se trata sólo de un hecho asumido con indiferencia, sino de una visión asumida por principio. Tal principio se puede ilustrar por una declaración de 1530, concebida por Melanchthon, pero firmada por varios miembros de la universidad de Wittenberg, la cual afirma que el magistrado debe

[122] *Institución* IV, 20, 1.

[123] *Institución* IV, 20, 1.

[124] *Comentario a algunos libros de la Política de Aristóteles*, CR 16, 417.

[125] *Comentario a algunos libros de la Política de Aristóteles*, CR 16, 421.

[126] Kingdon, Robert M. (1980), *The Political Thought of Peter Martyr Vermigli. Selected Texts and Commentary*, Ginebra: Libraire Droz, pág. 6.

ocuparse no sólo de la segunda, sino también de la primera tabla de la ley.[127] Que el magistrado es protector de ambas tablas –*custos utriusque tabulae*– se volvería pronto una fórmula canónica. Según ha señalado Robert Bast, este modo de vincular el pensamiento moral con el político obedece en parte a que Melanchthon está recogiendo la cosecha de un movimiento tardo-medieval por el que los siete pecados capitales comienzan a ser desplazados por el decálogo como centro de la reflexión moral.[128] Pero el rango de influencias es más amplio aún. Calvino escribe que, si el deber del magistrado de custodiar ambas tablas no se encontrara en la Biblia, cabría aprenderlo de los escritores profanos.[129] Se vuelve así pronto un lugar común que, en las dos tablas, se encuentran resumidas la piedad y la justicia.[130] Pero eso significaba que, por muy delicadamente que se distinguiera a la Iglesia y la autoridad secular, y por muy distintos que fuesen los fines y usos con los que cada una mirara al decálogo, estarían ocupándose en gran medida de lo mismo: también la Iglesia lidiando con la justicia, también el poder secular con la piedad. Así, la comunidad secular apenas es algo realmente distinto de la Iglesia: «Zürich» o «Wittenberg» son sólo modos distintos de designar esa realidad que también podemos llamar «Iglesia», es el mismo *corpus christianum* mirado desde distintos ángulos. En los reformadores, hubo un rechazo de modelos que, a su parecer, hacían colapsar la distinción entre el orden político y la redención, pero eso no quita que mantuvieran el ideal de una sociedad cristiana.

Las razones por las que se consolida y perpetúa esta visión de las cosas son múltiples: algunas se encuentran en la simple política fáctica, otras en el orden de las ideas; algunas son comunes a los reformadores y sus adversarios, otras son distintivas de uno u otro grupo. Entre las razones puramente fácticas, debe obviamente nombrarse la consolidación del nuevo orden europeo en la paz de Augsburgo (1555) y luego en la de Westfalia (1648), orden por el que la pertenencia eclesiástica pasa a depender de la religión de la cabeza de cada territorio. Europa se consolidó ahí como un mundo confesionalmente plural, pero sin pluralidad interna en los diversos estados. El paralelo desarrollo del absolutismo creó las condiciones para que resultara incuestionable la homogeneidad religiosa de cada unidad política. Pero hay que insistir en que hay también ideas de los reformadores que confluyen en este desarrollo. Cabe notar, por ejemplo, el singular papel que desempeña la idea del sacerdocio universal de los creyentes, que muchas veces se imagina más bien desempeñando un papel democratizante. Lutero enfatiza tal sacerdocio contra la idea de que el estado espiritual sea el de obispos, sacerdotes

[127] *Iudicium Theologorum Wittenbergensium*, CR 3, 225.

[128] Bast, Robert (1998), «From Two Kingdoms to Two Tables: The Ten Commandments and the Christian Magistrate», *Archiv für Reformationsgeschichte* (89).

[129] *Institución* IV, 20, 9.

[130] Véase, por ejemplo, Althusius, *Politik* XVIII, 38.

y monjes, y el secular el de príncipes y artesanos.[131] La diversidad de funciones (*Amt*) va de la mano de una afirmación de un mismo estado (*Stand*) espiritual de los cristianos, y ello de un modo que invita también a los laicos a preocuparse por la reforma de la Iglesia. Pero la distancia de ahí a considerar al magistrado como el principal responsable por los asuntos espirituales puede ser pequeña. Lo podemos ver de modo ejemplar en la lista de razones que Melanchthon da para justificar el derecho de los magistrados a abolir la idolatría. Su punto de partida es el hecho de que a todos se nos ordena no sólo creer el evangelio, sino también confesarlo. Pero tras este deber de confesar, ilustrado por Melanchthon por copiosas referencias del Nuevo Testamento, sigue la primacía que, en tal tarea, tienen los reyes (refrendado ahora por copiosas referencias veterotestamentarias).[132] El sacerdocio es universal, pero «los príncipes y magistrados deben ser los principales miembros de la Iglesia».[133] Melanchthon, por cierto, no ve esto como pura y simple vuelta a la ley de Moisés, sino que (tal como lo hemos visto insinuado por Calvino) como algo accesible a la razón. «Prohibir y castigar la idolatría es un mandato moral y natural, contenidos en el primer y segundo mandamiento».[134] Tampoco lo ve como falta de distinción entre Iglesia y estado: el magistrado sólo vela por disciplina externa, sin poder mutar corazones. Esta coincidencia entre Melanchthon y Calvino nos recuerda, además, que la afirmación de un deber del magistrado de proteger la religión (*cura religionis*) era compatible con eclesiologías muy distintas.

Este fenómeno, que pocos creyentes hoy mirarán con simpatía, era no pocas veces recibido con satisfacción: las Iglesias podían alegrarse de encontrar magistrados dispuestos a asumir su agenda y asistir en su realización. Pero nadie sabe para quien trabaja: al invitar a los magistrados a adoptar un papel de liderazgo, conforme a un patrón veterotestamentario, en un amplio proyecto de reforma religiosa y social, se podía estar haciendo crecer el poder estatal de un modo que en el futuro se habría de lamentar. Pero, en el mismo siglo xvi, apenas hay atisbos de pensar esta realidad de un modo distinto. En vano, en efecto, se apunta aquí al mundo de la reforma radical como alternativa. Había ahí, efectivamente, un rechazo del *corpus christianum*, una comprensión de la Iglesia como asociación voluntaria radicalmente distinta de la comunidad política; pero eso no encuentra expresión en una comprensión nueva de la sociedad política, sino en una negación de que los cristianos puedan siquiera ejercer cargos públicos.[135]

---

[131] *A la nobleza de la nación alemana*, WA 6, 406-7.

[132] *Epítome de filosofía moral*, CR 16, 85-86.

[133] *Epítome de filosofía moral*, CR 16, 89.

[134] *Epítome de filosofía moral*, CR 16, 87.

[135] Para su prohibición solemne y formal, véase los artículos 6 y 7 de la *Confesión de Schleitheim* (1527). La reforma radical, como hemos señalado, no es aquí objeto de discusión pormenorizada (que sólo así podría ser ecuánime), sino considerada sólo en la medida en que el contraste sirve para ilustrar posiciones de los reformadores radicales. Pero aquí cabe notar que, si se libró de los vicios del pensamiento

Pero este pasado puede ser enfrentado no sólo con un incomprensivo lamento, no sólo con una denuncia ante la identificación de la Iglesia con el poder, sino también con el intento de comprender los términos en que se plantean los problemas en el periodo estudiado. Porque aquí hay no sólo un problema de relación de la Iglesia con el poder, sino preguntas heredadas desde la cuna misma de la filosofía política, preguntas que no presentan una fácil solución. En el libro III de su *Política*, en lo que bien puede ser considerado el pasaje capital de la filosofía política occidental, Aristóteles afirma que la sociedad política existe no sólo para la vida, sino también para la vida buena. Dicha vida buena, a su vez, la comprende no sólo como vida moral, sino como la vida de plena realización, también intelectual, del hombre. Esta elevada pretensión, Aristóteles la compara ahí con la de quienes ven la vida política en términos análogos a un acuerdo comercial, a un pacto de defensa, o como un mecanismo de aseguramiento de derechos –todo eso es parte de la vida en común, responde, pero son caracterizaciones insuficientes de ella. Pero la ambiciosa alternativa de Aristóteles nos recuerda que él escribe en un horizonte en el que la *polis* es el horizonte último de la existencia: en ella se realiza el hombre en todo sentido. La aparición del cristianismo, por supuesto, trajo consigo una dinámica distinta, por la que bien podría imaginarse la vida, en su aspecto material y de aseguramiento del bienestar, como preocupación de la autoridad secular, y la vida buena, en cambio, como objeto de preocupación de la Iglesia.

Bien cabe decir que dicho modo de concebir las cosas es característico de algunos centrales proyectos modernos, como el de Locke. Esa solución era por supuesto frágil, por cuanto la preocupación por la moralidad, como el mismo Locke se ve forzado a reconocer, cae bajo ambas jurisdicciones, por lo que el conflicto que se buscaba exorcizar sigue estando latente (salvo que el concepto de «vida buena» sea espiritualizado de un modo que no tenga absolutamente nada en común con los intereses perseguidos en la sociedad política)[136]. Pero aunque típicamente moderno, este tipo de solución tiene un significativo trasfondo medieval en la obra de Marsilio de Padua. Con su *Defensor de la paz* nos encontramos ante el texto político medieval que más significativamente anticipa tópicos de la filosofía política moderna. En apariencia es una obra completamente tradicional, con Marsilio participando de la recepción medieval de la *Política* de Aristóteles. En su prólogo concede, sin embargo, que el problema crítico de su propio tiempo –el de la usurpación del poder secular por parte del eclesiástico, y la consiguiente

---

político de la Reforma, se libró también de sus virtudes, acostumbrando más bien oscilar entre la apoliticidad y la pretensión de transformación apocalíptica (tal como su discurso moral tendía a oscilar entre el antinomianismo y el legalismo; al respecto George Huntston Williams (2000), *The Radical Reformation*, *passim* y sobre todo pág. 228).

[136] Para el problemático pasaje de Locke, véase John Locke (1968), *Epistola de Tolerantia / A Letter on Toleration*, Oxford: Clarendon Press, pág. 122.

pérdida de la paz– es uno que Aristóteles naturalmente no se encontraba en situación de abordar. No se trata, pues, aquí, de una simple vuelta sobre Aristóteles, sino de una recepción polémicamente orientada a la solución de un problema desarrollado en la cristiandad. Pero Marsilio desarrolla su posición mediante una fundamentación del orden político que emana no, como en Aristóteles, de la caracterización del hombre como un ser racional y político, que en la *polis* encuentra el modo adecuado de realización, sino mediante la caracterización del hombre como ser precario, cuyas necesidades lo mueven a esa vida en común:[137] sobre la base de dicha fundamentación, se despliegan luego los restantes rasgos de su teoría política, como el hecho de que la ley sea considerada tal no tanto por su orientación al bien común sino por su capacidad coercitiva,[138] y el hecho de que la Iglesia sea espiritualizada de un modo tal que, en lo que tiene de organización externa, resulte subordinada al poder secular.[139] «Separación de Iglesia y estado» significaría a más tardar de aquí en adelante su separación dentro de un marco dado por la soberanía del estado. El proyecto se presenta como una cura a lo que Hobbes describiría como la tendencia de los cristianos a «ver doble».[140] La respuesta a eso son dos jurisdicciones, pero no dos soberanías ni lealtades divididas.

En esta filosofía, hay naturalmente elementos que resultarían atractivos para los reformadores. La temprana polémica antiprotestante por parte de autores católicos no fue ciega a ese hecho. No sólo se citaba a Lutero y Maquiavelo como dupla siniestra que funda el Estado moderno, sino que ocasionalmente se reconoce también a Marsilio en el trasfondo.[141] ¿Dónde residía la potencial afinidad? Los reformadores podían, de partida, tener algún grado de afinidad teológica con Marsilio, quien incluso había llamado la atención sobre la equivalencia de términos como «presbítero» y «obispo» en la Iglesia primitiva.[142] En lo que a dicho aspecto se refiere, resulta, sin embargo, importante distinguir la crítica negativa que se comparte con Marsilio de lo que cada parte positivamente formula en términos eclesiológicos. Por otra parte, estaba el hecho de que los reformadores, tienden a coincidir con Marsilio en la idea de que el poder secular estaba siendo subvalorado. «El sol significaría el poder papal, la luna el poder secular», escribe Lutero al describir las razones por las que había que quemar el derecho

[137] Véase, más arriba, nuestra discusión de *Defensor Pacis* I, 4, 2.

[138] Para un panorama general de su filosofía política, véase Francisco Bertelloni (2002), «Marsilio de Padua y la filosofía política medieval», en: Francisco Bertelloni; Giannina Burlando (eds.), *La filosofía medieval*, Madrid: Trotta.

[139] Sobre la eclesiología de Marsilio, véase Julio Castello Dubra (2013), «La eclesiología de Marsilio de Padua», *Bulletin du centre d'études médiévales d'Auxerre* (7).

[140] Hobbes, Thomas, *Leviatán* 39, 5.

[141] Skinner, Quentin (1978), *The Foundations of Modern Political Thought (Volume II: The Age of Reformation)*, Cambridge: Cambridge University Press, pág. 139 y 143.

[142] *Defensor Pacis* II, 15, 5-6.

canónico.[143] Pero la filosofía política de Marsilio obviamente no es una simple afirmación de la dignidad del poder secular, y el atractivo que Marsilio pudo haber representado para algunos adherentes de la Reforma los podría haber vuelto involuntarios receptores de un sistema más completo y más ambivalente.

Pero entonces hay que preguntarse si además de afinidades hay efectivas influencias. De tal recepción, sólo se puede hablar de un modo muy matizado; cabe notar, con todo, que se encuentra en las dos confesiones protestantes. Han sido mucho más recurrentes los intentos por identificar al luteranismo con Marsilio, pero incluso una figura tan central de la tradición reformada como Francisco Gomar reeditó su *Defensor de la paz*. En ocasiones, por otra parte, la apelación a Marsilio no era necesaria precisamente por haber autores reformados, como Musculus o Erasto, que habían defendido posiciones análogas al mismo al menos en lo que se refiere a su concepción de las relaciones entre gobierno eclesiástico y civil.[144] De hecho, es bajo el nombre de erastianismo que ha pasado a la posteridad la doctrina de la supremacía estatal en asuntos eclesiásticos, ocultándose a veces, en siglos posteriores, su trasfondo tardo-medieval. Esto puede parecer irónico, dado que la tradición reformada suele tener la pretensión de haber defendido la independencia de la Iglesia de modo peculiarmente enfático. Y no se trata de una simple pretensión. Hay lugares y momentos en los que las Iglesias reformadas se caracterizaron por un esfuerzo consciente, y ocasionalmente articulado en términos de principios, por preservar la independencia de la Iglesia. En el caso de Ginebra, se trata no sólo de un énfasis inequívoco de Calvino, sino de uno que le costaría un conflicto virtualmente de por vida con las autoridades seculares, en particular respecto del derecho de excomunión reclamado por éstas. Y cabe notar que, en el caso de Calvino, esto no sólo se manifiesta en la política ginebrina, sino también en discusión expresa sobre el rumbo que toma la Reforma en otras latitudes. En su comentario a Amós, por ejemplo, no sólo escribe contra Enrique VIII y contra los blasfemos que, «por un inconsiderado celo», lo han llamado cabeza de la Iglesia, sino que introduce esto como un caso de aquella filosofía por la cual se acumula en los monarcas toda clase de derechos y poderes, con miras a que no se produzca controversia sobre la religión.[145] Dichas líneas, con su énfasis en la controversia religiosa como lo que quiere evitar este peculiar programa de pacificación, parecen una condena sumaria contra toda la línea de filósofos políticos que van de Marsilio a Hobbes.

---

[143] *La razón por la que fueron quemados los libros del papa*, WA 7, 165.

[144] Dado el prestigio teológico de Musculus, se volvería «una de las principales fuentes en territorios reformados para el control estatal sobre la Iglesia». Benedict, Philip (2002), *Christ's Churches Purely Reformed: A Social History of Calvinism*, pág. 63.

[145] CO 43, 134.

Cuando hay recepción de Marsilio en la Reforma, no ha pues de extrañar que sea para fines muy específicos. Ella tiene lugar primordialmente ahí donde el origen de la separación respecto de Roma se encuentra no en la reforma religiosa, sino en la autoafirmación del poder secular, como es el caso de Inglaterra. Ahí la invocación de Marsilio se da incluso para avalar el derecho del monarca como expositor de las Escrituras.[146] Esto no es resultado de una vaga influencia de un modo de pensar, sino un expreso recurrir a Marsilio, cuya obra fue parcialmente traducida por encargo de Thomas Cromwell.[147] Pero este caso nos recuerda al mismo tiempo lo parcial que era la utilidad de Marsilio: era útil para un poder secular que quería acrecentar su jurisdicción ante el eclesiástico, pero eso tenía que ser removido del vínculo que, en Marsilio, tiene con el ideal de soberanía popular (como de hecho ocurrió, mediante el recurso a la traducción parcial). La otra temprana traducción protestante de Marsilio, en la Alemania luterana, es igualmente parcial, y en este caso lo omitido es toda la primera parte de la obra, que contiene la filosofía política (lo que se publica es la segunda *dictio*, centrada en la eclesiología).[148] El tópico «Marsilio, precursor de la Reforma» (que, de hecho, es una creación de Flacius), merece pues ser visto con considerable distancia.

2.4. El bien del orden: la tradición bíblica

Los reformadores se entendieron a sí mismos como reformadores de la Iglesia: no era el poder secular lo que pretendían reformar. Pero sí aspiraban a recuperar una recta comprensión de la dignidad de la autoridad secular. Si en sus primeros *Loci communes* Melanchthon tenía un capítulo sobre el magistrado civil, en su última edición el mismo capítulo dice tratar sobre la dignidad de la política (*dignitas rerum politicarum*).[149] Sobre el buen gobierno Calvino escribe que «su uso entre los hombres no es menor al del pan, el agua, el sol y el aire, pero su dignidad es mucho mayor».[150] Tales palabras están escritas contra quienes creen que la función política, por ser distinguida del orden eclesiástico, es «algo contaminado, en nada pertinente para el cristiano».[151] Dada la efectiva existencia entre sus contemporáneos –y, presumiblemente, dentro del propio campo protestante– de quienes sostienen posiciones tales, no debe extrañar lo uniforme que es el énfasis de los

[146] Skinner, Quentin (1978), *The Foundations of Modern Political Thought (Volume II: The Age of Reformation)*, pág. 58.

[147] El uso de Marsilio en el periodo se encuentra detalladamente analizado en Gregorio Piaia (1977), *Marsilio da Padova nella reforma e nella controriforma*, Padua: Editrice Antenore. Para una síntesis, véase Thomas Izbicki (2012), «The Reception of Marsilius», en: Gerson Moreno-Riaño; Cary Nederman (eds.), *A Companion to Marsilius of Padua*, Leiden: Brill.

[148] Piaia, Gregorio (1977), *Marsilio da Padova nella reforma e nella controriforma*, pág. 87-91.

[149] *Loci theologici* CR 21, 223 (*secunda aetas*) y 984 (*tertia aetas*).

[150] *Institución* IV, 20, 3.

[151] *Institución* IV, 20, 2.

reformadores sobre este punto, ni el particular interés por mostrar esto desde un amplio elenco de textos bíblicos. Hacia el final de su *Institución* Calvino se dedica a examinar en detalle los títulos honrosos con que los magistrados son tratados a lo largo de la Biblia. No alberga ahí duda de que se trata de la más sagrada de las ocupaciones humanas. En analogía con los pastores, puede hablar de los magistrados como involucrados en un *sacrum ministerium.*[152] Los magistrados no se encuentran realizando algo indigno, sino como embajadores de Dios están involucrados en un oficio sagrado.[153]

Para elaborar este punto, se acude naturalmente de modo rutinario a Romanos 13. Pero haremos bien aquí en dejar dicho pasaje por un momento de lado, para recordar cuán profundamente enraizada se encuentra la naturalidad de la autoridad política en el conjunto del relato bíblico, en su recepción y comentario. El mismo relato de la creación ha sido objeto de frecuente consideración en este sentido: el dominio dado por Dios a Adán sobre las restantes criaturas naturalmente invitaba a preguntar por la relación que el hombre debía tener respecto de sus iguales. *Dominium* se convertiría, de hecho, en un término técnico de la filosofía política medieval. Todavía dentro del Génesis, el pacto con Noé constituye un segundo foco significativo del que puede alimentarse la reflexión política. La descripción del pacto de Dios con Noé tras el diluvio (Gn 8,20—9,17) lo muestra como un pacto no relativo a la salvación, sino relativo a la conservación, y la promesa de no volver a cubrir la tierra con las aguas se encuentra ahí estrechamente ligada a la conservación de la vida social entre los hombres. No es un pacto por el que Dios se relacione con un pueblo escogido, sino con el conjunto de la creación. Es un pacto por el que no se promete quitar el mal de la faz de la tierra, pero sí mantenerlo a raya, por ejemplo mediante el prominente lugar ocupado por la justicia retributiva. Las normas contenidas en el pacto son pocas, pero todas de un carácter fundacional para la mantención de la vida en común. Recogido como siete leyes noájidas, el pasaje desempeñaría un importante papel en la reflexión social judía; dado el papel estructurador que los pactos desempeñan en la teología reformada, no es de extrañar que también ahí éste se convirtiera en un *locus classicus* de la reflexión social.[154]

No es nuestro objeto ofrecer aquí un panorama completo de los fundamentos bíblicos de los que se ha nutrido la reflexión sobre el orden político. Los dos textos que hemos considerado –los relatos de la creación y el pacto postdiluvial– ya nos introducen de modo suficiente en la tensión que aquí interesa abordar: el orden político puede considerarse como instituido desde la creación misma, o bien

[152] *Institución* IV, 20, 4.

[153] *Institución* IV, 20, 6.

[154] Véase David VanDrunen (2014), *Divine Covenants and Moral Order. A Biblical Theology of Natural Law*, pág. 95-132.

puede considerarse como fundado en un pacto que responde a una humanidad ya caída (un pacto, por cierto, que no por eso es de redención, sino de simple preservación). Cabe notar que estas distintas concepciones del origen de la autoridad política con frecuencia van de la mano de conclusiones respecto de la naturaleza y alcance de la misma. Quien ve la autoridad política como parte del orden creacional, puede tender con mayor naturalidad a atribuirle un papel en el despliegue de la vida humana; quien la ve como un remedio a la caída, enfatizará más bien su limitado carácter punitivo, de contención del mal. Como hemos tenido ocasión de ver, hay además fundamento bíblico para los dos énfasis, y los dos énfasis son recibidos con bastante equilibrio en la historia posterior (la ley, por ejemplo, es típicamente vista como un elemento integral del orden de la creación, mientras que su carácter coercitivo es visto como consecuencia de la caída).

Una parte importante de estas discusiones pende, en la Edad Media, de cómo era recibida la obra de Agustín. Él mismo parte del hecho de que hay un orden natural en la subordinación doméstica (la de un hijo a sus padres, por ejemplo), que no pende de la caída. «Este es el orden que exige la naturaleza, así ha creado Dios al hombre», se inicia el breve párrafo que sigue a la descripción del orden doméstico.[155] La subordinación política, en cambio, constituiría cierto tipo de dominio entre iguales, y Agustín evidentemente duda de que eso sea del mismo modo natural. Lamentablemente para sus lectores, la discusión se concentra casi de inmediato en la esclavitud (un evidente fruto de la caída, no de un orden natural), en una medida tal, que no permite captar cuánto de lo que Agustín dice sobre ella lo piensa también sobre el orden político. En cualquier caso, durante la Edad Media, fue a veces leído como si su posición implicara que el orden político no tiene ninguna dignidad propia, sino sólo un efecto reparador. La tradición agustiniana tardo-medieval es, con todo, ambivalente en su consideración del orden político como parte de la estructura creacional: su reconocimiento como tal y su negación representan no distintas etapas de la historia, sino que son más bien posiciones desarrolladas de modo contemporáneo, en contraste con la menor problematización del tópico en periodos anteriores. Como hemos visto, la gradual recepción de Aristóteles traería consigo un renovado énfasis sobre la politicidad natural del hombre.[156] Pero también había, como hemos visto, en la propia literatura bíblica, fundamentos para afirmarla.

En este contexto, cabe preguntarse si acaso también los reformadores consideraban que el orden político era un fruto de la caída. Se trata de una sugerencia

---

155 *La ciudad de Dios* XIX, 15.

156 Para una exposición de las interpretaciones que el siglo xx hizo de Agustín y Tomás, y un razonable desmantelamiento de la trivial oposición que suele plantearse entre el pensamiento político de uno y otro, véase Eric Gregory; Joseph Clair (2015), «Augustinianisms and Thomisms», en: Craig Hovey; Elizabeth Phillips, *The Cambridge Companion to Christian Political Theology*, Cambridge: Cambridge University Press.

no poco común en la literatura, y bien podría, en ese caso, pensarse como un elemento más del agustinismo de la Reforma. Entre los filósofos y teólogos salmantinos esta es una objeción común contra los reformadores ya en el siglo XVI.[157] En un irónico giro, esta crítica de una escuela católica es, en parte, asumida por el posterior protestantismo como descripción adecuada de la Reforma. En el siglo XIX, Abraham Kuyper llegó a plantear como «verdad primordial» del calvinismo que «Dios ha establecido las magistraturas a causa del pecado»,[158] tesis que aún goza de alguna adhesión entre historiadores de la Reforma.[159] Sin embargo, quien abre la *Institución* de Calvino se encuentra con lo contrario, que «no es a causa de la perversidad humana que la decisión sobre todo género de cosas recae en esta tierra sobre reyes y otros prefectos, sino por la divina providencia y una santa ordenación».[160] El comprender la autoridad en tales términos no sólo sería importante para que de parte de los gobernados haya respeto por el orden; Calvino es particularmente enfático respecto de la medida en que esta consideración debiera orientar al gobernante en el desempeño de su deber, llenándolo de celo por la prudencia y terror ante la injusticia.[161] Como veremos, es el mismo tipo de énfasis que se encuentra cuando Melanchthon se aproxima a estas preguntas desde el comentario a un texto filosófico.

2.5. El bien del orden: la tradición filosófica

Tras haber brevemente considerado cómo algunos textos del Génesis daban a la tradición exegética base para iluminar distintos aspectos del orden político, cabe ahora volver sobre la preocupación de la tradición filosófica occidental por el mismo problema. Y aquí no cabe, sino notar un casi uniforme sentir –aunque diversificado en las detalles–, por el que la afirmación del orden del universo coincide con el orden de la ciudad: para gran parte de las escuelas antiguas, el orden cósmico es, de hecho, modelo de la vida humana. La más importante voz disidente respecto de dicha unidad, como hemos mencionado, es Aristóteles, quien concibe el orden político como independiente respecto del orden cósmico. Aunque igualmente atento a ambos, el Estagirita desarrolló así una particularmente meticulosa filosofía cuyo discurrir sobre el orden político ha logrado mantenerse vigente a pesar de los traspiés que, en cambio, sufriría su discurrir sobre el orden cósmico.

---

[157] Skinner, Quentin (1978), *The Foundations of Modern Political Thought (Volume II: The Age of Reformation),* passim.

[158] Kuyper, Abraham (1931), *Lectures on Calvinism,* Grand Rapids: Eerdmans, pág. 81.

[159] El agustinismo político es imputado a los reformadores, por ejemplo por Torrance Kirby (2007), *The Zurich Connection and Tudor Political Theology,* Leiden: Brill, pág. 148.

[160] *Institución* IV, 20, 4.

[161] *Institución* IV, 20, 6.

Pero la recepción del pensamiento político de Aristóteles se inscribe en la azarosa transmisión de sus escritos que ya hemos reseñado, con una historia incluso más accidentada que los restantes: durante el gran florecer del comentario árabe a Aristóteles, su *Política* no estuvo a la mano. Su posterior traducción al latín tuvo un importante efecto sobre el pensamiento político occidental, aunque bien cabe señalar que tampoco aquí, donde se disponía del texto, se encontraba en la misma situación que el resto del canon aristotélico, al no ser la política objeto regular de enseñanza universitaria. Pero bien puede decirse que su recepción permitió que se reconstituyera algo así como la filosofía política como disciplina independiente. El desarrollo de tal independencia pudo darse no sólo por la visión aristotélica respecto de la relativa independencia de las distintas disciplinas de estudio, sino por su visión respecto del carácter natural del orden político. Los pensadores cristianos, como no es de extrañar, traducen esto a escenarios que habrían resultado algo difíciles de imaginar para Aristóteles. Un clásico caso de tal cambio de escenario es la defensa de la naturalidad del orden político que se encuentra cuando Tomás de Aquino se pregunta si acaso había subordinación política en estado de inocencia. Concede ahí, desde luego, que hay cierto tipo de dominio, el que llama servidumbre, que no podría haberse dado de permanecer los hombres sin caer. Pero la vida social la concibe como algo que sí habría existido bajo tal condición, y como algo que, de suyo, requiere de quienes gobiernan y quienes obedecen.[162]

Como la tradición medieval, también los reformadores están plantados sobre los dos fundamentos de la tradición bíblica y la filosófica en su valoración del orden político. En su comentario a la *Política* de Aristóteles, Melanchthon rechaza, tal como lo hemos visto en Calvino, la idea de que el gobierno político sea un simple remedio a la caída. Esa tesis rival es ilustrada con palabras de Wyclif, según las cuales «el señorío civil se funda en el natural; el señorío natural consiste en ser justo; por tanto, el señorío civil implica la justicia».[163] No está de más notar aquí que, en Wyclif, tal posición tiene una carácter radicalmente distinto del que tiene en el resto del mal llamado «agustinismo político». Originalmente, la tesis de que el dominio pende de la gracia es una tesis papalista; es en tales términos que es defendida, por ejemplo, por Egidio Romano. Pero en Wyclif se ha invertido para defender la primacía religiosa del monarca.[164] Es imposible saber si acaso la posición de Melanchthon opta deliberadamente por atacar esta variante de la tesis, que, en contraste con la versión papalista, podría fácilmente haber ganado adherentes en la Reforma. En cualquier caso, Melanchthon defiende tenazmente la naturalidad de la ordenación política como algo independiente de la justicia

[162] *S. Th.* I, q.96, a.4.

[163] *De civili dominio* citado en *Comentario a algunos libros de la Política de Aristóteles*, CR 16, 440-450.

[164] Para esta inversión, véase Francis Oakley (2015), *The Watershed of Modern Politics. Law, Virtue, Kingship and Consent (1300-1650)*, New Haven / Londres: Yale University Press, pág. 92-107.

perdida en la caída: el orden político no es fruto de ésta, ni es tampoco algo que haya existido antes y se pierda por ésta; lo que se requiere para poder ejercer justo dominio es simplemente la posesión del juicio de la razón.[165]

Los comentarios de Melanchthon a Aristóteles, como antes hemos notado, son extremadamente libres, y bien cabe aquí notar que el lenguaje expresamente aristotélico sobre la naturalidad de la *polis* no es el más recurrente. El énfasis cae más bien en el hecho de que se trata de un orden divinamente aprobado: «el evangelio aprueba el orden político (*politicas ordinationes*)»,[166] según un recurrente refrán de Melanchthon. Ya en su comentario a Colosenses de 1528, en una sección titulada «Política cristiana», pero que sirve a su vez para manifestar su aprobación por los autores paganos en lo que se refiere a la filosofía práctica, Melanchthon notaba como un déficit el que éstos no contaran con la idea del orden político como ordenación divina.[167] Como bien lo muestra el hecho de que comentara la *Política* dos años más tarde, Melanchthon no está pensando que esa falencia quite todo valor a los filósofos paganos, y no está tampoco considerando «naturalidad» y «ordenación divina» como términos excluyentes. El orden político es concebido como natural y como ordenación divina de modo análogo a como el mismo Melanchthon insiste en que la ley natural es algo divino.[168]

Como hemos visto, esta afirmación aristotélica de la naturalidad del orden político está escrita en respuesta a los radicales, en particular tras la guerra de los campesinos. Hemos notado, también, que Melanchthon desarrolla su posición en abierto rechazo de la posición de Wyclif. Pero a esto cabe añadir que hay también un posicionamiento de Melanchthon respecto de otras corrientes medievales. Sólo en contados lugares de este comentario a Aristóteles, Melanchthon deja caer los nombres de Ockham y Juan Mair, pero se trata de comentarios uniformemente críticos respecto de la teoría política ockhamista. La tesis cuestionada por Melanchthon es la posición según la cual el poder paterno sería natural, pero el poder político, en cambio, fruto del consentimiento. Como hemos visto, dicha tesis presenta un paralelo con otra tesis rechazada por Melanchthon, la de aquella tradición medieval que reconoce el poder paterno como natural, pero que ve el poder político como una gracia necesaria por la caída. Melanchthon, en otras palabras, está insistiendo contra diversos frentes sobre la naturalidad del orden político, y parece convencido de que una concepción del orden como puramente convencional es, al menos, una de las causas del desorden experimentado en su época. Esta posición ha sido generalmente vista como un simple recurso a

---

165 *Comentario a algunos libros de la Política de Aristóteles*, CR 16, 450.

166 *Comentario a algunos libros de la Política de Aristóteles*, CR 16, 421.

167 Véase Timothy Wengert (2003), «Philipp Melanchthon and a Christian Politics», *Lutheran Quarterly* (17).

168 *Comentario a algunos libros de la Política de Aristóteles*, CR 16, 424.

Aristóteles en defensa de los príncipes, y así como un caso típico de cómo, desde temprano, se articularía desde el luteranismo tesis absolutistas. Pero Mads Jensen ha llamado la atención sobre cómo Melanchthon, de hecho, incluye en el mismo comentario elementos de limitación o división del poder. No sólo es enfático sobre la ley natural como medida por la que también la autoridad es evaluada, sino que hay un importante lugar dado a los poderes inferiores (ejemplificados por figuras como los príncipes alemanes y los éforos espartanos) como limitantes del poder superior. No se pone la autoridad del pueblo como fuente del poder, pero hay preocupación por los mecanismos que limiten al mismo.[169]

Mientras en los restantes reformadores la afirmación de la naturalidad del orden político se encuentra fundamentada en sus bases bíblicas en lugar de en comentarios a Aristóteles, en las generaciones siguientes el camino de Melanchthon encontraría numerosos seguidores. Así, por ejemplo, tres años tras el comentario de Melanchthon a la *Política*, el profesor de Marburgo, Johannes Ferrarius, publicó un tratado *Sobre el bien común*, que haría notable carrera.[170] No sólo florecen en el periodo una larga serie de comentarios a la *Política* y la *Ética* de Aristóteles, sino también los intentos explícitos por ofrecer, en palabras de uno de estos comentadores, un «sistema aristotélico de filosofía práctica».[171] Particularmente llamativo es el hecho de que tal programa no se limita a considerar la política como tercera parte de la filosofía práctica, sino que explícitamente recalca que «política» es un nombre adecuado para designar el conjunto del saber práctico.[172] Tesis clásicas de Aristóteles, como el hecho de que la *polis* es, en un sentido, posterior a la casa, pero por naturaleza anterior, se encuentran aquí presentes, reconociéndose así la politicidad como el elemento aglutinador de la vida práctica.[173] Que el primer lugar debe ser asignado a «la disciplina que llamamos política o legal», se recoge también entre quienes, como Junius, están buscando integrar en un marco *grosso modo* tomista su discusión de la ley mosaica.[174]

Cabe notar, por cierto, que, al trasladarse esta reflexión sobre la dignidad del orden político a la pregunta por el orden político concreto, los reformadores tienden a representar el mismo tipo de flexibilidad que se encuentra en parte de la

---

[169] Sigo en este párrafo a Mads Jensen, quien ha sido el primero en discutir el trasfondo tardo-medieval del comentario. Véase Mads Jensen (2014), «By Convention or by Nature: Melanchthon's Criticism of Late Medieval Ockhamist Political Thought in the Commentarii in Aliquot Politicos Libros Aristotelis», *History of Political Thought* (35).

[170] Ferrarius, Johannes (1533), *Von dem gemeinen Nutze*, Marburgo. Pronto seguiría una edición latina y otra inglesa.

[171] Golius, Theophilus (1621), *Epitome Doctrinae Politicae ex Octo Libris Politicorum Collecta*, Strassburg. Carta al lector.

[172] Golius, Theophilus (1621), *Epitome Doctrinae Politicae ex Octo Libris Politicorum Collecta*, pág. 1-2. Pro tota philosophia practica accipitur.

[173] Golius, Theophilus (1621), *Epitome Doctrinae Politicae ex Octo Libris Politicorum Collecta*, pág. 8 y 15.

[174] Junius, Franciscus (2015), *The Mosaic Polity*, pág. 4.

tradición precedente. De partida, tienden a disentir entre sí, con frecuencia de un modo que simplemente refleja el tipo de gobierno bajo el que, de hecho, se desempeña cada uno de ellos. No ha de extrañar que la forma principalmente adoptada sea la monarquía. La idea de un carácter sagrado de los reyes ha sido descrita por Francis Oakley como «el sentido común teopolítico de la humanidad», y, como bien nota él mismo, implicó por largos tramos el reflexionar sobre los reyes como figuras «cuasi-sacerdotales que habitan los brumosos márgenes del orden de la redención».[175] Si tal carácter sacro se mantiene en muchos reformadores, cabe notar que es considerable su esfuerzo por pensarlo dentro del orden de la creación y no de la redención. Por otra parte, dicha predilección por la monarquía no es universal. Qué forma de gobierno sea la ideal es algo que Calvino declara depender «en gran medida de las circunstancias». Tras nombrar las virtudes y respectivas tendencias viciosas de las «tres formas de gobierno que discuten los filósofos», la monarquía (*regnum*), el régimen aristocrático (*optimatum potestas*) y la democracia (*popularis dominatio*), concluye con una preferencia personal por un régimen aristocrático, o por el mismo «temperado por la *politia*».[176] Ese tipo de preferencia por un tipo mixto de régimen es lo que se podía encontrar también en Tomás de Aquino (si damos aquí prioridad a la *Suma* por sobre su tratado *De regno*). Remitiendo a Aristóteles, afirma que es importante que todos tengan alguna parte en el gobierno «pues por esto se conserva la paz en el pueblo, y todos aman y protegen tal ordenación». Pero, al preguntarse por la forma específica que debe tomar tal ordenación, la mirada de Tomás se desliza de Aristóteles al Antiguo Testamento, para señalar cómo el mejor orden político se encontraría ahí divinamente prescrito y realizado; y tal es un orden mixto en que el gobierno unipersonal se ve acompañado por consejos de sabios –el elemento aristocrático– que a su vez son escogidos de entre el pueblo.[177]

Esta simultánea apelación a Aristóteles y al carácter paradigmático atribuido a la organización política de los hebreos nos permite volver sobre el modo en que estas distintas fuentes se encuentran coordinadas entre los reformadores y, en particular, el lugar que dejan a la reflexión prudencial. Höpfl ha escrito que cuando Lutero y Calvino invocan la idea de una teoría política puramente escritural no se trata más que de una «extravagancia polémica».[178] Después de todo, en palabras del mismo Calvino, el objeto de la Biblia es guiar en la construcción no del reino terrenal, sino del espiritual, y en consecuencia no es la forma exacta del orden político lo que en ella se ha de buscar.[179] Para dicha forma, dada la variedad de

---

175 Oakley, Francis (2015), *The Watershed of Modern Politics. Law, Virtue, Kingship and Consent (1300-1650)*, p. 128-129.

176 *Institución* IV, 20, 8.

177 *S. Th.* I-II, q.105, a.1.

178 Höpfl, Harro (2014), «Predestination and Political Liberty», pág. 157.

179 *Institución* IV, 20, 11.

condiciones bajo las que se organiza el género humano, se remite naturalmente a la prudencia. Pero si bien es cierto que una pretensión puramente escritural sería una extravagancia, el recurrir a la prudencia no tiene lugar en reemplazo de la orientación bíblica. Podemos ver cómo éstas se coordinan en la discusión sobre la validez de la ley mosaica. La cuestión se planteaba con cierta intensidad no sólo por los múltiples modos en que la teología del periodo se ve agitada, sino también porque, durante los siglos xvi y xvii, hay en toda Europa una significativa recepción y discusión de textos que invitan a pensar sobre el carácter modelo de la república hebrea. La idea de que, en el Antiguo Testamento, se encontraba no sólo cierta república, sino cierto modelo constitucional, incluso hizo retroceder el pluralismo respecto de las formas de gobierno, conduciendo a la idea de que sólo el modelo republicano puede ser considerado como normativo.[180] Esta idea no se encuentra en los autores que a continuación consideraremos, pero sí refleja otro lado de esta preocupación por el modelo veterotestamentario.

La política mosaica de Junius, publicada el mismo año que las *Leyes de política eclesiástica* de Hooker, da cuenta de la creciente presión con que eran planteadas algunas preguntas sobre la validez de la ley mosaica. En ambos casos, lo que presentan son teorías que buscan compatibilizar una recepción de la concepción tomista de la ley natural con un énfasis en el lugar de la prudencia para la determinación de la validez que pueda tener la ley mosaica en situaciones puntuales. Tal combinación nos muestra cómo se busca dar cabida a una doble preocupación: por una parte, se debe dejar claro que la ley mosaica ya no es normativa para la construcción del orden político; por otra parte, se busca mostrar que ella no puede ser declarada pura y simplemente irrelevante. La ley mosaica, en lo que se refiere a su fin (no a su origen), es ley humana y no divina, y como tal regula cambiantes asuntos humanos y tiene cambiante validez. Pero, a diferencia de la ley de otras repúblicas, su origen divino da cuenta de su condición ideal para regular la república de los hebreos. La ley mosaica, en otras palabras, es un modelo de ley humana, como lo son también las leyes de los romanos: «lo considero como un ejemplo, y no como la forma definida que deba adoptar cada asunto en la sociedad humana», escribe Junius.[181] Y, sin embargo, es un ejemplo que, aunque sea en tal condición puramente ejemplar, es por su origen divino superior a los restantes. Tal aproximación muestra, en suma, un modelo donde la idea de ley natural no aparece descarnadamente desligada de modelos concretos de ley humana, y en que la ley mosaica aparece como el caso ejemplar de esta última; pero, debiendo discernirse, caso a caso, qué es válido de tal modelo para las circunstancias actuales, es una aproximación que no sólo da amplio lugar a la prudencia y los procesos

---

[180] Al respecto, véase la fina exposición de Eric Nelson (2010), *The Hebrew Republic: Jewish Sources and the Transformation of European Political Thought*, Cambridge (Mass.): Harvard University Press.

[181] Junius, Franciscus (2015), *The Mosaic Polity*, pág. 11.

de deliberación política, sino que también exige una amplia reflexión respecto de lo que en la ley de mosaica hay de variable y de inmutable, lo que hay de ceremonial, judicial y moral.

2.6. La resistencia

Hemos considerado el «bien del orden». No hay pensamiento cristiano sobre la realidad política donde no hay algún reconocimiento de la realidad de este bien o del bien de esta realidad. Pero tampoco hay pensamiento cristiano ahí donde sólo hay reflexión sobre la estructura de la creación, sin consideración por la caída, no hay pensamiento cristiano donde se identifica la realidad como hoy la conocemos con la realidad como originalmente creada. Y la consideración del mal en el orden político introduce, por supuesto, una serie de tópicos que, de otro modo, quedarían fuera. Una vez que se reconoce el mal como algo con lo cual inevitablemente se ha de lidiar, se introducen cuestiones como la enemistad, la tolerancia, la violencia y el aspecto coercitivo de la ley. En sus mejores momentos, el pensamiento político cristiano vive así en una tensión que se nutre de la simultánea afirmación de la creación y la caída, expresándose, por usar la expresión de Bonhoeffer, en «resistencia y sumisión».

Aquí consideramos sólo uno de estos elementos, aquel que sirve de contrapeso al orden discutido con anterioridad: ¿qué cabe hacer cuando en el orden ya no es casi posible reconocer trazos de bien, cuando la autoridad deviene tiranía? ¿Existe algún tipo de resistencia legítima a la autoridad? Incluso como pregunta teórica, la cuestión de la resistencia reviste un interés no menor, en cuanto permite ver en negativo cómo se está pensando sobre el orden. Por lo demás, también es una pregunta que reviste un interés histórico considerable. Es frecuente que, en la literatura, se destaque la afirmación categórica del derecho de rebelión como un fruto del temprano pensamiento político moderno, bien ilustrado en esta materia por Locke. En la literatura protestante, por su parte, se destaca las teorías de resistencia como un fenómeno propio, como creación de los monarcómacos en Francia o los adversarios de María Tudor en Inglaterra, y así como una herencia más de la tradición reformada que de la luterana. Pero tal como en casos análogos, hay una tradición mayor a considerar. El mundo tardo-medieval incluso nos ofrece en Wenceslao (1400) el caso de un emperador efectivamente depuesto por los príncipes electores.

Juan de Salisbury es el primer filósofo medieval en haber escrito de modo detenido respecto de la resistencia a la tiranía, y en particular sobre el tiranicidio. Lo hace de un modo que cabe interpretar como tímido o elusivo. Su obra política *Policraticus* es un extraordinario ejemplo del renacimiento del siglo XII y de las rutas que podía seguir el pensamiento político antes del redescubrimiento de la *Política* de Aristóteles. Pero si bien el problema es ahí planteado, Juan rara vez desarrolla argumentos explícitos. En su lugar, se encuentra más bien letanías de ejemplos e indicios que ponen a pensar al lector. Mientras eso ocurría entre los filósofos, entre los juristas del siglo XII había una discusión bastante más detallada.[182] Pero, para el tipo de discusión que aquí nos interesa, la obra de Tomás de Aquino es, una vez más, un lugar adecuado al cual acudir. Su discusión del problema se encuentra en su comentario a las *Sentencias*, y tiene la peculiaridad de estar planteada como una pregunta sobre «si acaso los cristianos están obligados a obedecer a las autoridades seculares, particularmente a los tiranos».[183] Tal formulación nos recuerda el modo en que esta cuestión se relaciona con las discusiones sobre la naturalidad del orden político: aunque Tomás se desliga en su respuesta de ese punto de origen, la pregunta inicial invitaba a abordar no simplemente la tiranía, sino el deber de obediencia a autoridades no instaladas, ni aprobadas, ni bendecidas por la Iglesia. Para atender a la posición de Tomás, corresponde notar cómo algo antes había tratado la pregunta respecto de si toda autoridad viene de Dios. Hay un sentido (Romanos 13) en que Tomás está desde luego obligado a dar una respuesta afirmativa. Pero no es menos cierto que también en la Biblia podría encontrar (Apocalipsis 13) razones para una respuesta negativa. La respuesta, como no es de extrañar, implica entonces distinguir, señalando que lo que hay de bueno en la autoridad tiene que venir de Dios, pero no lo que en ella hay de malo. Pero, con eso, no quiere decir que las autoridades buenas vienen de Dios y merecen obediencia, y las otras autoridades, en cambio, no. En la autoridad, sugiere más bien Tomás, hay que considerar tanto su origen, como su modo y su uso. El origen y el uso, esto es, el modo en que las autoridades han llegado al poder y el modo en que lo ejercen, son ambos susceptibles tanto de buena o mala forma, y puede haber un amplio rango de respuestas a su eventual maldad. El modo, en cambio, o forma de la autoridad es «buena en todos: en efecto, consiste en cierto orden de uno como regente y otro como súbdito».[184] Así, en lo que al modo se refiere, es Romanos 13 lo que prima en la reflexión de Tomás, con el orden afirmado como un bien que opera regulando también la reflexión sobre la resistencia. Pero lo que ha concedido respecto del origen y el uso le abre la puerta a un tratamiento diferenciado respecto del derecho o incluso deber de resistencia. Bajo origen viciado, Tomás piensa en una serie de posibles fenómenos desde la simple indignidad personal del que llega a gobernar hasta su adquisición del poder mediante la usurpación violenta o corrupta. Pero ese amplio rango es el que trae consigo una variedad de posibles respuestas en el súbdito: hay autoridades a las que hay que obedecer, aunque sean indignas, pero dicho deber no se extiende

[182] Para la discusión entre Azo y Lothair en Boloña, véase Quentin Skinner (1978), *The Foundations of Modern Political Thought (Volume II: The Age of Reformation)*, pág. 127.

[183] *Super Sent.*, lib. 2, d. 44, q. 2, a. 2.

[184] Super Sent., lib. 2, d. 44, q. 1, a. 2, co.

a quienes han adquirido dicho dominio por violencia (salvo, sugiere Tomás, que el consenso del pueblo se haya luego adherido). En el caso de estar la autoridad justificada en cuanto a su origen, pero no en cuanto a su ejercicio, como en los casos en los que una autoridad en otros sentidos legítima ordena un pecado, lo que Tomás parece sugerir es más bien la resistencia pasiva: habría un deber de no obedecer, «tal como los santos mártires padecieron la muerte por no obedecer mandatos injustos de los tiranos». Debiera estar claro que, en estas consideraciones, Tomás no está ofreciendo un listado exhaustivo de caminos a seguir ante distintos escenarios, escenarios posibles que al fin y al cabo son infinitos. Se trata más bien de una breve tipología de situaciones que, sin embargo, resulta iluminadora por su flexibilidad y por la amplitud de consideraciones a las que invita.

Quien desde ahí dirige la mirada a la discusión desarrollada en la Reforma tiene, en primer lugar, que constatar que, como en tantas otras materias, las primeras generaciones no enfrentan temas como éste con distancia académica sino con urgencia práctica. Por lo mismo no ha de extrañar que, en contraste con la amplitud que hemos visto en Tomás, la concentración casi exclusiva se dé aquí en el problema del tirano que impone no cualesquiera otros males, sino la religión rival. La pregunta típica es, en palabras de Melanchthon, «Si acaso los príncipes deben modificar un culto impío» incluso en oposición al emperador.[185] Así, la literatura protestante sobre la resistencia surge casi de modo exclusivo en escenarios de opresión por parte de un soberano católico, y no es nada extraño que la afirmación latente de un derecho de rebelión se volviese audible precisamente tras los hechos de mayor violencia, como la masacre de san Bartolomé en 1572. Al final de esta trayectoria, sin embargo, se encontrará en Altusio una amplia tipología de tiranías, que, de ningún modo, cabe reducir al antagonismo religioso.[186] Es de este modo que cabe asimismo explicarse lo frecuente que es imaginar el derecho de resistencia como algo que, en el temprano protestantismo, afirmarían de modo más recurrente los autores reformados: las Iglesias reformadas tuvieron mayores tiempos y lugares de condición minoritaria, de persecución o de exilio, una condición considerablemente más propicia para el desarrollo de tal reflexión, que la situación de Iglesias católicas y luteranas, que contaban con el respaldo de unos u otros príncipes y el reconocimiento de la paz de Ausburgo. Sin embargo, como lo indican ya las consideraciones que antes hemos presentado sobre la Edad Media, esta literatura de los «monarcómacos» –«los que luchan contra los monarcas», el epíteto que pronto se ganaron– debe ser puesta en perspectiva. Y se trata no sólo de que hubiese antecedentes medievales en lo que a alguna legitimación de la resistencia se refiere, sino que, en cada una de las confesiones, se desarrollaron, en el siglo xvi, justificaciones de la resistencia. Autores calvinistas pueden haber sido

[185] Para la pregunta de Melanchthon, véase su *Epítome de filosofía moral* en CR 16, 86-89.
[186] Althusius, Johannes, *Politik*, cap. XXXVIII.

quienes más vigorosamente defendieron la legitimidad de la resistencia en el siglo XVI, pero no había nada particularmente reformado en la posición defendida, ni fueron siempre las suyas las tesis más radicales.[187]

Pero, en primer lugar, debe acentuarse la disposición reticente que caracteriza a los reformadores en un primer momento. Para tal reticencia, tenían, desde luego, variados motivos. Por una parte, estaba la propia literatura bíblica y la tradición cristiana, en la que la sumisión a toda autoridad efectivamente es un tema recurrente. Por otra parte, estaba la acusación de sedición que frecuentemente pesaba sobre la Reforma. Así, no ha de extrañarnos que el prólogo de la *Institución* de Calvino se encuentre dirigido de modo casi principal a convencer al monarca Francisco I de la falsedad de dicha acusación.[188] Ésta no se daba, además, en cualquier contexto. Su primera edición era de 1536, y tenía por uno de sus fines quitar toda duda sobre la distancia que mediaba respecto de los radicales que el año anterior habían tenido su propio apocalipsis en Münster. También la luterana *Confesión de Magdeburgo* se escribe con conciencia de que los adversarios les imputan «no sé qué pretexto de rebelión».[189] Lutero había manifestado su reticencia desde temprano. Si en 1530 comenzó a cambiar, fue, en gran medida, porque el cercano círculo de juristas lo convenció de que el respeto por el orden estaba adecuadamente preservado, al ser la oposición al emperador dirigida por los príncipes.[190] La *Declaración de Torgau*, emitida por Lutero, Melanchthon y otros en octubre de dicho año (al tener que fundamentarse la creación de la Liga de Esmalcalda, unión de los príncipes contra la política religiosa de Carlos V), describe la legitimidad de la resistencia en términos que insisten en la diligencia con que han enseñado el deber de obediencia: sólo que ahora han descubierto, de la mano de los expertos en la ley, que, entre las leyes a obedecer, están incluidas aquéllas que permiten resistir a un emperador tiránico.[191] Análoga es, por supuesto, la posición de Calvino en el capítulo final de *Institución*. Se trata ahí de un discurso cuyo acento principal recae sobre el deber de sumisión. Pero, como un guiño al lector atento, acaba señalando que todo lo dicho ahí vale «para el ciudadano individual».[192] Los magistrados inferiores, una vez más, sí podrían levantarse contra un superior tiránico. Así, el derecho de resistencia está combinado con la afirmación de la

---

[187] Skinner, Quentin (1978), *The Foundations of Modern Political Thought (Volume II: The Age of Reformation)*, pág. 321.

[188] Véase el *Discurso preliminar* de la edición de 1536.

[189] *Confessio et apologia pastorum & reliquorum ministrorum ecclesiae*, Magdeburgo: Magdeburgensis (1550), pág. 2 (texto no paginado).

[190] Para contextualización, véase David Mark Whitford (2001), *Tyranny and Resistance. The Magdeburg Confession and the Lutheran Tradition*, Saint Louis: Concordia Publishing House.

[191] Junto a otros textos de la discusión intraluterana, se encuentra publicado en Heinz Scheible (ed.) (1969), *Das Widerstandsrecht als Problem der deutschen Protestanten 1523-1546*, Gütersloh: Gütersloher Verlagshaus Gerd Mohn.

[192] *Institución* IV, 20, 30.

autoridad y protegido de sus propias posibles consecuencias anárquicas. Se trata, hay que insistir, de tesis bastante tradicionales.

El desarrollo de esta posición, sin duda, fue más significativo en el mundo reformado que en el luterano, tanto por lo que respecta a su temprano desarrollo teórico como por lo que se refiere a la manera en que estas ideas penetraron en el conjunto del cuerpo de creyentes. Lo anterior se debe, al menos en parte, a que la temprana reflexión luterana al respecto es una discusión interna de los implicados –teólogos, juristas y príncipes–, que en eso contrasta de modo significativo con la pública apología de la resistencia que pronto se encontraría en algunos círculos reformados.[193] Sin embargo, un documento luterano levemente posterior, la *Confesión de Magdeburgo* (1550), desempeñó una influencia capital también sobre los autores reformados (reconocida explícitamente, por ejemplo, por Beza). El texto –deliberadamente publicado en alemán y latín para alcanzar a esa audiencia internacional– se presenta abiertamente como defensa del deber del «magistrado cristiano» de repeler a un magistrado superior cuando esto es necesario para la defensa de sus súbditos.[194] Su autoría es colectiva, pero Flacius es una de las figuras relevantes tras el texto. Derrotada por Carlos V la Liga de Esmalcalda, que aglutinaba a los príncipes luteranos, la propuesta imperial –que se expresó en los llamados *Interim* de Ausburgo y Leipzig– consistía en la aceptación temporal (hasta resolución conciliar) de la doctrina de la justificación por la fe, a cambio de la imposición de uniformidad externa, en particular en materias consideradas indiferentes (*adiaphora*). La propuesta fue parcialmente aceptada por una parte de los teólogos luteranos (Melanchthon entre ellos), pero vigorosamente rechazada por quienes se reunieron en torno a Flacius en Magdeburg. Esta división entre «filipistas» (esto es, seguidores de Felipe Melanchthon) y «gnesioluteranos» (esto es, luteranos «genuinos») resulta sumamente iluminadora respecto de los peculiares caminos por los que puede darse la continuidad en la tradición cristiana. Pues, en principio, podría postularse que la continuidad está siendo defendida por Melanchthon, dispuesto a mantener la unidad en cosas sin importancia con tal de poder así preservar lo fundamental. La posición de Flacius, en cambio, bien puede resumirse en el adagio según el cual, «en situación de confesión y escándalo, nada es indiferente».[195] En otras palabras, Flacius reconocía, tal como Melanchthon, que hay cosas en sí mismas indiferentes, pero afirmaba que, al ser impuestas por un adversario, dejan de serlo. Ahora bien, lo que así postulaba bien puede interpretarse como una interesante adaptación de una posición de Tomás de Aquino.

---

193 Por lo mismo, la discusión interna entre los luteranos ha tenido que ser objeto de meticulosa reconstrucción. Véase Diethelm Böttcher (1991), *Ungehorsam oder Widerstand? Zum Fortleben des mittelalterlichen Widerstandrechtes in der Reformationszeit (1529-1530)*, Berlín: Duncker & Humblot.

194 *Confessio et apologia*, pág. 3-4 (texto no paginado).

195 La frase adquirió rango confesional al ser recogida en *Libro de Concordia*, solida declaratio, x.

Según éste, hay acciones humanas genéricamente neutrales (como «ir al campo»), pero que, en concreto, siempre serán no indiferentes, sino buenas o malas: todo depende de cuándo, por qué y con quién se va al campo. Es en Flacius, cabría afirmar, que se encuentra continuidad con esta idea, pero una continuidad que la amplía desde la reflexión sobre el obrar moral individual a la acción colectiva: hay contextos específicos que podrían llevar a que, para toda una comunidad, lo que en principio es indiferente deje de serlo, volviéndose incluso aquello que –al ser lo que revela la tiranía– justifica la resistencia.[196]

Al contemplar estas ideas, salta a la vista no sólo el modo en que la tradición intelectual cristiana ha intentado compatibilizar el orden y el actuar excepcional ante la crisis. También salta a la vista el hecho de que su respuesta descansa sobre una concepción particular del orden: que la resistencia rutinariamente se limite a lo que pueda hacer el «magistrado inferior» nos recuerda el papel central que aquí desempeña la pluralidad de focos de autoridad. A ese aspecto de la tradición, dirigimos finalmente la mirada.

2.7. Pluralidad de órdenes

Reflexionar desde el cristianismo sobre la vida política es reflexionar no sólo sobre la dignidad del orden político y no sólo sobre la relación de la comunidad civil con la Iglesia. Es, también, reflexionar sobre la relación entre el poder político y las diversas asociaciones que componen la vida humana, naturales y voluntarias. No sólo está en cuestión la centralidad que se dé a dichas asociaciones –familias, instituciones educacionales, sindicatos, empresas, etc.–, sino el tipo de lógica bajo la que son pensadas. Al respecto, hay ya una significativa disyunción en la filosofía antigua. En Platón está la idea de que la ciudad no es más que un gran hogar.[197] Aristóteles, en cambio, sabe por supuesto de la relevancia social de la familia, pero la distingue de la vida política. La *Política* abre distanciándose de quienes, como su maestro, creen que es lo mismo ser gobernante de una ciudad, rey o dueño de esclavos. Contra los que piensan sobre la política «como si no hubiese diferencia alguna entre una familia grande y una pequeña ciudad»,[198] Aristóteles invita aquí a atender a diferencias cualitativas. Ejemplo patente de esa diferencia cualitativa es el hecho de que la subordinación política es subordinación entre iguales (de donde se sigue, por ejemplo, que el gobierno pueda ser por turnos). Pero al menos igualmente radical es la diferencia en lo que se afirma puede ser alcanzado en cada nivel de organización social: es sólo la *polis* la que está organizada en torno a algo

[196] Los textos de Flacius al respecto se encuentran reunidos en Matthias Flacius (2011), *Adiaphora and Tyranny*, Magdeburgo: Magdeburg Press.

[197] Platón, *Político* 258 e - 260 d.

[198] Aristóteles, *Política* I, 1, 1252 a12-13.

más que suplir necesidades, orientada hacia la vida buena (en su dimensión tanto moral como intelectual).

A lo largo de la Edad Media, este tipo de disyuntiva se había, en alguna medida, mantenido viva, gracias a la clásica división (no del todo aristotélica) de la ética en monástica (individual), economía (doméstica) y política. Ese tipo de división llega también a los reformadores, que, sin mayor cuestionamiento, asumen este tipo de tripartición, o particiones análogas que incluyen a la Iglesia.[199] Esta estructuración de la vida social está presente en documentos confesionales como los *Artículos de Esmalcalda*, donde las tareas «en la Iglesia, en la autoridad y en lo doméstico (*oeconomia*)»[200] sintetizan el conjunto de lo que Dios nos ha encomendado. En la *Fórmula de concordia*, la tripartición sirve incluso para formular las exclusiones de la vida social, al hablar de sectas que no pueden ser toleradas ni en la Iglesia, ni en el Estado, ni en la vida doméstica.[201] Como señala Kenneth Appold, en los tiempos de la ortodoxia esta doctrina es objeto de discusión en virtualmente todos los teólogos de Wittenberg.[202] Si alguna novedad hay en la adopción protestante de este esquema medieval, es el hecho de que se le utilizara de modo polémico contra quienes llevan un género de vida que se desarrolla fuera de estos órdenes. Lutero escribe que no corresponde el obrar humano fuera de estos órdenes establecidos por Dios, habiendo en ellos más que suficiente para el desarrollo humano.[203] La afirmación está dirigida contra el monacato, que, para Lutero, es el modelo de un género de vida literalmente «desordenado», fuera de los órdenes prescritos.[204]

Resulta particularmente llamativo que la doctrina de los dos reinos haya estado presente en la discusión del siglo XX de un modo vigoroso, pero que esta doctrina de los tres órdenes o estamentos sea muy raramente objeto de reflexión.[205] Después de todo, se trata de posiciones igualmente capitales en la Reforma, y ambas recibidas por las generaciones subsiguientes en una proporción comparable. Es un silencio que nos habla no de la Reforma, sino del desinterés de gran parte del pensamiento de los siglos recientes por las instituciones intermedias. Pero ocurre también que dichas instituciones se encuentran sólo implícitamente designadas

[199] Véase Wilhelm Maurer (1970), *Luthers Lehre von den drei Hierarchien und ihr mittelalterlicher Hintergrund*, Múnich: Bayerische Akademie der Wissenschaften.

[200] BSLK 413.

[201] BSLK 1093-1094.

[202] Appold, Kenneth G. (2004), *Orthodoxie als Konsensbildung. Das theologische Disputationswesen an der Universität Wittenberg zwischen 1570 und 1710*, pág. 155.

[203] *Sobre los concilios e Iglesias*, WA 50, 652.

[204] Para un elenco de textos ilustrativos de este énfasis, véase Gunter Zimmermann (1988), «Die Auslegung des vierten Gebotes bei Martin Luther, Robert Filmer und John Locke», *Archiv für Reformationsgeschichte* (78).

[205] Dicho punto ha sido debidamente notado por Oswald Bayer (1998), «Nature and Institution. Luther's Doctrine of the three Orders», *Lutheran Quarterly* (12, 2).

en triparticiones, como la señalada. Sólo una vez que comprendemos el amplio rango de actividades que están cayendo bajo el hogar (*oikos*, de donde viene nuestro término «economía»), se ve la amplitud de lo que está siendo discutido. Consideremos un ilustrativo texto de Lutero.

> El primer gobierno es el del hogar, que es de donde viene la gente. El segundo es la ciudad, esto es, el país, el pueblo, los príncipes y señores, aquello que llamamos gobierno temporal. Entre estos dos gobiernos, está abarcado todo: hijos, propiedad, dinero, animales, etc. El hogar debe producir; la ciudad, en tanto, tiene que guardar, proteger y defender. Tras eso, sigue lo tercero, el hogar y ciudad del mismo Dios, la Iglesia, que recibe gente del hogar, y que debe recibir protección de parte de la ciudad. Estas son las tres jerarquías ordenadas por Dios. [...] Estos son los tres elevados gobiernos divinos, las tres leyes divinas, naturales y temporales de Dios.[206]

Como bien lo ilustra este pasaje, «hogar» designa en este mundo algo considerablemente más sustantivo que la institución cuasi-privada en que se ha transformado la familia tras su separación del mundo del trabajo. Aquí es el lugar de la reproducción y de la amistad, de la economía y el trabajo. La intimidad por la que tiende hoy a valorarse la familia cede aquí el lugar de prominencia a otras dimensiones de la misma: bien puede tenerse esto por una descripción condensada del conjunto de las tareas culturales del hombre, que a su vez existen de un modo enraizado en las necesidades más elementales de la vida. El texto citado nos muestra, por cierto, que no sólo se encuentra aquí, bajo la reflexión sobre el hogar, una al menos implícita reflexión sobre el conjunto de las esferas de existencia, sino que se trata de una reflexión que atiende a su naturaleza contrastándola con la función del poder secular. La función creadora asignada al hogar tiene su contraparte en la función «conservadora» del gobierno, que se limita a «guardar, proteger y defender».

En el temprano mundo reformado, se encuentra énfasis similares. Tal pluralidad puede ser afirmada incluso comentando textos bíblicos como Romanos 13, que, en principio, sólo invitarían a ver aquel poder que lleva la espada. La afirmación de que no hay autoridad, sino de parte de Dios, lleva a Vermigli, de inmediato, a precisar que «hay distintos tipos de poder».[207] De hecho, la discusión se lleva ocasionalmente a cabo con explícita conciencia del trasfondo en la filosofía antigua. En su *Política cristiana*, Danaeus trata la cuestión en los mismos términos en que, como hemos visto, había sido planteada en el siglo XIII, preguntando «si

---

[206] *Sobre los concilios e Iglesias*, WA 50, 652.

[207] Kingdon, Robert M. (1980), *The Political Thought of Peter Martyr Vermigli. Selected Texts and Commentary*, pág. 3.

acaso en el estado de inocencia habrían surgido repúblicas y reinos».[208] Se declara animado por la «bellísima discusión» implicada en este punto, y rápidamente se encuentra formulando el problema en los términos que dividían a Platón y Aristóteles. La discusión, afirma en explícita referencia al *Político* de Platón, es con quienes consideran que el crecimiento de la especie en estado de inocencia sólo habría llevado a algo así como un «reino doméstico» o una familia muy numerosa, pero a nada distintivamente político. Interesantemente, este rechazo a que los distintos tipos de asociación y subordinación sean homogeneizados, como si no hubiese una diferencia de tipo, sino sólo de grado, entre gobernar una ciudad y una familia, es inmediatamente vinculada con la contemporánea homogeneización «maquiavelista» de quienes «imprudente o astutamente confunden los distintos géneros de dominio».[209] Si, como en tantas otras cosas, la Reforma se encuentra aquí siguiendo un ya transitado sendero medieval, la conciencia de estarse enfrentando a las formulaciones modernas del absolutismo y de la soberanía indivisa naturalmente constituye un impulso para renovados énfasis.

Hay, sin embargo, cierta tensión entre esta doctrina de los tres estamentos y una frecuente tendencia del periodo a fundamentar la obediencia política en el mandamiento de honrar a los padres. Explicando en su *Catecismo mayor* el mandamiento de honrar padre y madre, Lutero escribe que, «de la autoridad de los padres, se extiende y emana toda restante autoridad», incluida la autoridad secular.[210] No es del todo extraña en la tradición cristiana esta discusión conjunta de la autoridad paterna y la autoridad política. Se había dado antes de Lutero, y también se da después de él. Así, el *Catecismo mayor* de Westminster afirma que el mandamiento de honrar padre y madre se refiere, en realidad, a todos nuestros superiores en edad o dones, «y especialmente a aquellos que, por ordenanza de Dios, tienen autoridad sobre nosotros, ya sea en la familia, en la Iglesia o en la sociedad».[211] Si el mandamiento nos obliga a reconocer la importancia de la autoridad paterna, parece que lo mismo debe seguirse respecto de las restantes instancias de autoridad. Esa explicación del mandamiento es, en términos generales, plausible, en la medida en que se trate sólo de una analogía. Pero el modo en que la tradición catequética ha enfatizado la similitud entre estos tipos de autoridad puede ser problemático: en las manos de un Robert Filmer podía convertirse en una herramienta para defensa simultánea de la monarquía absoluta y el orden patriarcal. De más está decir que la analogía aumenta además de modo considerable las dificultades a la hora de pensar el derecho de rebelión: una familia puede

---

[208] Danaeus, Lambertus (1596), *Politices Christianae Libri VII*, Ginebra, I, 4.

[209] Danaeus, Lambertus (1596), *Politices Christianae* I, 4. p. 39.

[210] BSLK 587.

[211] *Catecismo mayor de Westminster*, q. 124.

descomponerse tan gravemente como una comunidad política, pero no hay aquí magistrado inferior al que acudir buscando auxilio.

Lo anterior, sin embargo, estuvo lejos de ser obstáculo para una bastante vigorosa afirmación de la pluralidad de órdenes en que se despliega la vida humana, aunque su centralidad no debe ser exagerada a costa de otros elementos del pensamiento político de los reformadores. Bien cabe decir que, al menos en lo que a la reflexión teórica al respecto se refiere, sólo en el siglo xx este tipo de énfasis en la pluralidad de esferas de la sociedad alcanzaría su pleno desarrollo, cuando llegó a convertirse en uno de los elementos centrales del pensamiento social cristiano en toda su variedad confesional. No es sin razón que, en ese proceso, se ha apuntado rutinariamente al enraizamiento de esta idea en el temprano pensamiento protestante.[212] Pero no sólo hay que recordar que dicha idea tiene un enraizamiento histórico mayor aún, sino también que, en la Reforma, convive junto con los restantes énfasis característicos del pensamiento político del periodo.

[212] Para una exposición de la temprana reflexión calvinista sobre la subsidiariedad como respuesta a Bodino, véase Frederick Carney (1966), «Associational Thought in Early Calvinism», en: D. B. Robertson (ed.), *Voluntary Associations. A Study of Groups in Free Societies. Essays in Honor of James Luther Adams*, Richmond: John Knox Press, pág. 39-53. Para la presencia de Altusio en la discusión europea sobre la subsidiariedad, puede verse Peter Blickle; Thomas Hüglin y otros (eds.) (2002), *Subsidiarität als rechtliches und politisches Ordnungsprinzip in Kirche, Staat und Gesellschaft. Rechtstheorie, Beiheft 20*, Berlín: Duncker & Humblot.

Conclusión

Nuestras últimas dos secciones han buscado, ante todo, ofrecer un recorrido histórico de algunos tópicos capitales en la tradición intelectual cristiana, con los énfasis que ésta adquirió en la Reforma. Como en los capítulos previos, hemos buscado ilustrar ahí la continuidad con la tradición intelectual cristiana precedente. Dicha tradición subsistió en medio de la Reforma, y no fue del núcleo de ésta que provino su posterior debilitamiento. Pero volverse consciente de las continuidades respecto de la historia previa es sólo una cara de la moneda: no es menos fundamental captar las innumerables tendencias y tensiones internas de ese mundo, respecto del cual se vive en continuidad. Hemos presentado la Reforma como *más* tradicional de lo que se cree; pero también hemos notado que la tradición es *menos* tradicional de lo que se cree, que también ella está abierta a paradojas, tensiones y querellas, a confesión de los propios límites ante las grandes preguntas de la existencia y a escuelas opuestas en las consecuencias que se saca de lo anterior. La Reforma no constituye, con todo, una simple afirmación de esa pluralidad medieval, sino un modo de lidiar con ella. Es un modo que implica más continuidad respecto de algunas corrientes que respecto de otras, aunque se esté afectado por todas; es un modo que se lanza en consciente recuperación de una tradición *grosso modo* agustiniana, pero en el que también hay inconsciente recepción de otras corrientes, así como crítica de tradiciones de las que, en realidad, la distancia no es tan grande como los mismos reformadores imaginan.

Quien toma conciencia de la enormidad de la continuidad que así representa la Reforma puede por supuesto acabar preguntándose si ésta tuvo algún sentido, si acaso la ruptura de la cristiandad no se vuelve un sinsentido tanto mayor al ser tan robusta la continuidad de ideas. Puede asimismo acabarse viéndola como el trágico resultado de una increíble acumulación de malentendidos, tanto por parte de los reformadores como por parte de sus críticos: el papado no logró ver cuán católicos eran los reformadores, mientras que éstos se dejaron arrastrar por una psicología rupturista, en lugar de mostrar de modo cuidadoso cómo entroncaban con lo mejor del pensamiento medieval, podría alguien concluir. Pero, aunque los malentendidos que hay en la historia sean efectivamente asombrosos, lo que debemos recordar es más bien cuán enfáticamente la controversia se concentraba en tópicos distintos de los hemos tratado en este libro: que ambos lados afirmen la compatibilidad entre naturaleza y gracia va de la mano de profundas divergencias respecto de la forma de apropiación de la gracia; que unos y otros afirmen la existencia de la autoridad eclesiástica es compatible con visiones en muchos sentidos opuestas respecto de la forma específica que debe tener tal autoridad.

La envergadura de esas y otras diferencias no puede ser minimizada ni presentada como simple malentendido. Y, para quienes estaban involucrados en tales disputas, difícilmente podía resultar relevante que ambos lados de la contienda siguieran compartiendo aquello que, desde la perspectiva de entonces, tiene que haber parecido un pequeño mínimo común denominador.

No puede enfatizarse lo suficiente que la experiencia de la Reforma, fuese positiva o negativamente evaluada, fue también una experiencia de quiebre. La convicción de estar no sólo hablando la verdad contra Roma, sino de estarla proclamando en comunión con gran parte de la Iglesia precedente, no quita en nada la realidad de dicho quiebre. El carácter puntual de las controversias en torno a las que todo surgió tampoco quita nada a su magnitud: no tardaría mucho, antes de que el conflicto en torno a las indulgencias se transformara en conflicto respecto de la autoridad; y, abierto el camino a una reevaluación de la naturaleza de la autoridad eclesiástica, ello no podía sino implicar una revisión (aunque «conservadora») de al menos algunos tópicos de la teología: las doctrinas de Dios, la creación, la providencia, se asumen virtualmente sin alteración, mientras que cambios de diversa entidad se encuentran en las doctrinas de los sacramentos, la salvación y la Iglesia. Reconocer el tipo de continuidades en que hemos puesto el acento en este libro no pasa por negar ni minimizar la realidad del quiebre en dichas dimensiones. A lo que el reconocimiento de dichas transformaciones no puede llevarnos, empero, es a la trivialización de la Reforma como moderno movimiento de liberación. A lo que tampoco debiera llevarnos es a la trivialización que la presenta bajo el elenco de los diversos «solas» que la caracterizarían (*sola scriptura, sola fide, sola gratia, solus Christus, soli Deo gloria*). La presentación de la Reforma bajo este quíntuple elenco, cabe recordar, es un hábito que apenas tiene hoy más de medio siglo. Desde luego, dichos «solas» pueden ser encontrados en distintos puntos de la obra de los reformadores. Pero ahí desempeñan el papel de expresiones enfáticas, que marcan un punto dentro de una visión más amplia de la realidad. Independizados del sistema más amplio en el que tenían sentido, desligados de un entramado teológico mayor, estos solas no pueden desempeñar función comunicativa alguna, y sólo perpetúan hoy malentendidos en lugar de traer orientación. Las obras teológicas de la Reforma, digámoslo aquí por última vez, se parecen más a una *Summa* medieval que a tales slogans.

Tras el periodo que hemos tomado como límite para la presente obra, dicha tradición intelectual cristiana no dejó de existir, pero sí dejó de existir como el modo predominante de ver la realidad en Occidente. Los cambios que experimentaría la vida intelectual en las décadas finales del siglo xvii son, en efecto, ingentes. En su aclamado libro, *La crisis de la conciencia europea: 1680-1715*, Paul Hazard describe la rapidez y radicalidad de estos cambios afirmando que «un día el pueblo francés pensaba de modo casi unánime como Bossuet. Al día siguiente pensaba como

Voltaire».[1] Para el mundo protestante son otros los nombres que hay que poner en dicho lugar, pero el cambio es no menos radical. ¿Cómo hemos de explicarnos dicho tránsito, el tránsito del mundo de John Owen al mundo de John Locke, del de Francisco Turretini a Juan Alfonso Turretini? Hacia el final de dicho proceso, en 1757, Diderot describía la religión de Ginebra en términos que volvieron a éste el más polémico artículo de su *Enciclopedia*: «Cierto respeto por Jesucristo y por las Escrituras es tal vez lo único que distingue el cristianismo de Ginebra del puro deísmo».[2]

¿Pero es el deísmo un adecuado modo de caracterizar la nueva disposición intelectual? Si la hemos ilustrado con Locke o Juan Alfonso Turretini, no es un mal punto de inicio. No se trata ahí sólo de que fuesen negados (o al menos marginalizados) acentos distintivamente cristianos como la fe trinitaria, sino que se revelan también nuevas posiciones en lo que se refiere a la relación entre fe y razón, y al sentido de la vida política. Se trata, como ya hemos dicho, de una novedad ambivalente. Comienzan a emerger más robustas defensas de la libertad religiosa, pero con menos expectativas sobre lo defendibles que sean las creencias en cuestión. Más libertad de conciencia, pero con dudas respecto de si existe algo semejante a la conciencia. La temprana modernidad representa, en este sentido, un cambio de proporciones enormes, sin que por eso quepa describirla como una época secularizada. En efecto, tal como hemos enfatizado el enorme enraizamiento del temprano protestantismo en la tradición intelectual cristiana que lo precede, es necesario recordar que la temprana filosofía moderna no es simplemente «secular», sino que suele más bien ir de la mano de una reducción del cristianismo a posiciones deístas. Que esto, a su vez, repercutió de diversos modos sobre el protestantismo, y de modos que no sólo afectaron sus convicciones teológicas, sino también su relación con el resto de la vida intelectual, es un aspecto bien conocido de la historia.

¿Pero es «viable» la tradición intelectual cristiana hoy, en un mundo en el que no sólo triunfó ese tipo de moderado liberalismo temprano, sino en el que incluso éste parece un pasado irrecuperable? Una pregunta como ésa es tan amplia como el conjunto de lo que hemos tocado en este libro. Pero al menos cabe señalar que, hacia fines del siglo xvii, lo que ha acabado no es esta tradición, sino su condición de tradición dominante. No es más que retórica voluntarista la que, a partir de eso, pretende declarar inviable su subsistencia. No obstante, conviene notar que, al dejar de ser la tradición intelectual predominante, las condiciones de su viabilidad han cambiado. Algunas de sus prácticas intelectuales –el método escolástico en su sentido más estricto– pueden haber sido más aptas para lidiar con conflictos internos de una tradición, que para enfrentar modos de pensar radicalmente

[1] Hazard, Paul (2013), *The Crisis of the European Mind 1680-1715*, Nueva York: New York Review Books, pág. xiii.

[2] Diderot, Denis, *Encyclopédie ou dictionnaire raisonné des sciences, des arts et des métiers*, s.v. 'Géneve'.

distintos. Ese puede ser un factor que nos ayuda a entender el abrumador triunfo de sus rivales a fines del siglo xvii. Pero si miramos no su forma más estrecha, sino sus características más generales, bien puede verse que también aquí hay algo en lo que tiene sentido permanecer anclado. En lugar de una huida en dirección a la sola abstracción, hay aquí un modo de conocer, profundamente enraizado en la pertenencia a una tradición y una comunidad de conocimiento. En lugar de una tradición cultivada sólo en términos de erudición histórica o del equipamiento técnico de una escuela puntual, hay aquí una preocupación penetrante por la estructura última de la realidad. En lugar de manifestarse esa preocupación última en un oscilamiento entre afirmación dogmática y proceder argumentativo, se manifiesta en una equilibrada compenetración de fidelidad a lo recibido y constante búsqueda. El saber no aparece ahí con pretensión de sustituir la gracia de la fe, pero tampoco se permite que la vida de fe y la teología se conviertan en el simple refugio para aquello que parezca escapar a nuestra comprensión. La persistencia de esta aproximación en medio de los, por otra parte, significativos cambios que trajo consigo la Reforma, nos habla de modo enérgico sobre su viabilidad bajo condiciones de cambio y crisis.

BIBLIOGRAFÍA

Abreviaciones

Para facilitar la identificación de las obras clásicas y patrísticas citadas, se ha optado por usar a lo largo de este libro sus títulos completos en lugar de las abreviaciones convencionales de los mismos. Tales abreviaciones, sin embargo, sí se han mantenido para las obras de los reformadores y algunos otros textos que detallamos a continuación. También aquí la obra específica a la que se alude en cada caso la hemos mencionado en las notas respectivas en castellano.

BSLK	*Die Bekenntnisschriften der Evangelisch-Lutherischen Kirche*, Gotinga: Vandenhoeck & Ruprecht (1967). Se trata de la edición estándar de los escritos confesionales luteranos.
CFW / Dort	Citamos los escritos confesionales reformados a partir de la edición de E. F. K. Müller (ed.) (1999), *Die Bekenntnisschriften der reformierten Kirche*, Waltrop: Spenner.
CR / CO	*Corpus Reformatorum* (Berlín / Leipzig / Zurich: 1834-) es la edición estándar para las obras de Melanchthon (volúmenes 1-28), Calvino (volúmenes 29-87) y Zwinglio (88-en desarrollo). Seguimos la práctica de utilizar CR para los volúmenes correspondientes a Melanchthon y Zwinglio, y CO (*Calvini Opera*) para las obras de Calvino (donde el número 1 corresponde al volumen 29 de la serie completa del *Corpus Reformatorum*, y así sucesivamente).
MBW	*Melanchthons Briefwechsel* (Stuttgart / Bad Cannstatt: frommann-holzboog, 1977-). Esta edición crítica de la correspondencia, editada por Heinz Scheible, no sólo presenta ventajas sobre la edición del *Corpus Reformatorum*, sino que incluye también cartas no publicadas previamente.
PL	J.P. Migne (ed.) (1844-1864), *Patrologia latina*, París.
S. Th.	La *Suma teológica* es citada según la edición contenida en la edición leonina (1882-). Lo mismo aplica a las restantes obras ya publicadas en dicha edición. Las restantes obras de Tomás son citadas según la versión disponible en el *corpus thomisticum*.
WA	Edición crítica de las obras de Lutero, *D. Martin Luthers Werke: Kritische Gesamtausgabe* (Weimar: 1883-); WABr para la correspondencia y WATr para las conversaciones de sobremesa.

Literatura primaria

AA.VV. (2007), *Sofistas*, Madrid: Gredos.

Abaelardus, Petrus (1970), *Dialogus inter Philosophum, Judaeum et Christianum* (Rudolf Thomas, ed.), Stuttgart / Bad Cannstatt: Friedrich Frommann Verlag.

Abelardo, Pedro (2002), *Abaelards «Historia calamitatum». Text – Übersetzung – literaturwissenschaftliche Modellanalysen*, Berlín: De Gruyter.

Aegidius Romanus (1961), *De ecclesiastica potestate*, Aalen: Scientia verlag.

Agustín de Hipona, citamos según las ediciones contenidas en *Corpus Scriptorum Ecclesiasticorum Latinorum* (CSEL), Viena (1887-) y *Corpus Christianorum, Series Latina* (CCSL) (1954-). Para textos aún sin edición crítica, PL.

Alberto Magno (1890-1899), *Opera Omnia* (Borgnet, ed.), París.

Althusius, Johannes (2003), *Politik*, Berlín: Duncker & Humblot.

Ames, William (2013), *The Philosophical and Theological Treatises of William Ames*; Lewiston: Edwin Mellen Press.

Aristóteles (1960), *Opera ex recensione I. Bekkeri, ed. Academia Regia Borusia* (2 vols.), Berlín.

Averroes (1998), *Sobre filosofía y religión*, Pamplona: Servicio de publicaciones de la Universidad de Navarra.

Bacon, Francis (2000), *The Advancement of Learning*, Oxford: Clarendon Press.

Barlow, Thomas (1699), *De Studio Theologiae: or, Directions for the Choice of Books in the Study of Divinity*, Oxford: Leon Lichfield.

Bayle, Pierre (1740), *Dictionnaire historique et critique*, Ámsterdam.

Buenaventura (1822-1887), *Opera omnia*, Ad claras aquas: Quarrachi.

Buneaventura (2002), «Christ Our One Teacher», en: Robert Pasnau (ed.), *The Cambridge Translations of Medieval Philosophical Texts (Vol. 3 Mind and Knowledge)*, Cambridge: Cambidge University Press.

Clemente de Alejandría (1996-2005), *Stromata*, Madrid: Ciudad Nueva.

Confessio et apologia pastorum & reliquorum ministrorum ecclesiae, Magdeburgo: Magdeburgensis (1550).

Diels, Herman; Kranz, Walther (1952-1975), *Fragmente der Vorsokratiker*, Berlín: Weidmann.

Dorsch, Georg (1655), *Thomas Aquinas veritatis evangelicae confessor*, Frankfurt / Main.

Scotus, Duns (1950), *De Ordinatione Ioannis Duns Scoti disquisitio historico critica. Prologus totius operis*, Civitas vaticana.

Ferrarius, Johannes (1533), *Von dem gemeinen Nutze*, Marburgo.

Danaeus, Lambertus (1580) *In Petri Lombardi librum primum Sententiarum*, Ginebra.

Danaeus, Lambertus (1596), *Politices Christianae Libri VII*, Ginebra.

Diderot, Denis (1751-1772), *Encyclopédie ou dictionnaire raisonné des sciences, des arts et des métiers*, París.

Erasmus von Rotterdam (1968), *Ausgewählte Schriften* (8 vols.), Darmstadt: Wissenschaftliche Buchgesellschaft.

Faye, Antonie de la (1586), *Theses theologicae in Schola genevensi ab aliquot sacrarum literarum studiosis sub DD. Theod. Beza et Antonio Fayo SS. Theologiae professoribus propositae et disputatae*, Ginebra.

Flacius, Matthias (1551), *Gründliche Verlegung aller Sophisterey*, Magdeburgo.

Flacius, Matthias (2011), *Adiaphora and Tyranny*, Magdeburgo: Magdeburg Press.

Goclenius, Rudolph (2010), *Übungen zur Ethik / Exercitationes Ethicae. Marburg 1592*, Würzburg: Königshausen & Neumann.

Golius, Theophilus (1621), *Epitome Doctrinae Politicae ex Octo Libris Politicorum Collecta*, Estrasburgo.

Gregorio de Nisa (1993), *Sobre la vida de Moisés*, Madrid: Ciudad Nueva.

Gregorio Nacianceno (1995), *Cinco discursos teológicos*, Madrid: Ciudad Nueva.

Gregorio Taumaturgo (1990), *Elogio del maestro cristiano*, Madrid: Ciudad Nueva.

Hugo de San Víctor (2007), *On the Sacraments of the Christian Faith*, Eugene: Wipf & Stock.

Hume, David (2007), *A Treatise of Human Nature* (2 vols.), Oxford: Clarendon Press.

Hyperius, Andreas (1555), *De formandis concionibus sacris, seu de interpretatione scripturarum populari libri duo*, Treminiae.

Irenaeus von Lyon (1993-2001), *Adversus Haereses / Gegen die Häresien* (5 vols.), Friburgo: Herder.

John of Salisbury (2013), *Metalogicon*, Turnhout: Brepols.

Junius, Franciscus (1593), *Eirenicum de pace ecclesiae catholicae*, Leiden.

Junius, Franciscus (2014), *A Treatise on True Theology. With The Life of Franciscus Junius*, Grand Rapids: Reformation Heritage Books.

Junius, Franciscus (2015), *The Mosaic Polity*, Grand Rapids: Christian's Library Press.

Justino, mártir (1979), *Apología* y *Diálogo con Trifón*, en: *Padres apologistas griegos*, Madrid: BAC.

Kingdon, Robert M. (1980), *The Political Thought of Peter Martyr Vermigli. Selected Texts and Commentary*, Ginebra: Libraire Droz.

Leibniz, G. W. (1996), *Die Theodizee* (2 vols.), Frnakfurt: Suhrkamp.

Limborch, Philip van (1695), *Theologia Christiana*, Ámsterdam.

Locke, John (1968), *Epistola de Tolerantia / A Letter on Toleration,* Oxford: Clarendon Press.

Locke, John (1987), *A Paraphrase and Notes on the Epistles of St Paul (Vol. I)*, Oxford: Clarendon Press.

Locke, John (1999), *Ensayo sobre el entendimiento humano*, México: Fondo de cultura económica.

Maccovius, Johannes (2009), *Scholastic Discourse: Johannes Maccovius (1588-1644) on Theological and Philosophical Distinctions and Rules*, Apeldoorn: Instituut voor Reformatieonderzoek.

Maquiavelo, Nicolás (2013), *El Príncipe*, Barcelona: Ariel.

Marsilio de Padua (1989), *El defensor de la paz*, Madrid: Tecnos.

Milton, John (1953-1982), *Areopagitica and other Writings*, en: D. M. Wolffe y otros (eds.), *The Complete Prose Works of John Milton*, New Haven: Yale University Press.

Minucius Felix (1993), *Octavius*, Stuttgart: Reclam.

Olevianus, Caspar (1586), *Institutionis Christianae Religionis Epitome*, Herborn.

Origenes (1965), *Contra Celsum*, Cambridge: Cambridge University Press.

Origenes (1976), *Vier Bücher von den Prinzipien*, Darmstadt: Wissenschaftliche Buchgesellschaft.

Otto Frisingensis (2011), *Chronik oder die Geschichte der zwei Staaten*, Darmstadt: Wissenschaftliche Buchgesellschaft.

Owen, John (1850-1855), *The Works of John Owen* (24 vols.) (William Goold, ed.), Londres: Johnstone & Hunter.

Owen, John (1971), *The Oxford Orations of Dr. John Owen*, Callington (Cornwall): Gospel Communication.

Pauck, Wilhelm (1969), *Melanchthon and Bucer*, Philadelphia: The Westminster Press.

Pedro Lombardo (2012), *Sentencias* (2 vols.), Arequipa: Universidad Católica San Pablo.

Platón (1990-), *Platonis Opera* (J. Burnet, ed.), Oxford.

Rubruk, Wilhelm von (1984), *Reise zum Großkahn der Mongolen* (Hans Leicht, ed.), Darmstadt: Wissenschaftliche Buchgesellschaft.

Semler, Johann Salomo (1782), *Lebensbeschreinung von ihm selbst abgefasst*, Halle.

Stubbe, Henry (1670), *Campanella Revived, or, An Enquiry into the History of the Royal Society*, Londres.

Spinoza, Baruch (2003), *Tratado teológico-político*, Madrid: Alianza.

Suárez, Francisco (1613), *Defensio fidei catholicae et apostolicae aduersus anglicanae sectae errores*, Coimbra.

Tertullianus, *Opera Catholica et Montanistica*, CCSL 1 y 2.

Tertullianus (1947), *De anima. Edited with Introduction and Commentary* (Jan Waszink, ed.), Ámsterdam: Meulenhoff.

Turretin, Francis (1992), *Institutes of Elenctic Theology* (3 vols.), Phillipsburg: Reformed and Presbyterian Publishing.

Velde, Dolf te (ed.) (2015), *Synopsis purioris theologiae / Synopsis of a Purer Theology. Latin Text and English Translation (vol. 1)*, Leiden: Brill.

Vermigli, Peter Martyr (1996), *Philosophical Works. On the Relation of Philosophy to Theology*, Kirksville: Truman University Press.

Viret, Pierre (1564), *Instruction chrestienne en la doctrine de la Loy et de l'Evangile: et en la vraye philosophie et theologie tant naturelle que supernaturelle des Chrestiens: et en la contemplation du temple et des images et oeuvres de la Providence de Dieu en tout l'univers: et en l'histoire de la creation et cheute et reparation du genre humain*, Ginebra: Jean Rivery.

Vinzenz von Lérins (2011), *Commonitorium*, Mülheim / Mosel: Carthusianus-Verlag.

Voetius (1648-1669), *Selectae disputationes theologicae* (5 vols.), Utrecht.

Voetius (1668), *Philosophia sacra*, Utrecht.

Witsius, Herman (2010), *Sacred Dissertations on the Apostle's Creed*, Grand Rapids: Reformation Heritage Books.

Literatura secundaria

Aertsen, Jan (2012), *Medieval Philosophy as Trascendental Thought: From Philip the Chancellor ca. 1225 to Francisco Suárez*, Leiden: Brill.

Allen, Michael (2009), «Exodus 3 After the Hellenization Thesis», *Journal of Theological Interpretation* (3, 2).

Allen, Michael; Swain, Scott (2015), *Reformed Catholicity. The Promise of Retrieval for Theology and Biblical Interpretation*, Grand Rapids: Baker Academic.

Altaner, Berthold (1967), *Kleine patristische Schriften*, Berlín: Akademie-Verlag.

Appold, Kenneth (2004), *Orthodoxie als Konsensbildung. Das theologische Disputationswesen an der Universität Wittenberg zwischen 1570 und 1710*, Tubinga: Mohr Siebeck.

Appold, Kenneth (2005), «Scriptural Authority in the Age of Lutheran Orthodoxy», en: John A. Maxfield (ed.), *The Bible in the History of the Lutheran Church*, Saint Louis: Concordia Historical Institute & The Luther Academy.

Appold, Kenneth (2008), «Academic Life and Teaching in Post-Reformation Lutheranism», en: Robert Kolb (ed.), *Lutheran Ecclesiastical Culture 1550-1675*; Leiden: Brill, Leiden.

Armitage, David (2012) «What's the Big Idea? Intellectual History and the *Longue Durée*», *History of European Ideas* (38, 4).

Asselt, Willem van; Eef, Dekker (eds.) (2001), *Reformation and Scholasticism. An Ecumenical Enterprise*, Grand Rapids: Baker Academic.

Asselt, Willem van. (ed.) (2010), *Reformed Thought on Freedom*, Grand Rapids: Baker Academic.

Asselt, Willem van, y otros (2011), *Introduction to Reformed Scholasticism*, Grand Rapids: Reformation Heritage Books.

Asselt, Willem van (2011), «On the Maccoivus Affair», en: Aza Goudriaan; Fred van Lieburg (eds.), *Revisiting the Synod of Dordt (1618-1619)*, Leiden: Brill.

Asztalos, Monica (1994), «La facultad de teología», en: *Historia de la universidad en Europa (Volumen I. Las universidades en la Edad Media)*, Bilbao: Servicio Editorial Universidad del País Vasco.

Backus, Irena (ed.) (2001), *The Reception of the Church Fathers in the West: From the Carolingians to the Maurists* (2 vols.), Leiden: Brill.

Backus, Irena; Goudriaan, Aza (2014), «Semipelagianism: The Origins of the Term and its Passage into the History of Heresy», *The Journal of Ecclesiastical History* (65).

Bagchi, David (1991), *Luther's Earliest Oponents. Catholic Controversialists 1518-1525*, Minneapolis: Fortress Press.

Bagchi, David (2012), «Old Questions, New Answers? Luther and the Problem of Catholicity», *Reformation* (17).

Ballor, Jordan (2014), «A Society of Mutual Aid. Natural Law and Subsidiarity in Early Modern Reformed Perspective», en: Wim Decock; Jordan Ballor, y otros (eds.), *Law and Religion. The Legal Teachings of the Protestant and Catholic Reformations*, Gotinga: Vandenhoeck & Ruprecht.

Barth, Karl (1932-1967), *Kirchliche Dogmatik*, Zürich, Theologischer Verlag.

Barth, Karl (1947), *Die protestantische Theologie im 19. Jahrhundert*, Zollikon / Zürich: Evangelischer Verlag.

Baschera, Luca (2012), «Total Depravity? The Consequences of Original Sin in John Calvin and Later Reformed Theology», en: Herman Selderhuis (ed.), *Calvinus Clarissimus Theologus. Papers of the Tenth International Congress on Calvin Research*, Gotinga: Vandenhoeck & Ruprecht.

Baschera, Luca (2013), «Ethics in Reformed Orthodoxy», en: Herman Selderhuis (ed.), *A Companion to Reformed Orthodoxy*, Leiden: Brill.

Bast, Robert (1998), «From Two Kingdoms to Two Tables: The Ten Commandments and the Christian Magistrate», *Archiv für Reformationsgeschichte* (89).

Bayer, Oswald (1998), «Nature and Institution. Luther's Doctrine of the three Orders», *Lutheran Quarterly* (12, 2).

Belda Plans, Juan (2000), *La Escuela de Salamanca*, Madrid: BAC.

Benedict, Philip (2002), *Christ's Churches Purely Reformed: A Social History of Calvinism*, New Haven / Londres: Yale University Press.

Benedicto XVI (2011), «Fe, razón, y universidad. Recuerdos y reflexiones», en Benedicto XVI y otros, *Dios salve la razón*, Madrid: Encuentro.

Bejczy, István (2011), *Erasmus and the Middle Ages. The Historical Consciousness of a Christian Humanist*, Leiden: Brill.

Berlin, Isaiah (2013), *The Crooked Timber of Humanity. Chapters in the History of Ideas*, Princeton: Princeton University Press.

Bertelloni, Francisco (2002), «Marsilio de Padua y la filosofía política medieval», en: Francisco Bertelloni; Giannina Burlando (eds.), *La filosofía medieval*, Madrid: Trotta.

Bertelloni, Francisco, «Desaparición del finalismo e irrupción del mecanicismo causal: ¿neoaristotelismo o antiaristotelismo en la filosofía política de Marsilio de Padua?» (texto inédito).

Beumer, Johannes (1977), «El método teológico», en: Michael Schmaus; Alois Grillmeier (eds.), *Historia de los Dogmas*, Madrid: BAC.

Bierma, Lyle (2013), «Theology and Piety in Ursinus' *Summa Theologiae*», en: Jordan Ballor; David Sytsma; Jason Zuidema (eds.), *Church and School in Early Protestantism. Studies in Honor of Richard Muller on the Maturation of a Theological Tradition*, Leiden: Brill.

Blickle, Peter; Hüglin, Thomas (eds.) (2002), *Subsidiarität als rechtliches und politisches Ordnungsprinzip in Kirche, Staat und Gesellschaft. Rechtstheorie, Beiheft 20*, Berlín: Duncker & Humblot.

Böttcher, Diethelm (1991), *Ungehorsam oder Widerstand? Zum Fortleben des mittelalterlichen Widerstandrechtes in der Reformationszeit (1529-1530)*, Berlín: Duncker & Humblot.

Bouwsma, William J (1990), «Renaissance and Reformation: An Essay on Their Affinities and Connections», en: William Bouwsma, *A Usable Past. Essays in European Cultural History*, Berkeley / California: University of California Press.

Boyer, Charles (1927), «Saint Thomas y Saint augustin d'après M. Gilson», *Gregorianum* (1).

Braaten, Carl; Jenson, Robert (eds.) (1996), *The Catholicity of the Reformation*, Grand Rapids: Eerdmans.

Brachtendorf, Johannes (2002), «Selbsterkenntnis: Thomas von Aquin als Kritiker Augustins», *Philosophisches Jahrbuch* (109).

Brague, Rémi (2011), *La sabiduría del mundo: Historia de la experiencia humana del universo*, Madrid: Ediciones Encuentro.

Brink, Gijsberk van den (2015), «The Reformation, Rationality and the Rise of Modern Science», en: Herman Selderhuis; Ernst-Joachim Waschke (eds.), *Reformation und Rationalität*, Gotinga: Vandenhoeck & Ruprecht.

Bryćko, Dariusz M (2013), «The Danzig Academic Gymnasium in Seventeenth-Century Poland», en: Jordan Ballor; David Sytsma; Jason Zuidema (eds.), *Church and School in Early Protestantism. Studies in Honor of Richard Muller on the Maturation of a Theological Tradition*, Leiden: Brill.

Busch, Eberhard (2008), «Gott und Mensch», en: Herman Selderhuis (ed.), *Calvin Handbuch*, Tubinga: Mohr Siebeck.

Cantor, Norman (1991), *Inventing the Middle Ages. The Lives, Works, and Ideas of the Great Medievalists of the Twentieth Century*, Nueva York / Londres: Harper.

Carney, Frederick (1966), «Associational Thought in Early Calvinism», en: D. B. Robertson (ed.), *Voluntary Associations. A Study of Groups in Free Societies. Essays in Honor of James Luther Adams*, Richmond: John Knox Press.

Chadwick, Henry (1982), «Philo and the Beginnings of Christian Thought», en: Henry Chadwick, *History and Thought of the Early Church* Londres: Variorum Reprints.

Chaplin, Jonathan (2006), «Rejecting Neutrality, Respecting Diversity: From Liberal Pluralism to Christian Pluralism», *Christian Scholar's Review* (35, 2).

Caspary, Gerard (1979), *Politics and Exegesis: Origen and the Two Swords*, Berkeley / Los Ángeles: University of California Press.

Castello Dubra, Julio (2013), «La eclesiología de Marsilio de Padua», *Bulletin du centre d'études médiévales d'Auxerre* (7).

Chenu, Marie-Dominique (1968), «The Platonisms of the Twelfth Century», en: Marie-Dominique Chenu, *Nature, Man and Society in the Twelfth Century*, Chicago: University of Toronto Press.

Chenu, Marie-Dominique (2001), *Studi di lessicografia filosofica medievale*, Firenze: Olschki.

Clark, Scott; Trueman, Carl (eds.) (1999), *Protestant Scholasticism. Essays in Reassesment*, Carlisle: Paternoster.

Clark, Scott (2005), *Caspar Olevian and the Substance of the Covenant. The Double Benefit of Christ*, Grnad Rapids: Reformation Heritage Books.

Clark, Scott (2008), *Recovering the Confessions*, Phillipsburg: Presbyterian & Reformed Publishing.

Cleveland, Christopher (2013), *Thomism in John Owen*, Farnham: Ashgate.

Coffey, John (2000), *Persecution and Toleration in Protestant England 1558-1689*, Nueva York: Longman.

Coleman, Janet (1996), «The Science of Politics and Late Medieval Academic Debate», en: Rita Copeland (ed.), *Criticism and Dissent in the Middle Ages*, Cambridge: Cambridge University Press.

Colish, Marcia (1998), *Medieval Foundations of the Western Intellectual Tradition 400-1400*, New Haven: Yale University Press.

Colish, Marcia (2006), «Authority and Interpretation in Scholastic Theology», en: Marcia Colish, *Studies in Scholasticism*, Aldershot: Ashgate.

Cooper, Tim (2011), *John Owen, Richard Baxter and the Formation of Nonconformity*, Farnham: Ashgate.

Corda, Salvatore (1975), *Veritas Sacramenti: A Study in Vermigli's Doctrine of the Lord's Supper*, Zürich: Theologischer Verlag.

Crisp, Oliver; Rea, Michael (2009), *Analytic Theology. New Essays in the Philosophy of Theology*, Oxford: Oxford University Press.

Crouse, Robert (2000), «Paucis mutatis verbis. St. Augustine's Platonism», en: Robert Dodaro; George Lawless (eds.), *Augustine and his Critics*, Londres / Nueva York: Routledge.

Dauber, Noah (2008), «Deutsche Reformation: Philip Melanchthon», en: Christoph Horn; Ada Neschke-Hentschke (eds.), *Politischer Aristotelismus. Die Rezeption der aristotelischen Politik von der Antike bis zum 19. Jahrhundert*, Stuttgart: J. B. Metzler.

Dauphinais, Michael y otros (eds.) (2007), *Aquinas the Augustinian*, Washington: Catholic University of America Press.

Dieter, Theodor (2001), *Der junge Luther und Aristoteles. Eine historisch-systematische Untersuchung zum Verhältnis von Theologie und Philosophie*, Berlín / Nueva York: Walter de Gruyter.

Dieter, Theodor (2008), «Luther Research and Ecumenism», *Dialog: A Journal of Theology* (47, 2).

Dixhoorn, Chad van (2004), «New Taxonomies of the Westminster Assembly (1643-52): The Creedal Controversy as Case Study», *Reformation & Renaissance Review* (6, 1).

Dixon, Scott (2010), *Protestants. A History from Wittenberg to Pennsylvania. 1517-1740*, Oxford: Blackwell.

Dixon, Scott (2012), *Contesting the Reformation*, Oxford: Blackwell.

Donnelly, John Patrick (1976), «Calvinist Thomism», *Viator* (7).

Dooyeweerd, Herman (1998), *Raíces de la cultura occidental. Las opciones pagana, secular y cristiana*, Barcelona: Clie.

Ebeling, Gerhard (1964), *Luther. Einführung in sein Denken*, Tubinga: Mohr Siebeck.

Ebeling, Gerhard (1969), «Über der hermeneutische Ort der Gotteslehre bei Petrus Lombardus und Thomas von Aquin», en: Gerhard Ebeling, *Wort und Glaube* (vol. 2), Tubinga: Mohr Siebeck.

Edwards, Mark (1983), *Luther's Last Battles. Politics and Polemics 1531-46*, Ithaca / Londres: Cornell University Press.

Fesko, John; Richards, Guy (2009), «Natural Theology and the Westminster Confession of Faith», en: Ligon Duncan III (ed.), *The Westminster Confession into the 21st Century (vol. 3)*, Fearn: Mentor.

Fiering, Norman (1981), *Moral Philosophy at Seventeenth-Century Harvard. A Discipline in Transition*, Chapel Hill: University of North Carolina Press.

Finnis, John (1998), *Aquinas. Moral, Political, and Legal Theory*, Oxford: Oxford University Press.

Flasch, Kurt (1989), *Aufklärung im Mittelalter? Die Verurteilung von 1277. Das Dokument des Bischofs von Paris*, Mainz: Dieterichs.

Fleteren, Frederick van (1973), «Authority and Reason, Faith and Understanding in the Thought of St. Augustine», *Augustinian Studies* (4).

Fleteren, Frederick van (1992), «Per Speculum et in aenigmate: I Corinthians 13:12 in the Writings of St. Augustine», *Augustinian Studies* (23).

Forster, Greg (2005), *John Locke's Politics of Moral Consensus*, Cambridge: Cambridge University Press.

Fraenkel, Peter (1961), *Testimonia patrum. The Function of the Patristic Argument in the Theology of Philip Melanchthon*, Ginebra: Librairie E. Droz.

Frank, Günter (2012), «Melanchthon – Der 'Ethiker der Reformation'», en: Felix Mundt; Günter Frank (eds.), *Der Philosoph Melanchthon*, Berlín: Walter de Gruyter.

Frank, Günter; Selderhuis, Herman (eds.) (2012), *Philosophie der Reformierten*, Stuttgart-Bad Cannstatt: frommann-holzboog.

Frank, Günter (2015), «Philosophische Aspekte der Reformation», en: Herman Selderhuis; Ernst-Joachim Waschke (eds.), *Reformation und Rationalität*, Gotinga: Vandenhoeck & Ruprecht.

Freedman, Joseph (1985), «Philosophy Instruction Within the Institutional Framework of Central European Schools and Universities During the Reformation Era», *History of Universities* (5).

Freedman, Joseph (1997), «The Career and Writings of Bartholomew Keckermann», *Proceedings of the American Philosophical Society* (141, 3).

Gelder, Enno van (1964), *The Two Reformations in the 16th Century*, La Haya: Martinus Nijhoff.

Gerson, Lloyd (2005), *Aristotle and Other Platonists*, Ithaca / Londres: Cornell University Press.

Gigon, Olof (1970), *La cultura antigua y el cristianismo*, Madrid: Gredos.

Gillespie, Michael Allen (2008), *The Theological Origins of Modernity*, Chicago: Chicago University Press.

Gilson, Étienne (1926), «Pourquoi Saint Thomas a critiqué Saint Augustin», *Archives d'histoire doctrinale et littéraire du Moyen Age* (1).

Gilson, Etiénne (1932), «Le Moyen Age et le Naturalisme Antique», *Archives d'Histoire Doctrinale et Littéraire du Moyen Age* (7).

Gilson, Étienne (1965), *La filosofía en la Edad Media. Desde los orígenes patrísticos hasta el fin del siglo XIV* (2ª edición), Madrid: Editorial Gredos.

Gordon, Bruce (2009), *Calvin*, New Haven / Londres: Yale University Press.

Gordon, Bruce (2015), «Creating a Reformed Book of Knowledge: Immanuel Tremellius, Franciscus Junius, and their Latin Bible, 1580-1590», en: Karen Spierling (ed.),

Calvin and the Book. The Evolution of the Printed Word in Reformed Protestantism, Gotinga: Vandenhoeck & Ruprecht.

Gordon, Bruce (2016), *John Calvin's Institutes of the Christian Religion: A Biography*, Princeton: Princeton University Press.

Goudriaan, Aza (2006), *Reformed Orthodoxy and Philosophy, 1625-1750. Gisbertus Voetius, Petrus van Mastricht, and Anthonius Driessen*, Leiden: Brill.

Goudriaan, Aza (2011), «The Synod of Dordt on Arminian Anthropology», en: Aza Goudriaan; Fred van Lieburg (eds.), *Revisiting the Synod of Dordt (1618-1619)*, Leiden: Brill.

Grabill, Stephen (2006), *Rediscovering the Natural Law in Reformed Theological Ethics*, Grand Rapids: Eerdmans.

Grafton, Anthony; Williams, Megan (2006), *Christianity and the Transformation of the Book*, Cambridge (Mass.): Harvard University Press.

Gregory, Brad (2012), *The Unintended Reformation. How a Religious Revolution Secularized Society*, Cambridge (Mass.): Belknap Press.

Gregory, Eric; Clair, Joseph (2015), «Augustinianisms and Thomisms», en: Craig Hovey; Elizabeth Phillips (eds.), *The Cambridge Companion to Christian Political Theology*, Cambridge: Cambridge University Press.

Grell, Ole Peter (2011), *Brethren in Christ. A Calvinist Network in Reformation Europe*, Cambridge: Cambridge University Press.

Gribben, Crawford (2016), *John Owen and English Puritanism. Experiences of Defeat*, Oxford: Oxford University Press.

Griffiths, Paul (2005), «How Reasoning Goes Wrong: A Quasi-Augustinian Account of Error and Its Implications», en: Paul Griffiths; Reinhard Hütter (eds.), *Reason and the Reasons of Faith*, Nueva York / Londres: T & T Clark.

Grondin, Jean (1995), «The Task of Hermenutics in Ancient Philosophy», en: Jean Grondin, *Sources of Hermeneutics*, Albany: SUNY Press.

Grosse, Sven (2008), «Melanchthons Wendung zur Trinitätslehre», *Kerygma und Dogma* (54).

Grundmann, Herbert (1978), «Sacerdotium – Regnum - Studium. Zur Wertung der Wissenschaft im 13. Jahrhundert», en: Herbert Grundmann, *Ausgewählte Aufsätze. Teil 3 Bildung und Sprache* (Monumenta Germanieae Historica 25, 3), Stuttgart: Anton Hiesermann.

Guarino, Thomas (2013), *Vincent of Lérins and the Development of Christian Doctrine*, Grand Rapids: Baker Academic.

Guthrie, W. K. C. (1969), *Historia de la filosofía griega* (5 vols.), Madrid: Gredos.

Hadot, Ilsetraut (1984), *Arts libéraux et philosophie dans la pensée Antique*, París: Etudes Augustiniennes.

Hampton, Stephen (2008), *Anti Arminians. The Anglican Reformed Tradition from Charles II to George I*, Oxford: Oxford University Press.

Han, Byung Soo (2015), *Symphonia Catholica: The Merger of Patristic and Contemporary Sources in the Theological Method of Amandus Polanus (1561-1610)*, Gotinga: Vandenhoeck & Ruprecht.

Hankey, Wayne (2002), «Aquinas and the Platonists», en: Stephen Gersch; Maarten Hoenen (eds.), *The Platonic Tradition in the Middle Ages. A Doxographic Approach*, Berlín: Walter de Gruyter.

Hasselmann, Niels (ed.) (1980), *Gottes Wirken in seiner Welt, Zur Diskussion um die Zweireichelehre* (2 vols.), Hamburgo: Lutherisches Verlagshaus.

Haustein, Jörg (ed.) (1997), *Philipp Melanchthon. Ein Wegbereiter für die Ökumene*, Gotinga: Vandenhoeck & Ruprecht.

Hazard, Paul (2013), *The Crisis of the European Mind 1680-1715*, Nueva York: New York Review Books.

Headley, John (1987), «The Reformation as Crisis in the Understanding of Tradition», *Archiv für Reformationsgeschichte* (78).

Helm, Paul (2006), *John Calvin's Ideas*, Oxford: Oxford University Press.

Hendrix, Scott (1983), «Luther Against the Background of the History of Biblical Interpretation», *Interpretation. A Journal of Bible and Theology* (37, 3).

Hendrix, Scott (2004), *Recultivating the Vineyard. The Reformation Agendas of Christianization*, Louisville / Londres: Westminster John Knox Press.

Hildebrandt, Franz (1946), *Melanchthon, Alien or Ally?*, Cambridge: Cambridge University Press.

Hoffmann, Georg (1990), «Protestantischer Barock. Erwägungen zur geschichtlichen und theologischen Einordnung der lutherischen Orthodoxie», *Kerygma und Dogma* (36).

Höpfl, Harro (1982), *The Christian Polity of John Calvin*, Cambridge: Cambridge University Press.

Höpfl, Harro (2014), «Predestination and Political Liberty», en: Gijsbert van den Brink; Harro Höpfl (eds.), *Calvinism and the Making of the European Mind*, Leiden: Brill.

Hunter, James Davison (2010), *To Change the World. The Irony, Tragedy, and Possibility of Christianity in the Late Modern World*, Oxford: Oxford University Press.

Izbicki, Thomas (2012), «The Reception of Marsilius», en: Gerson Moreno-Riaño; Cary Nederman (eds.), *A Companion to Marsilius of Padua*, Leiden: Brill.

Israel, Jonathan (2012), *La Ilustración radical*, México: Fondo de cultura económica.

Jacobs, Nathan (2012), «Protestant Scholasticism and the Philosophy of Gottfried Leibniz», en: Günter Frank; Herman Selderhuis (eds.), *Philosophie der Reformierten Philosophie der Reformierten*, Stuttgart / Bad Cannstatt: frommann-holzboog.

Jaeger, Werner (2008), *Cristianismo primitivo y paideia griega*, México: Fondo de cultura económica.

Janz, Denis (1989), *Luther on Thomas Aquinas: The Angelic Doctor in the Thought of the Reformer*, Stuttgart: Franz Steiner.

Janz, Denis (2004), «Late Medieval Theology», en: David Steinmetz; David Bagchi (eds.), *Cambridge Companion to Reformation Theology*, Cambridge: Cambridge University Press.

Jeffrey, David Lyle (1996), *People of the Book. Christian Identity and Literary Culture*, Grand Rapids: Eerdmans.

Jensen, Mads (2014), «By Convention or by Nature: Melanchthon's Criticism of Late Medieval Ockhamist Political Thought in the Commentarii in Aliquot Politicos Libros Aristotelis», *History of Political Thought* (35).

Jenson, Matt (2006), *The Gravity of Sin: Augustine, Luther and Barth on homo incurvatus in se*, Edinburgo: T & T Clark.

Jones, Tod (2005), *The Cambridge Platonists: A Brief Introduction*, Lanham: University Press of America.

Junghans, Helmar (1979), «Die probationes zu den philosophischen Thesen der Heidelberger Disputation Luthers im Jahre 1518», *Luther Jahrbuch* (46).

Kathe, Heinz (2002), *Die Wittenberger philosophische Fakultät 1502-1817*, Weimar: Böhlau Verlag.

Kaufman, Peter Iver (1990), «Augustine, Evil and Donatism: Sin and Sanctity before the Pelagian Controversy», *Theological Studies* (51).

Keeble, Neil (1987), *The Literary Culture of Nonconformity in Later Seventeenth-Century England*, Leicester: Leicester University Press.

Kirby, Torrance (2005), *Richard Hooker. Reformer and Platonist*, Aldershot: Ashgate.

Kirby, Torrance (2007), *The Zurich Connection and Tudor Political Theology*, Leiden: Brill.

Klauber, Martin (1994), *Between Reformed Scholasticism and Pan-Protestantism: Jean-Alphonse Turretin (1671-1737) and Enlightened Orthodoxy at the Academy of Geneva*, Cranbury: Associated University Presses.

Kobusch, Theo (2006), *Christliche Philosophie. Die Entdeckung der Subjektivität*, Damrstadt: Wissenschaftliche Buchgesellschaft.

Kobusch, Theo (2011), *Die Philosophie des Hoch- und Spätmittelalters*, Múnich: C. H. Beck.

Kolb, Robert (1991), *Confessing the Faith*, Saint Louis: Concordia Publishing House.

Kolb, Robert (2009), *Martin Luther, Confessor of the Faith*, Oxford: Oxford University Press.

Kristeller, Paul Oskar (1979), *Renaissance Thought and its Sources*, Nueva York: Columbia University Press.

Krop, Henri (2011), «Philosophy and the Synod of Dordt. Aristotelianism, Humanism, and the Case Against Arminianism», en: Aza Goudriaan; Fred van Lieburg (eds.), *Revisiting the Synod of Dordt (1618-1619)*, Leiden: Brill.

Kuropka, Nicole (2002), *Philipp Melanchthon: Wissenschaft und Gesellschaft*, Tubinga: Mohr Siebeck.

Kuyper, Abraham (1931), *Lectures on Calvinism*, Grand Rapids: Eerdmans.

Lamont, John (2009), «A Conception of Faith in the Greek Fathers», en: Oliver Crisp; Michael Rea (eds.), *Analytic Theology. New Essays in the Philosophy of Theology*, Oxford: Oxford University Press.

Lane, Anthony (1981), «Did Calvin Believe in Freewill?», *Vox Evangelica* (12).

Lane, Anthony (1999), *John Calvin. Student of the Church Fathers*, Edinburgo: T & T Clark.

Leff, Gordon (1961), *Gregory of Rimini. Tradition and Innovation in Fourteenth Century Thought*, Manchester: Manchester University Press.

Le Goff, Jacques (1993), *Los intelectuales en la Edad Media*, Barcelona: Gedisa.

Leinsle, Ulrich (2010), *Introduction to Scholastic Theology*, Washington: The Catholic University of America Press.

Leppin, Volker (2015), «Zuspitzung und Wahrheitsanspruch – Disputationen in den Anfängen der Wittenberger reformatorischer Bewegung», en: Herman Selderhuis; Ernst-Joachim Waschke (eds.), *Reformation und Rationalität* Gotinga: Vandenhoeck & Ruprecht.

Letham, Robert (2009), *The Westminster Assembly. Reading its Theology in Historical Context*, Phillipsburg: Presbyterian & Reformed Publishing.

Lewis, C.S. (1997), *La imagen del mundo. Introducción a la literatura medieval y renacentista*, Barcelona: Ediciones Península.

Lewis, C.S. (2000), *La Alegoría del Amor*, Santiago: Editorial Universitaria.

Lim, Paul (2012), *Mystery Unveiled. The Crisis of the Trinity in Early Modern England*, Oxford: Oxford University Press.

Lindberg, Carter (2010), *The European Reformations*, Oxford: Blackwell.

Littlejohn, Bradford (2014), «The Search for a Reformed Hooker: Some Modest Proposals», *Reformation & Renaissance Review* (16).

Loemker, Leroy (1972), *Struggle for Synthesis: The Seventeenth Century Background of Leibniz's Synthesis of Order and Freedom*.

Lohr, Charles (1974), «Thomas Receptor / Receptus», *Theologie und Philosophie* (49).

Lohr, Charles (1991), «The Sixteenth-Century Transformation of the Aristotelian Division of the Speculative Sciences», en: Donald Kelley; Richard Popkin (eds.), *The Shapes of Knowledge from the Renaissance to the Enlightenment*, Dordrecht: Kluwer Academic Publishers.

Lohse, Bernard (1995), *Luthers Theologie in ihrer historischen Entwicklung und in ihrem systematischen Zusammenhang* Gotinga: Vandenhoeck & Ruprecht.

Loofs, Friedrich (1917), «Das Jahrhundertfeier der Reformation an den Universitäten Wittenberg und Halle 1617, 1717, und 1817», *Zeitschrift des Vereins für Kirchengeschichte in der Provinz Sachsen* (14).

Löhr, Winrich (2010), «Christianity as Philosophy: Problems and Perspectives of an Ancient Intellectual Project», *Vigiliae Christianae* (64).

Luccio, Riccardo (2013), «Psychologia – The Birth of a New Scientific Context», *Review of Psychology* (20, 1-2).

Maag, Karin (1995), *Seminary or University? The Genevan Academy and Reformed Higher Education, 1560-1620*, Aldershot: Scolar Press.

MacCulloch, Diarmaid (2004), *The Reformation*, Nueva York: Penguin.

MacDonald, Neil; Trueman, Carl (eds.) (2008), *Calvin, Barth, and Reformed Theology*, Milton Keynes: Paternoster.

Madec, Goulven (1962), «Connaissence de Dieu et action de grâces», *Recherches augustiniennes* (2).

Mahlmann, Theodor (2004), «Vorreformatoren, vorreformatorisch, Vorreformation. Beobachtungen zur Geschichte eines Sprachgebrauchs», en: Günter Frank; Friedrich Niewöhner (eds.), *Reformer als Ketzer. Heterodoxe Bewegungen von Vorreformatoren*, Stuttgart / Bad Cannstatt: fromman-holzboog.

MacIntyre, Alasdair (1992), *Tres visiones rivales de la ética. Enciclopedia, genealogía y tradición*, Madrid: Rialp.

Manent, Pierre (1990), *Historia del pensamiento liberal*, Buenos Aires: Emecé Editores.

Maritain, Jacques (1986), *Tres reformadores: Lutero, Descartes, Rousseau* Buenos Aires: Club de Lectores.

Markschies, Christoph (2012), *Hellenisierung des Christentums. Sinn und Unsinn einer historischen Deutungskategorie*, Leipzig: Evangelische Verlagsanstalt.

Markus, Robert (1970), *Saeculum. History and Society in the Theology of St. Augustine*, Cambridge: Cambridge University Press.

Marsden, George (1994), *The Soul of the American University. From Protestant Establishment to Established Nonbelief*, Oxford: Oxford University Press.

Martínez Barrera, Jorge (2011), «La emancipación de la filosofía en el siglo XIII como antecedente de la autonomía de la política», *Patristica et Mediaevalia* (32).

Maurer, Wilhelm (1970), *Luthers Lehre von den drei Hierarchien und ihr mittelalterlicher Hintergrund*, Múnich: Bayerische Akademie der Wissenschaften.

McGiffert, Arthur Cushman (1911), *Protestant Thought Before Kant* Londres: Duckworth & Co.

McGinn, Bernard (2014), *Thomas Aquinas's Summa theologiae. A Biography*, Princeton: Princeton University Press.

McGrath, Alister (1996), *Christian Theology: An Introduction*, Oxford: Blackwell.

McGrath, Alister (1998), *Iustitia Dei: A History of the Christian Doctrine of Justification* (2ª edición), Cambridge: Cambridge University Press.

McGrath, Alister (2005), *The Intellectual Origins of the European Reformation* (2ª edición), Oxford: Blackwell.

McLelland, Joseph (2009), «A Literary History of the Loci Communes», en: Torrance Kirby; Emidio Campi; Frank A. James III (eds.), *A Companion to Peter Martyr Vermigli*, Leiden: Brill.

Miethke, Jürgen (1993), *Las ideas políticas de la Edad Media*, Buenos Aires: Biblos.

Miethke, Jürgen (2004), «Die Welt der Professoren und Studenten an der Wende vom Mittelalter zur Neuzeit», en: Jürgen Miethke, *Studieren an mittelalterlichen Universitäten. Chancen und Risiken*, Leiden: Brill.

Moeller, Bernd (1983), «Die Anfänge kommunaler Bibliotheken in Deutschland», en: Benrd Moeller y otros (eds.), *Studien zum städtischen Bildungswesen des späten Mittelalters und der frühen Neuzeit*, Gotinga: Vandenhoeck & Ruprecht.

Moeller, Bernd (1991), «Stadt und Buch. Bemerkungen zur Struktur der reformatorischen Bewegung in Deutschland», en: Bernd Moeller; Johannes Schilling (ed.), *Die Reformation und das Mittelalter* Gotinga: Vandenhoeck & Ruprecht.

Moreschini, Claudio (2004), *Storia della filosofia patristica* Brescia: Morcelliana.

Mühlen, Karl-Heinz zur (1995), *Reformatorisches Profil. Studien zum Weg Martin Luthers und der Reformation*, Gotinga: Vandenhoeck & Ruprecht.

Muller, Richard (1993), «How Many Points?», *Calvin Theological Journal* (28).

Muller, Richard (1995; 1996), «Calvin and the Calvinists: Assessing Continuities and Discontinuities between the Reformation and Orthodoxy», *Calvin Theological Journal* (30; 31).

Muller, Richard (2001), *The Unaccomodated Calvin. Studies in the Foundation of a Theological Tradition*, Oxford: Oxford University Press.

Muller, Richard (2001), «Reformation, Orthodoxy, Christian Aristotelianism, and the Eclecticism of Early Modern Philosophy», *Nederlands Archief voor Kerkgeschiedenis* (81, 3).

Muller, Richard (1987-2003), *Post-Reformation Reformed Dogmatics* (4 vols.), Grand Rapids: Baker Academic.

Muller, Richard (2006), «A Note on "Christocentrism" And The Imprudent Use Of Such Terminology», *Westminster Theological Journal* (68, 2).

Muller, Richard (2009), «Reflections on Persistent Whiggism and Its Antidotes in the Study of Sixteenth- and Seventeenth-century Intellectual History», en: Alister Chapman y otros (eds.), *Seeing Things Their Way. Intellectual History and the Return of Religion*, Notre Dame: Notre Dame University Press.

Muller, Richard (2010), «Thomas Barlow on the Liabilities of New Philosophy. Perceptions of a Rebellious Ancilla in the Era of Protestant Orthodoxy», in: Maarten Wisse y otros (eds.) *Scholasticism Reformed. Essays in Honour of Willem J. van Asselt*, Leiden: Brill.

Muller, Richard (2011), «Jonathan Edwards and the Absence of Free Choice: A Parting of Ways in the Reformed Tradition», *Jonathan Edwards Studies Journal* (1, 1).

Muller, Richard (2012), «Not Scotist: Understandings of Being, Univocity, and Analogy in Early-Modern Reformed Thought», *Reformation and Renaissance Review* (14, 2).

Nelson, Eric (2010), *The Hebrew Republic: Jewish Sources and the Transformation of European Political Thought*, Cambridge (Mass.): Harvard University Press.

Newman, John Henry (2010), *An Essay on the Development of Christian Doctrine*, Cambridge: Cambridge University Press.

Oakley, Francis (2015), *The Watershed of Modern Politics. Law, Virtue, Kingship and Consent (1300-1650)* New Haven / Londres: Yale University Press.

Oberman, Heiko (ed.) (1981), *Gregor von Rimini. Werk und Wirkung bis zur Reformation*, Berlín / Nueva York: Walter de Gruyter.

Oberman, Heiko (1989), *Werden und Wertung der Reformation* (3ª edición), Tubinga: Mohr Siebeck.

Oberman, Heiko (2003), *Two Reformations: The Journey From the Last Days to the New World* New Haven / Londres: Yale University Press.

O'Collins, Gerald (2009), *Christology: A Biblical, Historical and Systematic Study of Jesus*, Oxford: Oxford University Press.

O'Donovan, Oliver (1996), *The Desire of the Nations. Recovering the Roots of Political Theology* Cambridge: Cambridge University Press.

Olson, Oliver (2011), *Matthias Flacius and the Survival of Luther's Reform*, Minneapolis: Lutheran Press.

Orbe, Antonio (1992), «Gloria Dei Vivens Homo (Análisis de adv. haer. IV, 20, 1-7)», *Gregorianum* (73, 2).

Orrego, Santiago (2008), «Presentación: texto, contexto y criterios de edición», en: Fray Luis de León, *Dios y su imagen en el hombre. Lecciones inéditas sobre el libro I de las Sentencias (1570)*; Pamplona: Eunsa.

Osborn, Eric (2008), *Clement of Alexandria* Oxford: Oxford University Press.

Osborne, Thomas (2003), «The Augustinianism of Thomas Aquinas' Moral Theory», *The Thomist* (67).

Ott, Joachim; Treu, Martin (eds.) (2008), *Luthers Thesenanschlag – Faktum oder Fiktion*, Leipzig: Evangelische Verlagsanstalt.

Otten, Willemien (2010), «Scholasticism and the Problem of Intellectual Reform», en: Maarten Wisse y otros (eds.), *Scholasticism Reformed. Essays in Honour of Willem J. van Asselt*, Leiden: Brill.

Ozment, Steven (1972), «Introduction», en: Steven Ozment (ed.), *The Reformation in Medieval Perspective*, Chicago: Quadrangle Books.

Ozment, Steven (1980), *The Age of Reform 1250-1550. An Intellectual and Religious History of Late Medieval and Reformation Europe* New Haven: Yale University Press.

Padberg, Lutz von (2009), *Die Christianisierung Europas im Mittelalter* (2ª edición), Stuttgart: Reclam.

Pelikan, Jaroslav (1959), *The Riddle of Roman Catholicism* Nueva York: Abingdon Press.

Pelikan, Jaroslav (1986), *Bach Among the Theologians* Eugene: Wipf & Stock.

Pelikan, Jaroslav (1987), «An Augustinian Dilemma: Augustine's Doctrine of Grace versus Augustine's Doctrine of the Church?», *Augustinian Studies* (18).

Pelikan, Jaroslav (2004), *Credo: Historical and Theological Guide to Creeds and Confessions of Faith in the Christian Tradition* New Haven / Londres: Yale University Press.

Pena Búa, Pilar (2007), *Las fuentes de la teología en Felipe Melanchthon: su doctrina sobre los lugares teológicos comparada con la doctrina católica de Melchor Cano y la tradición medieval* Salamanca: Universidad Pontificia de Salamanca.

Pesch, Otto Herrmann (1971), *Ketzerfürst und Kirchenlehrer. Wege katholischer Begegnung mit Martin Luther* Stuttgart: Calwer Verlag.

Pettegree, Andrew (2015), «Calvin and Luther as Men of the Book», en: Karen Spierling (ed.), *Calvin and the Book. The Evolution of the Printed Word in Reformed Protestantism*, Gotinga: Vandenhoeck & Ruprecht.

Piaia, Gregorio (1977), *Marsilio da Padova nella reforma e nella controriforma* Padua: Editrice Antenore.

Pieper, Josef (1979), *Escolástica. Figuras y problemas de la filosofía medieval* en Pieper, *Filosofía medieval y mundo moderno* Madrid: Rialp.

Platt, John (1982), *Reformed Thought and Scholasticism. The Arguments for the Existence of God in Dutch Theology 1575-1650*, Leiden: Brill.

Poblete, José Antonio (2014), «Itinerario de las traducciones latinas de *Ethica Nicomaquea* en el s. XIII», *Anales del Seminario de Historia de la Filosofía* (31, 1).

Porro, Pasquale (2014), «Predestination, Human Merit and Moral Responsibility. The Reception of Augustine's Doctrine of Irresistible Grace in Thomas Aquinas, Henry of Ghent and John Duns Scotus», en: Pieter d'Hoine; Gerd Van Riel (eds.), *Fate, Providence and Moral Responsibility in Ancient, Medieval and Early Modern Thought. Studies in Honour of Carlos Steel*, Lovaina: Leuven University Press.

Preus, Robert (1970-1972), *The Theology of Post-Reformation Lutheranism* (2 vols.), Saint Louis: Concordia.

Rehnman, Sebastian (2001), «Theistic Metaphysics and Biblical Exegesis. Francis Turretin on the Concept of God», *Religious Studies* (38).

Rehnman, Sebastian (2012), «John Owen on Faith and Reason», en: Mark Jones y Kelly Kapic (eds.), *The Ashgate Research Companion to John Owen* Farnham: Ashgate.

Reventlow, Henning Graf (1984), *The Authority of the Bible and the Rise of the Modern World*, Londres: SCM Press.

Ridder-Symoens, Hilde de (1996), «La movilidad» en *Historia de la universidad en Europa (Volumen II. Las universidades en la Europa moderna temprana)*, Bilbao: Servicio Editorial Universidad del País Vasco.

Ritschl, Albrecht (1889), *Die christliche Lehre von der Rechtfertigung und Versöhnung* (3ª edición), Bonn: Adolph Marcus.

Rogers, G. A., y otros (eds.) (2010), *The Cambridge Platonists in Philosophical Context: Politics, Metaphysics and Religion*, Dordrecht: Kluwer Academic Publishers.

Rohls, Jan (1987), *Theologie und Metaphysik. Der ontologische Gottesbeweis und seine Kritiker*, Güttersloh: Gütersloher Verlagshaus Gerd Mohn.

Rosemann, Philipp (2013), *The Story of a Great Medieval Book. Peter Lombard's Sentences*, North York: Univeristy of Toronto Press.

Ruler, J. A. van (1995), *The Crisis of Causality. Voetius and Descartes on God, Nature and Change*, Leiden: Brill.

Russell, Frederick (1990), «Only Something Good can be Evil: The Genesis of Augustine's Secular Ambivalence», *Theological Studies* (51).

Saak, Eric (2013), «The Augustinian Renaissance. Textual Scholarship and Religious Identity in the Later Middle Ages», en: AA.VV., *Oxford Guide to the Historical Reception of Augustine* (3 vols.), Oxford: Oxford University Press.

Schaff, Philip (2004), *The Principle of Protestantism*, Eugene: Wipf & Stock.

Scheible, Heinz. (ed.) (1969), *Das Widerstandsrecht als Problem der deutschen Protestanten 1523-1546* Gütersloh: Gütersloher Verlagshaus Gerd Mohn.

Scheible, Heinz (1990), «Luther and Melanchthon», *Lutheran Quarterly* (4).

Scheible, Heinz (2010), *Aufsätze zu Melanchthon* Tubinga: Mohr Siebeck.

Schmidt, Martin (1967), «Ecumenical Activity on the Continent of Europe in the Seventeenth and Eighteenth Centuries», en: Ruth Rouse; Stephen Charles Neill (eds.), *A History of the Ecumenical Movement 1517-1948* (2ª edición), Londres: SPCK.

Schmitt, Charles (2004), *Aristóteles en el Renacimiento*, León: Universidad de León, Secretariado de Publicaciones.

Schmutz, Jacob (2012), «Medieval Philosophy after the Middle Ages», en: John Marenbon (ed.), *The Oxford Handbook to Medieval Philosophy*, Oxford: Oxford University Press.

Schäfer, Christian (1996), *Xenophanes von Kolophon. Ein Vorsokratiker zwischen Mythos und Philosophie*, Stuttgart / Leipxig: B. G. Teubner.

Schmidt, Francis (1985), «Naissance des polythéismes (1624-1757)», *Archives de sciences sociales des religions* (59, 1).

Schönberger, Rolf (1991), *Was ist Scholastik?* Hildesheim: Bernward Verlag.

Schrey, Heinz-Horst (ed.) (1969), *Reich Gottes und Welt. Die Lehre Luthers von den zwei Reichen*, Darmstatdt: Wissenschaftliche Buchgesellschaft.

Schulthess, Peter; Imbach, Ruedi (2000), *Die Philosophie im lateinischen Mittelalter: Ein Handbuch mit einem bio-bibliographischen Repertorium* Düsseldorf: Artemis & Winkler.

Seifert, Arno (1996), «Das höhere Schulwesen: Universitäten und Gymnasien», en: Notker Hammerstein (ed.), *Handbuch der deutschen Bildungsgeschichte. Band I: 15. bis 17. Jahrhundert. Von der Renaissance und der Reformation bis zum Ende der Glaubenskämpfe*, Múnich: C. H. Beck.

Selderhuis, Herman. (ed.) (2004), *Calvinus Praeceptor Ecclesiae*, Ginebra: Librarie Droz.

Sider, Robert (1980), «Credo Quia Absurdum?», *Classical World* (73).

Simpson, Gary (2011), «Putting on the Neighbor. The Ciceronian Impuse in Luther's Approach to Practical Reason», en: Jennifer Hockenbery Dragseth (ed.), *The Devil's Whore. Reason and Philosophy in the Lutheran Tradition*, Minneapolis: Fortress Press.

Skinner, Quentin (1978), *The Foundations of Modern Political Thought (Volume II: The Age of Reformation)*, Cambridge: Cambridge University Press.

Smith, James K. A. (2009), *Desiring the Kingdom (Cultural Liturgies): Worship, Worldview, and Cultural Formation*, Grand Rapids: Baker Academic.

Song, Robert (1997), *Christianity and Liberal Society* Oxford: Oxford University Press.

Sparn, Walter (1976), *Wiederkehr der Metaphysik. Die ontologische Frage in der lutherischen Theologie des frühen 17. Jahrhunderts* Stuttgart: Calwer Verlag.

Sparn, Walter (2012), «Politik als zweite Reformation. Die historische Situation der Politica (1603) des Johannes Althusius», en: Walter Sparn, *Frömmigkeit, Bildung, Kultur. Theologische Aufsätze I: Lutherische Orthodoxie und christliche Aufklärung in der frühen Neuzeit* Leipzig: Evangelische Verlaganstalt.

Spitz, Lewis (1981), «The Impact of the Reformation on the Universities», en: Leif Grane (ed.), *University and Reformation. Lectures from the University of Copenhagen Symposium*, Leiden: Leiden.

Steiger, Johann Anselm (ed.) (1997-), *Doctrina et Pietas. Zwischen Reformation und Aufklärung* (23 vols.), Stuttgart / Bad Cannstatt: frommann-holzboog.

Steinmetz, David (1980), «The Superiority of Pre-Critical Exegesis», *Theology Today* (37, 1).

Steinmetz, David (1999), «The Scholastic Calvin», en: Scott Clark; Carl Trueman (eds.), *Protestant Scholasticism. Essays in Reassesment* Carlisle: Paternoster.

Steinmetz, David (2002), *Luther in Context*, Grand Rapids: Baker Academic.

Steinmetz, David; Bagchi, David (2004), «Introduction: The Scope of Reformation Theology», en: David Bagchi; David Steinmetz (eds.), *The Cambridge Companion to Reformation Theology*, Cambridge: Cambridge University Press.

Steinmetz, David (2011), *Taking the Long View: Christian Theology in Historical Perspective*, Oxford: Oxford University Press011.

Strauss, Leo (1965), *Spinoza's Critique of Religion* Chicago: University of Chicago Press.

Strauss, Leo (1989), «Cómo iniciar el estudio de la filosofía medieval», en: Leo Strauss, *El renacimiento del racionalismo político clásico* Buenos Aires: Amorrortu.

Strohm, Christoph (1996), *Ethik im frühen Calvinismus. Humanistische Einflüsse, philosophische, juristische und theologische Argumentationen sowie mentalitätsgeschichtliche Aspekte am Beispiel des Calvin-Schülers Lambertus Danaeus*, Berlín / Nueva York: De Gruyter.

Strohm, Christoph (2001), «Das Theologieverständnis bei Calvin und in der frühen reformierten Orthodoxie», *Zeitschrift für Theologie und Kirche* (98).

Strohm, Christoph (2004), «Methodology in Discussion of "Calvin and Calvinism"», en: Herman Selderhuis (ed.), *Calvinus Praeceptor Ecclesiae*, Ginebra: Librarie Droz.

Stupperich, Robert (1961), *Der unbekannte Melanchthon*, Stuttgart: Kohlhammer.

Sudduth, Michael (1995), «The Prospects for Mediate Natural Theology in John Calvin», *Religious Studies* (31).

Svensson, Manfred (2009), *Theorie und Praxis bei Augustin. Eine Verhältnisbestimmung*, Friburgo: Alber.

Svensson, Manfred (2012), «Adiaphora en la Reforma protestante: ¿minimalismo doctrinal y neutralidad moral?», *Teología y Vida* (53, 4).

Svensson, Manfred (2012), «El acceso racional a Dios en la Institución de la Religión Cristiana de Juan Calvino», *Veritas* (27).

Svensson, Manfred (2014), «Fundamental Doctrines of the Faith, Fundamental Doctrines of Society: Seventeenth Century Doctrinal Minimalism», *The Journal of Religion* (94, 2).

Svensson, Manfred (2015), «La escolástica medieval en los escritos confesionales del luteranismo», *Pensamiento* (71, 267).

Svensson, Manfred (2016), «Un caso de antiaristotelismo agustiniano. Lutero y la recepción de Aristóteles en la Reforma protestante», *Tópicos* (50).

Svensson, Manfred; VanDrunen, David (eds.) (2017), *Aquinas Among the Protestants*, Oxford: Wiley-Blackwell.

Tholuck, August (1853-1861), *Vorgeschichte des Rationalismus* (2 vols.), Halle: Anton.

Thomson, William (1987), «Gnosticism as a Diagnostic Tool in Contemporary Theology», en: George Kilcourse (ed.), *The Linguistic Turn and Contemporary Theology*, Macon: Mercer University Press.

Torrell, Jean-Pierre (2002), *Iniciación a Tomás de Aquino: su persona y su obra* Pamplona: Eunsa.

Trapp, Damasus (1956), «Augustinian Theology of the 14th Century. Notes on Editions, Marginalia, Opinions and Book-Lore», *Augustmiana* (6).

Trevor-Roper, Hugh (2009), «Los orígenes religiosos de la Ilustración», en: AA.VV., *La crisis del siglo XVII. Religión, reforma y cambio social*, Buenos Aures: Katz Editores.

Troeltsch, Ernst (2001), «Die Bedeutung des Protestantismus für die Entstehung der modernen Welt», en: Ernst Troeltsch, *Schriften zur Bedeutung des Protestantismus für die moderne Welt (1906-1913)*, Berlín: DeGruyter.

Trueman, Carl (2001), «Puritan Theology as a Historical Event: A Linguistic Approach to the Ecumenical Context», en: Willem van Asselt; Eef Dekker (eds.), *Reformation and Scholasticism. An Ecumenical Enterprise*, Grand Rapids: Baker Academic.

Trueman, Carl (2001), «Puritanism as Ecumenical Theology», *Nederlands Archief voor Kerkgeschiedenis* (8, 3).

Trueman, Carl (2012), *The Creedal Imperative*, Wheaton: Crossway.

Ullmann, Carl (1866), *Reformatoren vor der Reformation* (2 vols.), Hamburg: Perthes.

VanDrunen, David (2011), *Natural Law and the Two Kingdoms*, Grand Rapids: Eerdmans.

VanDrunen, David (2014), *Divine Covenants and Moral Order. A Biblical Theology of Natural Law*, Grand Rapids: Eerdmans.

Vercruysse, Jos (2000), «"Melanchthon, qui modestior videre voluit…". Die ersten Jesuiten und Melanchthon», en: Günter Frank (ed.), *Der Theologe Melanchthon*, Stuttgart: Jan Thorbecke Verlag.

Verger, Jacques (1994), «Profesores», en: AA.VV., *Historia de la Universidad en Europa, volumen I. Las universidades en la Edad Media*, Bilbao: Servicio Editorial Universidad del País Vasco.

Vian, Giovanni Maria (2005), *Filología e historia de los textos cristianos. Bibliotheca divina*, Madrid: Ediciones Cristiandad.

Visser, Arnoud (2011), *Reading Augustine in the Reformation: The Flexibility of Intellectual Authority in Europe 1500-1620*, Oxford: Oxford University Press.

Voegelin, Eric (1998), *History of Political Ideas (vol. 4 Renaissance and Reformation)*, Columbia: University of Missouri Press.

Voegelin, Eric (2000), *Order and History (vol. 2. Plato and Aristotle)*, Columbia: University of Missouri Press.

Vos, Arvin (1985), *Aquinas, Calvin, and Contemporary Protestant Thought. A Critique of Protestant Views on the Thought of Thomas Aquinas*, Washington: Christian University Press.

Wall, Ernestine van der (1995), «The Tractatus Theologico-Politicus and Dutch Calvinism, 1670-1700», *Studia Spinoziana* (11).

Wallmann, Johannes (1995), «Johann Sebastian Bach und die 'geistlichen Bücher' seiner Bibliothek», en: Johannes Wallmann, *Theologie und Frömmigkeit im Zeitalter der Barock. Gesammelte Aufsätze*, Tubinga: Mohr Siebeck.

Wengert, Timothy (1998), *Human Freedom and Christian Righteousness, Philip Melanchthon's Exegetical Dispute with Erasmus of Rotterdam* Oxford: Oxford University Press.

Wengert, Timothy (1999), «We Will Feast Together in Heaven Forever: The Epistolary Friendship of John Calvin and Philip Melanchthon», en: Karin Maag (ed.), *Melanchthon in Europe. His Work and Influence Beyond Wittenberg* Grand Rapids: Baker Academic.

Wengert, Timothy (1997), *Law and Gospel: Philip Melanchthon's Debate with John Agricola of Eisleben over poenitentia*, Grand Rapids: Baker Academic.

Wengert, Timothy (2003), «Philipp Melanchthon and a Christian Politics», *Lutheran Quarterly* (17).

Wengert, Timothy (2013), «Philip Melanchthon and Wittenberg's Reform of the Theological Curriculum», en: Jordan Ballor; David Sytsma; Jason Zuidema (eds.), *Church and School in Early Protestantism. Studies in Honor of Richard Muller on the Maturation of a Theological Tradition*, Leiden: Brill.

Whitford, David Mark (2001), *Tyranny and Resistance. The Magdeburg Confession and the Lutheran Tradition*, Saint Louis: Concordia Publishing House.

Williams, George Huntston (2000), *The Radical Reformation*, Kirksville: Truman University Press.

Wippel, John (1995), *Mediaeval Reactions to the Encounter between Faith and Reason*, Milwaukee: Marquette University Press.

Wolterstorff, Nicholas (1986), «The Migration of the Theistic Arguments: From Natural Theology to Evidentialist Apologetics», en: Robert Audi; William Wainwright (eds.), *Rationality, Religious Belief, and Moral Commitment. New Essays in the Philosophy of Religion*, Cornell: Cornell University Press.

Worden, Blair (1997), «Cromwellian Oxford», en: Nicholas Tyacke (ed.), *The History of the University of Oxford (vol. IV: The Seventeenth Century Oxford*, Oxford: Clarendon Press.

Wright, William (2010), *Martin Luther's Doctrine of the Two Kingdoms* Grand Rapids: Baker Academic.

Wundt, Max (1939), *Die deutsche Schulmetaphysik des 17. Jahrhunderts* Tubinga: J. C. B. Mohr.

Young, Spencer (2014), *Scholarly Community at the Early University of Paris: Theologians, Education and Society, 1215-1248*, Cambridge, Cambridge University Press.

Zachman, Randall (ed.) (2008), *John Calvin and Roman Catholicism. Critique and Engagement Then and Now*, Grand Rapids: Baker Academic.

Zeller, Winfried (1975), «Lutherische Orthodoxie und mittelalterliche Scholastik. Das Thomas-Verständnis des Johann Georg Dorsch», *Theologie und Philosophie* (50, 4).

Zimmermann, Gunter (1988), «Die Auslegung des vierten Gebotes bei Martin Luther, Robert Filmer und John Locke», *Archiv für Reformationsgeschichte* (78).

ÍNDICE DE NOMBRES

K

L

M

N

O

P

Q

R

S

T

U

V

W

Z

ÍNDICE TEMÁTICO

J

L

M

N

P

R

S

T

U

W